沥青路面乳化沥青
冷再生关键技术

Key Technology of Cold Recycling of Asphalt
Pavement with Emulsified Asphalt

马 涛 朱俊清 拾方治 著

科学出版社

北 京

内 容 简 介

随着我国公路大规模建设的完成，我国道路交通发展正由"以建设为主"转变为"建养并举"的发展模式，其中沥青面层在结构性能修复过程中产生的铣刨料再生利用成为新时代绿色交通的重要命题。

本书围绕沥青路面乳化沥青冷再生关键技术问题，从原材料、混合料性能到路用性能、结构设计方法全方位梳理和探讨，并结合工程实践对相关问题进行阐述，对冷再生技术提升具有重要的工程应用价值。本书主要内容包括乳化沥青作用原理与制备、回收沥青路面旧料性能、乳化沥青冷再生混合料的微观结构特征、配合比设计、路用性能及其离散元仿真分析、加铺结构设计方法、施工工艺以及乳化沥青冷再生的工程实践。

本书适合道路工程专业师生和工程技术人员阅读。

图书在版编目(CIP)数据

沥青路面乳化沥青冷再生关键技术/马涛，朱俊清，拾方治著. —北京：科学出版社，2022.10
　　ISBN 978-7-03-072068-9

Ⅰ.①沥⋯　Ⅱ.①马⋯　②朱⋯　③拾⋯　Ⅲ.①乳化沥青-沥青路面-再生路面-路面施工-研究　Ⅳ.①U416.217

中国版本图书馆 CIP 数据核字(2022) 第 059765 号

责任编辑：惠　雪　曾佳佳／责任校对：杨聪敏
责任印制：张　伟／封面设计：许　瑞

科学出版社 出版
北京东黄城根北街 16 号
邮政编码：100717
http://www.sciencep.com

北京中科印刷有限公司印刷
科学出版社发行　各地新华书店经销
*
2022 年 10 月第　一　版　开本：720×1000　1/16
2022 年 10 月第一次印刷　印张：27
字数：545 000
定价：199.00 元
(如有印装质量问题，我社负责调换)

前　言

随着我国公路大规模建设的完成,我国道路交通发展正由"建设为主"转变为"建养并举"的发展模式,其中沥青面层在结构性能修复过程中产生的铣刨料再生利用成为新时代绿色交通的重要命题。沥青路面冷再生技术因具有对路面材料充分循环利用及资源消耗少等特点,成为沥青路面旧料再生利用的重要手段。在应用乳化沥青冷再生技术过程中,遇到了包括材料各相组成、微观机理特征、混合料设计、结构设计以及施工工艺等方面的问题。如何合理高效应用乳化沥青冷再生技术是沥青路面再生利用过程中必须思考的重要问题。

本书作者经过多年的基础研究积累与工程应用实践,围绕沥青路面乳化沥青冷再生技术体系,从材料组成设计、微观结构特征、混合料性能试验与仿真、结构设计到施工工艺等方面全面梳理了关键技术要点。全书分为 10 章,包括第 1 章绪论;第 2 章乳化沥青作用原理与制备;第 3 章回收沥青路面旧料性能;第 4 章乳化沥青冷再生混合料微观结构特征;第 5 章乳化沥青冷再生混合料配合比设计;第 6 章乳化沥青冷再生混合料路用性能;第 7 章乳化沥青冷再生混合料性能离散元仿真分析;第 8 章乳化沥青冷再生加铺结构设计方法;第 9 章乳化沥青冷再生施工工艺;第 10 章乳化沥青冷再生工程实践。

本书第 1、4~7 章由马涛撰写,第 2、3、8、9 章由朱俊清撰写,第 10 章由朱俊清、拾方治共同撰写。

本书得到国家自然科学基金项目 (编号:51878164,51922030) 的资助,特此致谢。

由于作者水平有限,加上时间仓促,书中疏漏之处在所难免,恳请读者提出宝贵意见。

作　者
2021 年 12 月于南京

目　　录

第1章 绪 论

1.1 背 景

截至 2019 年末，我国公路总里程达到 501.25 万 km，其中高速公路里程长达 14.96 万 km[1]。沥青路面的设计寿命一般为 10~15 年，目前已有大量的沥青路面接近或达到设计寿命，亟须采取沥青路面大修或重建等养护措施。总体来看，目前我国道路交通发展正由"建设为主"转变为"建养并举"的发展模式。据测算，我国每年产生的废旧沥青混合料将会超过 0.6 亿 t。如此数量庞大的废旧沥青混合料，不但占用大量土地，而且污染环境。另外，沥青路面养护经费缺口较大，同时优质集料的匮乏也严重制约了公路建设，导致公路建设中资源与环境问题日趋严峻。

在国务院印发的《"十三五"现代综合交通运输体系发展规划》中，废旧路面材料的综合利用被列为推进资源集约节约利用重点领域；规划同时将废旧路面材料再生利用作为绿色养护共性关键技术列入重点发展规划。《"十三五"公路养护管理发展纲要》要求大力发展和推广绿色养护，并明确提出了"高速公路、普通国省道废旧路面材料回收率分别达到 100%、98%，循环利用率分别达到 95%、80% 以上"的发展目标。中共中央、国务院于 2019 年 9 月印发《交通强国建设纲要》，其中第七条明确提出"绿色发展节约集约、低碳环保"的要求，要"促进资源节约集约利用……推广施工材料、废旧材料再生和综合利用"。

因此，在沥青路面大修养护中，科学高效地再生利用废旧沥青混合料 (reclaimed asphalt pavement, RAP)，对促进公路交通的资源循环利用以及可持续发展具有重要意义，已成为高等级路面大修中的热点问题。其中，冷再生技术相较于现在发展成熟的热再生技术，大幅提升了再生利用率，在实际工程中能够再生利用 70% 以上的 RAP 料，而且粗细集料都能大比例投入再生利用，同时该技术中混合料全程在常温下完成再生，真正实现了资源集约的发展模式，是降低路面维修养护成本并节约资源的更为高效的策略。

1.2 冷再生技术的应用与发展

沥青路面再生技术，是将原有的路面材料以不同方式加以再生或重复使用的一种路面维修养护技术。根据再生工艺的不同，美国沥青再生协会 (ARRA) 将再生技术分为 5 种不同的类型：厂拌热再生、就地热再生、厂拌冷再生、就地冷再生和全深式再生 [2]。我国现行《公路沥青路面再生技术规范》(JTG F41—2008) 中也沿用了上述分类方法 [3]，其中冷再生是指通过对旧沥青路面的铣刨、破碎、筛分，使其成为再生集料，并按一定比例添加新集料，以乳化沥青或泡沫沥青、水泥等为胶结料进行常温拌和铺筑的一种路面再生形式 [4]。图 1-1 所示为乳化沥青冷再生混合料以及摊铺作业施工现场。使用冷再生技术进行沥青路面养护的主要优势 [5] 包括：

(1) 循环利用不可再生的石料资源；

(2) 减轻废旧沥青料处理问题，保护环境；

(3) 相较于其他养护手段更节约能源；

(4) 修复路表裂缝，消除车辙、坑槽以及松散等病害；

(5) 不影响土基层和基层路面材料；

(6) 保持现有路面的线型和标高，纠正路面纵横向坡度；

(7) 选择合适的新集料以及胶结料可以修复现有路面级配、胶结料等问题；

(8) 提高路面平整度以及结构强度；

(9) 养护施工期短，缩短施工期交通封闭时间；

(10) 节省养护费用。

(a) 乳化沥青冷再生混合料   (b) 冷再生摊铺作业施工现场

图 1-1   乳化沥青冷再生混合料以及摊铺作业施工现场

美国最早在 1915 年开始试验沥青路面材料再生技术，但当时大规模的新路建设导致这项技术进展缓慢；直到 1973 年全球石油危机爆发以后，沥青路面养护与再生技术才逐渐被重视起来，并迅速在全美推广应用，且在全球范围内引发广泛研究 [6]。至 1987 年，美国已有 24 个州应用乳化沥青就地冷再生技术，5 个州建设了冷再生试验路，主要应用在郡县级公路 (31%)、次等级高速公路 (31%) 以及城市道路 (19%)，高等级高速公路以及州际高速公路仅占比 12% 和 7%，且

绝大部分 (95%) 都是应用在路面基层。20 世纪 90 年代开始，美国开展了大规模的冷再生路段试验。1996 年，艾奥瓦州铺设了 97 条就地冷再生路段，其中的 18 条路段被用来评估路面使用性能的影响因素，包括路龄、地理位置、交通量、沥青罩面层特性以及路基条件等，并在 US-20 号公路上试验研究了泡沫沥青的配合比设计方法 [7]。

西欧国家也十分重视这项技术。德国是最早将再生料应用于高速公路路面养护的国家，1978 年就将全部废弃沥青路面材料加以回收利用。芬兰几乎所有的城镇都组织旧路面材料的收集和储存工作 [8]。法国已在高速公路和一些重交通道路的路面修复工程中推广应用这项技术 [9]。

日本从 1976 年开始进行再生沥青混合料应用技术的研究，1980 年厂拌再生沥青混合料累计达 50 万 t；日本道路协会于 1984 年出版了《路面废料再生利用技术指南》，并且就厂拌再生有关技术编成了手册，极大地推动了路面再生利用技术的发展；到 2002 年再生沥青混合料已达 4167.1 万 t，占全年沥青混合料产量的 54.77%，极大地节约了材料、投资，并有效保护了环境 [10]。

纵观发达国家的沥青路面再生利用技术的发展状况，可见其特别重视再生技术的实用性研究，并取得了很大的成果，已经形成一套比较完整的再生技术，达到了规范化和标准化的程度，但世界上对于沥青路面再生技术还没有统一的规范。在我国，沥青层的就地冷再生主要应用于高速公路，而沥青层和基层一起进行的全深式冷再生通常应用于普通公路，并且二者在原材料品质、路用性能以及工程目的等方面差异较大。表 1-1 中是我国应用冷再生技术的典型工程案例。

表 1-1 我国冷再生技术应用案例

年份	省份	项目名称	工程量/km	面积/km²	层位	实施方式
2005	江苏	沪宁高速改扩建	24	0.48	下基层	厂拌冷再生
2006	江西	昌九高速	25	0.55	上基层	厂拌冷再生
2007	江西	昌九高速	72	1.18	上基层	厂拌冷再生
2007	河北	京沪高速沧州段	23	0.12	上基层	厂拌冷再生
2007	江苏	干线公路	11	0.121	下面层	厂拌冷再生
2008	陕西	铜黄高速	18	0.18	下面层	厂拌冷再生
2008	江西	九景高速	15	0.33	上基层	厂拌冷再生
2009	江苏	干线公路	50	0.675	中面层	就地再生
2009	江西	九景高速	105	1.575	上基层	厂拌冷再生
2009	陕西	铜黄高速	50	0.5	下面层	厂拌冷再生
2010	河南	漯河高速	2	0.02	下面层	厂拌冷再生
2010	江西	昌九高速连接线	16	0.144	下面层	厂拌冷再生
2012	河北	京张汽车专用线	60	0.75	中面层	厂拌冷再生
2013	江西	昌樟高速	86.5	1.3	下面层	厂拌冷再生
2013	江西	泰赣高速	83	1.245	下面层	厂拌冷再生
2014	江西	昌泰高速	120	1.7	上基层	厂拌冷再生
2015	安徽	京台高速	105	1.575	上基层	厂拌冷再生

当前，在世界范围内来看，乳化沥青冷再生混合料仅用于基层或者应用于低交通等级道路。在我国，乳化沥青冷再生混合料已开始在高等级路面的下面层进行了较大规模的应用。随着节能减排与资源循环利用意识的不断增强，冷再生技术的应用由路面较低的结构层次向较高的结构层次拓展是必然的趋势，也是实现 RAP 高效再生的重要途径之一。

1.3　冷再生关键技术理论研究现状与发展趋势

欧美等发达国家重视再生实用性的研究，在再生剂的开发以及实际工程应用中挖掘、铣刨、破碎、拌和等机械设备的研制方面都取得了很大的成就，正逐步形成一套比较完整的再生实用技术，并且达到了规范化和标准化的程度，但对沥青再生机理的理论研究较少[11,12]。

目前，冷再生结构层多用于路面基层或者沥青层下面层，当前的发展趋向于应用在更高的结构层，这就对冷再生混合料的性能提出了更高的要求。乳化沥青冷再生混合料的路用性能与普通沥青混合料存在明显的差距。近年来，已有研究开始关注与提高冷再生混合料的使用性能，进一步提高其应用层位[13]。国内外研究人员针对提高冷再生混合料的抗水损害性能、抗车辙性能及耐久性等方面开展了大量的研究。其中，冷再生混合料强度是研究的重点及热点问题，也是其应用中最重要的力学指标；在强度机理方面，国内外研究人员侧重关注养生时间及冷再生混合料的宏观性能变化规律。一般认为，水泥在冷再生混合料中能够促进乳化沥青的破乳，同时水化产物能够提高内摩擦力，从而提高混合料的早期及后期宏观强度，其中养生温度、含水率都对早期强度有着重要的影响，而较多的水泥会加大冷再生混合料的开裂风险[14]。

传统的沥青混合料设计基本上采用宏观试验研究的现象学经验方法，忽略了沥青混合料内部的空隙、沥青胶浆和集料的力学特性、界面的相互作用等因素。随着各种先进材料测试设备的开发应用，微细观尺度测试技术被引入了路面材料的研究中，以评价混合料组分的微细观形态与分布状况以及沥青-集料的黏附作用、新旧沥青融合状态等微细观形态，进而从微观-细观-宏观多尺度联立的角度来评价混合料的使用性能。

相比于热拌沥青混合料以及热再生沥青混合料，冷再生沥青混合料复合多相的材料组成使得其内部结构尤其是界面结构更加复杂。针对冷再生沥青混合料，基于 X 射线 CT 扫描、扫描电子显微镜和数字图像处理等技术，对乳化沥青冷再生混合料的空隙分布特性、水泥水化产物形态、砂浆厚度组成、粗集料分布与颗粒形状特性等微细观形态的研究取得了较多的成果。研究发现，首先，水泥水化产物水化硅酸钙 (C-S-H) 在混凝土胶浆-集料界面微观结构中呈针状和簇状分布，与沥青膜相互交织，形成空间立体网状结构裹覆在集料周围，对胶浆–集料界面、复合胶浆以及空隙起"加筋"与"填充"作用，其有助于提高混合料的抗拉强度，但是其内部微观缺陷会降低沥青与水泥的黏结力以及水化产物的强度[15]。其次，RAP 颗粒团内部结构以及强度对冷再生沥青混合料的强度以及变形性能有非常关键的影响。RAP 颗粒团主要由旧集料、填料、老化沥青黏结形成，其物理与力学性质不均匀，受荷载时易松散或变形；冷再生沥青混合料离散元仿真表明，随着压实过程中碾压遍数增多，发生破损的 RAP 颗粒会增多，从而导致混合料的级配发生变化。再者，元素分析表明，水泥乳化沥青冷再生混合料存在与普通水泥混凝土相同的水泥基界面过渡区，由钙矾石、氢氧化钙和硅酸钙结构组成，其强度和模量均低于水泥胶浆部分，而孔隙率、氢氧化钙晶体含量及取向性高于水泥胶浆[16]。

综上，沥青路面材料多尺度力学特性表征的研究为解决目前沥青混合料性能预估与沥青路面服役期间病害发展程度无法匹配的矛盾提供了有力的工具，也是当前冷再生关键技术研究的发展趋势。

第 2 章　乳化沥青作用原理与制备

2.1　概　　述

乳化沥青是由微小颗粒悬浮在水介质中形成的溶液。所谓乳化沥青，就是将沥青热熔，经过机械作用，沥青以细小的微滴状态分散于含有乳化剂的水溶液中，形成水包油状的沥青乳液，这种乳状液在常温下呈液态[17]。乳化沥青的组成通常包括沥青、水、乳化剂、稳定剂、无机酸和必要的改性剂等。图 2-1 所示为实验室内制备的乳化沥青样品。

图 2-1　实验室内制备的乳化沥青样品

乳化沥青冷再生混合料是以乳化沥青、水泥等为主要胶结料，将铣刨后的回收旧料以及新集料重新黏结而形成的新混合料。其中乳化沥青是最重要的组成部分，直接决定冷再生混合料的性能优劣。乳化沥青的性能直接影响到乳化沥青的生产、储存、施工和长期使用性能。在生产过程中，沥青应当容易乳化；在施工过程中，乳化沥青应具有合适的破乳时间，充分满足施工要求和开放交通的要求。同时，乳化沥青与集料之间应具有良好的黏附性能，以确保混合料的性能。因此，乳化沥青的选择是沥青路面冷再生技术中的重点工作。

本章着重阐述乳化沥青的成乳-稳定-破乳作用机理，并对乳化沥青的制备过程与质量检验进行了分析，主要内容包括第 2 节乳化沥青简介与分类、第 3 节乳化沥青作用原理、第 4 节乳化沥青的制备以及第 5 节乳化沥青破乳速度表征与分析。

2.2 乳化沥青简介与分类

乳化沥青按乳化剂在乳化沥青颗粒表面产生的电荷种类，可分为阴离子型、阳离子型和非离子型三大类；按乳化沥青的破乳速度，可分为快裂型、中裂型、慢裂型[18]。一般来说，冷再生使用的乳化沥青选用慢裂慢凝或者慢裂中凝阳离子乳化沥青。表 2-1 所示为常用沥青乳化剂类型。

表 2-1　常用沥青乳化剂类型

乳化剂类型	国家	常用乳化剂
阴离子乳化剂	美国	妥尔油、松香、木质素
	俄罗斯	亚硫酸废液、木焦油、石油环烷皂
	捷克	烷芳基磺酸盐
	中国	肥皂、皂角、皂粉、油酸、环烷酸铝皂、磺化植物油、十二烷基硫酸钠
阳离子乳化剂	美国	季铵盐类
	日本	丙烯二胺类
	加拿大	烷基二胺类
	法国	酰胺类
	西班牙	
	中国	十八烷基三甲基氯化铵、十六烷基三甲基溴化铵、烷基酰胺基多胺、烷基丙烯二胺、阳离子咪唑啉、胺化木质素
两性乳化剂	美国	氨基酸类、甜菜碱类、咪唑啉类
	中国	氨基酸钠、磷脂等
非离子乳化剂	美国	聚乙烯二醇、多元醇、聚氧乙烯醚
	中国	平平加、烷基聚环氧乙烯醚

乳化沥青一般都是在专用的胶体磨上产生的。胶体磨的类型和配置会显著影响乳化沥青的生产质量。预热的沥青和乳化剂皂液通过胶体磨的间隙时，沥青被高速转子迅速研磨成微小的颗粒，此时乳化剂迅速包裹沥青表面，形成稳定的乳化沥青。胶体磨的功率和磨间隙是生产时的两个重要指标，决定了乳化沥青的乳化效果和生产能力。

乳化沥青的生产设备可以分为两种：间接式和连续式。间接式乳化沥青生产设备具有操作简单、生产稳定等优点，但是需要人工配制乳化剂皂液，每一批皂液都要经过仔细检查。因此，间接式生产设备适用于产量较小的乳化沥青厂家。连续式乳化沥青生产设备使乳化剂、水、酸和改性剂等在皂液管道中充分混合，然后再和沥青一同进入胶体磨进行乳化，通过监控电子回路实时调节各组分的添加量，使乳化剂、酸等计量准确无误。因此，连续式生产设备在生产稳定后就不需要过多的调整，只要保证原料供应充足和机器正常运转即可，故多由大型生产厂家使用。连续式设备在欧洲应用较多，乳化沥青生产量较大，材料稳定性较好。连续式设备对操作人员的素质要求很高，不但要全面理解乳化沥青的生产程序、熟练掌握机器的运转情况，还要理解乳化剂、改性剂和酸的物理性质和化学作用等；在发生生产故障时，连续式设备的故障排查比较困难。而我国现阶段的乳化沥青生产设备以间接式为主。

2.3　乳化沥青作用原理

2.3.1　乳化沥青的成乳机理

1. 乳化剂的化学原理

乳化剂是一种可以聚集在油水表面，使之形成稳定乳液的表面活性剂[19]。沥青乳化剂在单个分子中具有分离的非极性和极性部分。非极性部分通常是具有12~20 个碳原子的单烃链，具有亲油性；而极性部分是包含一个或多个带电中心的"头基"，具有亲水性。这两个基团把油水两相连接起来不使其分离。图 2-2所示为乳化剂分子模型。带正电荷头基的乳化剂形成阳离子乳化沥青，其中沥青微粒带正电荷；带负电荷头基的乳化剂产生阴离子乳化沥青，沥青微粒带负电荷。在机械搅拌的作用下，向沥青与水的混合液中加入乳化剂，乳化剂的两个基团定向排列于沥青与水两相界面之间，能够降低水的表面张力，牢固地吸附在沥青与水两相界面上，形成一个吸附层，从而把沥青和水连接起来，防止它们之间相互排斥。再经过机械搅拌，增大沥青与水的接触面积，沥青就能以细小的微粒稳定地分散在水中。当沥青微粒周围吸附的乳化剂水溶液分子达到饱和时，在沥青微粒表面就会形成有一定强度的保护膜。当沥青微粒相互碰撞时，该保护膜能防止微粒的凝聚，当保护膜受损时也能自动恢复，因而这种乳液是比较稳定的。常见乳化剂化学组成如表 2-2 所示。

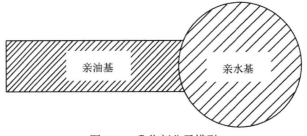

图 2-2　乳化剂分子模型

表 2-2　常见乳化剂化学组成

亲油基	头基	反荷离子	头基电荷 (pH 2)	头基电荷 (pH 11)
牛油烷基	$[—NH_2CH_2CH_2CH_2NH_3]^{2+}$	$2Cl^-$	正电荷	中性
牛油烷基	$[—N(CH_3)_3]^+$	Cl^-	正电荷	正电荷
壬基苯基	$[—O(CH_2CH_2O)_{10}H]$	—	中性	非离子
妥尔油基	$[—COO]^-$	Na^+	中性	负电荷
烷基苯基	$[SO_3]^-$	Na^+	负电荷	负电荷

阴离子乳化剂含有氧，对于阴离子速凝和中凝沥青乳液，最常用的乳化剂是来自原油或蒸馏妥尔油的 C16~24 脂肪酸的钠盐或钾盐，通过添加氢氧化钠或者氢氧化钾来制备皂液。皂液的 pH 范围为 10.5~12.5。慢凝型阴离子乳液是用高剂量的乳化剂制备的。非离子表面活性剂通常具有较大的"头基"，例如带有 50~100 mol 环氧乙烷的壬基酚。ζ 电位测量表明，使用这些非离子型乳化剂形成的乳液其实带有负电荷，可以在中性条件下制备符合慢凝型阴离子乳液规格的乳液，但一般 pH 在 11~12。基于木质素的稳定剂可以包含在乳液配方中，以提供额外的稳定性。木质素的分子结构为由连续多个相同单元组成的空间网状结构，其空间位阻大，可以显著地延缓乳化沥青的破乳速度。此外，烷基甜菜碱也被用作慢凝型阴离子型乳化剂。

阳离子乳化剂是胺衍生物，其制备通过腈化反应或通过脂肪酸或油与多胺直接缩合，如氨基乙基乙醇胺、二乙烯三胺或二甲基氨基丙胺，形成酰胺基胺和咪唑啉。乳化剂分子的脂肪酸或油部分通常来自牛脂、棕榈油等天然来源油、妥尔油或菜籽油，其烃链主要在 C16~18 范围内。通常头组中有多个带电氮核。速凝型阳离子乳化剂是以低盐含量 (0.15%~0.4%) 的 C16~18 脂肪胺、脂肪二胺或酰胺表面活性剂的盐酸盐形式，或以较少的乙酸盐形式制备的，溶液的 pH 可能在 1.5~4.5 变化。中凝型阳离子乳化剂通常由与速凝型相同的乳化剂制得，但用量较高，为 0.4%~0.8%。慢凝型阳离子乳化剂使用高浓度 (1%~2%) 的乳化剂，对 pH 的变化敏感度低，例如在高 pH 下不会失去电荷的非离子表面活性剂或季胺，通常包含木质素以进一步降低反应性。

2. 界面张力

常温条件下，由于极强的极性作用，水的表面张力 (72.8mN/m，20℃) 远高于具有相似分子量的烷烃的表面张力 (18.4mN/m，20℃，正己烷)。式 (2-1) 表明，油水界面会形成较大的界面张力。沥青分散至水中需要克服较大的界面张力才能形成稳定的体系。

$$\gamma_{wo} = \gamma_w + \gamma_o - 2\sqrt{\gamma_w^d \gamma_o^d} \tag{2-1}$$

式中，γ_{wo} 为油水界面的界面张力；γ_w 为水的表面张力；γ_o 为油的表面张力。

添加含有极性和非极性部分 (两亲) 的分子，如乳化剂，可以降低水的表面张力。典型的表面活性剂水溶液相对于其浓度的表面张力如图 2-3 所示。当表面活性剂分子在表面积聚时，表面张力随表面活性剂浓度的对数线性下降。一旦表面被完全覆盖，表面活性剂分子就会在本体水相中聚集形成胶束，其中亲油性烃链朝向胶束内部定向，使亲水基与水性介质接触。当胶束形成变得明显时，其对应浓度称为临界胶束浓度 (CMC)。当表面活性剂浓度高于 CMC 时，表面张力几乎保持恒定，不会进一步降低，此时更多的胶束形成，但它们的尺寸保持相对恒定[20]。

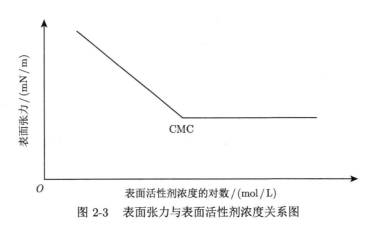

图 2-3   表面张力与表面活性剂浓度关系图

表面活性剂的胶束形成是烃尾部与头基团之间的电荷或空间排斥之间平衡的结果，因此与碳氢化合物尾部的链长之间存在直接的关系。烃链越长，CMC 越低。非离子表面活性剂头部之间的排斥力较低，从而导致 CMC 降低和胶束增大；非离子表面活性剂的烃链长度对 CMC 的影响很小，但胶束尺寸随表面活性剂的物质的量的增加而增大。离子型表面活性剂的 CMC 对水相中的电解质浓度敏感，添加电解质会降低 CMC 并形成更大的胶束。对于具有弱碱或弱酸特性的头基的乳化剂，CMC 和胶束大小也对 pH 敏感。

2.3.2   乳化沥青的稳定原理

乳化沥青乳液是由沥青和水在乳化剂的作用下产生的一种热力不稳定混合物。乳液中的沥青相随着时间变化终将和水相分离并聚结。乳化沥青的稳定原理对于其生产、储存、运输以及应用都具有重要的意义。DLVO 理论可以较好地解释乳化沥青乳液的稳定原理[21]。

DLVO 理论由 Derjaguin、Landau、Verwey 和 Overbeek 共同提出，是基于 pH 和电解质浓度的可电离表面胶体稳定性理论。在 DLVO 理论中，带电胶体溶液的稳定性取决于带电粒子之间相互作用的总势能 $V_{ttl}(h)$，$V_{ttl}(h)$ 为一对带电粒

子间相互距离 h 的函数，其基本形式如式 (2-2) ~ 式 (2-6) 所示。

$$V_{\text{ttl}}(h) = V_{\text{rep}}(h) + V_{\text{attr}}(h) \tag{2-2}$$

$$V_{\text{rep}}(h) = \frac{a_1 a_2}{a_1 + a_2} \times \frac{128\pi n_{\text{o}} k_{\text{B}} T}{\kappa^2} Y_1 Y_2 \exp(-\kappa h) \tag{2-3}$$

$$Y_1 = \tanh\left(\frac{\zeta e_1}{4 k_{\text{B}} T}\right), \quad Y_2 = \tanh\left(\frac{\zeta e_2}{4 k_{\text{B}} T}\right) \tag{2-4}$$

$$V_{\text{attr}}(h) = \frac{-A_{\text{bwb}}}{6h} \times \frac{a_1 a_2}{a_1 + a_2} \times \left[1 - \frac{5.32h}{\nu} \ln\left(1 + \frac{\nu}{5.32h}\right)\right] \tag{2-5}$$

$$A_{\text{bwb}} = \left(\sqrt{A_{\text{bb}}} - \sqrt{A_{\text{ww}}}\right)^2 \tag{2-6}$$

式中，$V_{\text{rep}}(h)$ 为双电层力势能，可以根据微粒的 ζ 电位计算获取；$V_{\text{attr}}(h)$ 为范德瓦耳斯力势能；a_1，a_2 为带电粒子半径；κ 为德拜长度的倒数；k_{B} 为玻尔兹曼常数；T 为溶液温度；ν 为 London 波长；A_{bwb} 为水溶液中沥青颗粒的 Hamaker 常数；A_{bb} 和 A_{ww} 分别为沥青和水在真空中的 Hamaker 常数。

在稳定的极性溶液中，微粒由于吸附、电离以及与水之间的摩擦而带有电荷，在微粒表面附近会形成双电层，第一层为微粒的带电表面层，第二层为扩散层，包括带电微粒表面的反离子以及排空的共离子。两带电微粒的电势会形成渗透压，即为双电层力。DLVO 理论把带电微粒相互间的双电层力和范德瓦耳斯力都考虑进来，以估计两带电粒子间的相互作用势能。其中，双电层力的大小随带电粒子表面电荷密度或表面电势的增大而增大，两个带相同电荷的带电粒子之间的双电层力为排斥力，且随着二者间距增大呈指数衰减；当二者所带电荷不等且间距较小时，双电层力则可能表现为吸引力。范德瓦耳斯力为分子间电性吸引力，随着两带电粒子间的距离增大而减小。带电粒子总势能 $V_{\text{ttl}}(h)$ 与粒子间距离关系如图 2-4 所示。

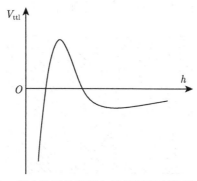

图 2-4 带电粒子总势能与粒子间距离关系示意图

当两个沥青微粒通过布朗运动而相互接近时，二者之间的总势能首先出现一个次极小值，二者之间的作用力表现为引力；当二者距离进一步减小时，总势能出现最大值，二者之间的作用力表现为斥力，沥青微粒相互碰撞而弹开。这个最大值通常称为势垒，势垒越大，沥青微粒越不易越过此势垒而相互聚结，乳化沥青乳液越稳定。当二者距离进一步接近时，总势能无限接近于极小值，两个沥青微粒则呈不可逆的絮凝聚结进而破乳。

增加表面电势，会增加双电层斥力势能的贡献，提高势垒的高度，有利于乳液的稳定；反之，减少表面电势，会降低势垒高度，甚至不形成势垒，此时溶胶的聚沉是必然的。电解质的浓度对乳液的稳定性影响较大，溶胶中过量的电解质会压缩双电层厚度，使得双电层斥力势能降低。当电解质的浓度增加到一定程度，势垒降为零甚至负值时，沥青微粒的凝聚则无法避免，乳液稳定被破坏。

一般来说，乳化沥青乳液中需要添加额外的乳化剂来确保储存和运输过程中不会发生沥青微粒的凝聚，多出来的乳化剂以胶束的形式自由分布在水相中作为储备，避免沥青微滴的凝聚。优质的乳化沥青粒径分布较为集中而细致，即其颗粒大小较为接近而且平均粒径要在 5μm 以下。在正常的粒径范围内，乳化沥青的颗粒越细，其黏度越大，而且储存稳定性越好；乳化沥青越细，在同样面积内的颗粒之间接触点越多，变形的阻力也就越大，在宏观上表现为乳化沥青的黏度越大。同理，乳化沥青颗粒越细，颗粒之间的接触点越多，微粒的排斥力增大，不易出现分层离析现象。

此外，界面膜理论也被用来解释乳化沥青的稳定性。在沥青–水的分散体系中，乳化剂吸附在沥青微粒的表面，定向排列而形成界面膜，界面膜不仅可以降低沥青与水之间的界面张力，而且对沥青微粒起着机械的保护作用，使沥青微粒在互相碰撞时不至于产生聚结 (图 2-5)[22]。界面膜的强度和紧密度取决于乳化剂的性能和用量，当乳化剂用量适宜时，界面膜即由密排的定向分子所组成。界面膜的强度越大，沥青微粒聚结需要克服越大的阻力，故能形成稳定的沥青乳液。最佳乳化效果的乳化剂用量与乳化剂对沥青的吸附作用有关。

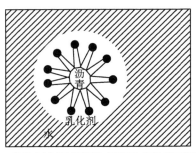

图 2-5   乳化剂在沥青微粒表面形成的界面膜示意图

2.3.3 乳化沥青的破乳机理

乳化沥青的破乳是指在乳液与集料接触后，乳液的性质发生变化，沥青从乳液中的水相分离，进而众多的沥青微粒相互聚结，成为连续整体沥青薄膜并裹覆在集料表面上的过程[23]。根据前述乳化沥青的稳定原理可知，当乳液的稳定被破坏后，乳化沥青微滴产生絮凝和聚结，具体破乳过程如图 2-6 所示。在图 2-6(a) 中，乳化沥青微滴在双电层斥力和范德瓦耳斯力的共同作用下保持稳定；在图 2-6(b) 中，水分蒸发，沥青微滴的扩散层厚度变薄，乳化沥青稳定被破坏，沥青微滴发生絮凝并聚结；在图 2-6(c) 中，界面膜破坏，沥青微滴凝聚成团，通常伴有水微滴被包裹在沥青团当中；在图 2-6(d) 中，被包裹的水微滴完全蒸发，破乳完成。

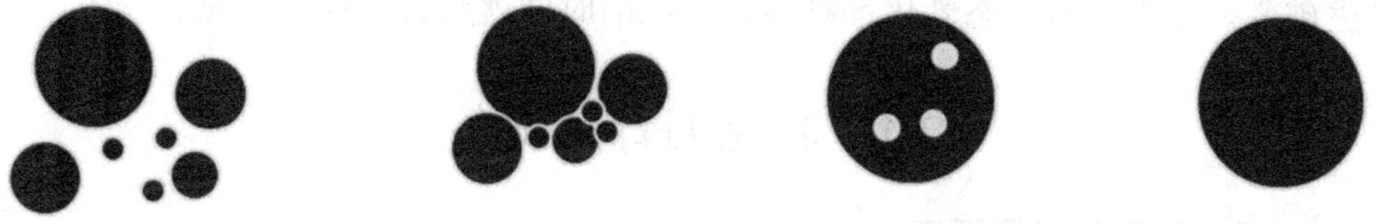

(a) 稳定沥青微滴   (b) 沥青微滴发生絮凝   (c) 沥青微滴凝聚成团   (d) 破乳完成

图 2-6　乳化沥青微滴破乳过程示意图

一般来说，引起破乳的主要因素是水分的蒸发，以及水分在接触集料表面后在毛细作用下被吸附至集料表面和内部，使沥青微滴的扩散层厚度变薄，ζ 电位降低，乳液稳定被破坏，进而使沥青与集料黏结在一起。但是，另一方面，集料与乳液的化学作用会使水分析出，进而影响破乳进程。破乳的速率受到乳液与集料的反应活性以及环境因素的影响，包括温度、湿度、风速以及机械作用。黏度较低的沥青通常凝聚得较快。

集料被水湿润后会带有电荷，大部分集料是酸性并带负电荷。阴离子乳化剂同样带负电荷，二者接触后不会互相吸引。破乳的发生依赖于水分的蒸发或者在毛细作用下进入集料内部，然后乳液的稳定被破坏进而产生破乳。这种情况下，破乳的速度主要取决于水分蒸发的速率，受环境的影响较大[24]。

阳离子乳化剂带有正电荷，与酸性集料可以产生较大的吸附力，酸性集料的硅质氧化物使得其具有亲水性，阳离子乳化剂和集料接触后会在集料表面形成水膜。此时，游离的乳化剂分子吸附在集料表面上，使集料表面由亲水性变为亲油性，有利于沥青微滴的黏附。沥青微滴在这种黏附力的作用下吸附于集料表面，并将水分析出，同时沥青微滴不断聚结成沥青薄膜裹覆于集料表面。集料对水分的吸附作用以及乳化剂分子的吸附作用会降低乳液中乳化剂的浓度，当乳化剂的浓度下降到临界值以下时，乳化沥青乳液的稳定被破坏，更多的沥青微滴破乳并聚结，在集料表面形成沥青膜，在此阶段水分蒸发的速率变为主导因素。

影响乳化沥青破乳速率的主要因素包括 ζ 电位、颗粒粒径、乳化剂的浓度以及集料的疏水性等。沥青微滴 ζ 电位与乳化剂的电位相关，并直接影响破乳的速率，较高的沥青微滴 ζ 电位会产生较快的破乳速率。在相同的乳化剂用量条件下，乳化沥青的平均粒径越小，沥青的比表面积就越大，在沥青颗粒的表面上固定态的乳化剂分子就越多，自由态分子越少。这样会使拌和时间减少，破乳速度变快，混合料的强度上升较快。乳化沥青的颗粒越细，沥青和石料的接触点越多，对石料的裹覆越好，在整个混合料中的分布也越均匀，使混合料抗水损害和抗磨耗的能力越强。在乳化沥青中，乳化剂分别分布在沥青颗粒表面和水溶液中。在乳化剂和集料的拌和过程中，自由态的乳化剂首先和石料反应，然后固定态的乳化剂才和石料发生反应，从而引起沥青颗粒和石料的相互吸引，沥青颗粒附在石料上产生破乳。因而，自由态乳化剂越多，反应的时间就越长，反之亦然。

2.4　乳化沥青的制备

2.4.1　乳化沥青的必要要素

乳化沥青主要由沥青、水、乳化剂组成。除了上述符合要求的三种原料外，在生产过程中，良好的乳化设备、适宜的乳化温度及添加剂，以及有经验的操作等都是必不可少的条件。

1. 沥青

沥青是乳化沥青的主要原料，也是用于筑路等方面的最终胶结料。生产乳化沥青用沥青，除了满足最终的应用要求外，还必须满足乳化沥青的要求。石油沥青是大分子的饱和烃、芳香烃、沥青质等组成的复杂混合物，其化学组成、沥青的胶体结构类型随原油不同、加工工艺不同而有很大的差别，乳化的难易程度也不同。所以，对沥青进行必要的选择是调制优质乳化液的前提。

随着交通量的不断增长，改性沥青用于乳化的需要也逐渐增多。由于改性沥青的黏度大幅增大，且改性剂大部分是高分子聚合物，其可乳化性非常有限，因此在选择改性沥青和改性剂时应充分进行试验。

2. 水

水只是沥青分散的介质，并不是沥青乳液的重要成分；但水的硬度及离子性对乳化沥青生产有较大的影响，既有有利的一面，也有不利的一面。镁离子和钙离子的存在对生产阳离子乳化沥青是有利的，有时为制备更稳定的乳液，在生产过程中会加入 $CaCl_2$ 作为稳定剂；生产阴离子乳化沥青时，镁、钙离子的存在又成为不利的因素，这是因为阴离子乳化剂大都是以可溶性的钠或钾盐的形式存在，当有大量的镁、钙离子存在时会形成不溶于水的物质，从而影响乳化效力，甚至会导致乳化失败。碳酸根离子、碳酸氢根离子的存在对形成稳定的阳离子类乳化剂是不利的，这是因为这些离子常常与作为阳离子类乳化剂常用的水溶性氨基酸盐反应，生成不溶性盐；但对于阴离子类乳液，碳酸根离子、碳酸氢根离子具有缓冲作用，是有利的。此外，水中存在粒状物质时，一般带负电荷居多，会吸附阳离子乳化剂，所以对阳离子类乳液的生产是不利的。因此，根据乳化沥青的离子类型，选择水质符合要求的水源会对乳化沥青起到很好的作用。

3. 乳化剂

乳化剂在乳化沥青中所占的比例较小，但其对乳化沥青的生产、储存及施工均有较大的影响，所以根据生产乳液的用途、乳化效果精心地选择乳化剂是非常必要的。乳化剂在乳化沥青中常见的含量是 0.3%～1%，但它对乳化沥青性能的影响是巨大的，有的性能则直接取决于乳化剂。

1) 乳化沥青的起泡性

乳化沥青泡沫的产生原因如下：首先是空气进入乳液中，此时瞬间生成的疏水基伸向气泡内部，亲水基伸向液相的吸附膜；吸附膜的存在可使泡沫稳定存在；形成的气泡由于受到浮力而上升，冲向乳液的表面。泡沫产生的多少除了与操作过程中引入的空气量有关，与所用乳化剂的种类也有直接的关系。乳化沥青在运输及施工中常常有发泡现象，这种现象的产生与表面活性剂的特性有直接关系。泡沫的产生有不利的一面，也有有利的一面。在生产和运输过程中所产生的泡沫是不利的，会直接影响生产效率；而施工中泡沫有时又是有利的，如在进行稀浆封层时，泡沫的存在会明显地改善混合料的和易性。对于减少泡沫的产生一般有两种方法，一种是通过机械的方法来减少空气的引入，另一种则是通过化学方式，但由此会引起成本的上升。

2) 储存稳定性

一般来说影响乳化沥青储存稳定性的因素是较多的，但是其中乳化剂是主要因素之一。乳化沥青的破坏大概分为两个过程，即分散粒子的融合和两液相分离。所以为了使乳液稳定，要尽可能防止这些过程发生，防止条件有：

(1) 两相的密度差要小；

(2) 连续相的黏度要高；

(3) 两液相间的张力要小；

(4) 粒子的表面要有比较宽的双电层；

(5) 粒子表面吸附层要有一定程度的机械韧性。

其中后三方面均与乳化剂的性质有直接的关系。

3) 对沥青性能的影响

乳化沥青技术是热拌沥青施工技术常温化的一种手段。由于其在常温下操作，故节约能源，特别是对保护环境具有好处。但是乳化沥青只是使用过程中的一种暂存形式，其最终表现仍是沥青最基本的性能。由于在加工过程中添加的乳化剂仍然留在沥青材料中，所以其对沥青性能的影响也是人们关注的一个问题。国内从沥青材料的延度和蒸发残留物的延度方面做了试验研究，其性能对比如表 2-3所示。

表 2-3　各乳化剂对沥青的性能影响对比

乳化剂编号	1	2	3	4	5	6	7	8	9
原沥青延度/cm	92	60	80	>100	>100	>100	>100	>100	98
蒸发残留物延度/cm	30	25	38	51	55	69	96	>100	>100
延度降低率/%	67.4	58.3	52.5	>49	>45	>31	>4	0	<−2.0

试验表明，乳化剂对沥青材料的性能影响可大致分为四种类型：

(1) 添加后使破乳后的沥青性能有所提高；

(2) 添加后使破乳后的沥青性能保持不变；

(3) 添加后使破乳后的沥青性能略有降低；

(4) 添加后使破乳后的沥青性能大幅下降。

4) 对破乳速度的影响

乳化剂对乳化沥青施工的影响是巨大的，直接影响着乳化沥青与石料接触时的破乳方式和破乳速度，所以乳化沥青选择合适的乳化剂是第一位的。选择好的乳化剂后以下的因素也要考虑：乳化剂的用量、稳定剂的加入；施工时石料的级配、用水量的大小；乳液的温度、环境的温度和湿度。甚至拌和时的扰动程度都会对破乳速度产生影响。

乳化剂的结构对乳液与石料混合时破乳速度有较大的影响。一般情况下，阳离子乳化剂由于电性的影响，与石料接触时破乳速度趋于加快，所以常见的阳离子乳化剂以中裂、快裂居多。但乳化剂分子的空间阻碍作用和电性强弱也影响着电性的作用，这类乳化剂是常见的慢裂乳化剂，广泛地应用于稀浆封层。

影响破乳速度的因素较多，乳化剂的类型只是其中一个主要因素，实际施工中还需要考虑以下几个因素：乳化剂用量的影响，乳化剂用量越大，破乳速度越慢；稳定剂的影响，对阳离子来说，往石料中喷洒氯化钙溶液可以减慢破乳速度；石料级配的影响，石料中含有粉料越多则破乳速度越快，这是因为粉料含量加大时，石料的比表面积大，同时相对吸附活性点较多，所以会加快与乳液的作用速度；用水量大小的影响，一般增加水的用量会降低破乳速度；乳液温度的影响，乳液温度越高，破乳速度越快；环境温度和湿度的影响，环境温度越高，破乳速度越快，湿度影响相对较小，但石料若处于饱水状态，则会极大地影响破乳速度。

2.4.2 乳化沥青的制备方法

乳化剂是乳化沥青的重要组分,对沥青的乳化起关键的作用。由于冷再生用乳化沥青与石料拌和后需要有充分的工作时间,考虑到水泥水化形成的碱性环境和初凝时间要求,应保证沥青破乳后能够参与水泥浆体结构的形成,因此本书在乳化剂的选用上采用慢裂慢凝型的乳化剂,选择 E 型乳化剂与 70 号基质沥青制备乳化沥青。E 型乳化剂化学成分如表 2-4 所示,70 号基质沥青技术指标如表 2-5所示,乳化沥青配方如表 2-6 所示。

表 2-4 E 型乳化剂产品明细

名称	化学成分					类型
E 型	牛脂烷基二胺乙氧基化物	壬基酚乙氧基化物	氨基木质素	2-丙醇	油二胺乙氧基化物	慢裂慢凝

表 2-5 70 号基质沥青的技术指标及检测结果

指标	单位	等级	技术要求	检测结果
针入度 (25℃, 5s, 100g)	0.1mm		60~80	69
针入度指数 PI		A	−1.5~+1.0	0.3
软化点不低于	℃	A	46	51
60℃ 动力黏度不小于	Pa·s	A	180	230
10℃ 延度不小于	cm	A	15	38
15℃ 延度不小于	cm	A	100	130
蜡含量不大于	%	A	2.2	0.5
闪点不低于	℃		260	284
溶解度不小于	%		99.5	99.8
密度 (15℃)	g/cm^3		实测记录	1.03
残留针入度比 (25℃) 不小于	%	A	61	70
残留延度 (10℃) 不小于	cm	A	6	11

表 2-6 乳化沥青配方

成分	比例/%	质量/g	温度/℃	pH
乳化剂水溶液	40.0	400	60	
沥青	60.0	600	130	
合计	100.0	1000	80	2.0

试验采用室内小胶体磨进行制备。本书研究采用的乳化工艺见图 2-7,沥青乳化小胶体磨如图 2-8 所示。胶体磨的工作原理是通过定子、转子之间高速运转所产生的剪切力研磨、分散沥青。在制备乳化沥青时将皂液加热到 60℃,沥青加

热到 130℃；皂液配制两份，一份用于预热胶体磨，一份用于生产乳化沥青。具体的制备步骤如下：

(1) 一份皂液在胶体磨中循环 30s 后，即可放出用烧杯接住，留待洗胶体磨用；

(2) 将另一份皂液加入胶体磨，在其高速运转过程中均匀地加入沥青，在 30s内加完；

(3) 沥青在胶体磨中再循环剪切 30s；

(4) 在胶体磨运转的情况下，在出口处放出乳液接入广口瓶中；

(5) 乳液快要放完时关闭胶体磨。

在制备乳液过程中，应注意上循环管乳液流出是否顺畅。若不顺畅则应减缓沥青加入速度，并用玻璃棒搅拌加入漏斗中的沥青；若不能流出说明乳化失败，应停止加沥青，及时清洗胶体磨。

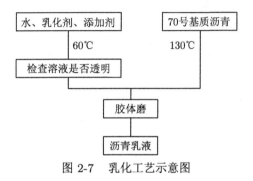

图 2-7 乳化工艺示意图

图 2-8 实验室制备乳化沥青用小胶体磨

2.4.3 乳化沥青质量检验

乳化沥青在使用和选择时，应根据下述要求进行比选。《公路沥青路面再生技术规范》中的乳化沥青质量要求如表 2-7 所示，主要比较乳化沥青蒸发残留物的三大指标以及黏度等。具体的试验方法参考《公路工程沥青及沥青混合料试验规程》。

表 2-7 冷再生用乳化沥青质量要求

试验项目		单位	质量要求	试验方法
破乳速度			慢裂或中裂	T 0658
粒子电荷			阳离子 (+)	T 0653
筛上剩余量 (1.18mm 筛)		%	≤ 0.1	T 0652
黏度	恩格拉黏度 E_{25}		2~30	T 0622
	25℃ 赛波特黏度 V_s	s	7~100	T 0623
蒸发残留物	残留分含量	%	≥ 62	T 0651
	溶解度	%	≥ 97.5	T 0607
	针入度	0.1mm	50~300	T 0604
	延度	cm	≥ 40	T 0605
与粗、细集料的黏附性，裹覆面积			≥ 2/3	T 0654
与粗、细集料拌和试验			均匀	T 0659
常温储存稳定性	1d	%	≤ 1	T 0655
	5d		≤ 5	

1) 乳化沥青的恩格拉黏度

恩格拉黏度是在一定温度、容积条件下的试样从恩格拉黏度计流出所需的时间与相同容积蒸馏水在 25℃ 流出所需时间的比值。

2) 乳化沥青的筛上剩余量

先用标准尺寸的筛网进行过滤处理，然后洗涤干燥，最后测出残留在筛网上的沥青颗粒和沥青碎块的质量百分数。

3) 乳化沥青的蒸发残留物含量

将定量的试样在规定的容器中加热，使水分完全蒸发后冷却、称重，以蒸发残留物占试样的质量百分比确定乳化沥青中的沥青含量。

4) 颗粒粒径

先将乳化沥青进行稀释，然后用 JL-1155 型激光粒度测试仪进行粒度分布测试，即可得到乳化沥青的平均粒径。

5) 乳化沥青颗粒电荷

在 150mL 烧杯中倒入 100mL 沥青乳液,平行插入两块 100mm ×10mm×1mm 铜板电极，使极板浸入乳液 3cm，直流电源电压为 6V。若乳化沥青带正电荷，则在阴极板上吸附大量的乳液，为阳离子沥青乳液；反之则为阴离子沥青乳液。

6) 低温储存稳定性

低温储存稳定性试验主要考察乳化沥青的低温使用性能。将过筛的乳化沥青在 −5℃ 冰箱中存放 30min，冷却后立即取出置于水温为 25℃ 的恒温水槽中，保持 10min，并照此步骤重复一次，观察有无粗颗粒或结块现象。

7) 乳化沥青的储存稳定度

储存稳定度可用来评定乳化沥青在储存过程中产生沉淀、分离的程度。将乳化沥青注入规定的储存管中储存一定时间，分别从上部和下部取样测其蒸发残留物，以上部和下部所得蒸发残留物的差值表示乳化沥青的储存稳定度。

8) 乳化沥青蒸发残留物性质检测

包括残留分含量、溶解度、针入度 (25℃)、延度 (15℃) 及软化点的测定等，主要是为了评价沥青被乳化后性能的变化。

2.5　乳化沥青破乳速度表征与分析

乳化沥青具有耗能低、施工过程简单、对环境清洁无污染等优点，因此被大范围应用在道路养护及维修等方面，其中包括冷再生沥青路面。乳化沥青的破乳速度对冷再生沥青混合料的早期强度有着至关重要的影响，因此在实际工程中，如何快速、定量、准确地评价乳化沥青破乳速度成为乳化沥青研究的重点。

研究人员 [25] 根据斯托克斯公式，发现液滴的沉降速率与其粒径大小有关，即粒径越小，沉降速率越慢；根据 LSW 理论 [26]，发生奥斯特瓦尔德熟化时液滴平均粒径的三次方与时间呈线性关系。由此可见，液滴粒径越小，分布越集中，乳液体系越稳定，破乳速度越慢，因此通过测定体系液滴粒径大小及分布可以判断乳化沥青的稳定性及破乳速度。研究人员 [27,28] 提出通过多重光散射技术，可表征乳状液的稳定性及破乳速率。由于乳状液通常为乳白色不透明体系，在采用粒径大小及分布测定法、显微镜观测法和分光光度法进行研究时都需要对乳液进行稀释，因而严重降低了研究的准确性。法国 Formulaction 公司基于多重光散射技术，研发了 Turbiscan LAB 分散稳定性分析仪，能够在不稀释和破坏样品的基础上，采用穿透力极强的近红外脉冲光光源 (λ=880nm) 进行垂直扫描，通过测量底部的散射光强度和顶部的投射光强度，给出沉淀层、浮油层或澄清层厚度随时间变化的关系曲线，可快速、准确且定量地分析乳液发生破乳的速率，以及粒子的平均粒径、浓度等特性。

2.5.1　紫外光谱法

紫外光谱法是基于紫外–可见分光光度法，是根据不同物质的分子对紫外–可见光谱 (一般认为是 200~800nm) 辐射的吸收来进行分析的一种光谱分析方法。其原理在于，运动的分子外层电子通过吸收辐射中的能量产生能级跳跃，从而产生分子吸收谱。根据朗伯–比尔定律，当一束平行单色光通过单一均匀、非散射吸光物质的理想溶液时，溶液的吸光度与溶液浓度和液层厚度的乘积总是表现出正比例关系。

$$A = -\lg T = \lg\left(\frac{I}{I_0}\right) = \varepsilon b c \tag{2-7}$$

式中，A 为吸光度；T 为透光率；ε 为摩尔吸光系数，L/(mol·cm)；c 为摩尔浓度，mol/L；b 为光程，cm。

紫外–可见吸收光谱特点在于：① 谱图简单，峰形较宽，进行定性分析信号较少，不如红外光谱有效；② 灵敏度高，物质浓度达 $10^{-7} \sim 10^{-4}$g/mL 即可检出；③ 准确度比较高，相对误差为 2%～5%；④ 吸光度与吸光系数之间遵循朗伯–比尔定律；⑤ 作用广泛，仪器操作简单快捷；⑥ pH 可能引起共轭体系的延长或缩短，使得吸收峰发生红移或蓝移。

乳化剂选用 MQK-1D，浓度 1%，进行全波段 (200～900nm) 紫外光扫描，结果如图 2-9 所示。

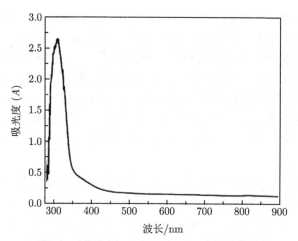

图 2-9　乳化剂 MQK-1D(1%) 紫外光谱图

由图 2-9 可以看出，乳化剂 MQK-1D 在紫外–可见光区域存在明显的紫外吸收，吸收峰明显，同时可以确定该种乳化剂的紫外最大吸收波长为 304nm。选取乳化剂浓度范围为 0.01%～2%，根据 304nm 处的吸光度建立乳化剂浓度和吸光度曲线，结果如图 2-10 所示。

由图 2-10 可以看出，乳化剂 MQK-1D 在浓度 0.01%～1% 范围内，随着浓度不断增加，吸光度也呈递增趋势，且增长趋势表现出良好的线性关系，满足朗伯–比尔定律；当浓度为 2% 时，由于溶液浓度过高，已不满足朗伯–比尔定律的线性关系，故舍去该点。此处需要注意的是，所测溶液的吸光度必须在该拟合直线范围内才适用，若浓度过高则需稀释后再进行吸光度测量。以上关系说明可以通过紫外光谱法来表征乳化沥青的破乳速度。

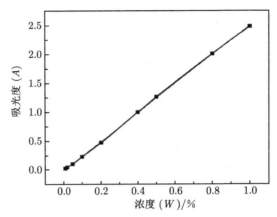

图 2-10　乳化剂 MQK-1D 标准浓度曲线 (紫外吸光度)

取等量的乳化沥青 40g, 离心 (20°C) 不同的时长后, 用移液枪取 1mL 上层清液并将其稀释到 50mL 蒸馏水中进行紫外光谱测量。为得到合适的破乳过程模拟条件, 对该过程进行三次重复模拟, 模拟过程 (一) 采用离心转速 3000r/min; 模拟过程 (二) 采用离心转速 3000r/min, 上层清液经过二次离心处理, 即将所得的溶液放置于离心管中再次进行高速离心, 沥青颗粒由于密度差会在高速离心场作用下吸附于管壁之上, 这样可以保证在乳化剂浓度不变的情况下消除溶液中悬浮的沥青颗粒; 模拟过程 (三) 采用离心转速 1500r/min, 上层清液经过二次离心处理。

测试结果表明, 直接取样的上层清液浑浊, 溶液中大量悬浮的沥青颗粒对试验结果产生较大影响, 导致紫外光谱测量结果紊乱, 无法表征乳化沥青破乳过程; 经过处理后的上层清液悬浮状沥青颗粒极少, 溶液清澈透明, 所得的紫外光谱数据显示与乳化沥青破乳规律相一致。三种不同模拟过程的结果表明, 在转速 3000r/min 条件下, 乳化沥青破乳速度过快, 在 15min 时已经基本完成破乳; 在转速 1500r/min 条件下, 乳化沥青的破乳过程出现均一等截距的紫外光谱曲线, 破乳速度适中, 满足破乳过程模拟的试验需求。因此试验确定以乳化沥青破乳过程模拟 (三) 为最终破乳速度评价方法。

根据乳化沥青破乳过程模拟 (三), 对试验比选的乳化沥青进行破乳速度评价。选取 304nm 为单波长考察点, 结果如图 2-11 所示。

由图 2-11 可知, 在本试验条件下, 乳化沥青 MQK-1D 在前 40min 吸光度上升较快, 说明在此时间段, 外界离心场的介入使得乳化沥青破乳速度加快; 而 40min 后出现第一个拐点, 此时乳化沥青表现出趋于稳定的缓慢破乳; 在 60min 以后吸光度基本维持不变, 说明此时乳化沥青已经完全破乳。根据乳化剂标准浓度曲线, 可知此时乳化剂浓度为 0.56%。

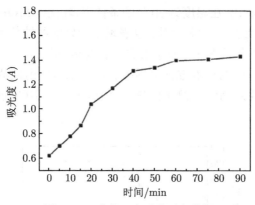

图 2-11 乳化沥青破乳过程模拟

2.5.2 离心电导率法

电导率法是电化学分析的一个分支,指根据被测溶液的导电性与被测溶液中的离子浓度关系来进行关联分析的一种方法[29]。有研究表明,大多数电解质溶液的电导率随溶液浓度增加的过程中会出现一个峰值,在电导率出现极大值之前的溶液浓度范围内,溶液的电导率会随溶液浓度的增加而升高,且能表现出良好的浓度–电导率线性关系[30]。本节基于电导率法研究理论,根据破乳过程中乳化剂浓度改变与溶液电导率变化之间的关系,建立起以电导率法来快速、准确、有效地进行乳化沥青破乳速度评价的体系。

乳化剂选用阳离子乳化剂 MQK-1D。考虑到阳离子乳化沥青制备工艺中乳化剂浓度为 2%,且为了与紫外光谱法进行对比,试验选取的乳化剂浓度分别为0.1%~1%;由于电导率测定时温度变化会影响电导率值,故为保证试验结果的可比性,在电导率测定时将温度控制在 20℃。所得结果如图 2-12 所示。

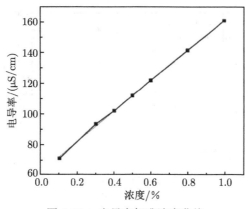

图 2-12 电导率标准浓度曲线

由图 2-12 可以看出,在温度为 20℃的条件下,乳化剂 MQK-1D 在浓度 0.1%~1%范围内电导率随浓度增大而上升,且表现出较好的线性关系,说明在该浓度范围内能够通过电导率的改变来表征乳化沥青的破乳速度。

根据前述章节所得的清液进行电导率测试。试验所用仪器为 DDSJ-308A 型电导率仪,试验温度为 20℃,测试前先用 0.1mol/L 的 KCl 溶液进行标定。所得结果如图 2-13 所示。

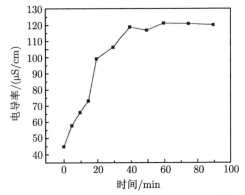

图 2-13   电导率法乳化沥青破乳过程模拟

由图 2-13 可知,随着破乳时间的增加,上层清液中的溶液电导率在不断上升,根据电导率标准浓度曲线可知,此时溶液中的乳化剂浓度也在升高。在破乳 40min 后电导率曲线出现第一个拐点,在破乳 60min 后电导率曲线达到平衡状态,说明此时乳化沥青已经基本完成破乳。电导率曲线在 60min 时对应的电导率值为 120.8μS/cm,根据图 2-12 可知,此时溶液中的乳化剂浓度为 0.59%。

将上述两种方法所得结果进行综合分析,结果如图 2-14 所示。

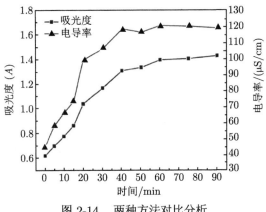

图 2-14   两种方法对比分析

由图 2-14 可知，电导率曲线和紫外光谱曲线均在 60min 出现拐点，并达到稳定状态，说明此时的乳化沥青已经基本完成破乳。由电导率曲线和紫外光谱曲线可以看出，在破乳全过程中，乳化沥青的破乳速度是在不断变化的。具体表现为，在 20min 以前曲线斜率较大，说明此时破乳速度最快；20~40min 之间曲线变化开始平缓，说明此时破乳速度已经减慢；60min 后曲线达到平稳状态，说明此时乳化沥青已经基本完全破乳，溶液中乳化剂浓度不再改变。根据标准浓度曲线对应关系可知，乳化沥青在 60min 达到完全破乳时，采用紫外光谱法所得乳化剂浓度为 0.56%，采用电导率法所得乳化剂浓度为 0.59%。两种方法所得结果较为一致，说明可以采用紫外光谱法和离心电导率法进行乳化沥青破乳速度评价。

2.5.3 集料对破乳速度的影响分析

研究表明，集料的类型、理化特性等与乳化沥青稳定体系的形成以及破乳速度有着直接的关联[31]。为了研究集料对乳化沥青破乳速度的影响规律，本节从集料的组成成分、表面能以及比表面积三个方面开展研究。

1. 组成成分

集料的物理与力学性质很大程度上受集料的组成成分影响。研究表明，集料的组成成分对集料酸碱性的影响也有较高的一致性。通常集料的酸碱性是通过集料中的 SiO_2 含量来划分的，SiO_2 含量超过 65% 的集料称为酸性集料，SiO_2 含量低于 52% 的集料称为碱性集料，SiO_2 含量在 52%~65% 的集料称为中性集料。本书采用 X 射线衍射 (XRD) 试验对三种不同石灰岩集料的组成成分进行分析，进而分析其对乳化沥青破乳速度的影响规律。XRD 的主要试验步骤包括：制备待分析物质样品；用衍射仪法或照相法获得样品衍射花样；检索 PDF 卡片；核对 PDF 卡片与物相判定。XRD 的测试结果如表 2-8 所示。

表 2-8 三种石灰岩集料的化学组分分析

样品	Na_2O	MgO	Al_2O_3	K_2O	CaO	TiO_2	Fe_2O_3	SiO_2	烧失量
#1	0.75	1.72	4.69	0.54	37.26	0.63	4.84	13.38	29.34
#2	0.073	3.3	0.61	0.07	50.19	0.025	0.52	2.25	42.58
#3	0.02	22.23	0.2	0.013	30.36	0.01	0.11	0.45	46.04

由表 2-8 可知，三种集料的主要组成成分分别为氧化钙、氧化镁、氧化铝、氧化铁以及二氧化硅。组分含量各不相同，其中 #3 氧化镁含量最高，#1 氧化镁含量最低；#1 氧化铁含量最高，#3 氧化铁含量最低；#1 二氧化硅含量最高，#3 二氧化硅含量最低。

为了找到一个合适的破乳条件进行试剂对乳化沥青破乳速度影响的评价，试验采用油灰比 2.5%，离心转速 1000r/min，温度 20℃，试剂选用前述所得 6 种集料主要组分试剂，分别对不同时间下的乳化沥青破乳速度进行考察以选取最佳破乳时间考察点。试验结果如表 2-9 所示。

表 2-9   不同组分试剂破乳速度评价

吸光度 (A)	MgO	Fe_2O_3	CaO	SiO_2	Al_2O_3	$CaCO_3$
5min	0.4449	0.3954	0.5830	0.5505	0.4918	0.5604
10min	0.4984	0.3620	0.6888	0.5216	0.5790	0.5708
15min	0.9976	0.5340	0.6818	0.5926	0.7104	0.7863
20min	1.1185	0.5617	0.5970	0.6480	0.8504	0.7856
25min	1.2206	0.5013	0.7167	0.7313	0.8429	0.8699
30min	1.2399	0.6847	0.7086	0.8018	0.8646	0.8988

　　根据前述考察所得乳化沥青在达到完全破乳时吸光度为 1.4，由表 2-9 可知，此试验条件下 6 种试剂拌和的乳化沥青均为完全破乳。为准确评价不同条件下乳化沥青与试剂拌和后破乳速度对比，选取时间点必须早于完全破乳时间，因此试验确定选用离心 20min 作为评价乳化沥青破乳的时间点，而此时对应的乳化沥青破乳的紫外吸光度 $A=1.042$。

　　试验采用油灰比 0.25%、1%、2%、3%、4%，离心转速 1500r/min，温度 20℃，对 20min 乳化沥青破乳速度进行考察，结果如图 2-15 所示。

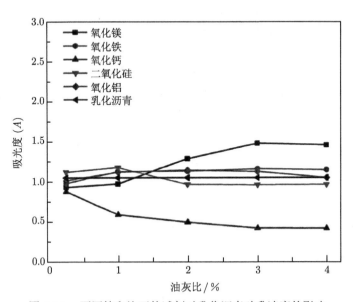

图 2-15   不同拌和比下的试剂对乳化沥青破乳速度的影响

　　由图 2-15 可知，不同的油灰比对乳化沥青破乳速度有着显著影响。随着油灰比不断增大，6 种组分试剂对破乳速度的影响逐渐趋于平衡；在油灰比为 0.25%

时对乳化沥青破乳速度影响均不明显，但随着油灰比逐渐增大，几种组分试剂分别表现出不同的影响：氧化镁显著加速了乳化沥青的破乳，吸光度远大于乳化沥青 20min 的吸光度；氧化铁、氧化铝、二氧化硅对破乳速度影响均不大；氧化钙则表现出显著抑制破乳的效果。

2. 表面能

习惯上，人们常把"表面"用于一个凝固相 (液相或固相) 和一个气相或真空这两相之间的区域，而"界面"常用于包含两个凝固相的体系[32-35]。通常彼此发生接触的两相之间必定存在一个间隔区间，在这个区域，体系的固有性能从一个相到另一个相发生了改变，例如在一个固相和一个液相之间的边界。这两相边界要保证稳定就必须具有界面自由能，通过做功使表面或界面延伸或扩大，而当这个自由能为负值时，这个边界就不能稳定存在于两相之间。界面和界面现象独有的特征产生于界面上的原子或分子间的相互作用。若真空中将一个本体相沿某一个平面等温且可逆地劈开，两个新的表面被分开距离 H，由此导致体系的自由能净增加，其正比于所形成的新表面的面积 A 和界面单元的密度。体系自由能的实际改变同样也依赖于分离的距离，因为单元相互作用一般通过某种反幂律减少。当两个新的界面被分离至所谓实际上无穷远时，体系的自由能就变成了常数。该"附加的"能量被称为"表面自由能"，确切地说是"过剩"表面自由能，通常使用的单位为 mJ/m^2。

表面自由能理论合理地解释了界面问题，因此在涂料、胶体等学科领域获得了较多应用。近些年来，国内外相关研究者将相关方法和理论应用于沥青混合料体系中，并利用表面自由能理论分析集料与沥青间的相互作用及微观机理，对选择最佳沥青–集料组合提供了指导。根据表面物理化学知识，液体或固体的表面自由能主要由范德瓦耳斯力成分和路易斯酸碱作用力成分组成。

$$\Gamma = \Gamma^{LW} + \Gamma^{AB} \tag{2-8}$$

式中，Γ 为沥青或集料表面自由能；Γ^{LW} 为表面自由能的范德瓦耳斯力成分；Γ^{AB} 为表面自由能的路易斯酸碱作用力成分。

集料表面自由能的测试方法目前以间接法为主，按照测试技术分为接触角法、热量法以及吸附法等。本书选择较为常见的毛细管上升法测试集料的表面自由能，属于接触角法。其基本原理如下：将粉末状的矿粉装于毛细玻璃管中，将其一段浸入已知表面张力的溶液，液体通过毛细作用逐渐渗入粉末柱中；由于毛细作用快慢和液体表面张力以及矿粉的接触角有直接关系，因此通过测定液体在粉末柱内形成的微小毛细管通道的上升状况即可求出矿粉的接触角。

依据 Washburn 浸渍方程，不同种类矿粉在不同测试液体条件下的接触角计算公式如下：

$$\frac{h^2}{t} = (\gamma_1 R_{\text{eff}} \cos\theta)/(2\eta) \tag{2-9}$$

式中，h 为液体上升高度，cm；η 为液体的黏度，mPa·s；R_{eff} 为毛细管的有效半径，μm，选用表面能较低的液体试验计算确定；θ 为液体和固体之间的接触角，(°)；t 为浸渍时间，s；γ_1 为液体的表面自由能，mJ/m^2。

　　为研究集料的表面能、比表面积对乳化沥青破乳速度的影响，由于比表面积、表面能均与集料的材料性质、集料的粒径有着直接的关联，而乳化沥青的破乳速度本身也与拌和比、破乳时间存在客观的关系，因此本章采用正交试验设计，选取性能与组分相差较大的 3 种不同粒径的石灰岩集料，分别从时间 (A)、材料 (B)、拌和比 (C)、粒径 (D) 几方面来考察集料的表面能、比表面积对乳化沥青破乳速度的影响。在确立试验方案前先对影响因素进行单因素分析，得出指标与因素的关系如图 2-16 所示。

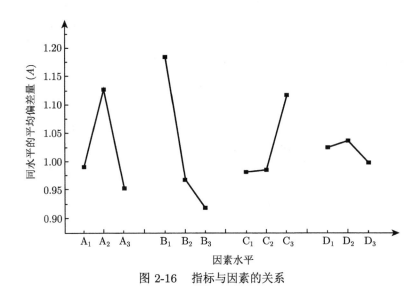

图 2-16　指标与因素的关系

　　由图 2-16 可以看出：

　　(1) 因素 A (时间)、因素 B (材料) 的偏差幅度大，因此为影响乳化沥青破乳速度的主要因素；而因素 C (拌和比) 在水平 1 (5%)、水平 2 (10%) 下偏差量较小，当达到水平 3 (20%) 时偏差量也较大，说明该因素在拌和比较低时对乳化沥青破乳速度影响不明显，当拌和比增加到一定值时则会使破乳速度明显改变。

　　(2) 因素 D (粒径) 的偏差量最小，说明该因素对乳化沥青破乳速度的影响较低，分析可能是本试验所选取的集料粒径相差不大所致。

以下通过因素 B (材料) 和因素 D (粒径) 来具体分析集料的表面能、比表面积对乳化沥青破乳速度的影响。

三种石灰岩集料在不同粒径下的表面能参数如图 2-17 所示。

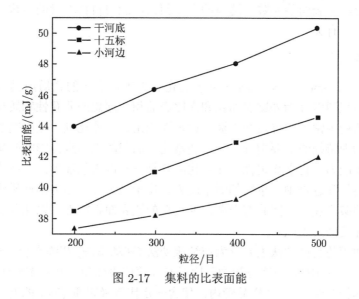

图 2-17　集料的比表面能

集料的表面能参数对乳化沥青破乳速度的影响分析结果如图 2-18 所示。

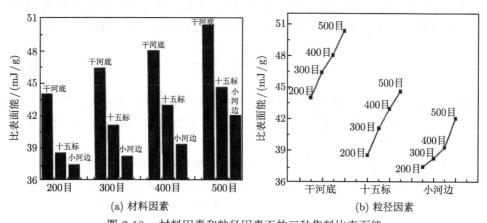

(a) 材料因素　　　　　　　　　　　(b) 粒径因素

图 2-18　材料因素和粒径因素下的三种集料比表面能

由图 2-18 可以看出,集料的表面能参数与材料本身和粒径有关;就本试验研究的三种集料而言,干河底集料的比表面能最大,十五标次之,小河边最小。结合图 2-16,对于材料因素,干河底的破乳速度最快,小河边的破乳速度最慢;对于粒径因素,500 目的破乳速度最快,300 目的破乳速度最慢。以上说明,集料的比表面能越大，乳化沥青的破乳速度越快；但相较材料因素而言，粒径因素对破乳速度的影响偏差较小，表明对于材料因素，对乳化沥青破乳速度产生影响的并非只有表面能参数，结合粒径因素分析可推测该未知因素对乳化沥青破乳速度的影响应该更胜于表面能参数，这里的未知因素可能与材料本身的结构、孔隙、酸碱性及带电性有关。

3. 比表面积

比表面积 (specific surface area) 的定义为单位质量的物质所具有的面积总和。比表面积通常分为外比表面积和内比表面积，理想的非孔性物质只有外比表面积，如工程中常用的硅酸盐水泥。比表面积是评价催化剂、吸附剂及矿料、黏土、石棉物理特征的重要指标之一。通常比表面积的大小直接影响矿料的热力学性质、吸附能力、化学稳定性，而乳化沥青是一种以水包油形式存在的不稳定体系，与集料拌和过程中，集料的吸附能力、化学稳定性、热力学性质将直接影响乳化沥青的破乳速度，因此有必要研究集料的比表面积特性，以此分析其与乳化沥青破乳速度间的关联。

比表面积的测试方法主要分为连续流动法 (即动态法) 和静态容量法。本书采用动态法，根据 BET 吸附理论由吸附量来计算比表面积，其基本操作方法如下：将待测粉体样品装在 U 形样品管内，使含一定比例吸附质 (N_2) 的混合料气体流过样品，根据吸附前后气体浓度变化来确定被测样品对吸附质的吸附量。BET 测试理论是根据 Brunauer、Emmett 和 Teller 三人提出的多分子层吸附模型，推导出的单层吸附量 V_m 与多层吸附量 V 间的关系方程，即著名的 BET 方程：

$$\frac{p}{V(p_0 - p)} = \frac{1}{V_m C} + \frac{C-1}{V_m C} \times \frac{p}{p_0} \tag{2-10}$$

式中，V 为平衡压力 p 时吸附气体的总体积；V_m 为催化剂表面覆盖第一层满时所需气体的体积；p 为被吸附气体在吸附温度下平衡时的压力；p_0 为饱和蒸汽压力；C 为与被吸附有关的常数。

BET 方程的建立基于多层吸附的理论，更加接近于物质实际的吸附过程，因而所得的测试结果更准确。通过实测 3~5 组被测样品在不同氮气分压下的多层吸附量并进行线性拟合，可以得到 V_m 值以计算出被测样品的比表面积：

$$S_0 = \frac{V_m}{V_0} \times N_A \sigma^0 \tag{2-11}$$

式中，N_A 为阿伏伽德罗常数；σ^0 为吸附分子的截面积，m^2；V_0 为气体在标准状况下的摩尔体积，mL。

根据 BET 吸附理论，采用 ASAP2020M+C 物理吸附仪，对粒径分别为 200

目、300 目、400 目、500 目和 600 目的三种石灰岩进行比表面积测定，所得结果如表 2-10 所示。

表 2-10　比表面积计算汇总表　　　　　　（单位：m²/g）

试样	200 目	300 目	400 目	500 目	600 目
干河底	0.338837	0.636986	1.029656	1.366986	1.875140
小河边	0.133391	0.398658	0.857935	0.942185	1.842931
十五标	0.266668	0.593541	1.100000	1.177040	1.749296

集料的比表面积对乳化沥青破乳速度影响的分析结果如图 2-19 所示。

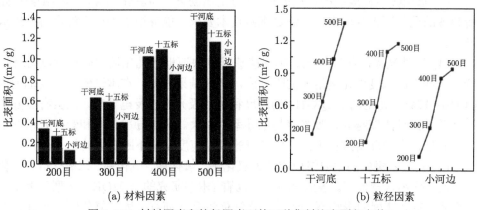

(a) 材料因素　　　　　　　　　　(b) 粒径因素

图 2-19　材料因素和粒径因素下的三种集料比表面积参数

由图 2-19 可以看出，集料的比表面积随粒径增大而减小，且不同集料的比表面积参数也不相同，具体为 500 目>400 目>300 目>200 目，干河底 > 十五标 > 小河边；其中粒径 400 目时十五标的比表面能参数略大于干河底，可能由试验产生的随机误差导致。为分析集料的比表面积参数与乳化沥青破乳速度的关系，采用灰色关联法进行分析，结果如表 2-11 所示。

表 2-11　集料的比表面积与乳化沥青破乳速度的灰色关联分析

	材料因素				粒径因素		
	200 目	300 目	400 目	500 目	干河底	十五标	小河边
灰色关联系数	0.388524	0.449029	0.742988	0.708838	0.576024	0.550027	0.457423

根据表 2-11，结合图 2-16、图 2-19 可知，集料的比表面积与乳化沥青破乳速度是正相关的，即比表面积越大，乳化沥青破乳速度越快。由表 2-11 可以看出，集料的比表面积参数与乳化沥青破乳速度关联性较低，说明集料的比表面积参数并不是影响乳化沥青破乳速度的主导因素。

2.6　本章小结

乳化沥青的性能对冷再生混合料的性能有非常重要的影响。本章主要介绍了乳化沥青的性能特点，包括乳化沥青的分类及其作用机理；分析了生产乳化沥青的必要因素，包括沥青、水以及乳化剂及其对乳化沥青性能的影响方式与制备方式，对乳化沥青的破乳速度评价进行了研究。主要结论如下：

(1) 影响乳化沥青稳定性的主要因素依次为界面膜、电荷和界面张力。

(2) 影响乳化沥青破乳速率的主要因素包括 ζ 电位、颗粒粒径、乳化剂的浓度以及集料的疏水性等。

(3) 选用慢裂慢凝型的乳化剂和 70 号基质沥青制备乳化沥青，检测结果表明，所制备的乳化沥青各项指标均满足规范技术要求，能够用于冷再生混合料的组成设计。

(4) 紫外光谱法和离心电导率法能够准确快速地对乳化沥青破乳速度进行评价。考察不同浓度乳化剂溶液的吸光度，研究结果表明，在本试验的浓度范围内 (0.1%～1%)，乳化剂 MQK-1D 的浓度和紫外吸光度以及电导率之间具有良好的线性关系，且浓度越高，吸光度与电导率值越大。由电导率曲线和紫外光谱曲线可以看出，在破乳全过程中，乳化沥青的破乳速度是在不断变化的。

(5) 石灰岩集料的主要组成成分为氧化钙、氧化镁、氧化铝、二氧化硅、氧化铁，且氧化钙含量最高。各成分对乳化沥青 (本书研究的是 MQK-1D 型阳离子乳化沥青) 破乳速度的影响不一致，氧化镁促进乳化沥青破乳，氧化钙抑制乳化沥青破乳，而其他三种成分对乳化沥青破乳速度影响不明显。集料的表面能、比表面积参数对乳化沥青的破乳速度均有影响，且正相关，也即集料的比表面能越大、比表面积越大，乳化沥青的破乳速度越快。

第 3 章　回收沥青路面旧料性能

3.1　概　　述

在乳化沥青冷再生技术中，回收旧料的性能至关重要。回收沥青路面旧料是由集料、老化沥青以及填料等成分组成的混合物，其性质既不同于新集料，也不同于原始沥青混合料。不同于热再生对回收旧料重新加热后拌和，冷再生过程中回收旧料直接在冷态下拌和，旧料的性能得到较大程度保留。因此，回收沥青路面旧料的性能对冷再生混合料的性能影响程度非常大 [36]。

目前大规模维修工程中，最常使用的沥青路面旧料回收方式为铣刨 (图 3-1)。铣刨工艺可以较好地控制铣刨量和旧路标高，且施工速度较快；但是，由于铣刨过程中铣刨机的机械切削对旧路中的集料会产生很大的冲击，因此铣刨后的混合料级配较原路面的级配会产生很大的变化；同时，公路等级、使用年限、最初使用的原材料性质、铣刨方式等均会影响回收料的残留性能。

图 3-1　旧料的铣刨工艺

本章主要阐述回收沥青路面旧料颗粒团的性能研究成果，主要内容包括第 2 节回收旧料的结团特性研究，第 3 节回收旧料的残余强度研究。

3.2   回收旧料的结团特性研究

传统上,回收旧料在冷再生过程中被当作"黑石"来处理,但实际上回收旧料具有复杂的组成,主要包括由旧集料、填料、老化沥青黏结形成的团状颗粒,其物理与力学性质不均匀,受荷载时易松散或变形,在压实过程中容易导致混合料级配发生变化,从而影响混合料强度。研究已表明,当再生混合料受到外部荷载作用时,旧料颗粒团作为一个独立单元,分担荷载的能力主要来源于颗粒团内部的原有强度,故旧料颗粒团内部残留强度就决定了再生混合料的强度[37,38]。因此,需要首先对旧料的结团特性评价以及预处理方法等进行充分研究。

郭保和分析了压实过程中 RAP 的破裂现象,该现象导致冷再生混合物的级配发生变化[39];使用 PFC2D 软件创建了 RAP 的离散元素模型来模拟压实过程,发现随着轧制时间的增加,受损的 RAP 颗粒数量增加,这导致了混合物级配的变化。

本节针对旧料的结团问题,采用不同料源的旧料,以抽提试验和破碎试验为基础,对旧料的结团情况大小、结团旧料颗粒组成、旧料破碎规律、旧料结团的稳定性等进行分析,并给出相应的量化评价指标,提出相应的旧料结团应对措施和旧料优化分级方法,以期为旧料的充分再生利用提供有意义的参考。

3.2.1   原材料

首先选用三种不同料源的回收旧料,原混合料类型分别为 AC 20,SMA 13 和 OGFC 13。三种回收旧料包括路面铣刨料和工厂二次破碎旧料。表 3-1 列出了三种回收旧料的性能,分别标记为 RAP1、RAP2 和 RAP3。按照《公路工程集料试验规程》(JTG E42—2005) 中 T 0327 方法及《公路工程沥青及沥青混合料试验规程》(JTG E20—2011) 中 T 0722 方法对所取旧料进行筛分和抽提试验,其相应的抽提前后筛分结果如图 3-2 所示[40,41]。

表 3-1   回收旧料性能

名称	RAP1	RAP2	RAP3
沥青混合料类型	AC	SMA	OGFC
含水量/%	1.21	1.19	1.94
压碎值 (粗集料)/%	10.11	11.29	10.71
公称最大粒径/mm	20	13	13
油石比/%	5.16	4.87	4.45

从图 3-2 可以看出,三种回收旧料抽提前后级配均发生了明显的变化。抽提后的旧料级配明显细于抽提前,抽提后的回收旧料中小于 0.075mm 的细料含量明显高于原始回收旧料,表明原回收旧料结团现象明显;在沥青提取过程中,回收旧料颗粒团破裂,较大尺寸的旧料团被分解为较小的旧料颗粒。

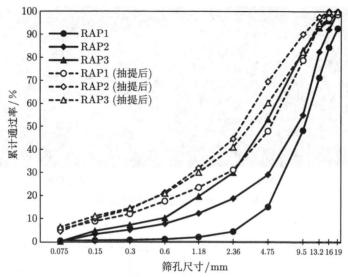

图 3-2 三种回收旧料抽提前后级配对比

由于旧料的结团主要表现为较粗旧料的结团,因此根据实际筛分情况,本书针对 1.18mm 及以上粒径旧料的结团进行评价。为了准确评估沥青提取或压碎后的损失百分比,首先对 1.18mm 以上的旧料进行逐档筛分,筛孔尺寸分别为 4.75mm、9.5mm、13.2mm、16mm 和 19mm,然后对保留在每档筛孔尺寸上的旧料样品进行试验评价,包括沥青抽提试验、飞散试验、拌和模拟破碎试验。

3.2.2 沥青抽提试验

首先对每档旧料分别采用离心分离法开展抽提试验,试验方法参照《公路工程沥青及沥青混合料试验规程》(JTG E20—2011) 中的 T 0722 方法。先使用三氯乙烯从骨料中除去沥青黏合剂,然后使用离心抽提仪分离沥青和集料,获得样品的初始质量和最终质量,并计算沥青的含量。图 3-3 为沥青抽提试验前后的回收旧料试样。抽提完成后,对提取的样品进行筛分分析,以确定保留在原始筛上的集料量 $w_{retained}$;每次进行三个平行测试,并对结果取平均值以获得最终值,然后按式 (3-1) 对每档旧料分别计算损失百分比。损失百分比反映了回收旧料的结团程度,损失百分比越高,表明旧料的结团程度越高。

$$\text{Loss}_{\text{extraction}}\% = (1 - w_{\text{retained}}/w) \times 100\% \tag{3-1}$$

图 3-4(a)、图 3-5(a) 和图 3-6(a) 分别为 RAP1、RAP2 和 RAP3 各档旧料的沥青含量,图 3-4(b)、图 3-5(b) 和图 3-6(b) 分别为各档旧料在抽提中的损失百分比。

(a) 抽提前   (b) 抽提后

图 3-3   沥青抽提前后的回收旧料

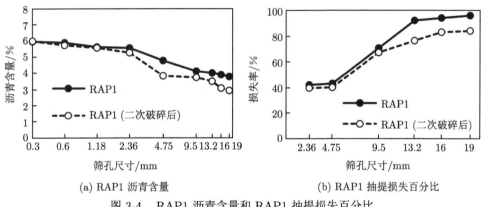

(a) RAP1 沥青含量   (b) RAP1 抽提损失百分比

图 3-4   RAP1 沥青含量和 RAP1 抽提损失百分比

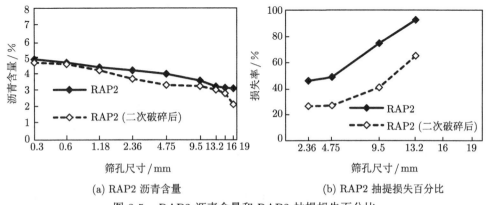

(a) RAP2 沥青含量   (b) RAP2 抽提损失百分比

图 3-5   RAP2 沥青含量和 RAP2 抽提损失百分比

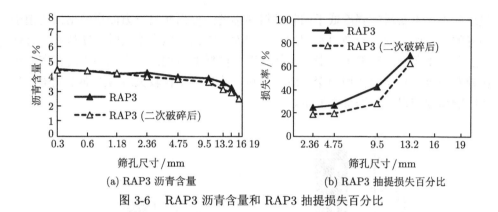

(a) RAP3 沥青含量　　　　　　(b) RAP3 抽提损失百分比

图 3-6　RAP3 沥青含量和 RAP3 抽提损失百分比

由图 3-4 ～ 图 3-6 可以看出：

(1) 图 3-4(a)、图 3-5(a) 和图 3-6(a) 表明沥青含量随回收旧料尺寸的增加而降低，这是由于回收旧料颗粒团的比表面积 (单位质量的表面积) 随着尺寸的减小而增加，从而给定质量的细集料比粗集料吸附更多的沥青。

(2) 图 3-4(b)、图 3-5(b) 和图 3-6(b) 表明，各档回收旧料在抽提后保留在原尺寸筛孔上的旧料质量均有不同程度的减小，表明各档回收旧料中均存在结团现象。结团程度随回收旧料尺寸的增加而增加，并且在 4.75mm 以下相对较小且趋于稳定，这表明较大尺寸的 RAP 颗粒团由较小尺寸的回收旧料颗粒组成，并且在受到外力作用时易于破裂。

(3) 比较三种类型的回收旧料样本，未处理的 RAP1 和 RAP2 的损失百分比明显高于 RAP3。由于 RAP3 是开级配的，包含较少量的细集料，因此不太容易聚集成团。

(4) 比较未处理的和工厂压碎的回收旧料样品，压碎样品的损失百分比显著降低，表明压碎处理有利于减少回收旧料的结团现象，并产生更稳定和均匀的回收旧料。建议在使用回收旧料之前先对其做压碎处理。

3.2.3　回收旧料结团度分析

1. 压碎试验

压碎值反映了集料在荷载作用下抵抗压碎的能力，因此，为研究旧料的结团强度，参照《公路工程集料试验规程》(JTG E42—2005) 中的 T 0316 方法，采用不同的最大压力，即 100kN、200kN、300kN、400kN 进行旧料的压碎试验，以 2.36mm 筛的通过率为评价指标，结果如图 3-7 和图 3-8 所示。

由图 3-7 和图 3-8 可见，旧料的压碎值以及在不同压力作用下 2.36mm 筛的通过率均小于新集料的值，这与旧料在车载长期作用下强度下降的常规认识不符。

但这并不代表新料的强度低于回收旧料的强度，反而从另一方面反映出旧料由于沥青的存在而表现出与新料不同的压碎特性。因为当压力增大时，新料破坏会逐渐加剧，小颗粒逐渐增加；旧料虽然表现出同样的过程，但由于沥青的存在，小颗粒及粉末会受压力作用而聚集成大颗粒，或者黏结在较大颗粒上而不脱落，从而影响试验结果，如图 3-9 所示。

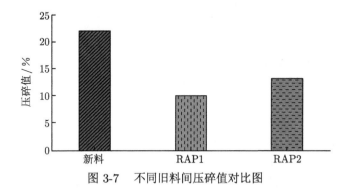

图 3-7 不同旧料间压碎值对比图

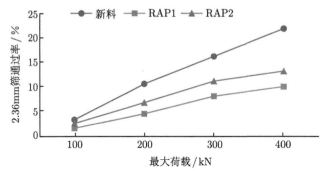

图 3-8 不同荷载下的压碎情况变化图

图 3-9 旧料压碎试验后颗粒团聚现象图

因此，从新、旧料压碎特性的不同可得，对新、旧料进行破碎时要注意破碎机械的选取问题，对于旧料不适于采用由压力而使材料破碎的机械，更适合采用一些由剪切力作用而造成破碎的机械。这和旧料的强度力学特性与新料之间差距较大有着密切联系。

2. 飞散试验

为模拟旧料的破碎过程，探究结团旧料的破碎规律与特性，本节采用洛杉矶磨耗仪飞散破碎的方法对各档旧料进行破碎试验。试验方法参照《公路工程集料试验规程》(JTG E42—2005) 中的 T 0317 方法。根据集料试验规程对集料筛分试验时所需最小集料质量要求的规定，分别称取各档粒径的旧料质量记为 w；参照沥青混合料肯塔堡飞散试验的试验方法对各档旧料进行常温下的飞散试验，模拟破碎过程，洛杉矶磨耗仪分别设定圈数为 50r、100r、200r、300r；对取出后的旧料进行筛分试验，称取筛上剩余旧料质量记为 w_{retained}，并按公式 (3-2) 计算各粒径旧料的损失率，损失率越高，表明结团强度越高。图 3-10 为洛杉矶磨耗仪。

$$\text{Loss}_{\text{LA abrasion}}\% = (1 - w_{\text{retained}}/w) \times 100\% \tag{3-2}$$

图 3-10   洛杉矶磨耗仪

图 3-11(a)、图 3-12(a) 和图 3-13(a) 为各转数条件下，三种回收旧料经飞散试验后各档的损失率；图 3-11(b)、图 3-12(b) 和图 3-13(b) 为在 300r 条件下，三种回收旧料处理前后各档的损失率。

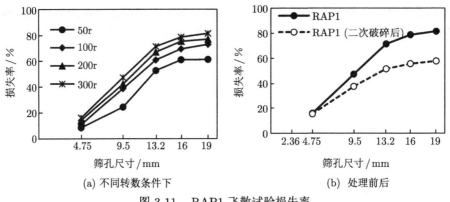

(a) 不同转数条件下   (b) 处理前后

图 3-11   RAP1 飞散试验损失率

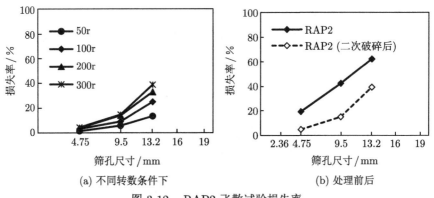

(a) 不同转数条件下   (b) 处理前后

图 3-12   RAP2 飞散试验损失率

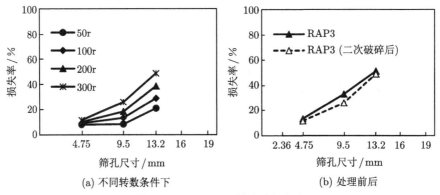

(a) 不同转数条件下   (b) 处理前后

图 3-13   RAP3 飞散试验损失率

从图 3-11 ~ 图 3-13 中可以看出：

(1) 随着旋转次数的增加，损失率增加。损失率亦随着粒径的增大而增加，由此也可以间接证明存在由细 RAP 颗粒组成的 RAP 颗粒团，并且在受到外力作用时容易分解。

(2) 相较于沥青抽提试验，飞散试验损失率明显低于抽提试验损失率。

(3) 比较未处理的回收旧料和工厂二次破碎后的回收旧料可以发现，二次破碎后的旧料损失率低于未处理旧料。这是因为在工厂压碎过程中，回收旧料颗粒团尺寸减小了，说明工厂二次破碎旧料能一定程度上降低旧料结团，提高旧料稳定性。

(4) 比较三种类型的 RAP 样本，RAP1 的损失率比 RAP2 和 RAP3 高得多。这是因为 RAP1 的公称粒径较大，更易于结团；RAP3 包含较少的细料，因此损失率较低。

3. 拌和模拟破碎试验

为了模拟冷再生过程中回收旧料颗粒团在混合过程中的破碎状况，采用拌锅拌和试验。将制备的干燥 RAP 样品称重至 1500g，加入拌锅中，并在室温下混合，混合持续时间设置为 0.5min、1min、2min 和 3min，以确定混合时间对颗粒团破碎程度的影响。混合后，对混合的 RAP 样品进行筛分分析，称量保留在原始筛上的 RAP 样品的质量 w_{retained}，然后使用公式 (3-3) 计算旧料的损失率。图 3-14 为沥青混合料搅拌仪。

图 3-14　沥青混合料搅拌仪

$$\text{Loss}_{\text{mixing}}\% = (1 - w_{\text{retained}}/w) \times 100\% \tag{3-3}$$

图 3-15(a)、图 3-16(a) 和图 3-17(a) 为经过不同混合时间后三种旧料各档的损失率，图 3-15(b)、图 3-16(b) 和图 3-17(b) 为三种旧料在 3min 的拌和时间内处理前后各档的损失率。

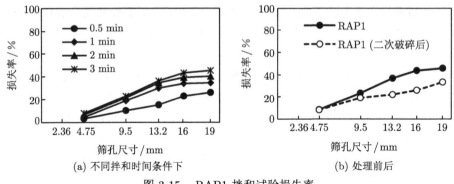

(a) 不同拌和时间条件下　　　　　　　　(b) 处理前后

图 3-15　RAP1 拌和试验损失率

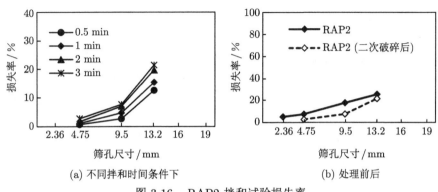

(a) 不同拌和时间条件下　　　　　　　　(b) 处理前后

图 3-16　RAP2 拌和试验损失率

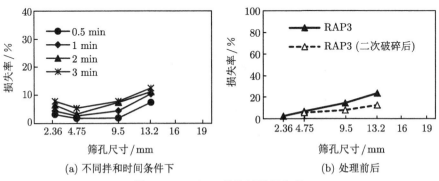

(a) 不同拌和时间条件下　　　　　　　　(b) 处理前后

图 3-17　RAP3 拌和试验损失率

从图 3-15 ～ 图 3-17 可以看出:

(1) 各档粒径的损失率随着粒径的增大而增大, 且随着拌和时间的增加而增加。

(2) 相比于飞散试验来说，各旧料损失率明显更低。这是因为与洛杉矶磨耗仪测试相比，拌和过程中的力较小，因此磨损较少。

(3) 工厂二次破碎后的回收旧料损失率低于未处理的回收旧料。

(4) 比较三种回收旧料，由于 RAP1 的公称粒径较大，因此其损失率比 RAP2 和 RAP3 高。RAP3 由于是开级配，细料较少，因而结团较少，损失率也最低。

4. 相关性分析

图 3-18 分别为飞散试验中 (300r) 损失率与抽提试验中损失率之间的相关性，以及拌和试验中 (3min) 损失率与抽提试验中损失率之间的相关性。

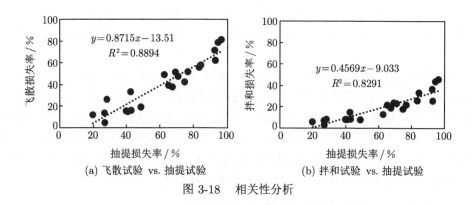

(a) 飞散试验 vs. 抽提试验　　　　(b) 拌和试验 vs. 抽提试验

图 3-18　相关性分析

两种试验方法的损失率结果均与抽提试验损失率显示出良好的线性相关性，R^2 值分别为 0.8894 和 0.8291，这表明飞散试验和拌和试验可以有效地反映回收旧料的结团程度。但是，两种试验方法都不能完全破坏回收旧料颗粒团的结团，因此损失率均低于沥青抽提试验。飞散试验在破坏结团颗粒上更为有效，因为在此过程中会涉及更多的破碎力和剪切力。

5. 回收旧料结团度指标

为了量化每个测试中回收旧料的结团程度，将结团度指标 w 定义为每档筛孔尺寸上旧料的综合损失百分比，如式 (3-4) 所示。w 越高，表示回收旧料的损失率越高，回收旧料的结团度越高。

$$w = \frac{1}{n} \sum_{i=1}^{n} \left(\frac{w_{i1} - w_{i2}}{w_{i1}} \right) \% \qquad (3\text{-}4)$$

式中，n 是筛孔尺寸的数目；w_{i1} 是测试前第 i 个粒径的权重；w_{i2} 是测试后第 i 个粒径的权重。

本节仅使用 4.75mm 以上的筛子。表 3-2 显示了三种类型测试的结团度。工厂二次破碎后的回收旧料结团度明显较低，沥青抽提试验中所获取的结团度明显高于其他两种试验；由于混合过程中涉及的磨损和研磨较少，拌和试验所得的结团度最低。在三种类型的回收旧料中，RAP1 的结团度最高，RAP2 的结团度最低；工厂压碎的效果对 RAP3 更为显著。

表 3-2　三种试验结团度指标结果

试验类型	RAP1	RAP1 (二次破碎后)	RAP2	RAP2 (二次破碎后)	RAP3	RAP3 (二次破碎后)
抽提试验	79.33	70.28	46.21	36.90	72.09	44.36
飞散试验	58.87	43.47	32.47	28.79	41.00	19.34
拌和试验	31.26	21.37	14.95	8.72	16.87	10.61

沥青抽提试验可以反映回收旧料的真实结团度，因此是回收旧料结团度的理想指标；但是，对于再生来说，在混合过程中回收旧料老化沥青没有经过重新加热再生，而是以老化沥青的形式保留，对于冷再生混合料的性能至关重要的是在混合压实过程中的损失率导致的级配变化。飞散试验和拌和试验模拟了回收旧料的混合过程，更接近冷再生过程中的实际损失百分比；因此，就表征 RAP 的结团度而言，在飞散试验和拌和试验中结团度更为实用。

3.2.4　基于 AIMS 扫描试验的旧料结团特性分析

集料图像测试系统 (aggregate image measurement system, AIMS) 是由图像采集硬件和计算机组成的综合系统，如图 3-19 所示。图像采集硬件使用照相机、显微镜、集料托盘、背光照明和顶部照明系统，计算机以用户界面运行的硬件及 AIMS SOFTWARE© 软件来进行数据分析，并结合 Excel 以图表的形式分析输

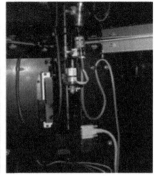

图 3-19　AIMS 集料图像测试系统

出数据。试验采用 PINE 公司生产的 AIMS 系统对粒径为 13.2~16mm 的新集料、二次破碎旧料、路面铣刨料以及扁平状二次破碎旧料、扁平状路面铣刨料共 5 种集料进行扫描，对比分析其棱角度 (GA)、表面纹理 (TX)、粗集料棱角纹理值 (CAAT)、球度 (SP) 等指标。

1. 棱角度 (GA)

棱角度 (angularity) 表征影响整体形状的粒子边界的变化，它能够有效度量多角形状颗粒边界上高梯度值随颗粒边界的变化情况，计算结果与采集的集料二维图像棱角清晰度有关，如式 (3-5) 所示。

$$\mathrm{GA} = \frac{1}{\dfrac{n}{3}-1} \sum_{i=1}^{n-3} |\theta_i - \theta_{i+3}| \tag{3-5}$$

式中，θ 为边缘点上的方位角；n 为点的总个数；i 为边缘上第 i 个点。

从图 3-20 各集料的棱角度结果可看出：

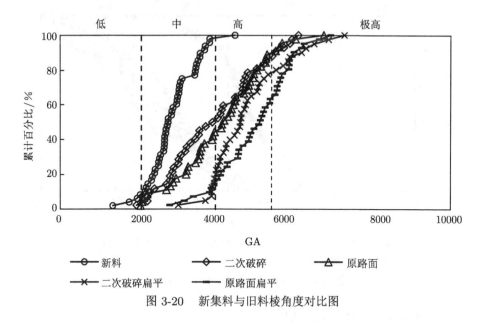

图 3-20 新集料与旧料棱角度对比图

(1) 相对于新料，旧料结团而导致其棱角度增加，变得更易破碎。二次破碎能在一定程度上降低旧料的棱角度，这也是二次破碎旧料的结团稳定性相对较高的原因之一。

(2) 扁平状旧料颗粒棱角度相对较大，而扁平状颗粒的旧料结团程度较大，结团稳定性较差，因此可以采用棱角度指标从侧面表征旧料的结团程度，棱角度值越大，旧料结团程度越大，旧料稳定性越差，越易造成再生料的级配变异。

2. 纹理值 (TX)

纹理 (texture) 描述了集料颗粒表面的相对光滑度或粗糙度，一般仅适用于粗集料，描述的纹理尺寸范围为 >0.5mm，如式 (3-6) 所示。

$$\mathrm{TX} = \frac{1}{3N} \sum_{i=1}^{3} \sum_{j=1}^{n} (D_{i,j}(x,y))^2 \tag{3-6}$$

式中，D 为分解函数；n 为分解层数；N 为图像中系数的总数；i 为 1、2 或 3 方向上的详细图像；x、y 为变换域中系数的位置。

从图 3-21 可见，新、旧料间纹理值相差较大，而不同旧料间相差较小，这是因为纹理值主要与材料属性相关，而受其几何形状的影响较小，故不同粒径及形状下纹理值相差不明显，无法得到纹理值与旧料结团间的联系。

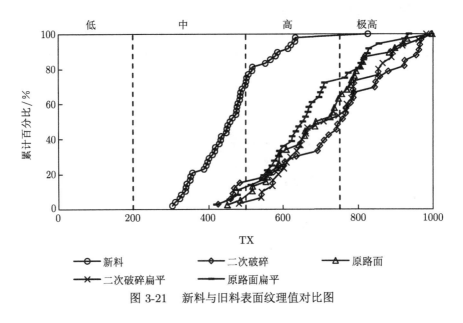

图 3-21　新料与旧料表面纹理值对比图

3. 粗集料棱角纹理值 (CAAT)

$$\mathrm{CAAT} = 10 \times \mathrm{TX} + 0.5 \times \mathrm{GA} \tag{3-7}$$

与纹理值类似，粗集料棱角纹理值 (coarse aggregate angularity texture value, CAAT) 也不能很好地表征旧料结团特性，如图 3-22 所示。

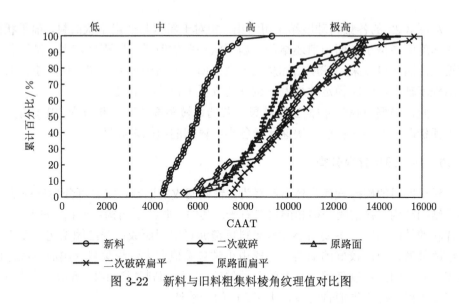

图 3-22 新料与旧料粗集料棱角纹理值对比图

4. 球度 (SP)

球度 (sphericity) 适用于粗集料尺寸，并描述颗粒的整体三维形状，如式 (3-8) 所示。

$$\mathrm{SP} = \sqrt[3]{\frac{d_S d_I}{d_L^2}} \tag{3-8}$$

式中，d_S 为颗粒最短尺寸；d_I 为颗粒中间尺寸；d_L 为颗粒最长尺寸。

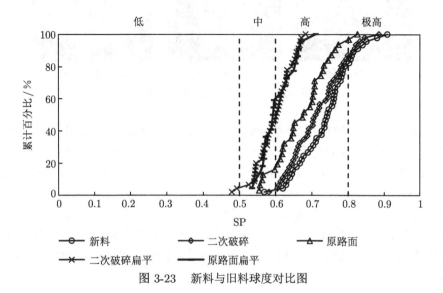

图 3-23 新料与旧料球度对比图

从图 3-23 的各集料球度结果可看出，相对于新料与非扁平状旧料，扁平状旧料的球度明显偏小；而由前述结论，扁平状颗粒的旧料结团程度较大，结团稳定性较差，因此可以采用球度指标从侧面表征旧料的结团程度，球度值越小，旧料结团程度越大，结团稳定性越差，越易造成再生料的级配变异。

因此，根据 AIMS 扫描试验结果，其指标棱角度 (GA) 和球度 (SP) 可用来间接评价旧料的结团程度，快速比较各类旧料间的结团差异性。

3.2.5　回收旧料分级分类

对于旧料的破碎规律具体可解释为，铣刨回收的旧料，主要可分为三种结构，即弱结团结构、强结团结构和旧集料石子。其中，弱结团结构主要指一些扁平状、针片状的结团旧料，主要由小颗粒集料裹覆沥青结团而成；强结团结构主要指一些结团紧密、粒形较好的旧料，一般由小颗粒裹覆在大颗粒集料周围而形成；而旧集料石子则是铣刨破碎中产生的石子颗粒。三种旧料如图 3-24 所示，对其的分类有助于提高冷再生混合物设计中 RAP 的一致性。

(a) 强结团结构   (b) 弱结团结构   (c) 旧集料石子

图 3-24　不同结团程度的旧料颗粒

为进一步分析旧料中三种结团结构的比例、结团稳定性及结团大小情况，从而分析三者对旧料级配变异性的影响程度，论证上述旧料破碎规律的正确性，本节以 RAP2 旧料中 16mm 粒径旧料为例进行试验。首先选取 16~19mm 档旧料试样 5 份，每份 2kg，按《公路工程集料试验规程》(JTG E42—2005) 中的 T0312 方法测出旧料针片状含量 (Q)，即为弱结团结构含量；然后挑出其中的旧集料石子颗粒，剩下的为强结团结构旧料，从而得到三种结团结构的比例，如表 3-3 所示；最后分别对这三种结构进行抽提试验和飞散破碎试验，结果如图 3-25 和图 3-26 所示。

表 3-3　　16～19mm 档旧料中三种结团结构的含量比例　　　（单位：%）

编号	1	2	3	4	5	均值
弱结团结构	36.06	36.61	33.10	38.13	34.03	35.58
强结团结构	45.29	42.41	48.53	41.43	43.66	44.27
旧集料石子	18.65	20.98	18.37	20.44	22.32	20.15

从三种结构含量比例可见，强结团结构含量最高，其次为弱结团结构，旧集料石子的含量最低。

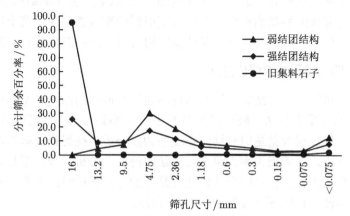

图 3-25　三种结团结构旧料抽提后的分计筛余百分率图

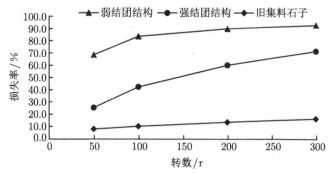

图 3-26　三种结团结构旧料破碎损失率变化图

由图 3-25，从 16～19mm 档旧料的抽提试验结果可见，弱结团结构抽提后 16mm 档的分计筛余百分率为 0，主要由 4.75mm 及以下细料组成，且矿粉含量较高，表明弱结团结构旧料的结团程度较大，更易对级配变异产生不利影响；强结团结构抽提后，损失率也较大，主要对较粗粒径产生影响；而从旧集料石子抽提结果可见，基本不发生损失，对旧料级配变异性影响甚微。

由图 3-26，从三种结团结构的破碎情况可见，弱结团结构的损失率增长最快，损失率最大；强结团结构次之；旧集料石子损失率较小，随转数增加变化平缓。这表明，弱结团结构的结团稳定性较差，极易发生破碎；相比之下，强结团结构则相对比较稳定，但在外力的充分作用下也会产生较大损失；而旧集料石子最为稳定，主要产生集料边角的破损。

因此，从三种结团结构的对比分析可见，弱结团结构极易发生破碎且结团情况严重，强结团结构次之，旧集料石子最为稳定且基本上不存在结团，于是可得三种结构对旧料级配变异性的影响顺序为弱结团结构 > 强结团结构 > 旧集料石子。因此，为降低旧料结团程度，从而降低旧料的变异性，在工艺上应尽可能避免弱结团结构的产生，其次为降低强结团结构含量，提高旧集料石子含量。

3.2.6 回收旧料结团特性评价方法

通过上述试验分析与结论，针对沥青路面回收旧料的结团，本节提出以针片状含量 Q、抽提损失率 L、破碎损失率 S 及稳定指数 w 来综合评价旧料的结团特性。其中，针片状含量是旧料结团程度的初步分析，抽提损失率为旧料结团程度的进一步分析，破碎损失率为单个粒径结团稳定性分析，稳定指数为整体稳定性分析。结合该四种指标可综合评价沥青路面回收旧料的结团特性，对比不同旧料间结团差异性。具体评价流程如图 3-27 所示。

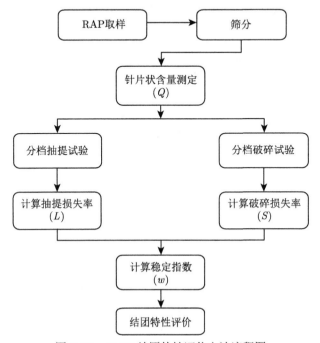

图 3-27   RAP 结团特性评价方法流程图

3.3 回收旧料的残余强度研究

旧料来源于原路面的铣刨料。虽然经过了铣刨破碎，但旧料中仍存在大量的沥青和集料，特别是旧料中的颗粒团，其内部由沥青起着胶结作用，所以在旧料中仍保留着部分来源于旧路面的残余强度。这部分强度的大小及构成特点直接影响着再生后的混合料性能[42]，因此有必要进行深入研究。

3.3.1 原材料

1. 回收旧料级配

经过铣刨破碎的旧混合料成分比较复杂，包括粗集料、细集料和老化的沥青块等，其中集料是被沥青裹覆而呈块状[43]。在实际冷再生应用中，旧沥青是作为黑石，和原有材料被当成整体考虑，忽略其沥青的含量及性质。

首先需要对铣刨破碎的旧混合料进行原始状态分析。铣刨破碎的旧混合料最大粒径一般在 30mm 以下，对于未彻底粉碎的混合料，应该人工粉碎或剔除。由于旧料中旧沥青的存在，不能在高温下对旧料进行烘干，因为高温会使旧料中的沥青软化、松散，而影响其级配。为了将 RAP 的级配变异性控制到最小，首先将 RAP 筛分为三档，以 16mm 和 2.36mm 筛孔为界，将筛分好的三档 RAP 按照四分法取样，在 40℃ 通风烘箱内烘干至恒重，按照规范要求筛分。对现场拉来的铣刨材料进行筛分，筛分结果如表 3-4 所示。

表 3-4 抽提前集料级配

孔径/mm	26.5	19	16	13.2	9.5	4.75	2.36	1.18	0.6	0.3	0.15	0.075
抽提前级配/%	97.0	91.5	86.4	80.0	66.0	39.4	20.1	10.7	5.8	1.7	0.7	0.1

由于沥青的裹覆作用，抽提前的集料级配不能反映其实际级配。对铣刨料进行沥青的抽提，将沥青裹覆的矿粉等重新释放出来，同时将由沥青黏附的破碎集料重新恢复原来的级配。铣刨料的级配以及抽提后的级配如表 3-5 所示，其通过率曲线如图 3-28 所示。

表 3-5 抽提后集料级配

孔径/mm	19	16	13.2	9.5	4.75	2.36	1.18	0.6	0.3	0.15	0.075
抽提后级配/%	100	94.8	87.2	71.5	45.1	28.6	20.2	12.7	8.6	7.1	4.0

从图 3-28 中可以看出，铣刨料在抽提前后的总体级配较为接近，总体表现为单峰形式，峰值出现在粒径为 4.75mm 的颗粒。大量 4.75mm 颗粒的产生，一方面与原有级配的构成特点有关，另一方面与铣刨过程中的机械破碎作用有关；大量生成的 4.75mm 颗粒有助于后期再生混合料中骨架结构的形成。

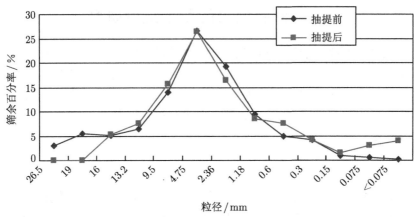

图 3-28　抽提前后级配对比

　　同时对比抽提前后的级配曲线可以看出，两者的主要差别表现在粒径大于 19mm 和小于 0.15mm 的颗粒。通过抽提可以发现，旧料中原有的粒径大于 19mm 的颗粒基本消失，而生成了许多粒径小于 0.15mm 的颗粒。可见在铣刨料中原有的大于 19mm 的颗粒基本上可以认为是多个不同粒径颗粒所组成的颗粒团，各颗粒间仍依靠旧沥青起到黏结作用；而铣刨料中小于 0.15mm 的颗粒基本上都黏结在各个粒径的颗粒上，共同组成颗粒团。因此，当使用旧料进行再生利用时，再生混合料的性能不仅取决于所添加的新胶结料，也在很大程度上取决于旧料颗粒团内老化胶结料的性能。

　　2. 回收旧料中沥青含量及性能

　　取自然晾干状态下的铣刨料，将旧混合料放入 60℃±5℃ 的烘箱烘干，待旧混合料软化后将铣刨料破碎，在室内使用沥青混合料自动抽提仪进行铣刨料抽提试验，试验采用的溶剂为常规的三氯乙烯。铣刨料的抽提试验分为两步：一是铣刨料在溶剂三氯乙烯的冲刷下，旧料与沥青分离，各档粗细的集料留在振动筛上继续进行筛分试验，同时进行矿粉质量的测定；二是对旧沥青与三氯乙烯的混合溶液进行蒸馏试验，通过高温蒸馏和冷凝回收三氯乙烯同时得到旧沥青。由于抽提仪有最大的抽提质量限值，故而抽提时每份质量取大约 1kg。旧料沥青含量如表 3-6 所示。

表 3-6　旧料沥青含量

编号	烘干质量/g	矿粉质量/g	抽提后质量/g	沥青含量/%
1	972.1	9	949.1	3.43
2	972.2	7.6	952.7	3.44

　　由表 3-6 可知，旧料中的沥青含量是较低的，一方面是由于铣刨料中包含了

中下面层的混合料，其中的油石比较低；另一方面是由于沥青路面在长期使用中，水分的冲刷作用造成了部分沥青的流失。

在冷再生过程中，旧料中的老化沥青基本处于惰性状态，不参与再生混合料的重新胶结过程，因此老化沥青的性能对冷再生来讲并不是很重要。但对老化沥青性能的测试，有助于对沥青的老化程度进行评判；同时由于在旧料中存在大量旧料颗粒团，在颗粒团中颗粒的胶结仍主要依靠原有的老化沥青，因此对沥青老化程度的评判也有助于对旧料颗粒团的性能作出基本判断。

利用抽提试验所获得的老化沥青，经测试其基本性能如表 3-7 所示，可以看出，与最初所使用的 70 号沥青相比，其针入度已明显降低，同时其延展性明显衰减。

表 3-7　老化沥青性质

	针入度 (25℃)/0.1mm	软化点 (15℃)/cm	延度 (15℃)/cm
老化沥青	26.0	62.0	23

3. 回收旧料的含水量

含水量采用《公路工程集料试验规程》(JTJ 058—2000) 中 T 0305"粗集料含水率试验" 方法测定。在进行含水量测定的过程中，取三份旧料进行测定，取平均值。其含水量的数据如表 3-8 所示，均值为 2.50%。

表 3-8　铣刨料含水量

序号	盘重/g	盘＋料(湿)/g	盘＋料(干)/g	料重(湿)/g	料重(干)/g	含水量/%	含水量均值/%
1	634	7500	7348	6866	6714	2.21	
2	598	6204	6064	5606	5466	2.50	2.50
3	575	5252	5125	4677	4550	2.72	

可以看出，旧料中的含水量是较高的。造成旧料含水量较高的原因较多，一方面旧路在长期使用过程中，路表的开裂及空隙造成雨水下渗，如图 3-29 所示；另一方面由于铣刨后的旧料通常需要堆放一段时间，雨水和空气中水蒸气也会造成旧料含水量的增加。

图 3-29　路面的涌水旧料中所含水分

工程经验表明，含水量的增加对于沥青路面的再生利用会产生较明显的负面影响。主要原因是大量水分的存在会导致乳化沥青冷再生时，实际加水量增加，影响再生路面的碾压效果；另一方面过高的含水量将导致旧料在堆放时不同层位的含水量不一致，从而增加再生施工中的变异性。

因此，为降低旧料的含水量，沥青路面的铣刨工作不应在雨天或刚刚下过雨的天气中进行；而对于旧料的存放，也应进行必要的遮盖，以减少雨水的影响。

3.3.2 回收旧料残余黏聚力三轴试验

三轴剪切试验是一种较为经典的试验方法，其模拟了材料中一点的受力状态，与实际路面中的三向受力情况相符合，可以得到混合料的抗剪参数、应力应变特性、抗压强度、破坏能量等[44]。试验设备采用伺服液压多功能材料试验系统 UTM-25。试验中将试件放在压力室内，通过对试样施加围压，使试样为各向等压应力状态；随后通过活塞施加轴压，在轴向产生偏差应力。试验中以一定的速率施加轴向荷载，则轴向偏差应力随着时间先逐渐增大，直至达到应力峰值，随后下落，此时试件已发生剪切破坏。变化不同的围压，即可得到相应破坏的轴向应力峰值，从而可以获得材料在极限平衡状态时的一组应力圆，由该应力圆组构成的包络线可以表示材料符合库仑方程的抗剪强度规律，进而求得材料的抗剪参数黏聚力 c 和内摩擦角 φ。

1. 试件成型

所用试件是高为 150 mm、直径为 100 mm 的圆柱体。将旧料分成五组来进行，分别是 60℃ 加热 10h、60℃ 加热 24h、120℃ 加热 16h、未加热的旧料和经抽提后的旧料。每组 5500g，经过静压成型，试件如图 3-30 所示。

图 3-30 静压成型后的试件

　　由试件外观可以看出，试件加热温度越高，加热时间越长，旧料中的沥青泛油越严重，120℃时最明显，然后依次是 60℃ 加热 24h、60℃ 加热 10h (图 3-31)。油分的泛出表明，加热后旧料中的沥青在成型过程中经过了重新分布，在拌和过程中沥青重新在集料表面进行裹覆，起到了较好的黏结作用，可以预计其试件的强度应该更好。而经过抽提后的试件，因为没有沥青的存在，所以黏聚力为零，试件完全依靠颗粒间的机械咬合力成型。

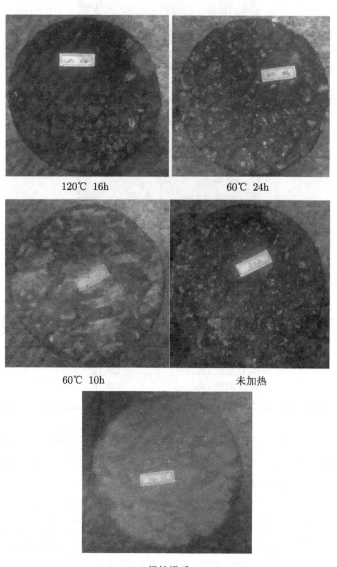

图 3-31　不同加热条件下成型的试件

2. 试验结果分析

参考国外研究经验，三轴试验中加载速率取 1.27 mm/min，围压取 68kPa、136 kPa；因为抽提后的材料中不含有沥青，黏聚力 c 为零，所以只需做一组围压即可。所用的 UTM-25 试验装置如图 3-32 所示。

图 3-32　UTM-25 测试三轴试验

经测试，各试件的内部黏聚力和内摩擦角如表 3-9 所示。

表 3-9　三轴测试结果

组别	试件	黏聚力 c/kPa	内摩擦角 φ/(°)
1	抽提后	0	56.63
2	未加热	126.27	49.32
3	60℃ 加热 10h	134.15	46.2
4	60℃ 加热 24h	198.76	44.13
5	120℃ 加热 16h	297.62	23.68

由表 3-9 可知，旧料经抽提后，其混合料中仅剩下各种不同粒径的集料，由三轴测试结果可以看出，此时各集料间由于没有了沥青膜的阻隔，因此具有最大的内摩擦角，此时的混合料更接近于级配碎石。

而从旧料不经加热直接静压成型试件的三轴试验结果可以看出，其试件内部已经开始具有一定的黏聚力，此部分黏聚力是由旧集料表面的老化沥青膜提供的；由于没有经过加热，因此老化沥青膜不能在成型过程中重新裹覆分布，而完全是依靠静压成型过程中颗粒间的挤压而形成新的沥青膜黏聚力。虽然此黏聚力较新拌沥青混合料中的黏聚力小得多，但已从根本上改变了试件的强度构成机理，使其由上面类似级配碎石的松散材料变为一种整体性材料。国外资料中经常将 RAP 称为"黑石",即其性质主要是由集料决定的,残留的沥青仅是改变了集料的表面颜色,而对性能基本不起作用。由上述试验结果可以看出,"黑石"的论据并不充分,残留的沥青即使在冷再生条件下也可发挥一定的黏结作用;也就是说,对于铣刨所获得的旧料,在再生利用过程中,如果能加强碾压,使各颗粒间能够借助旧料表面残留的老化沥青膜重新起到黏结作用,将有助于提高再生混合料的强度。

对比表 3-9 中的第 2 组和第 3 组试验结果可以看出,低温加热对旧料强度的提高作用并不明显;第 4 组试验中,黏聚力明显增加,可能和长时间加热后沥青膜的老化导致黏度提高有一定的关系;第 5 组试验中,120℃ 接近于热再生时旧料的加热温度,可以看出此时试件内部的黏聚力大幅度增加,表明此时旧沥青经过重新分布和裹覆,起到了更好的黏结效果,使试件的整体性进一步提升。因此,从充分发挥和利用旧沥青残留的黏聚力效果角度来讲,热再生的效果要明显好于冷再生。

3.3.3 旧料颗粒团强度的测试

由上述已有研究可以看出,在铣刨料中含有大量的旧料颗粒团,当进行冷再生时,旧料颗粒团也是以整体形式存在于再生混合料中;当再生混合料受力时,旧料颗粒团作为一个独立单元体,其分担荷载的能力主要来源于颗粒团内部的原有强度。因此,旧料颗粒团内残留强度的大小直接决定了再生混合料的强度。

1. 旧料颗粒团比表面积分析

如前所述,在铣刨料中含有大量的旧料颗粒团;从图 3-33 中可以明显看出,旧料经三氯乙烯抽提后,其级配明显变细,表明抽提过程中三氯乙烯将大量颗粒团溶解开了。

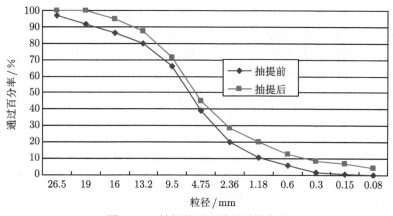

图 3-33 抽提前后旧料级配的变化

　　为了进一步定量分析旧料中颗粒团的含量，本节对旧料抽提前后的比表面积进行了计算，计算结果如表 3-10 所示。比表面积在一定程度上反映了颗粒的分散程度。从表 3-10 中可以看出，旧料在抽提前，其总的比表面积较小；相同的旧料经抽提后，其比表面积迅速增加，抽提后的比表面积是抽提前的 3 倍多。

表 3-10　不同混合料的比表面积

		筛孔尺寸/mm								集料比表面积总和 SA/(m²/kg)	新界面所占比例/%
		19	4.75	2.36	1.18	0.6	0.3	0.15	0.075		
表面积系数 FA_i		0.0041	0.0041	0.0082	0.0164	0.0287	0.0614	0.1229	0.3277	—	
旧料抽提前	通过百分率 P_i/%	100	39.4	20.1	10.7	5.8	1.7	0.7	0.1	—	30.7
	比表面积 $FA_i \times P_i$ /(m²/kg)	0.4100	0.1615	0.1648	0.1755	0.1665	0.1044	0.0860	0.0328	1.3015	
旧料抽提后	通过百分率 P_i/%	100	45.1	28.6	20.2	12.7	8.6	7.1	4	—	
	比表面积 $FA_i \times P_i$ /(m²/kg)	0.4100	0.1849	0.2345	0.3313	0.3645	0.5280	0.8726	1.3108	4.2366	
78%旧料+20%新料+2%矿粉抽提前	通过百分率 P_i/%	100	41.732	22.458	14.386	10.484	5.146	5.066	3.938	—	60.7
	比表面积 $FA_i \times P_i$ /(m²/kg)	0.4100	0.1711	0.1842	0.2359	0.3009	0.3160	0.6226	1.2905	3.5311	
78%旧料+20%新料+2%矿粉抽提后	通过百分率 P_i/%	100	46.178	29.088	21.796	15.866	10.528	10.058	6.98	—	
	比表面积 $FA_i \times P_i$ /(m²/kg)	0.4100	0.1893	0.2385	0.3575	0.4554	0.6464	1.2361	2.2873	5.8206	

　　抽提前旧料的比表面积包括了旧沥青混合料经铣刨破碎后形成的新表面，当进行冷再生处理时，所添加的乳化沥青、水泥等胶结料就黏附于此表面上，将大小不同的旧料颗粒团黏结成整体。而抽提后所获得的比表面积是旧料中全部集料表面积之和，其中既包括铣刨破碎形成的新表面，也包括旧料颗粒团中仍由旧沥青黏结着的原有表面。当冷再生混合料受力时，无论是新胶结料黏结的表面还是旧沥青黏结的表面，均有可能在荷载的作用下产生破坏；而由表 3-10 的计算结果可以看出，此时新胶结料所黏结的表面积仅占总表面积的 30%左右，也就是说，在冷再生混合料中，大量的界面是由路面中原有的老化沥青黏结着。

　　在冷再生过程中，为了调整再生混合料的级配并提高再生混合料的性能，通常需要添加一定量的新料。本书根据实际工程数据，采用 78%的旧料添加 20%的新料，并添加 2%的矿粉，重新计算其混合料的比表面积，计算结果如表 3-10

所示。可以看出，由于新集料及矿粉的加入，混合料的比表面积明显增加；经与抽提后的级配对比则可以看出，此时混合料的比表面积占混合料中总比表面积的比例提高到了 60%左右。而由旧沥青黏结的表面积在混合料总表面积中仍占据了40%左右的比例，表明在冷再生混合料中即使添加了新料，旧料颗粒团对整个再生混合料的影响也是不可忽视的。

2. 旧料颗粒团的残留强度测试分析

由上述比表面积测试结果可以看出，在再生混合料中存在大量的旧料颗粒团内部的表面积，此部分表面积一般不会被新胶结料黏结，而只是依靠原有的老化沥青起到黏结作用，因此有必要对此部分的强度进行测试，以评价旧料颗粒团在再生混合料中的作用。

旧料颗粒团是由旧路面经铣刨而形成的，其颗粒大小不等、形状各异，目前还没有较为适宜的方法直接测试其强度。为此，本节探索采用了砂浆胶结法，即采用固定配比的水泥砂浆，将不同比例的旧料颗粒团胶结在一起，并测试试件的劈裂强度，依据强度测试结果外推当水泥砂浆量为 0 时的强度，以此强度来表征旧料颗粒团的强度。

试验中按水:水泥:砂 =1:2:3 比例配制水泥砂浆，铣刨料只取粒径 2.36~16mm。分别按质量比，砂浆:旧料 =100:0、70:30、60:40、50:50 制作马歇尔试件，试件振捣成型，所成型的试件如图 3-34 所示。试件首先在室温下养生 2d(第一天脱模对试件影响较大)，每隔一段时间洒水潮湿养护；脱模后放在水泥混凝土养护室养护 3d，第五天测试试件强度。强度测试结果如图 3-35 所示。

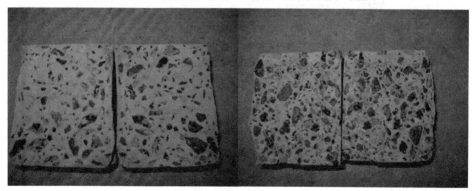

　　(a) 70%水泥砂浆＋30%旧料颗粒团　　　　　　　(b) 50%水泥砂浆＋50%旧料颗粒团

图 3-34　水泥砂浆黏结的旧料颗粒团试件

由图 3-35 可以看出，虽然旧料颗粒团具有较明显的离散性，导致试验结果的回归相关性并不高，但随着砂浆比例的提高，试件的强度仍明显提高，也即试件的强度随旧料颗粒团含量的提高而下降。将回归曲线外推，可以获得当水泥掺量为 0 时，试件颗粒团的劈裂强度为 0.63MPa。可以看出，按此方法所确定的颗粒团强度虽然较低，但与现行规范中对冷再生混合料的劈裂强度要求值较为接近，这在一定程度上表明了现行规范中对冷再生混合料确定的规定是有一定依据的。由冷再生混合料中旧料颗粒团的比表面积所占比例和强度的测试结果可以看出，由于在冷再生混合料中，旧料颗粒团的强度偏低而所占比例又偏高，因此冷再生混合料的强度不可能很高，也就不能对冷再生材料的强度提出过高要求[45]。

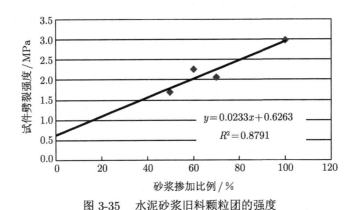

图 3-35 水泥砂浆旧料颗粒团的强度

为了进一步验证上述观点，采用相同级配的冷再生混合料和新集料，并采用不同水泥用量制作试件，测试其劈裂强度，测试结果如图 3-36 所示。

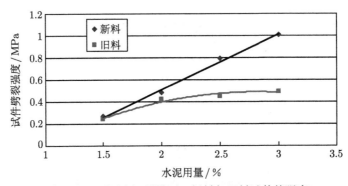

图 3-36 不同水泥用量下，新料与旧料试件的强度

由图 3-36 可以看出，在级配相同、水泥相同、水泥用量相同的条件下，采用旧料所制备试件的强度与采用新料所制备试件的强度变化规律明显不同。当采用新集料制备试件时，试件的强度随水泥剂量的增加而呈线性增加；但当用旧料制备试件时，试件的强度随水泥剂量的增加表现出明显的非线性：当水泥用量小于

2%时,试件的强度有明显的增加趋势,但当水泥用量进一步增加时,试件的强度却出现了拐点,不再明显增加,稳定在 0.5MPa 左右,与新集料试件的 1MPa 相差了一倍。

上述试验结果均表明,由于冷再生混合料是由旧料颗粒团构成,因此其强度构成明显不同于传统的道路工程材料;旧料颗粒团的固有强度在很大程度上限制了冷再生混合料的强度。因此对于冷再生技术来讲,重要的不是对其强度提出过高的要求,而是针对其强度构成特性获取优良的综合性能,同时根据其性能特点进行有针对性的结构设计。

3.4 本 章 小 结

在乳化沥青冷再生技术中,回收旧料的性能至关重要,旧料的结团导致旧料变异性提高是限制再生时旧料利用率的一项重要影响因素,而旧料颗粒团内残留强度的大小直接影响了再生混合料的强度。本章针对回收沥青路面旧料的结团特性和残余强度开展研究。采用旧料分档抽提试验、飞散试验、压碎试验以及拌和试验评价旧料的结团程度,采用 AIMS 扫描试验评价旧料的结团特性,在此基础上提出回收旧料的分级分类和结团特性评价方法。然后,本章开展了旧料残余黏聚力三轴试验,分析不同成型条件下旧料的强度特性,分析了旧料颗粒团比表面积,并开展了残余强度试验。主要结论如下:

(1) 沥青抽提试验和结团度分析试验结果表明,压碎处理有利于减少回收旧料的结团现象并产生更稳定和均匀的回收旧料。建议在使用回收旧料之前先对其做压碎处理。开级配沥青混合料由于细料更少,产生的旧料结团程度明显低于密级配混合料。

(2) 沥青抽提试验可以反映回收旧料的真实结团度,因此是回收旧料结团度的理想指标。但是,对于冷再生来说,在混合过程中回收旧料老化沥青没有经过重新加热再生,混合压实过程中的损失率导致的级配变化更为重要。飞散试验和拌和试验模拟了回收旧料的混合过程,更接近冷再生过程中的实际损失百分比。因此,就表征 RAP 的结团度而言,飞散试验和拌和试验更为实用。

(3) 回收旧料各档均有不同程度的结团发生,其中 4.75mm 以上粒径的粗料部分结团程度较高,且粒径越大,结团情况越严重,而细料的结团程度较小。因此,应重点针对粗料尤其是 4.75mm 关键筛孔进行充分破碎。

(4) AIMS 扫描试验中的棱角度 (GA) 和球度 (SP) 指标可用来评价旧料的结团程度。试验结果表明,棱角度越大,球度越小,回收旧料的结团程度越大。

(5) 回收旧料中主要存在弱结团结构、强结团结构和旧集料三种不同强度的旧料,其中弱结团结构极易发生破碎,结团程度大,对旧料的变异性影响最大,含量在很大程度上影响了旧料的再生利用率。因此，在铣刨破碎工艺上应尽量避免弱结团结构的产生，对弱结团结构进行分离后二次破碎，减小其对旧料变异性的影响。

(6) 提出了旧料结团特性评价的方法，首先采取测定旧料中三种旧料结团结构比例的方法进行初步判断，弱结团结构越少，工艺越好；进一步可以通过旧料分档抽提试验和破碎试验，计算旧料结团损失率与稳定指数，进行定量比较，稳定指数越高，破碎工艺越好。

(7) 三轴试验结果表明，旧料中的沥青仍具有一定的黏结性能，因此在冷再生条件下将旧料完全当作"黑石"是不恰当的。在加热条件下，旧料中沥青的黏结作用会有所提高，但当加热温度较低时其黏结作用并不明显；当加热温度高于120℃时，其旧沥青的黏结效果明显提高。

(8) 比表面积计算结果表明，铣刨料的比表面积较小，仅是抽提后的比表面积的30%，也即在铣刨料中存在大量仍由旧沥青黏结的颗粒团。因此，旧料颗粒团的性质将对再生混合料的性能产生明显影响。

(9) 采用水泥砂浆胶结试验测试旧料颗粒团的黏结强度，测试结果表明，旧料颗粒团的黏结强度约为0.63MPa；由于旧料颗粒团的存在，旧料颗粒团的黏结强度在很大程度上限制了冷再生混合料的劈裂强度，使冷再生混合料的劈裂强度存在一个界限值，其强度并不随胶结料用量的增加而线性增加。

第 4 章 乳化沥青冷再生混合料微观结构特征

4.1 概　　述

乳化沥青冷再生混合料在我国已经得到较大范围的推广应用，而关于乳化沥青混合料内部界面组成、最终强度形成等方面仍有研究空白。不同于常规热拌沥青混合料，乳化沥青冷再生混合料的组成更复杂多样，存在更多的复合界面和无序空隙结构，如图 4-1 所示，由此也导致其力学行为更加复杂。传统的沥青混合料设计基本上采用宏观试验研究的现象学经验方法，忽略了沥青混合料内部的空隙、沥青胶浆和集料的力学特性、界面的相互作用等因素。随着各种先进材料测试设备的开发应用，微细观尺度测试技术被引入路面材料的研究中，以评价混合料组分的微细观形态与分布状况以及界面过渡区形态等。

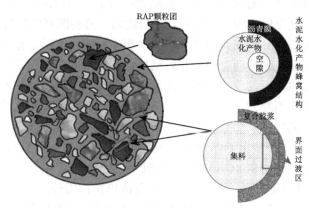

图 4-1　冷再生混合料微细观结构组成

本章将简化冷再生混合料的材料组成，通过扫描电子显微镜的二次电子模式以及能谱分析法，首先对冷再生混合料的微观形貌进行分析，揭示其对混合料性能的影响机理；然后采用背散射电子 (back scattered electron，BSE) 成像对不同组成的两相混合料界面进行分析，研究骨料与水泥基质以及沥青之间黏结形成的界面过渡区微观结构特征；最后开展劈裂试验、劈裂动态回弹模量和动态模量试验，分析冷再生混合料的强度特性。主要内容包括第 3 节微观形貌特征、第 4 节界面组成特征、第 5 节强度性能试验以及第 6 节冷再生混合料的强度形成机理。

4.2　国内外研究现状

4.2.1　冷再生混合料微观研究

Brown 通过元素分析，证实了水泥乳化沥青冷再生的过渡区存在着水泥基区域，该区域表现出与普通水泥混凝土相同的钙矾石、氢氧化钙和硅酸钙结构特征 [46]；除了结晶基质之外，冷再生沥青混合料还通常包含主要由气泡或水滴蒸发产生的孔隙。因此，各种观察结果都表明水泥以一种与普通水泥混凝土相同的方式养生固化形成强度；一些图像还表明水泥相分散在沥青黏合剂中，这可能具有加强沥青黏合剂的附加效果。然后，Brown 通过以氯化钙和熟石灰作填料的试验证明了钙离子不是活性成分，这两者都不会增加刚度模量；同时扫描电子显微镜的研究表明冷再生沥青混合料中水泥发生水合，部分水泥成为黏合剂发挥作用。

水泥乳化沥青混合料的强度形成与发展过程与水泥的作用关系密切 [47]。相关研究表明，水泥颗粒在与水作用 1 小时后，丝状或蠕虫状的结构产物在水泥颗粒的表面上迅速形成生长，并且在水泥颗粒间的原充水空间毛细区域内填充发展 [48]。由于乳化沥青一般是 "水包油" 型溶液，那些以 C-S-H 凝胶为主的水泥水化产生的晶体结构也将在乳液的水相中形成和发展 [49]。水泥颗粒水化 24h 后，一方面，水泥水化产生的水泥纤维以水泥颗粒为中心向周围空间呈树枝分叉状发展，逐渐填充满混合料内的毛细空间，形成均匀、密实的网状结构体；另一方面，沥青液滴因压实和水分挥发开始破乳，从水相中分离出来后，微小沥青颗粒相互絮凝聚结，最终形成连续沥青膜，并以结构沥青的形式黏结在矿料表面。这两种作用是同时进行的，两种胶凝材料之间既相互独立又相互贯穿，不可分割，形成两种材料和性质均不相同的立体空间网络，把矿质骨料紧密地结合在一起 [50,51]。水合产物是在早期阶段产生于水泥和沥青乳液之间的粗糙状态的界面。经 7d 固化后，水泥中 Ca^{2+} 释放出 C_3A 组分，而 $Al(OH)_4^-$、OH^- 和 SO_4^{2-} 浓度增加，导致水泥沥青冷再生混合料 (CRME) 中钙矾石 (AFt) 的产生 [52]。通过对 CRME 结构物中 AFt 的观测发现，水化产物除了发挥填充作用外，还会使水泥颗粒表面变得粗糙，对早期乳化沥青膜起到补强作用。CRME 中集料界面过渡区主要由乳化沥青膜和水化产物以及矿物填料组成，其中沥青乳液与水泥之间的界面经长期固结后主要被沥青膜覆盖。

王振军和李顺勇 [53] 采用电子探针和红外光谱对水泥乳化沥青砂浆微观特征进行研究，结果发现水泥及其水化产物等无机材料不与乳化沥青发生化学反应，并未产生新的官能团和新物质。孔祥明等 [54] 在对水泥沥青砂浆的复合材料力学性能研究中发现，当沥青与水泥的含量比小于 0.60 时，水泥沥青砂浆的空间网络结构以水泥水化产物网络结构构成为主，沥青相无规则地穿插在水泥水化胶凝中，硬化水泥浆作为连续相胶结骨料；而当沥青与水泥的含量比大于 0.60 时，水泥沥青砂浆的空间网络结构以乳化沥青破乳聚结成膜形成的网络结构为主，起填充作用的水泥水化产物被沥青连续相包裹，沥青作为连续相胶结骨料。

Lin 等采用直接拉伸试验和图像分析方法，对乳化沥青冷再生混合料早期强度的发展机制展开研究 [55]。研究表明，早期阶段的破坏断裂主要是发生在乳化沥青砂浆与骨料之间界面处的黏附破坏。随着养护时间的延长，连续沥青膜形成于骨料与水泥水化和乳化沥青破乳之间的界面，导致黏结强度超过乳化沥青砂浆的黏结强度，破坏断裂主要产生于乳化沥青砂浆中的黏结断裂。

综上所述，乳化沥青与水泥之间并未产生深层次的化学反应。乳化沥青的存在虽然不会阻止水泥水化产物的形成，但能够延迟水泥的水化。另外，水泥提高了乳化沥青混合料的早期强度，却造成混合料早期开裂以及疲劳性能较差。与普通热拌沥青混合料 (hot mixture asphalt，HMA) 不同的是，除了矿质骨架和沥青黏结外，水泥-乳化沥青混合料中还形成了新的胶结料骨架，其以水泥凝胶为骨架主体，而沥青连续相包裹着水泥水化产物，沥青连续相起主要黏结作用，硬化水泥浆体起填充作用。连续沥青膜在具有水泥水化和乳液沥青破乳的集料之间的界面中形成，这导致黏合强度超过乳化沥青砂浆的内聚强度，而断裂在乳化沥青砂浆内部率先产生。

4.2.2 界面过渡区研究

在实际的混凝土材料中，界面过渡区 (interfacial transition zone，ITZ) 是存在于各个集料颗粒之间以及同一颗粒的不同部分的结构变化区域的统称，而非一个能简单分辨的结构均匀体。对非活性集料与水泥浆体之间的界面过渡区目前可采用多手段各方位观测，定性结果表明：① ITZ 的强度和弹性模量均低于水泥浆体的基体部分；② ITZ 的孔隙率、氢氧化钙晶体含量以及取向性均高于水泥浆体的基体部分，而未水化水泥的含量则低于水泥浆体基体部分；③ ITZ 具有高于水泥浆体基体部分的渗透与扩散系数。

可以从以下 5 个层面对界面过渡区进行深入研究 [56,57]：① 界面研究的技术手段；② 界面的微观结构特征；③ 界面微观结构的形成及其劣化机理；④ 界面微观结构的影响因素；⑤ 界面过渡区的微观结构对材料宏观性能表现的影响。界面过渡区研究在应用层面上的最大价值在于解决两个难题：① 各类型各层次的界面过渡区对整体材料宏观力学性能和耐久性的影响程度；② 能否通过界面组合以及界面过渡区的改善来提高复合材料的整体性能。

1) 水泥集料界面

水泥基复合材料的界面问题长期困扰着研究者，直到后来通过矿物学、岩相学以及晶体学等多方面各层次的研究得以解决。界面问题的关键在于水泥浆体与集料之间的区域，即所谓界面过渡区，是水泥基复合材料的薄弱区域。集料与水泥浆体界面过渡区的水化产物组成和形貌与基体部分不同，其结构较疏松且强度较低。在水泥基复合材料中，集料与浆体之间的物理机械作用以及表面化学反应和范德瓦耳斯力共同决定着界面过渡区的力学性能，其中各种作用的贡献程度取决于集料的表面粗糙度和表面化学活性。

界面微观结构的影响因素可划分为制备工艺和材料使用环境以及原材料两方面。不考虑环境方面的影响，可以从以下几点来考虑：① 原材料组成、物理化学性质和级配；② 浆体的稳定性；③ 混凝土的体积稳定性；④ 粒子在界面处的堆积；⑤ 集料表面的化学反应。

界面过渡区是集料与水泥浆体二者相互作用的结果。针对集料与水泥浆体之间的界面过渡区，集料的影响包括：① 集料的纹理构造与矿物组成；② 集料的表面微观形貌；③ 集料的形状与粒径分布；④ 集料的开口孔隙率与含水率。

2) 沥青集料界面

沥青与集料的界面对沥青混合料的整体性能具有显著影响[58]。基于复合材料细观力学考虑界面效应的模型主要包括两类。第一类模型假设沥青与集料发生物理化学反应，生成了具有一定厚度的界面过渡区；由于该区域位于沥青与集料之间，性能与二者相异，故将界面过渡区当成中间层，这类模型称为界面相模型。Underwood 和 Kim[59] 基于 65%填料体积分数以下沥青胶浆的动态剪切流变试验 (DSR) 试验，对 12 种已有细观力学模型开展了全时温域、高体分比条件的适用性验证，并提出一种考虑界面物理化学交互作用的全新细观力学模型，该模型在考虑界面相效应的同时，对填料体积分数不超过 40%的沥青胶浆预测精度很好。Huang 等 [60] 将 Li 等建立的双层细观力学模型进一步推广至三层情形，以中间层表示沥青与集料之间的界面相，并将模型预测结果与热拌沥青混合料动态模量试验结果进行对比，结果表明模型预测值偏低，且试验值平均为预测值的 2~3倍。Underwood 和 Kim 的研究表明 [59]，吸附沥青的界面相可视为一种模量和硬度介于集料与沥青之间的黏弹性材料，这种特殊材料的厚度与集料体分比密切相关；Tan 和 Guo[61] 研究后指出沥青与填料之间的界面相厚度在纳米级，并且其厚度随着填料体积分数的增加而变大。

第二类模型假设沥青混合料中沥青与集料的界面是黏合不完全的；作为控制因素，不完全的界面黏合条件对沥青混合料的整体性能有很大的影响，因此完美黏合的假设不适合描述界面区域的物理性质和力学行为。Duan 等 [62] 通过采用等效均匀夹杂物将颗粒-纤维结构与界面替代，提出了一种统一的微观力学方案来预测具有三种典型界面效应的多相复合材料的有效模量，包括线性弹簧模型、界面应力模型和相间模型。Underwood 和 Kim 提出了一种用于沥青砂浆的四相微观力学模型，以考虑沥青-骨料的物理化学相互作用。Zhu 等 [63] 介绍了 Kelvin-Voigt 黏弹性界面，以模拟沥青胶结料和集料之间的不完全黏合，并采用 Mori-Tanaka

方法开发微观力学蠕变模型。

4.2.3 冷再生混合料强度研究

理论上，乳化沥青水泥混合料的最终强度构成是与热拌沥青混合料 (HMA) 相一致的，都是由矿质骨料之间的内摩阻力和嵌挤力，以及胶结料与矿料的黏结力构成的 [64]。但不同于 HMA 的是，乳化沥青水泥混合料中的乳化沥青必须经过与矿质骨料的浸润黏附、絮凝破乳和水分蒸发等过程后，才能最终形成连续沥青膜并发挥胶结料性能 [65]。

如图 4-2 所示，乳化沥青混合料的强度有一个逐渐发展到稳定的成型过程。这主要表现在：在乳化沥青混合料拌和成型后，乳液分散在混合料中的水分不能立即排尽，这些水分大多呈游离状态，占据着混合料分散体系的空隙，并在混合料中降低了骨料间的内摩阻力，最终也降低了混合料的早期强度和稳定性 [66]；经过一段时间的养生和行车荷载的再压实作用，混合料中的水分逐渐蒸发排出，混合料中的沥青在骨料表面的分布状态也得到进一步调整，粗、细骨料的位置也相

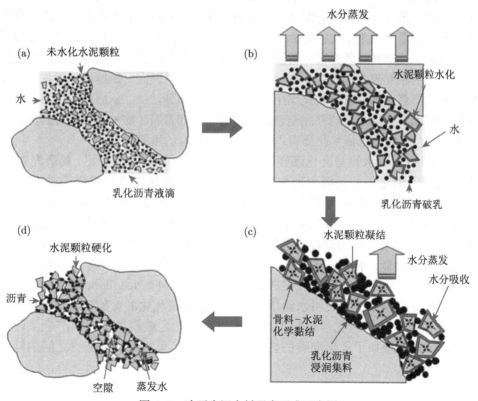

图 4-2　冷再生混合料强度形成示意图

应地调整到最佳状态,使得乳化沥青混合料的密度逐渐增大,抵抗外界荷载的能力也随时间的增长而加强,最终成为与 HMA 本质上一样的路面材料。

相关研究表明[67],冷再生混合料的内聚力形成经历两个阶段:第一阶段,外加沥青胶结料形成连续沥青膜;第一阶段结束时,新的有效胶结料开始形成,在第二阶段固化过程和内聚力进一步形成。第一阶段只有几天,而第二阶段通常要持续好几个月。在新的有效结合料形成前,外加胶结料对旧集料的黏附作用对于抵抗水损害尤为重要,因此常常采用水泥和石灰作为外加剂,来提高再生料的水损害抵抗能力。

目前,冷再生中发生的强度增大效应是基于冷再生强度早期发展中提出的两种相对的观点。一种观点认为老化的沥青是惰性的,而沥青混合料则被视为黑色骨料;另一种观点假定老化沥青仍然活跃,并且能够通过添加再生剂使老化沥青恢复到原有性质。现场观察和室内试验结果表明,这两个过程都会发生。一部分旧沥青保持惰性,而一部分旧沥青与加入的新沥青结合,最终形成新的有效胶结料。这种理论能完美诠释现场观察和室内试验结果[68−71]。这些观察结果表明,在冷再生的头几个月内,再生料的力学性能得到改善;前几个月是添加的新沥青形成连续沥青膜并与老化沥青混合的时间段。而有效胶结料的改性速率和改性作用随着时间和温度发生变化。对乳化沥青与 RAP 料的相互作用研究主要采用放射性同位素标记法和红外光谱分析法。研究发现,乳化沥青与旧沥青之间首先发生物理层面的相互吸附作用,而后一段时间在 RAP 料表面一定厚度范围内,乳化沥青对旧沥青还具有化学软化作用,并使其恢复部分性能,从而使乳化沥青与被再生的旧沥青共同形成能够完全包裹颗粒的有效沥青膜。这种有效沥青膜具有一定的黏结力,它是形成乳化沥青冷再生混合料强度的重要因素[72]。

Needham 对水泥与乳化沥青的交互作用进行了深入研究[73]。其研究表明,水泥的加入加速了乳化沥青的破乳进程,增强了乳化沥青与集料的黏结作用,并最终提高了混合料的早期强度、最终强度以及抗水损害性能。Needham 通过间接拉伸劲度模量试验表明,加入 1% 的水泥,混凝土最终的劲度会达到甚至超过热拌沥青混合料的劲度;重复轴向荷载试验表明,水泥能增加混合料抵抗永久变形的性能。水泥的加入在加速乳化沥青破乳的同时,形成了乳化沥青-水泥复合胶浆,它比基质沥青胶浆的黏度高很多。另外,Needham 还提出了一种新的黏结性试验,试验表明水泥增加了压实状态下乳化沥青的破乳速度。沥青乳液和集料之间的电化学试验也证明水泥在沥青乳液和集料之间产生了较强的吸附,水泥增加了乳化沥青的破乳速率,增强了集料与乳化沥青之间的静电作用。

4.3 微观形貌特征

4.3.1 试验方案

1. 样品制备

制备水泥-新料混合料、水泥-旧料混合料、乳化沥青-新料混合料、乳化沥青-旧料混合料以及纯旧料 (无胶结料)5 种马歇尔试件，试件成型后在 60℃ 烘箱中养生 14d，然后将各类样品切割成薄片状并进行干燥处理。这里的干燥处理采用真空干燥方案，是因为采用乙醇和丙酮的方案会导致样品中的沥青溶解或者氧化变质。真空干燥后，采用低黏度环氧树脂浸渍样品。采用环氧树脂浸渍一方面可以使得样品观测时获取较高的真空度，另一方面还可以稳定样品内部的孔结构。

在环氧树脂固化后，先用 400 目、600 目、800 目、1000 目和 3000 目的砂纸由粗到细进行打磨，然后采用金刚石膏在抛光轮上将样品抛光，最后在洁净玻璃表面用丝布抛光。以这种方式制备样品的分析将能够实现更高的定量准确度，从而提供样品组成的最佳估计。相对于平坦光滑样品，不规则的表面形貌将会影响入射光束产生的 X 射线和到达探测器的部分射线，这可能导致定量分析所得的总量与预期总量产生较大偏离。抛光过程还可以去除感兴趣区域内的杂质。

2. 扫描电子显微镜二次电子成像 (SE)

采用 FEI Inspect F50 型扫描电子显微镜进行 SEM 和背散射电子成像 (BSE) 分析，如图 4-3 所示。在 SEM 中观察之前，非导电样品必须涂上薄导电层，以确保有良好的导电闭环回路，这可以防止非导电样品以及存在于许多样品表面上的氧化物在电子束下充电。金常用于样品表面涂层，因为它可以提高二次电子产量，从而提高 SEM 图像质量。图 4-3 中真空镀膜的理想涂层厚度范围大约为 5~30nm，并应尽量减少镀膜的影响，使其尽可能薄；对于某些样品，厚镀层会导致分析不良。本书中环氧树脂试件顶部表面喷涂约 16nm 的金涂层，观测试件表面粘有碳导电胶连通至金属样品台。选择 20keV 的加速电压，并获得合适的 BSE 图像分辨率。图像主要采用 1000 倍的放大倍数拍摄，获取 1024 像素 ×943 像素的图像。

二次电子是被入射电子轰击出原子的核外电子，其主要特点有：① 能量小于 50eV，在固体样品中的平均自由程只有 10~100nm，在这样浅的表层里，入射电子与样品原子只发出有限次数的散射，因此基本上未向侧向扩散；② 产额强烈依赖于入射束与试样表面法线间的夹角 α，α 大的面发射的二次电子多，反之则少 [74]。

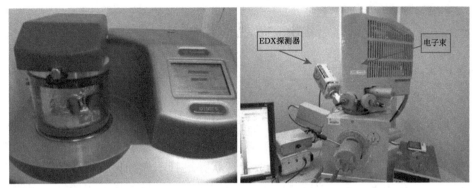

(a)高分辨率溅射镀膜仪器　　　　　　　　　　(b)扫描电子显微镜

图 4-3　扫描电子显微镜二次电子成像设备

　　根据上述特点,二次电子成像主要反映样品表面 10nm 左右的形貌特征,像的衬度是形貌衬度,衬度的形成主要取决于样品表面相对于入射电子的倾角。如果样品表面光滑平整 (无形貌特征),则不形成衬度;而对于表面有一定形貌的样品,其形貌可看成由许多不同倾斜程度的面构成的凸尖、台阶、凹坑等细节组成,这些细节的不同部位发射的二次电子数不同,从而产生衬度。二次电子成像分辨率高、无明显阴影效应、场深大、立体感强,是扫描电镜的主要成像方式,特别适用于粗糙样品表面的形貌观察。

4.3.2　胶浆微观形貌特征

1. 乳化沥青胶浆微观形貌特征

　　标准乳化沥青通常是“水包油”型,含有 40%～75% 的沥青、0.1%～2.5% 的乳化剂、25%～60% 的水以及其他一些次要组分。沥青液滴的直径范围为 0.1～20μm,粒径在该范围内的液滴有时被称为粗粒式液滴。沥青乳液是棕色液体,具有从牛奶到双层奶油的黏度,这主要取决于沥青含量和粒度。沥青乳液中存在尺寸不同颗粒分布,这种分布受乳液配方以及乳液制造工厂的机械和操作条件的影响。沥青液滴的粒径和粒度分布影响乳液的物理性质,例如黏度和储存稳定性;较大的平均粒径导致较低的乳液黏度,宽的或双峰的粒度分布也是如此。通常较小的颗粒尺寸可以改善混合和喷涂应用中的性能。沥青乳液技术的一些最新进展集中于在乳化过程中控制乳液的粒度和粒度分布的能力,并以此影响乳液性质。

　　乳化沥青的破乳一般经历 4 个阶段:① 乳液中的沥青液滴带电荷,沥青液滴之间彼此排斥;② 絮凝作用,当两个液滴具有足够的能量来克服电荷排斥并靠近时,它们彼此黏附,发生絮凝;有时可通过搅拌、稀释或添加更多乳化剂来逆转絮凝过程;③ 之后的一段时间内,絮状物中液滴之间的水层变薄,液滴发生聚集黏结，这时候的聚结过程不可逆转；水分蒸发、剪切和冷冻等作用都将加速絮凝和聚结作用，较低黏度的沥青比高黏度沥青聚结更快；④ 最终沥青乳液与骨料接触并铺筑在道路上之后，乳液液滴聚结[75]。

扫描电镜放大到 5000 倍，常温蒸发水分的乳化沥青试样与高温蒸发水分的乳化沥青试样如图 4-4 所示，沥青乳液处于破乳第二阶段的絮凝过程。两图中乳化沥青液滴直径平均尺寸在 2~3μm，在图 4-4(a) 出现了更高密度的乳化沥青液滴，这表明高温蒸发水分下乳化沥青液滴的絮凝和聚结进程受到抑制，常温蒸发水分相较于高温蒸发水分发生了更加有序的絮凝作用。

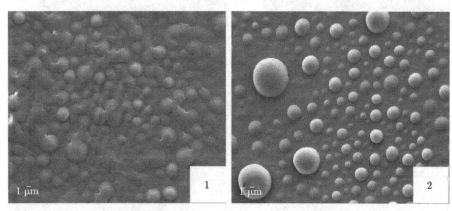

(a) 常温蒸发水分的乳化沥青   (b) 高温蒸发水分的乳化沥青

图 4-4　乳化沥青水蒸发后形貌图

2. 复合胶浆微观形貌特征

复合胶浆形貌观测中，试件采用载玻片制备，并保证胶浆试件表面无尘。胶浆在 60℃ 烘箱中养生 3d 后，进行后续扫描电镜观测。

1) 水泥浆

在 5000 倍放大倍数下的扫描电镜下，图 4-5 的 1 和 2 分别为同水灰比下的水泥净浆与添加少量填料的水泥浆。在水泥净浆中，水泥颗粒间的原充水空间里形成类球状产物，颗粒表面形成大量树枝分叉状产物，这主要是因为 C-S-H 生长成了弯曲状和扭曲条带状[76]。由于填料颗粒的存在影响了水泥水化产物中晶体的生长空间，因而在 2 中并未出现大颗粒 C-H 晶体，相反填料很好地填充了水泥浆体中的空隙，有效地改善了水泥浆的孔结构，降低了其空隙率[77]。

2) 乳化沥青填料胶浆

在图 4-6 中，填料均匀分散在破乳乳化沥青中，在 2 中可观察到沥青的"褶皱"处，即沥青填料结合的纤维。

(a) 水泥净浆   (b) 添加少量填料的水泥浆

图 4-5   水泥浆 SEM 图像

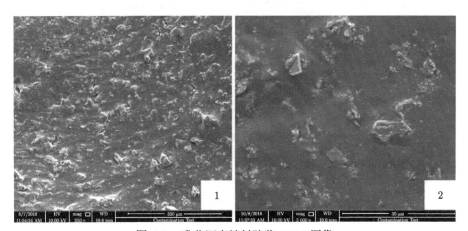

图 4-6   乳化沥青填料胶浆 SEM 图像

3) 水泥乳化沥青胶浆

在图 4-7 的 1、2 中，部分未水化水泥均匀地分布在沥青中，发挥着普通填料的作用；在 5、6 中，沥青胶浆中水泥水化产物交织攀附初具网状结构[78]；在 3、4 中，水泥水化产物单个产物生长变大，显微结构逐渐致密化；在 7、8 中，细条状水泥水化产物犬牙交错，填充了观测的沥青胶浆区域。

在水泥乳化沥青胶浆中加入矿粉后，如图 4-8 所示，在 2-1 到 2-3 中可以看出更加均匀致密的水泥-填料布满了胶浆空间，并且在 1-2 和 1-3 中可以很清楚地观测到水泥水化产物形貌相比于无填料的水泥水化产物发生了改变，从相互交联的细长 "珊瑚状" 转变为彼此孤立的 "小岛状" 分布。

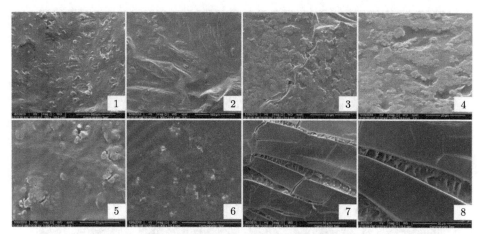

图 4-7　水泥乳化沥青胶浆 SEM 图像

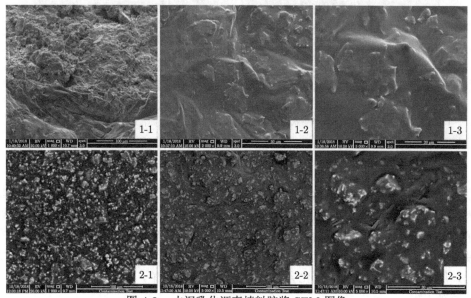

图 4-8　水泥乳化沥青填料胶浆 SEM 图像

1-1、1-2、1-3 为同一观测区域；2-1、2-2、2-3 为同一观测区域

　　在图 4-9 中，1-1 和 1-2 为洗去沥青前的乳化沥青水泥胶浆形貌，光滑的沥青裹覆在蠕虫状水泥水化产物中，并填充了部分空隙；洗去沥青后，乳化沥青水泥胶浆形貌如 2-1 和 2-2 中所示，呈现出树枝分叉状的水泥水化产物以及布满其上的不定形的针状颗粒状产物，与水泥浆形貌相同。

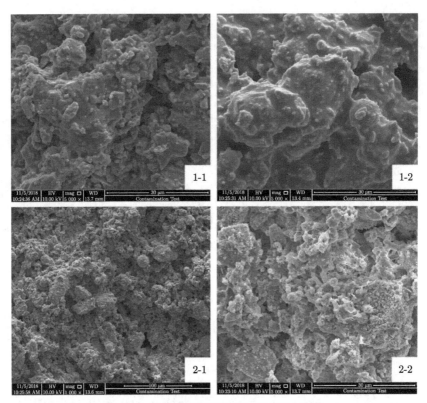

图 4-9　洗去沥青前后混合胶浆 SEM 图像

1-1 和 1-2：洗去沥青前的乳化沥青水泥胶浆形貌；2-1 和 2-2：洗去沥青后的乳化沥青水泥胶浆形貌

3. 原子力显微镜观测

采用 Dimension Icon 型原子力显微镜 (AFM) 观测有无填料的水泥乳化沥青表面形貌。使用原子力显微镜 (图 4-10) 观测胶浆试样时选择轻敲模式，此时原子力显微镜中微悬臂的振动频率接近其共振频率，压电驱动器通过反馈控制系统使探针针尖与试样之间维持一个恒定的已设定距离。当 AFM 探针扫描胶浆试样时，胶浆试样表面的起伏变化会改变悬臂梁的振动幅值，从而得到胶浆表面的形貌特征[79]。

与 SEM 观测不同的是，AFM 观测下无须喷金和抽真空，另外胶浆表面必须保证较高的平整度。AFM 观测试样和 SEM 观测试样相同，对未掺填料和掺填料的乳化沥青水泥胶浆微观结构进行分析，结果如图 4-11 所示。AFM 的二维同相图和正交图内均未能观察到沥青试样典型的 "蜂窝结构"，而呈现出类似于 SEM 的图像。在未掺填料的复合胶浆中细长珊瑚状水泥水化产物与沥青交织，并且在三维图像中可观察到针状的 C-S-H 水泥水化产物；掺填料的复合胶浆中水泥水化产物生长变大，与 SEM 中观察到的"小岛状"分布不同的是，"小岛状"水化产物之间通过细长纤维交联成整体结构，而细长纤维正是矿粉和沥青交互作用的产物。

图 4-10　原子力显微镜装置

图 4-11　水泥乳化沥青胶浆 AFM 图像

上三幅：未加填料的复合胶浆；下三幅：掺加填料的复合胶浆

4.3.3　界面微观形貌特征

各类型混合料均采用马歇尔击实成型, 同样在 60℃ 烘箱中养生 3d, 采用前述方法获取符合扫描电镜观测的目标试样后, 进行后续界面组成观测。

1. 沥青-新料界面

采用玄武岩质天然集料和乳化沥青成型试件, 沿图 4-12 中白线方向进行 500μm 的线扫描。图 4-12 中分为左、右两边集料区域与中间的沥青部分。

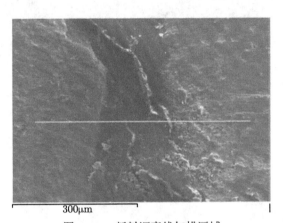

300μm

图 4-12　新料沥青线扫描区域

图 4-13 分别对应 Ca、C、Si、O、Al 和 S 的含量分布, 可见扫描长度 140～320μm 区域的 Ca、Si、Al 含量和 C、O、S 含量与 0～140μm 和 320～500μm 区域存在显著差异。在中间带区域 Ca 含量较低, Si、Al 含量较高, 这表明在该区域具有较高含量的矿物填料; C、S 含量较高, O 含量较低, 这表明在该区域有明显的有机物分布——沥青。按照元素含量分布数据, 可以确定中间光滑黝黑带为沥青带。

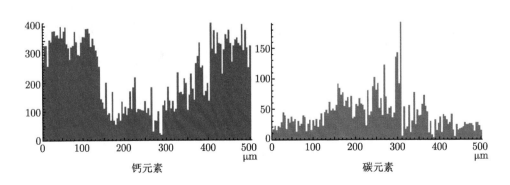

钙元素　　　　　　　　　　　　　　　碳元素

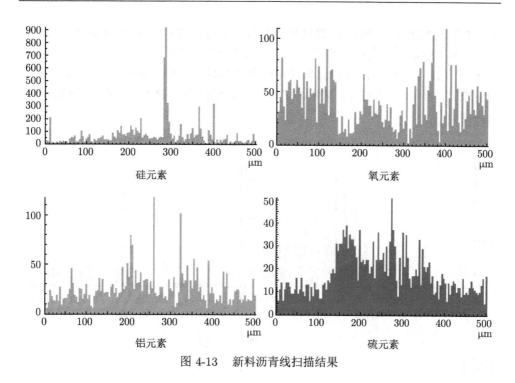

图 4-13 新料沥青线扫描结果

2. 旧料黏结界面

无胶结料的旧料成型混合料,沿旧料黏结垂直方向进行 2.5mm 长度的 EDX 线扫描,能谱线扫描位置如图 4-14 所示。

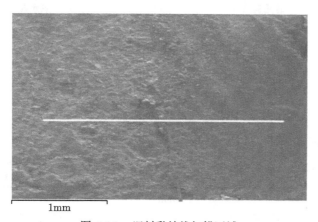

图 4-14 旧料黏结线扫描区域

图 4-15 分别对应 Ca、C、Si、O、Al 和 S 的含量分布。沿界面垂直方向,表

征无机物特性的 Ca、Si、Al 含量和表征有机物特性的 C、O、S 含量在线扫描长度 1150~1250μm 处发生了突变。以突变段为界线，图像左部区域 Ca 含量较低，而 Si 和 Al 含量较高，这也意味着两种集料基性不一样；图像右部区域 C 和 S 含量较高，而 O 含量较低，表明左右两集料活性沥青含量不同，右部区域沥青含量更高。

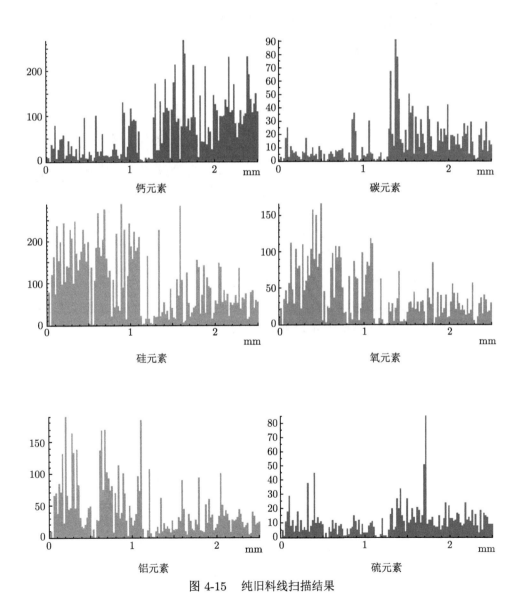

图 4-15　纯旧料线扫描结果

3. 水泥-旧料界面

采用旧料和水泥成型试件，选取旧料黏附水泥切片薄片试件，能谱线扫描位置如图 4-16 所示，沿旧料水泥黏结垂直方向进行 500μm 长度的 EDX 线扫描。

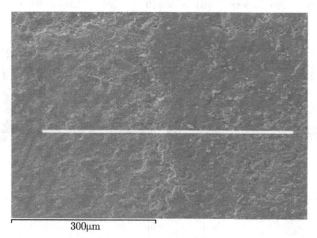

300μm

图 4-16　旧料水泥线扫描区域

图 4-17 分别对应 O、C、Al、Ca、Si 和 Fe 的含量分布。在 250μm 处可将图像划分为旧料与水泥区域，在左部水泥区域具有含量更高、分布更密的 O、Al 和 Si 元素，在右部旧料区域具有含量更高、分布更密的 C、Ca 元素，在界面黏结处附近具有较高的 Fe 元素。而从二次电子图像来看，左部水泥区域表面粗糙度高，而且表现出较多的孔洞；右部旧料区域较为黝黑光滑，表面饱满。

4. 沥青-沥青界面

采用旧料和乳化沥青成型试件，选取切片试件进行观测，能谱线扫描位置如图 4-18 所示，沿集料—砂浆—集料水平方向进行 3mm 长度的 EDX 线扫描。

图 4-19 分别对应 C、Ca、S、Si、Fe 和 Al 的含量分布。Fe 含量的变化可将图像划分为 0～1mm 左部旧料区域、1～2.5mm 中部砂浆带和 2.5～3mm 右部旧料区域。在旧料区域具有含量更高、分布更密的 Si、Al 和 Fe 元素，而在中部砂浆带具有含量更高、分布更密的 C、S 和 Ca 元素。一方面旧料中玄武岩骨料相较于石灰岩填料具有更高的 Si/Ca 比以及更多的矿物含量，因此呈现出 Si、Ca 成分含量差异以及较高的 Fe、Al 含量；另一方面砂浆带的高沥青含量使得中间带呈现出高的 C、S 含量。

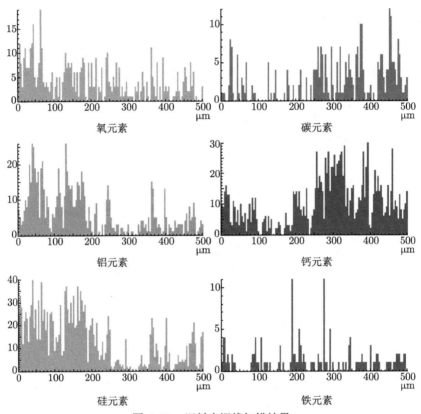

氧元素

碳元素

铝元素

钙元素

硅元素

铁元素

图 4-17   旧料水泥线扫描结果

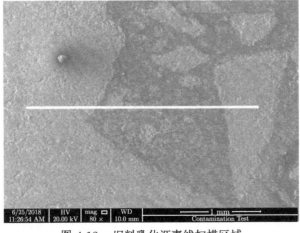

图 4-18   旧料乳化沥青线扫描区域

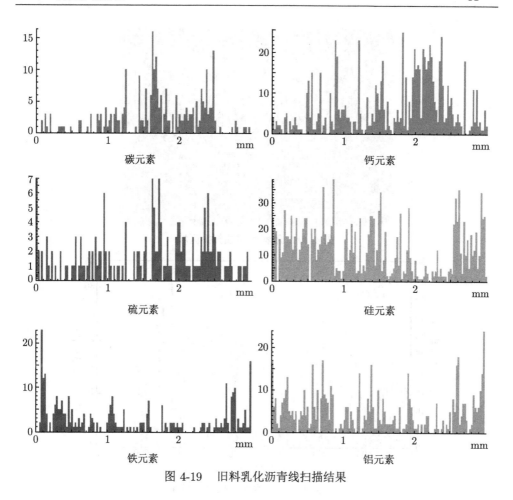

图 4-19　旧料乳化沥青线扫描结果

5. 水泥-新料界面

　　采用玄武岩质天然集料和水泥成型试件，选取切片试件观测，能谱线扫描位置如图 4-20 所示，沿集料—水泥—集料水平方向进行 3mm 长度的 EDX 线扫描，部分试验结果如图 4-21 和图 4-22 所示。Si/Ca 含量比的变化可将图像划分为 0~92μm 左上部新料区域、92~518μm 中部水泥水化产物区域和 518~620μm 右下新料区域。在水泥区域具有更高的 Ca 含量，而在新料区域具有更高的 Si、Al 含量。

　　如图 4-23 选择远离集料的水泥区域 A 和靠近集料的水泥区域 B，观测区域 A 和区域 B 形貌无明显差别，整体呈现出由 C-S-H 组成的纵横交错的空间网络结构，C-S-H 骨架上布满 C-H 晶体和针状钙矾石。

图 4-20 新料水泥线扫描区域

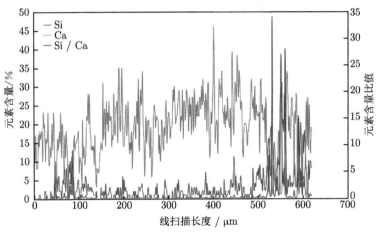

图 4-21 新料水泥线扫描结果 1

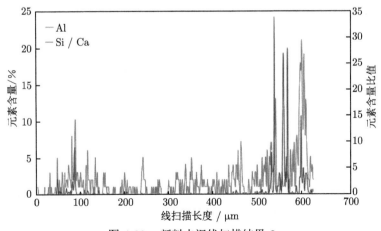

图 4-22 新料水泥线扫描结果 2

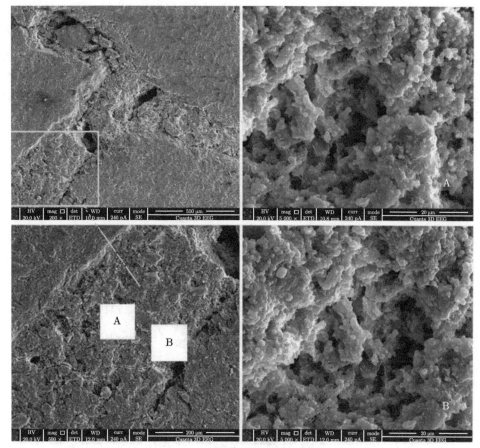

图 4-23　水泥-新料 SEM 图像

A：远离集料的水泥区域；B：靠近集料的水泥区域

4.3.4　分层材料微观形貌特征

丹麦公路研究所对聚合物改性作用的研究证实，大多数情况下在纯改性黏合剂中观察到的聚合物相结构与沥青混合料中的聚合物改性黏合剂结构不具有可比性。当在黏合剂中可以观测到聚合物相的连续网络时，在沥青混合物中观测不到连续的聚合物相网络。当纯胶浆中的聚合物相在连续沥青相中观察到小球时，沥青混合料中观测到的小球通常尺度更小。在冷再生混合料中，水泥对于沥青胶浆的影响在一定层面上可视为聚合物与沥青胶浆交互作用。在上一节对复合胶浆形貌观测分析后，本节对冷再生混合料中的复合胶浆形貌及其界面特征进行研究。各类型混合料均采用马歇尔击实成型，在 60℃ 烘箱中养生 3d，采用前述方法获取符合扫描电镜观测的目标试样后，进行后续界面组成观测。按照材料不同构成方式，将分层分布的界面组成划分为图 4-24 的四种情形。

采用 2cm 内径模具成型不同的小试件，如图 4-25 所示，按内中外成分不同分为 6 种进行进一步研究：新料-水泥浆-沥青胶浆，旧料-水泥浆-沥青胶浆，新料-沥青胶浆-水泥浆，旧料-沥青胶浆-水泥浆，新料-水泥沥青胶浆，旧料-沥青水泥胶浆。以两材料之间的浸入深度衡量两材料的黏附程度，浸入深度过浅容易出现黏附破坏，浸入深度过深则容易出现黏聚破坏。

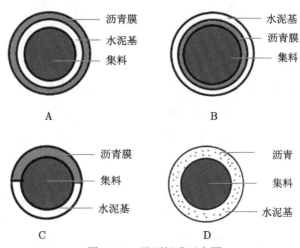

图 4-24　界面组成示意图

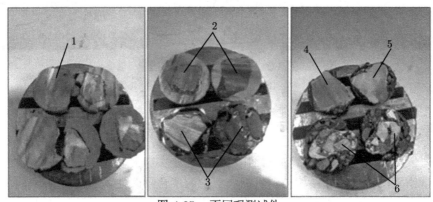

图 4-25　不同观测试件

1：新料-沥青胶浆-水泥浆；2：旧料-沥青胶浆-水泥浆；3：旧料-水泥浆-沥青胶浆；4：新料-水泥浆-沥青胶浆；
5：新料-冷再生沥青胶浆；6：旧料-冷再生沥青胶浆

1. 新料-水泥浆-沥青胶浆

新料-水泥浆-沥青胶浆观测形貌如图 4-26 所示。A 区域为 150μm 左右的水泥水化产物区域，该区域表面有许多不定形微粒堆积，显现出致密粗糙的表面；B 区域的沥青水泥界面有着 15μm 左右的浸入深度，浸入区域逐渐光滑平坦；C 区域为 90μm 左右的水泥集料过渡区域，该区域较 A 区域结构更为疏松，孔隙更大更多。

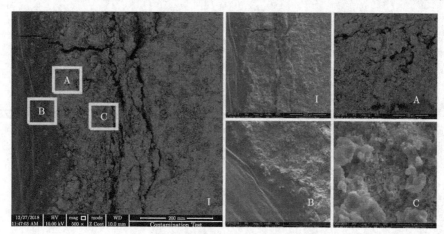

图 4-26　新料-水泥浆-沥青胶浆结构

A：水泥基区域；B：沥青区域；C：集料区域

2. 旧料-水泥浆-沥青胶浆

图 4-27 显示旧料-水泥浆-沥青胶浆的结构，在旧料区域 A 可以看到旧料表面一定范围出现了宽窄不同的条带状连续分布的沥青细料带。在 200μm 左右的水泥水化产物带 B1 中，C-S-H 填充了熟料颗粒间的空隙，形成了麦束状结构交联成整体。在 70μm 左右的水泥产物带 B2 中，颗粒疏松，填充孔隙较大较多；在 10000 倍放大倍数下，水泥沥青过渡带可观察到 5.5μm 左右的浸入区域，该区域以水泥水化网状产物为主，沥青交融裹覆在结构物表面，由过渡带向沥青带针刺状水泥产物逐渐减少，表面也逐渐光滑。在旧料水泥过渡区域 D 中有着 15~20μm 的过渡带区域，在该区域水泥水化产物具有较高的孔隙含量，与 E 区域的均质块状集料颗粒以大量针状水化产物攀附交织。

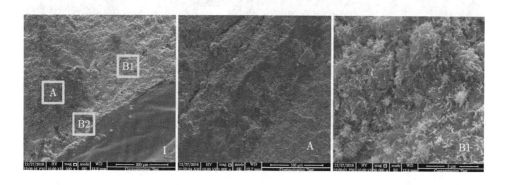

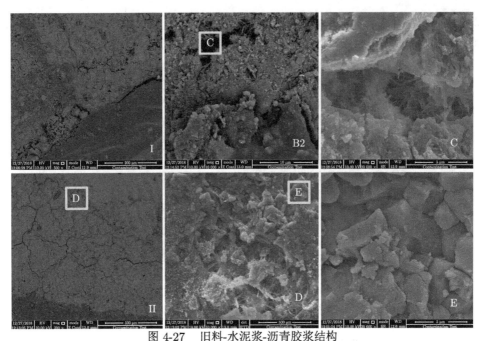

图 4-27　旧料-水泥浆-沥青胶浆结构

I、Ⅱ：复合胶浆结构区域；A：旧料区域；B1、B2、C、D：水泥区域；E：集料区域

3. 新料-沥青胶浆-水泥浆

新料-沥青胶浆-水泥浆形貌结构如图 4-28 所示，中间带为 100μm 厚的沥青胶浆带。图中 A 显示了新料-沥青胶浆结构，沥青浸入深度为 6μm 左右；图中 B 为沥青胶浆-水泥浆界面结构，沥青浸入深度为 2.5μm 左右。A 区内新料呈块状解理，B 区水泥水化产物呈粒状分布，在过渡区域 A 区的浸入深度大于 B 区。

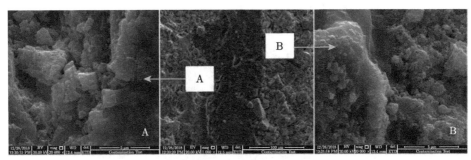

图 4-28　新料-沥青胶浆-水泥浆结构

A：新料-沥青界面；B：沥青-水泥界面

4. 旧料-沥青胶浆-水泥浆

旧料-沥青胶浆-水泥浆结构如图 4-29 所示。区域 Ⅰ、Ⅱ、Ⅲ 分别为旧料、沥青胶浆区域和水泥区域,其中沥青胶浆带厚约 40μm,旧料表面的细料旧沥青结团厚度 85μm 左右,旧料边界的沥青浸入深度为 7.5μm 左右;而水泥边界的沥青浸入深度为 6μm 左右,并且水泥沥青界面处存在着过渡区域,该区域水泥水化产物上裹覆着部分沥青,厚度约为 52μm。

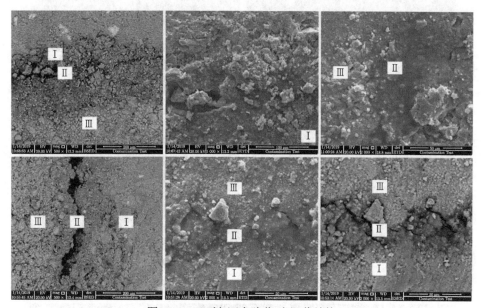

图 4-29 旧料-沥青胶浆-水泥浆结构

Ⅰ:旧料区域;Ⅱ:沥青胶浆区域;Ⅲ:水泥区域

5. 集料-混合胶浆

图 4-30 的 A1、A2 为新料-混合胶浆结构,混合胶浆均匀裹覆在新料表面,混合胶浆浸入深度为 7μm;B1、B2 为旧料-混合胶浆结构,由于旧料结团导致其表面产生较多假孔隙,混合胶浆浸入深度仅为 5μm。

6. 混合料中复合胶浆

对混合料中复合胶浆形貌观测如图 4-31 所示。混合料的复合胶浆中水泥水化产生的水泥纤维以水泥颗粒为中心向周围空间呈树枝分叉状发展,逐渐填充满混合料内的毛细空间,形成均匀、密实的网状结构体;而沥青填充黏附在水泥水化骨架上,整体形貌与纯复合胶浆的形貌无显著区别,这说明骨料与水泥或乳化沥青之间的作用并未产生与纯复合胶浆不同的微观结构。

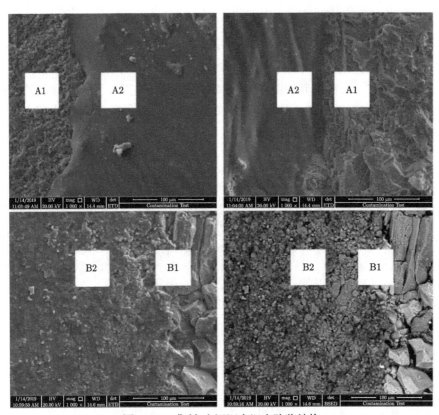

图 4-30   集料-水泥沥青混合胶浆结构

A1、A2：新料-混合胶浆结构；B1、B2：旧料-混合胶浆结构

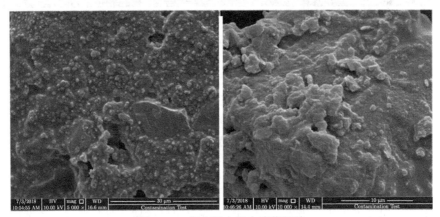

图 4-31   混合料中复合胶浆形貌

4.4 界面组成特征

界面过渡区 (interfacial transition zone, ITZ) 通常被称为水泥基复合材料中的 "薄弱环节"，因为其失效通常发生在 ITZ 中或通过 ITZ。文献表明 ITZ 成为薄弱环节的一些潜在原因，包括：① ITZ 中的空隙较大；② 较大的 C-H 晶体和优先取向 ITZ 中的大晶体都更容易允许裂纹的扩展；③ 集料和 ITZ 之间的实际界面黏结脆弱 [80]。在沥青涂层颗粒的混凝土中，ITZ 的成分和特性与混凝土中的主体不相同，但是沥青涂层厚度和刚度已被证明不是影响混凝土力学性能的主要因素，因此 ITZ 的较高空隙率很可能是具有 RAP 集料的混凝土中出现模量降低的一个原因。

4.4.1 基于数字图像处理技术的界面特征分析

1. 背散射电子成像

研究 ITZ 的一种流行方法是使用背散射电子 (BSE) 成像模式在扫描电子显微镜 (SEM) 中分析环氧树脂浸渍的抛光样品 [81]。扫描电镜各模式观测适用性见表 4-1。SEM 使用高能电子产生图像。当电子入射到固体上时，会发生弹性和非弹性散射，导致二次电子、背散射电子、俄歇电子和特征 X 射线的喷射。二次电子从非常靠近样品表面到离开样品只有几纳米的范围内分布。背散射电子在样品中经历多次散射，从而产生带宽范围的 BSE 能量。背散射电子的重要性在于它是原子序数的函数，而原子序数在成像中表现为亮度对比。入射电子可以激发或电离样品中的原子，这使得来自下轨道壳层的电子跃迁到更高的轨道壳层，当该电子弛豫回到下轨道时，发射出特征性的 X 射线。这些特征 X 射线的检测是能谱分析 (EDX) 的基础。

表 4-1 扫描电镜观测适用性

成像信息	图像名称	最佳分辨率/nm	主要用途	适用试样
二次电子	SE	0.8	高分辨率几何形貌观察	所有物质
背散射电子	BSE	10	显示平均原子序数不同的物质区域	所有物质
特征 X 射线	EDX	—	元素分布	所有物质

对于给定元素，其背散射系数 (η) 是元素原子序数 (Z) 的函数，可按式 (4-1) 计算：

$$\eta = -0.0254 + 0.016Z - \left(1.86 \times 10^{-4}\right) Z^2 + \left(8.3 \times 10^{-7}\right) Z^3 \tag{4-1}$$

对于复合材料，复合材料的背散射系数 η_c 是基于给定元素的质量分数 C_i 的

复合材料中每个元素的各个背散射系数 η_i 之积的总和,可按式 (4-2) 计算:

$$\eta_{\mathrm{c}} = \sum_i C_i \eta_i \tag{4-2}$$

类似地,复合材料的平均原子序数 $\bar{Z}$ 可以基于复合材料中每个元素的单个原子序数 Z_i 的总和,按式 (4-3) 计算并基于给定元素的质量分数来确定:

$$\bar{Z} = \Sigma C_i Z_i \tag{4-3}$$

表 4-2 中列出了复合背散射系数和在水泥材料以及环氧树脂和沥青中发现的各种化合物的平均原子序数。具有最高 η_{c} 和原子序数值的化合物,例如硅酸三钙和铝酸三钙,在 BSE 图像中将是最亮的;因此未水合的水泥在 BSE 图像中看起来最亮,并且氢氧化钙看起来比其他水合产物更亮。填充环氧树脂的空隙看起来最暗;此外,主要由碳氢化合物组成的沥青也将显示为最暗的相之一。

表 4-2   冷再生内部材料背散射系数

成分	组成	复合背散射系数 (η_{c})	平均原子序数 ($\bar{Z}$)
硅酸三钙 (C_3S)	$(CaO)_3SiO_2$	0.2	15.06
硅酸二钙 (C_2S)	$(CaO)_2SiO_2$	0.166	14.56
铝酸三钙 (C_3A)	$(CaO)_3Al_2O_3$	0.164	14.34
铁铝酸四钙 (C_4AF)	$(CaO)_4Al_2O_3Fe_2O_3$	0.186	16.65
氢氧化钙 (C-H)	$Ca(OH)_2$	0.162	14.30
C-S-H	$(CaO)_3(SiO_2)_2(H_2O)_8$	0.147	12.86
钙矾石 (AFt)	$(CaO)_6Al_2O_3(SO_3)_3(H_2O)_{32}$	0.122	10.77
单硫铝酸盐 (AFm)	$(CaO)_4Al_2O_3SO_3(H_2O)_{12}$	0.132	11.66
二氧化硅	SiO_2	0.125	10.80
石灰石	$CaCO_3$	0.142	12.57
环氧树脂	$C_{18}H_{21}ClO_3$	0.078	7.18
沥青	C, H, S, O, N, V, Ni	0.063	6.05

两个元素或相位 (1 和 2) 之间的成分 BSE 对比度 C_Z 可以近似为复合背散射系数的函数,假设所有相位的 BSE 检测效率相同,并按式 (4-4) 计算:

$$C_Z = (\eta_2 - \eta_1)/\eta_2 \tag{4-4}$$

使用 BSE 成像可以很容易地区分两相之间大于 10% 的对比度,但 1%~10% 范围内的区分可能更具挑战性,而对比度小于 1% 则非常困难。水泥基、沥青相和环氧树脂的对比值列于表 4-3 中。灰度直方图中的水合产物峰与沥青相完全分离。此外,沥青相与环氧树脂相之间的对比表明,区分这两相存在一些挑战。

表 4-3　冷再生内部材料 BSE 对比度

η_2	η_1	0.172	0.166	0.164	0.186	0.162	0.147	0.122	0.132	0.125	0.142	0.078	0.063
	C_Z	C_3S	C_2S	C_3A	C_4AF	C-H	C-S-H	AFt	AFm	SiO_2	$CaCO_3$	环氧树脂	沥青
0.172	C_3S	0%	3%	5%	8%	6%	15%	29%	23%	27%	17%	55%	63%
0.166	C_2S	4%	0%	1%	12%	2%	11%	27%	20%	25%	14%	53%	62%
0.164	C_3A	5%	1%	0%	13%	1%	10%	26%	20%	24%	13%	52%	62%
0.186	C_4AF	8%	11%	12%	0%	13%	21%	34%	29%	33%	24%	58%	66%
0.162	C-H	6%	2%	1%	15%	0%	9%	25%	19%	23%	12%	52%	61%
0.147	C-S-H	17%	13%	12%	27%	10%	0%	17%	10%	15%	3%	47%	57%
0.122	AFt	41%	36%	34%	52%	33%	20%	0%	8%	2%	16%	36%	48%
0.132	AFm	30%	26%	24%	41%	23%	11%	8%	0%	5%	8%	41%	52%
0.125	SiO_2	38%	33%	31%	49%	30%	18%	2%	6%	0%	14%	38%	50%
0.142	$CaCO_3$	21%	17%	15%	31%	14%	4%	14%	7%	12%	0%	45%	56%
0.078	环氧树脂	121%	113%	110%	138%	108%	88%	56%	69%	60%	82%	0%	19%
0.063	沥青	173%	163%	160%	195%	157%	133%	94%	110%	98%	125%	24%	0%

2. 背散射图像处理技术

1) 灰度阈值分割

利用数字图像处理技术可以获取不同组合试件的空隙、胶结料和填料的微观分布特征。各类样品拍摄图像是 8 字节的灰度图像，图像灰度值范围为 0~255，0 代表黑色，255 代表白色。灰度阈值是 ITZ 各相量化分析的首选方法。在该分析中使用感兴趣区域 (ROI) 分析提取集料颗粒，然后采用数字图像处理分析 ITZ 区域。空隙的灰度阈值水平是基于 Wong 等[81] 的"溢流"方法确定的，本书中对这种方法进行了改进：在灰度分布直方图中，计算累计强度灰度直方图，并对其曲线进行傅里叶级数拟合，基于曲率相应拐点确定空隙灰度阈值。图 4-32 所示为灰度阈值分割流程图。图 4-32(e) 中，蓝色为空隙，红色为旧沥青，绿色为水泥水化产物，白色为填料；图 4-32 (f) 所示为灰度直方图。

2) 欧几里得距离映射

以旧料水泥混合料为例，对各相材料沿边界变化规律进行分析。首先，选取大集料边界作为参考界线，对参考界线进行欧几里得距离空间映射 (EDM)，如图 4-33 所示。EDM 是基于欧几里得度量的"最近邻"距离映射技术，它是一个像素 (i,j) 与另一个像素 (p,k) 之间的毕达哥拉斯距离，按式 (4-5) 计算[82]：

$$d_e\left[(i,j),(p,k)\right] = \sqrt{(j-k)^2 + (i-p)^2} \tag{4-5}$$

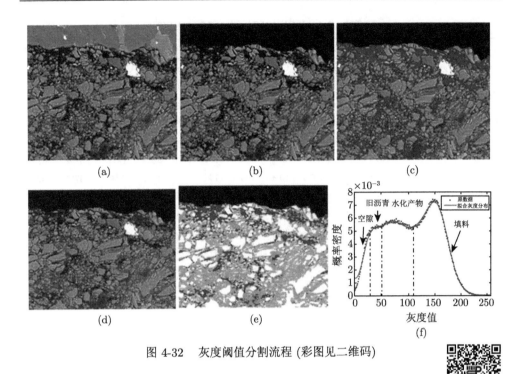

图 4-32　灰度阈值分割流程 (彩图见二维码)

(a) 去除集料边界　　　　　　　　(b) 边界距离映射

图 4-33　欧几里得空间距离空间映射

对于所有像素 (i, j)，EDM 算法将识别从给定像素 (即 ITZ 区域中的任何像素) 到最近对象像素 (即集料边界) 的最短距离，该方法考虑了界面的不规则形状。

然后，提取出图像的空隙区域，并将空隙图转化为空隙二值模板，与灰度-像素距离映射矩阵叠加，并统计灰度分布图，如图 4-34 所示。

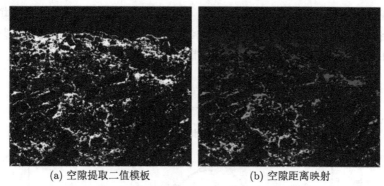

(a) 空隙提取二值模板　　　　　　(b) 空隙距离映射

图 4-34　灰度-像素距离映射矩阵叠加

　　最后，将灰度值转化成像素距离，并对像素距离进行比例尺运算，得到最终的关于实际距离的空隙分布特性，如图 4-35 所示。

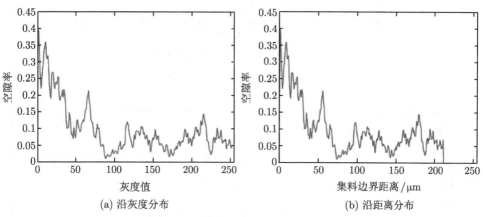

(a) 沿灰度分布　　　　　　(b) 沿距离分布

图 4-35　空隙沿边界分布变化规律

4.4.2　冷再生混合料界面组成特征

　　由于冷再生混合料组成的复杂性，其内部存在着沥青、水泥、旧料、新集料的交互作用，本节将简化冷再生混合料的材料组成，分别对水泥-新料、水泥-旧料、乳化沥青-新料、乳化沥青-旧料这几种两相混合料进行研究，获取集料与水泥基质以及沥青之间的界面过渡区的微观结构特征，分析冷再生混合料微观强度形成机理。

　　1. 水泥-新料界面

　　保证 0.6 的水灰比并采用 AC16 级配，选择水泥和新料在常温下拌和成型马歇尔试件，试件在 60℃ 烘箱中养生 3d 后，获取界面图像，图像观测区域通过

MATLAB 代码程序进行灰度阈值分割，划分为空隙、水泥水化产物和填料。水泥-新料各相划分、空隙变化及其拟合曲线见图 4-36、图 4-37。各相分割划分良好，空隙率随距集料边界距离变化符合指数递减变化规律。

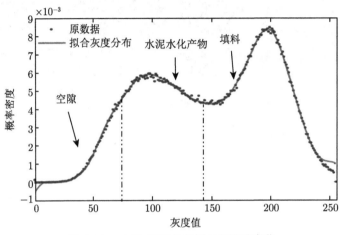

图 4-36　水泥-新料各相划分及空隙变化

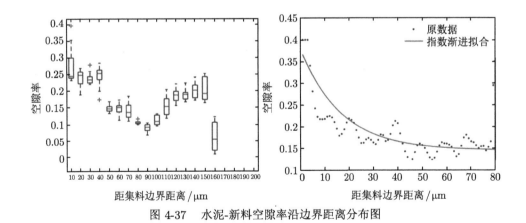

图 4-37　水泥-新料空隙率沿边界距离分布图

2. 水泥-旧料界面

保证 0.6 的水灰比并采用 AC16 级配，选择水泥和旧料在常温下拌和成型马歇尔试件，试件在 60℃ 烘箱中养生 3d 后，获取界面图像，图像观测区域通过 MATLAB 代码程序进行灰度阈值分割，划分为空隙、旧沥青、水泥水化产物和填料。水泥-旧料各相划分、空隙变化及其拟合曲线见图 4-38、图 4-39。各相分割划分良好，空隙率随距集料边界距离变化同样满足指数递减变化规律。并且在水泥-旧料界面过渡区观测中，可获取旧料中可检测出的旧沥青含量值。

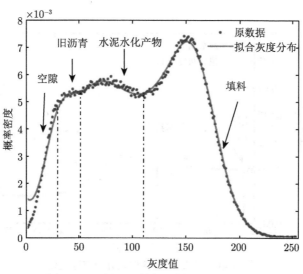

图 4-38 水泥-旧料各相划分及空隙变化

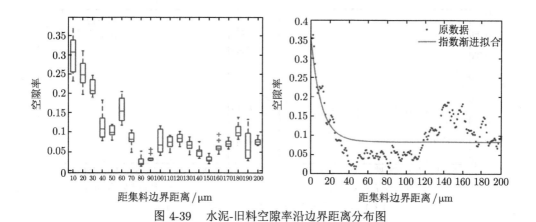

图 4-39 水泥-旧料空隙率沿边界距离分布图

3. 沥青-新料界面

采用 AC16 级配，选择乳化沥青和新料在常温下拌和成型马歇尔试件，试件在 60℃ 烘箱中养生 3d 后，获取界面图像，图像观测区域通过 MATLAB 代码程序进行灰度阈值分割，图像观测区域划分为空隙、沥青、沥青填料络合物和填料。沥青填料络合物是介于沥青与填料之间的大范围灰度分布，该区域在 SEM 图像中呈现出异于沥青与填料的非颗粒状的结构物。沥青-新料各相划分、空隙变化及其拟合曲线见图 4-40、图 4-41。各相分割划分良好，空隙率随距集料边界距离变化同样满足指数递减变化规律。

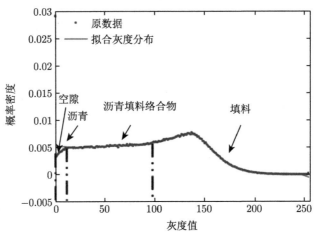

图 4-40　沥青-新料各相划分及空隙变化

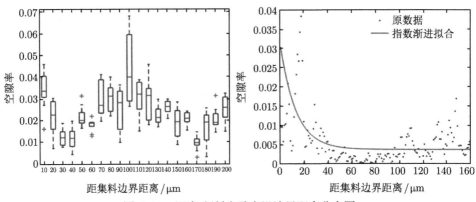

图 4-41　沥青-新料空隙率沿边界距离分布图

4. 沥青-旧料界面

采用 AC16 级配，选择乳化沥青和旧料在常温下拌和成型马歇尔试件，试件在 60℃ 烘箱中养生 3d 后，获取界面图像，图像观测区域通过 MATLAB 代码程序进行灰度阈值分割，图像观测区域划分为空隙、旧沥青、沥青填料络合物和填料。以水泥-旧料组合中确定的旧沥青含量作为沥青-旧料中旧沥青含量的评定依据。沥青填料络合物是介于沥青与填料之间的大范围灰度分布，该区域在 SEM 图像中呈现出异于沥青与填料的非颗粒状的结构物。沥青-旧料各相划分、空隙变化及其拟合曲线见图 4-42、图 4-43。各相分割划分良好，空隙率随距集料边界距离变化基本满足指数递减变化规律。

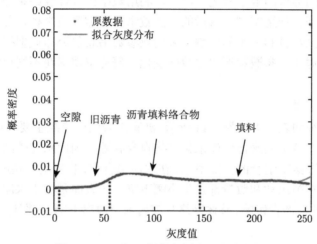

图 4-42　沥青-旧料各相划分及空隙变化

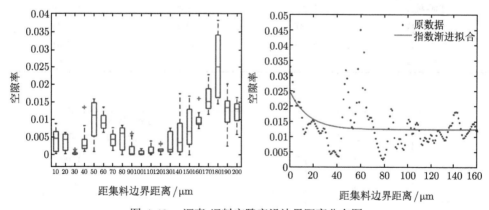

图 4-43　沥青-旧料空隙率沿边界距离分布图

4.4.3　各相分布特征参数分析

对两相组成材料的空隙参数、填料参数和胶结料特征进行统计，并将各相含量沿集料边界距离进行分析，对过渡区各相材料分布进行研究。

1. 空隙参数

混合料的空隙率大小一定程度上影响着整体强度，也造成了不同混合料之间的性能差异。而具有相同空隙率的混合料的空隙分布、空隙结构、空隙尺寸和空隙数量等特征的不同，也都会造成微观构成差异，从而影响材料性能。

本节对不同类型的混合料进行研究，利用数字图像计算结果分析不同胶结料组合的空隙特征。利用空隙提取后的空隙数量和空隙等效半径，分析新旧料和不同胶结料对空隙数量和大小的影响。采用双参数韦布尔分布模型拟合不同类型的空隙特征，根据比例参数和形状参数的变化，研究空隙率在不同空隙尺寸上的分布比例。

1) 微空隙平均尺寸

微空隙特征如表 4-4 和图 4-44 所示。沥青组合的微空隙主要来自填料微缺陷，水泥组合的微空隙主要来自水泥水化产物自身孔隙，因而水泥胶结料组合的空隙率远大于沥青胶结料组合的空隙率。而在水泥组合中，将新料替换成旧料后，整体空隙率下降，空隙尺寸和数量都发生小幅下降。一方面是由于水泥水化产物部分受 RAP 料中的旧沥青影响，整体网络骨架内部空隙率下降，在图像分析中可发现，

表 4-4　微空隙参数特征

组合	空隙尺寸/μm	空隙数量	空隙率
水泥-新料	1.464	1158	0.1366
水泥-旧料	1.337	1021	0.0945
沥青-新料	0.629	277	0.0061
沥青-旧料	0.958	239	0.0104

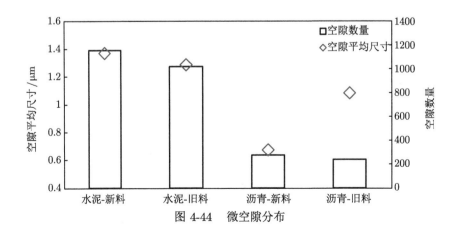

图 4-44　微空隙分布

在主体相水泥-旧料组合相较于水泥-新料组合空隙率下降了 5%；另外，RAP 料中旧沥青的存在增强了骨料与水泥水化产物的黏附，从而降低了水化产物与骨料接触区域的空隙率。在与骨料接触界面区域，水泥-旧料组合相较于水泥-新料组合空隙率下降了 10%。在沥青组合中，将新料替换成旧料后，整体空隙率反而上升，这主要是 RAP 料自身结构伴随着较高微缺陷导致的，但是由于沥青在胶浆层面的裹覆效果，这部分空隙率提升影响较小。

2) 微空隙分布特征

通过对空隙的平均等效半径分析，可以了解观测区域的空隙大小整体特征。但空隙实际上是由半径大小不同的微空隙构成的。

类似于集料的级配分布，对微空隙的统计发现，其同样存在一定的"级配"。微空隙的"级配曲线"可表征为空隙在其不同等效半径大小上的累计百分比。本节采用韦布尔分布模型对空隙"级配曲线"进行曲线拟合，以准确描述其分布特征，拟合结果见表 4-5。韦布尔分布模型参数包括比例参数 λ 和形状参数 k，本节主要采用式 (4-6) 的分布函数：

$$F\left(x\right) = 1 - \mathrm{e}^{-(x/\lambda)^{k}} \tag{4-6}$$

式中，λ 为比例参数；k 为形状参数；x 为距集料边界距离。

表 4-5 微空隙韦布尔分布拟合结果

组合	λ	k	R^2
水泥-新料	2.750	1.061	0.998
水泥-旧料	2.977	1.128	0.996
沥青-新料	2.146	10.523	0.986
沥青-旧料	2.553	1.488	0.993

韦布尔分布模型中，比例参数 λ 越大，表明空隙半径的变化范围越大；形状参数 k 越大，则表明空隙更加地集中在某一半径区间内。从图 4-45 的拟合曲线可以看出，各组合下的空隙分布的确存在一个满足韦布尔分布的空隙"级配曲线"。不同组合类型下的比例参数 λ 均位于 2~3 之间，而沥青-新料组合的形状参数 k 异于其他三类组合，具有较大的形状参数，此类型空隙更加集中地分布在某个半径范围内，在 1~3 像素 (pixel) 半径内空隙含量已经达到了 92%。同时对比比例参数 λ 在不同组合类型下的差异值可以发现，水泥胶结料相较于沥青胶结料能获得更大的 λ 值，而旧料相对于新料能获得更大的 λ 值，即水泥胶结料和旧料表现出更大的空隙半径变化范围，而沥青胶结料和新料表现出更小的空隙半径变化范围。

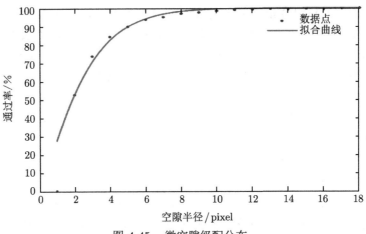

图 4-45　微空隙级配分布

3) 敏感性分析

采用双因素方差分析法对韦布尔参数差异显著性进行分析，结果如表 4-6 所示。在 95％置信区间下，胶结料和集料类型对韦布尔参数均有显著影响，并且胶结料和集料类型的交互作用对形状参数 k 有着非常显著的影响，而对比例参数 λ 无显著影响；且就差异显著性而言，胶结料差异相对于集料差异有着更重要的影响，因而总体空隙尺寸变化范围呈现出水泥-旧料 > 水泥-新料 > 沥青-旧料 > 沥青-新料的变化趋势。

表 4-6　双因素方差分析结果

参数	方差来源	平方和	自由度	F 值	显著性
比例参数 λ	胶结料	0.69325	1	71.53	0.0011
	集料	0.1203	1	12.41	0.0244
	交互作用	0.03188	1	3.29	0.1439
形状参数 k	胶结料	29.3684	1	433.7	3.14×10^{-5}
	集料	25.0349	1	369.71	4.31×10^{-5}
	交互作用	25.8337	1	381.5	4.05×10^{-5}

2. 填料参数

选取观测的大集料边界分布着大量极细极小的填料和空隙，这也导致得到的填料和空隙等效半径均值极小。如图 4-46 所示，四种组合下填料半径无明显差异，而空隙半径表现出较大差异，沥青胶结料整体空隙小于水泥胶结料空隙；且沥青-新料空隙相较于沥青-旧料大幅下降，这也一定程度说明了沥青-新料拥有更加致密的结构和更少的微缺陷。质心原点选取在大集料边界上，填料质心基本上不随组合类型发生变化。另外，从水泥-新料到沥青-旧料的组合空隙质心距离不断增大，这也就意味着界面过渡区和主体相区域的空隙分布差异性在逐渐减小，即水泥-新料在界面过渡区和主体相区域的空隙数量和空隙尺寸分布差异最大，而沥青-旧料在这两个区域的空隙数量和空隙尺寸分布差异最小。整体上看来，沥青胶结料相较于水泥胶结料在界面过渡区和主体相区域的空隙特征分布差异较小，而将新料替换成旧料也能在一定程度上减小这两区域的空隙分布差异。

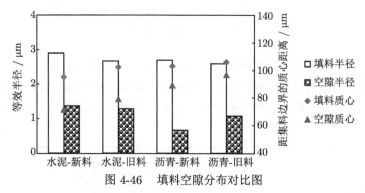

图 4-46 填料空隙分布对比图

3. 胶结料特征

四种不同组合构成的胶结料不尽相同，本节采用胶结料厚度数据来研究胶结料分布特征。胶结料厚度采样借鉴 Kose 等在砂浆应变分布研究中的方法，该方法能实现等间距地获取沥青砂浆厚度数据。本节研究中首先利用数字图像处理从原图像获取目标胶结料的二值模板，然后构建一个采样二值模板，该模板与原图像尺寸相同，且由等间距的白色线条组成，两条白色线条之间的部分为黑色；将两个二值模板叠加，即可获得目标胶结料的白色线条部分，这些白色线条即为最终获取的胶结料采样厚度。可以通过改变采样模板白色线条的方向，在不同方向对胶结料厚度进行采样统计。

1) 胶结料厚度采样

在胶结料采样的计算过程中，可通过调整采样线条的间距和宽度，来改变采样模板的采样重复率。经过统计分析比较，本节研究中采样方向统一选取为水平方向。采用 1/5 的采样率，即在平行线段上每 5 个像素点内有 1 个像素点为白色，其余都为黑色。

2) 厚度与厚度谱

胶结料的厚度采样样本主要集中在长度较短的范围内，且随着采样厚度增大，样本频数逐渐减小。但是在某一厚度范围内的样本频数高并不代表目标胶结料分布在该厚度范围内，频率分布是样本组成状况的一种描述，并不能反映出具体的胶结料厚度分布状况。将胶结料厚度与该厚度所占的面积比重联系在一起，可以反映该厚度区域占比分布情形，并将其称为胶结料的"厚度谱"。长度较短的厚度范围，采样频数虽然很高，但是其厚度的累计比例较小，表明其不是观测区域的主要厚度范围。

3) 厚度谱分析

对各类胶结料的厚度谱随厚度变化趋势进行 lillietest 检验表明，其概率密度分布符合标准二参数韦布尔分布，其概率密度分布如式 (4-7) 所示：

$$f(x) = \frac{k}{\lambda}\left(\frac{x}{\lambda}\right)^{k-1}\mathrm{e}^{-(x/\lambda)^2} \tag{4-7}$$

式中，λ 为比例参数；k 为形状参数；x 为距集料边界距离。

对四类不同组合类型的胶结料厚度谱进行韦布尔分布拟合，拟合效果如图 4-47 所示，厚度谱能清楚地描述胶结料的厚度分布，其拟合参数见表 4-7~ 表 4-10。

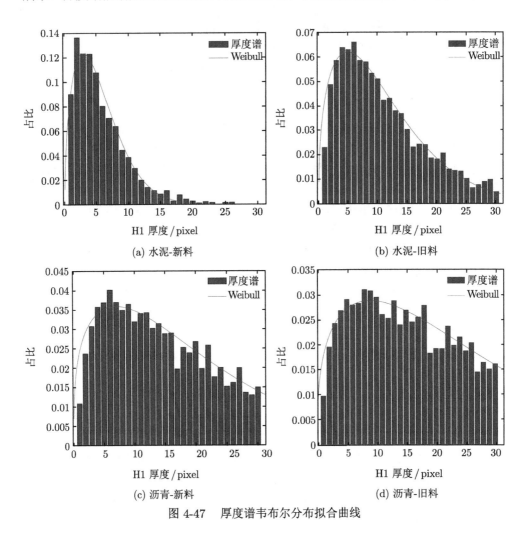

图 4-47   厚度谱韦布尔分布拟合曲线

表 4-7　胶结料厚度谱拟合结果 (水泥-新料)

次数	拟合参数		样品估计		曲线估计		拟合优度		
	λ	k	μ	σ	偏度	峰值	SSE	R^2	RMSE
1	5.0555	1.4015	4.6069	3.3309	1.1964	4.8315	6.86×10^{-5}	0.9985	0.0016
2	6.0811	1.5231	5.4798	3.6686	1.0452	4.3024	6.67×10^{-5}	0.9988	0.0015
3	5.8244	1.3646	5.3308	3.9513	1.2479	5.0298	1.00×10^{-4}	0.9982	0.0019
4	8.8819	1.3727	8.1211	5.9864	1.2364	4.9845	1.03×10^{-4}	0.9960	0.0019
5	8.8720	1.3776	8.1073	5.9565	1.2294	4.9577	7.16×10^{-5}	0.9970	0.0016
均值	6.9429	1.4079	6.3291	4.5787	1.1910	4.8211	—	—	—

表 4-8　胶结料厚度谱拟合结果 (水泥-旧料)

次数	拟合参数		样品估计		曲线估计		拟合优度		
	λ	k	μ	σ	偏度	峰值	SSE	R^2	RMSE
1	12.7356	1.3309	11.7087	8.8842	1.2977	5.2301	9.50×10^{-5}	0.990	0.0018
2	13.7966	1.2798	12.7835	10.0637	1.3788	5.5747	4.97×10^{-5}	0.993	0.0013
3	14.1914	1.2352	13.2542	10.7910	1.4558	5.9233	5.33×10^{-5}	0.991	0.0014
4	13.1426	1.3342	12.0774	9.1431	1.2928	5.2100	6.56×10^{-5}	0.992	0.0015
5	14.0852	1.3853	12.8593	9.3989	1.2187	4.9162	4.74×10^{-5}	0.993	0.0013
6	11.9065	1.4044	10.8466	7.8275	1.1925	4.8170	5.44×10^{-5}	0.995	0.0014
均值	13.3096	1.3283	12.2549	9.3514	1.3060	5.2785	—	—	—

表 4-9　胶结料厚度谱拟合结果 (沥青-新料)

次数	拟合参数		样品估计		曲线估计		拟合优度		
	λ	k	μ	σ	偏度	峰值	SSE	R^2	RMSE
1	20.5193	1.3195	18.8956	14.4534	1.3152	5.3023	4.36×10^{-5}	0.979	0.0012
2	25.9053	1.2902	23.9626	18.7214	1.3618	5.5005	3.00×10^{-4}	0.963	0.0033
3	22.2519	1.2870	20.5937	16.1268	1.3669	5.5229	2.39×10^{-4}	0.933	0.0029
4	27.9278	1.3512	25.6053	19.1550	1.2674	5.1070	1.47×10^{-4}	0.897	0.0023
5	24.3771	1.3601	22.3242	16.5985	1.2544	5.0555	3.17×10^{-4}	0.956	0.0034
均值	24.1962	1.3216	22.2762	17.0110	1.3131	5.2976	—	—	—

　　从拟合优度来看，韦布尔分布模型对各类胶结料的厚度谱均具有良好的拟合效果，拟合方差、拟合标准差都接近于 0，而确定系数都在 0.85 以上。样品估计中的厚度谱平均值，沥青-新料和沥青-旧料的胶结料无差别，而水泥-新料的胶结料小于水泥-旧料组合，并远小于沥青的组合。

表 4-10　　胶结料厚度谱拟合结果 (沥青-旧料)

次数	拟合参数		样品估计		曲线估计		拟合优度		
	λ	k	μ	σ	偏度	峰值	SSE	R^2	RMSE
1	21.0489	1.3881	19.2106	14.0147	1.2148	4.9013	1.37×10^{-4}	0.916	0.0022
2	25.4648	1.3315	23.4097	17.7556	1.2969	5.2266	2.08×10^{-4}	0.960	0.0027
3	19.8510	1.2971	18.3421	14.2581	1.3506	5.4521	3.56×10^{-5}	0.985	0.0011
4	19.9078	1.2396	18.5777	15.0741	1.4479	5.8867	4.31×10^{-5}	0.983	0.0012
5	26.3512	1.0879	25.5211	23.4828	1.7630	7.5262	8.49×10^{-4}	0.955	0.0055
6	29.9511	1.5078	27.0214	18.2592	1.0629	4.3601	1.48×10^{-4}	0.981	0.0023
7	31.8672	1.1942	30.0136	25.2348	1.5323	6.2906	1.76×10^{-4}	0.948	0.0025
8	22.0908	1.3621	20.2253	15.0174	1.2515	5.0441	1.79×10^{-4}	0.874	0.0025
9	23.4342	1.3313	21.5436	16.3423	1.2971	5.2277	1.59×10^{-4}	0.854	0.0024
10	26.9012	1.3739	24.5933	18.1140	1.2346	4.9778	1.27×10^{-4}	0.841	0.0021
均值	24.6868	1.3113	22.8458	17.7553	1.3451	5.4893	—	—	—

　　将四类组合胶结料厚度谱分布曲线绘制在图 4-48 中, 可以看出水泥-新料的组合胶结料主要厚度范围为 2~4 像素, 水泥-旧料的组合胶结料主要厚度范围为 3~9 像素, 沥青-新料和沥青-旧料组合胶结料分布基本一致, 主要厚度范围为 5~15 像素。沥青-新料和沥青-旧料的胶结料厚度分布基本一致, 而水泥胶结料的厚度谱曲线在峰值和主要厚度有明显差异: 水泥-新料相对于水泥-旧料, 其胶结料主要厚度更小且范围更窄; 并且沥青胶结料相对于水泥胶结料而言, 其主要厚度更大且厚度范围更宽。

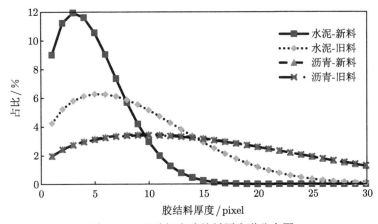

图 4-48　四种组合胶结料厚度谱分布图

4) 厚度谱聚类分析

聚类分析,也称为分割分析或分类分析,可将样本数据分成一个个组或簇。同一簇中的对象相似度极高,而不同簇中的对象存在显著差异,相似性的度量取决于研究变量。

采用层次分析法可以将各类组合整体划分为两大族群——水泥胶结料和沥青胶结料,如图 4-49 所示。水泥胶结料族群还可划分为水泥-新料组合和水泥-旧料组合,而沥青胶结料组合中沥青-新料和沥青-旧料差异小,族群划分困难。

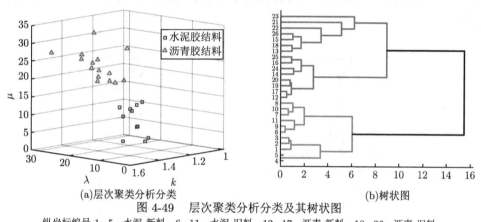

(a)层次聚类分析分类   (b)树状图

图 4-49 层次聚类分析分类及其树状图

纵坐标编号 1~5:水泥-新料;6~11:水泥-旧料;12~17:沥青-新料;18~26:沥青-旧料

4. 过渡区

1) 过渡区确定

以空隙作为衡量过渡区厚度的关键指标,采用指数渐进法和 t 检验方法判定结合方法得到过渡区厚度。指数渐进函数如式 (4-8) 所示:

$$\Phi\left(x\right) = a\left[\exp\left(-3\frac{x}{\alpha}\right) - 1\right] + b \tag{4-8}$$

式中,x 为距集料边界的距离,μm;a 为拟合曲线形状参数;b 为空隙率最大值邻近值;α 为过渡区厚度,μm。

采用指数渐进法获得的过渡区厚度的 0.8 倍作为 t 检验判定的初始位置,来判断空隙率显著变化的位置,以此作为最终的过渡区厚度。过渡区厚度如表 4-11 所示。

表 4-11 过渡区厚度

	方法	水泥-新料	水泥-旧料	沥青-新料	沥青-旧料
过渡区厚度 h/μm	指数渐进法	60.33	55.25	43.82	49.70
	t 检验	48.50	51.84	41.53	46.63

2) 过渡区特征

在图 4-50 中，以距集料边界距离划分空隙带，并以空隙率变化显著点作为相应的界面过渡区分界线。微空隙分布上，水泥-新料中的 ITZ 区域的空隙率是砂浆主相区域的 2 倍，水泥-旧料中 ITZ 区域的空隙率是砂浆主相区域的 3 倍，沥青-新料和沥青-旧料中空隙率较低。水泥-新料 48.50μm 和水泥-旧料 51.84μm 的过渡区内都表现出极高空隙率，在主体相水泥-新料的空隙率最终稳定在 15%，而水泥-旧料空隙率下降到 10%；沥青-新料和沥青-旧料整体都表现出极低的空隙率，在 41.53μm 和 46.63μm 的过渡区的空隙率变化波动，但都略高于主体相的空隙率。

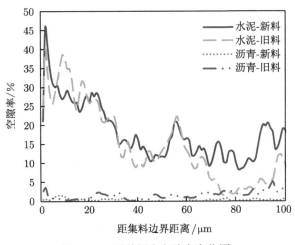

图 4-50   四种组合空隙率变化图

在图 4-51 中，对过渡区内各相含量分布进行统计。分析发现，在水泥-新料中，界面过渡区厚度是空隙含量和水泥水化产物变化的界线，界面过渡区内的空隙含量变化趋势与水泥水化产物含量基本一致，而在主体相内空隙含量总是低于水泥水化产物含量。在水泥-旧料中，界面过渡区厚度是空隙含量和旧沥青含量变化的界线，界面过渡区旧沥青含量高于主体相中旧沥青含量，而水泥水化产物含量基本无差别。在沥青-新料中，界面过渡区厚度是自由沥青含量和填料含量变化的界线，在界面过渡区具有高自由沥青含量和低填料含量，而在主体相自由沥青含量下降，游离填料含量增加。在沥青-旧料中，界面过渡区厚度是旧沥青含量和填料含量变化的界线，在界面过渡区具有较高的旧沥青含量和较高的游离填料含量，而在主体相旧沥青含量下降，游离填料含量下降。

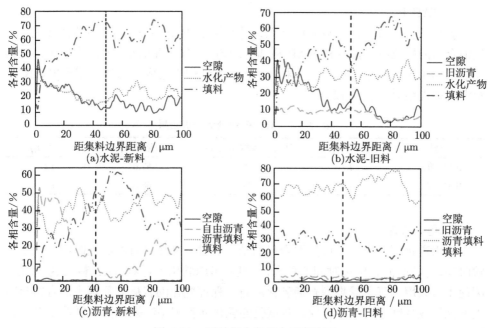

图 4-51   四种组合各相含量变化图

4.5   强度性能试验

乳化沥青冷再生混合料是以乳化沥青、水泥等为主要胶结料,将破碎后的旧沥青混合料颗粒及添加的新集料重新黏结而成的新混合料。因此,在乳化沥青冷再生过程中,乳化沥青、水泥、旧料性能、新集料的性能以及用水量等因素均会对再生混合料的性能产生明显的影响,也是乳化沥青冷再生配合比设计中需考虑的重要因素。此外,乳化沥青冷再生混合料的强度性能与其微观结构特征之间的联系尚不明确。

本节依据相关规范开展冷再生混合料的配合比设计,考虑不同加料方式下形成的不同薄弱界面,采用不同拌和顺序和不同养生时间成型冷再生试件,开展劈裂强度试验以及劈裂动态回弹模量和动态模量试验,分析冷再生混合料的强度特性;然后根据前述章节的研究方法与成果,采用 SEM 扫描电镜分析不同拌和顺序下混合料的形貌特征以及组成差异。

4.5.1   配合比设计及试验方案

1. 原材料

室内成型的乳化沥青混合料采用了中粒式级配 CR25,原材料选择上包含 RAP 料、乳化沥青、水泥和新集料。

1) RAP 料

乳化沥青冷再生混合料的配合比设计受限于 RAP 料的性质和各档级配。再生混合料的配伍应保持各档 RAP 料选材均匀，确保级配的稳定性。本节中由堆料场取回的 RAP 料含水率低，并未出现水分黏结作用造成的结块成团现象，RAP 料沥青抽提结果见表 4-12。

表 4-12　RAP 料沥青抽提结果

类型	沥青含量/%	针入度 (25℃)/0.1mm	软化点/℃	延度 (15℃)/cm
RAP 粗料	3.7	34	57.6	12
RAP 细料	5.0	30	58.0	11

2) 乳化沥青

采用乳化沥青作为冷再生混合料的结合料时，乳化沥青的破乳时间应大于运输时间、等待时间和摊铺时间的总和，并且应考虑乳化沥青对 RAP 料的裹覆能力，因而本节采用阳离子慢裂型普通乳化沥青，保证乳化沥青破乳后再生混合料集料表面能形成足够厚度的沥青膜。本试验的乳化沥青试验结果和技术要求如表 4-13 所示。

表 4-13　乳化沥青性能指标

试验项目		单位	试验结果	技术要求	试验方法
破乳速度		—	慢裂	慢裂或中裂	T 0658
粒子电荷		—	阳离子 (+)	阳离子 (+)	T 0653
筛上残留物 (1.18mm 筛)		%	0.02	0.1	T 0652
恩格拉黏度		—	7	2~30	T 0622
蒸发残留物	残留分含量	%	60	≥ 60	T 0651
	针入度 (25℃)	0.1mm	74.4	50~130	T 0604
	延度 (15℃)	cm	63.4	≥ 40	T 0605
与粗集料的黏附性，裹覆面积		—	≥ 2/3	≥ 2/3	T 0654
与粗、细集料拌和试验		—	均匀	均匀	T 0659
常温储存稳定性	1d	%	0.2	≤ 1	T 0655
	5d		1.2	≤ 5	

3) 水泥

为了提高乳化沥青冷再生混合料的早期强度，在乳化沥青冷再生工程中会添加少量水泥。一部分水泥发生水化反应，提高再生料早期强度；另外少部分水泥未完全水化，作为填料调整整体再生料级配。水泥凝结和乳化沥青破乳后若仍未完成再生料的摊铺压实，将严重影响再生路面性能，因而从拌和结束到复压完成的时间不应超过水泥的终凝时间。本节采用的水泥为上海海螺水泥生产的 P·O 42.5 普通硅酸盐水泥，具体水泥检测结果和技术指标如表 4-14 所示。

4) 新集料

根据 RAP 料的筛分试验和目标再生混合料的目标级配设计类型，在乳化沥青冷再生混合料中添加一定比例的 9.5~26.5mm 的玄武岩新集料。

表 4-14　水泥技术指标

检测项目		单位	检测结果	技术要求
安定性		—	雷氏夹法检验合格	雷氏夹法或蒸煮法检验必须合格
细度 (80μm)		%	4	筛余量 ≤10
初凝时间		min	185	≥ 45
终凝时间		min	247	≤ 600
3d 强度	抗压	MPa	28.4	≥ 17.0
	抗折	MPa	5.7	≥ 3.5

5) 矿粉填料

当 RAP 料的拟合级配难以达到目标级配时，可以通过添加矿粉填料来调整再生混合料级配。填料必须保证干燥、清洁和无结块成团。本节选用的填料为石灰岩类矿粉。

6) 水

冷再生混合料拌和成型需要外加水，这也是乳化沥青冷再生混合料设计过程必须考虑的重要一环，合理的用水量可以显著提高混合料的施工和易性、可压实性和路用性能。目前在室内乳化沥青冷再生混合料设计中，外加水不仅保证了再生混合料拌和过程中乳化沥青对集料的充分裹覆，还在再生料压实过程中发挥了润滑作用，有利于再生料的压实和成型。值得一提的是，乳化沥青冷再生混合料中的总含水量，是外加水、RAP 料中的水和乳化沥青中的水的总和。

2. 级配组成

乳化沥青冷再生混合料的级配通常采用连续型密级配。依据前期 RAP 料筛分结果，同时为了推广冷再生混合料在中上面层的应用，本节选用中粒式级配进行研究，级配曲线见图 4-52。再生混合料的掺配比例为 RAP 料：新料：矿粉 = 86.8：10：3.2；受 RAP 料最大粒径颗粒含量和范围限制，本节中 16~19mm、19~26.5mm 两档均只含新集料，并且新集料只用于这两档。水泥采用外掺形式，掺量为 1.5%。

3. 最佳含水率

乳化沥青冷再生混合料的含水率存在最佳值，即最佳含水率。较高的含水量导致冷再生混合料整体压实过程的动水压力增加、混合料压实困难、乳化沥青和水泥浆体流失以及养生时间的延长和冷再生混合料早期强度的不足；较低的含水量将不利于乳化沥青的分散以及对集料的裹覆，更不利于集料之间的润滑和再生混合料的整体压实。

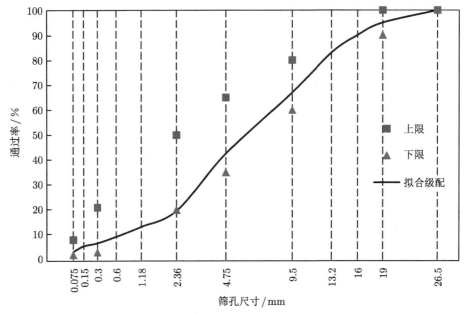

图 4-52　CR25 级配曲线

本书采用最大干密度法确定乳化沥青冷再生混合料的最佳含水率。参照《公路土工试验规程》(JTG E40—2007)T 0131 的方法，将 RAP 料、矿粉和水泥按照目标级配预设的掺配比例混合，调整外加水量保证目标含水率从 4%变化到 9%，进行重型击实试验，获得再生混合料干密度与含水率的关系 (图 4-53)。重型击实试验中，最大干密度对应的最佳含水率为 5.5%。

冷再生混合料在目标含水率 4%、5%、6%、7%、8%和 9%时对应着不同的拌和状态，干密度分别为 1.892 g/cm³、1.980 g/cm³、2.089 g/cm³、2.144 g/cm³、2.134 g/cm³ 和 2.117g/cm³，拌和效果如图 4-54 所示。

随着目标含水率从 4%提高到 8%，粗细集料的分布和裹覆效果更加均匀、全面。目标含水率在 7%~8% 范围时，基本无花白料，逐渐有少量浆体，但尚未出现流淌聚集的浆体；目标含水率在 9%时，已经出现了流淌浆体，超出了冷再生混合料的理想拌和状态。可以确定的是，目标含水率的 7%~8% 范围对应着冷再生混合料的最佳拌和状态，与击实曲线试验结果相吻合。

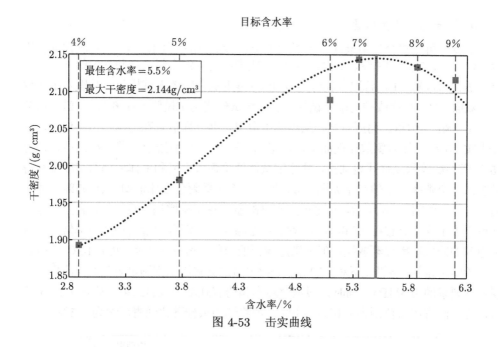

图 4-53 击实曲线

图 4-54 不同目标含水率下再生混合料拌和状态

4. 最佳乳化沥青用量

保持冷再生混合料中最佳含水率为 5.5%，水泥用量为 1.5%，变化乳化沥青用量 (3.4%、3.7%、4.0%、4.3%、4.6%) 成型冷再生混合料，拌和均匀的冷再生混合料需覆盖放置 1h，称取 1100g 左右的冷再生混合料装入试模放到马歇尔击实仪上，双面击实 50 次成型马歇尔试件。然后将试件连同试模侧放在 60℃ 的鼓风烘箱中养生 48h 至恒重；而后将试样从烘箱中取出，并立即放置在马歇尔击实仪上，双面击实 25 次，然后侧放在地面上，在室温下冷却 12h 后脱模。养生结束后，进行 15℃ 劈裂试验和浸水劈裂试验，并测定试件理论最大密度和毛体积相对密度来获得各组试件空隙率。试验结果如图 4-55 所示。干湿劈裂强度比值均超过 95%，并无明显差异；如图 4-56 所示，理论最大密度随着沥青用量增加逐步降低，真空法测得理论最大密度值分布在 2.56g/cm^3 附近；空隙率随着沥青用量增加逐步降低，并且空隙率的降低速率逐渐放缓，但都满足规范要求的 8%～13% 范围内；15℃ 劈裂强度试验结果显示，该级配下对应的 3.4%～4.6% 的沥青用量都满足规范对于冷再生基层设计要求的 0.6MPa。同时，根据空隙率和劈裂强度的试验结果，确定 CR25 的最佳乳化沥青用量范围为 4.0%～4.6%，最终选用最佳乳化沥青用量为 4.5%。

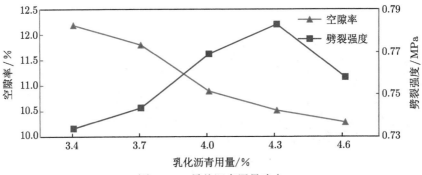

图 4-55　最佳沥青用量确定

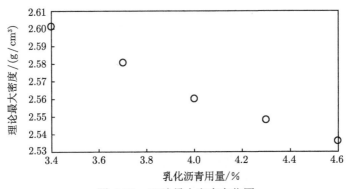

图 4-56　理论最大密度变化图

5. 试验方案

国内现行的冷再生混合料设计通常不考虑 RAP 料中沥青的作用, 将 RAP 料视为"黑色集料", 而忽略 RAP 料中旧沥青与新沥青的融合。对于冷再生混合料而言, 新旧沥青的融合尽管没有热再生充分, 但也是不同程度存在的, 尤其对于新沥青完全裹覆形态的乳化沥青冷再生混合料而言更是不能忽视的。

事实上, 从乳化沥青水泥冷再生混合料的组成材料和强度来看, 不同的材料裹覆状态将会影响到再生料的整体强度构成, 而不同的拌和方法和拌和顺序显著影响着再生料骨料的裹覆状态。基于此, 本书选用四种不同的拌和顺序对应的拌和方法, 分别如下所述。

(1) 拌和顺序 A: 合成级配矿料和外加水拌和 150s, 加入水泥拌和 90s, 加入乳化沥青拌和 90s。

(2) 拌和顺序 B: 合成级配矿料和外加水拌和 150s, 加入乳化沥青拌和 90s, 加入水泥拌和 90s。

(3) 拌和顺序 C: 合成级配矿料、外加水、水泥和乳化沥青一同拌和 330s。

(4) 拌和顺序 D: 合成级配矿料和外加水一同拌和 150s, 同时水泥、乳化沥青和少量外加水一同拌和 90s, 然后将其加入拌和好的矿料中, 并拌和 90s。

整个拌和过程采用 CR25 级配、5.5% 的最佳含水率、4.5% 的最佳乳化沥青用量以及 1.5% 的水泥用量。拌和时间结合规范要求和实际拌和状况并保证总拌和时间一致, 外加水总量保持一致, 保证再生料达到最佳含水率状态; 并且为了使拌和顺序产生的混合料界面影响更加显著, 每种材料拌和结束后间隔 3～5min。

Sebaaly 在内华达州就地冷再生推广中, 提出了就地冷再生 (cold in-place recycling, CIR) 的三阶段稳定性评价指标: ① 早期养生, 25℃ 养生 15h 后, 检测早期施工交通材料稳定性; ② 后期养生, 脱模 60℃ 养生 3d 后, 检测服役期材料稳定性; ③ 长期养生, 脱模 60℃ 养生 30d 后, 检测材料长期服役脆性。借鉴 Sebaaly 的三阶段稳定性评价指标, 将再生混合料的养生时间和温度划分为四类: 3d、14d 和 30d(60℃ 养生) 以及室内环境养生。

选取不同拌和顺序马歇尔击实成型的四类试件, 在常温养生 220d 后切割打磨, 分别观测四类样品沿集料过渡区的砂浆区域组成差异。为了表述方便, 将以沥青为主的分布带简称为沥青主相, 将以水泥为主的分布带简称为水泥主相。

4.5.2 不同拌和顺序的混合料形貌特征

1. 拌和顺序 A

图 4-57 为拌和顺序 A 下试件微观组成分布, A 为骨料, B 为沥青主相, C 为

水泥主相。分区 1 的 B 区域平均厚度为 140μm 左右，C 区域平均厚度为 75μm 左右。分区 2 的 B 区域平均厚度为 300μm 左右，C 区域平均厚度为 155μm 左右。分区 3 的 B 区域平均厚度为 245μm 左右，C 区域平均厚度为 120μm 左右。分区 4 的 B 区域平均厚度为 250μm 左右，C 区域平均厚度为 130μm 左右。从整体分析来看，区域 B 的平均厚度约为区域 C 厚度的 2 倍。

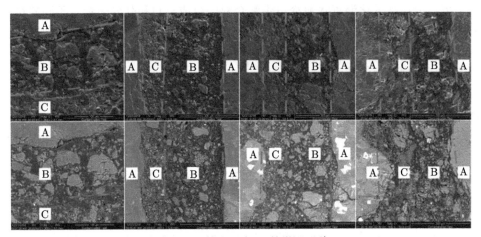

图 4-57　拌和顺序 A 的微观形貌

A：骨料区域；B：沥青主相；C：水泥主相

2. 拌和顺序 B

图 4-58 为拌和顺序 B 下试件微观组成分布，A 为骨料，B 为沥青主相，C 为

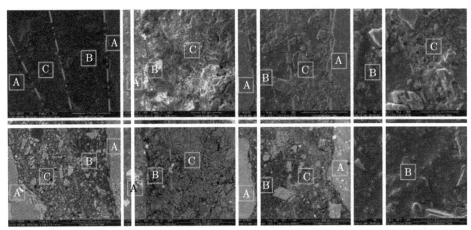

图 4-58　拌和顺序 B 的微观形貌

A：骨料区域；B：沥青主相；C：水泥主相

水泥主相。分区 1 的 B 区域平均厚度为 100μm 左右，C 区域平均厚度为 160μm 左右。分区 2 的 B 区域平均厚度为 60μm 左右，C 区域平均厚度为 95μm 左右。分区 3 的 B 区域平均厚度为 250μm 左右，C 区域平均厚度为 450μm 左右。整体而言，区域 C 的厚度约是区域 B 的 1.6 倍。

3. 拌和顺序 C

在拌和顺序 C 下，图 4-59 中骨料区域 A 附近的区域 B 不再出现分层，区域 B 内的砂浆分布均匀，表面出现了亮白色碎屑状的未水化水泥。

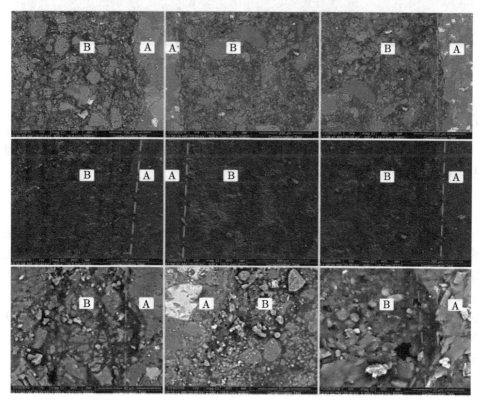

图 4-59　拌和顺序 C 的微观形貌

A：骨料区域；B：砂浆区域

4. 拌和顺序 D

在拌和顺序 D 下，图 4-60 中骨料区域 A 附近的砂浆区域 B 同样不再出现分层，区域 B 内的砂浆分布均匀，不同于拌和顺序 C 的是，其出现了类纤维状的水泥水化产物，对混合胶浆体系有"锚固"和加筋作用。

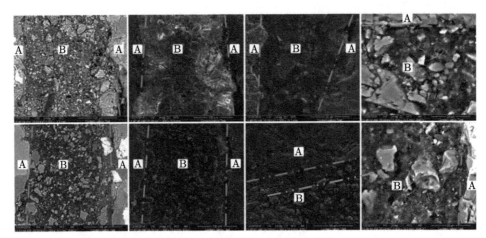

图 4-60   拌和顺序 D 的微观形貌

A：骨料区域；B：砂浆区域

4.5.3   不同拌和顺序的混合料组成差异

采用能谱仪面扫描模式研究四种拌和顺序下混合料的形貌差异，观测区域见图 4-61～图 4-64。

1. 拌和顺序 A

区域 I 的光滑胶浆处主要元素为 C、S 和少量 Si、Al，填料的主要元素组成为 Ca、O；区域 II 亮白颗粒区域主要元素组成为 C、O，黝黑无定形区域主要元素组成为 S、Si。右部区域 I 的光滑胶浆处主要元素为 C、S、Al，填料的主要元素组成为 Si、O，Ca 主要分布在较小粒径的填料中，大颗粒填料基本不含 Ca，相反含有 Fe、Mg；右部区域 II 亮白颗粒区域主要元素组成为 Si、O，黝黑无定形区域主要元素组成为 C、S、Al、Ca 和少量的 Mg、Fe。如图 4-61 所示。

2. 拌和顺序 B

拌和顺序 B 选取薄沥青主相的谱图 1 和厚水泥主相的谱图 2 和 3 区域进行面扫描。如图 4-62 所示。

3. 拌和顺序 C

拌和顺序 C 选取靠近集料相的谱图 1 和远离集料相的谱图 2 区域进行面扫描。颗粒状产物主要元素组成为 O、Al、Si，胶状物主要元素组成为 C、Ca、S。如图 4-63 所示。

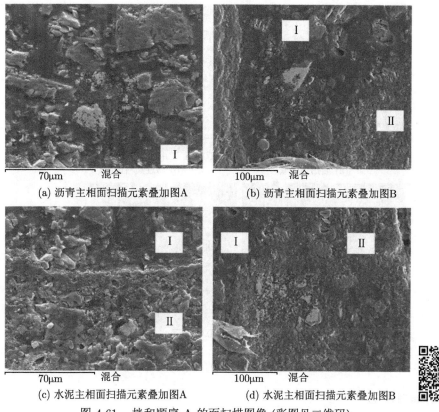

(a) 沥青主相面扫描元素叠加图A   (b) 沥青主相面扫描元素叠加图B

(c) 水泥主相面扫描元素叠加图A   (d) 水泥主相面扫描元素叠加图B

图 4-61　拌和顺序 A 的面扫描图像 (彩图见二维码)

区域 I：沥青主相；区域 II：水泥主相；彩色叠加图：面扫描区域

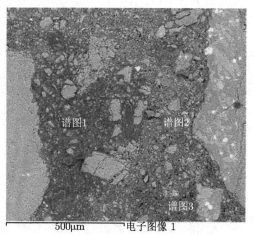

图 4-62　拌和顺序 B 的面扫描图像

谱图 1：沥青主相；谱图 2、3：水泥主相

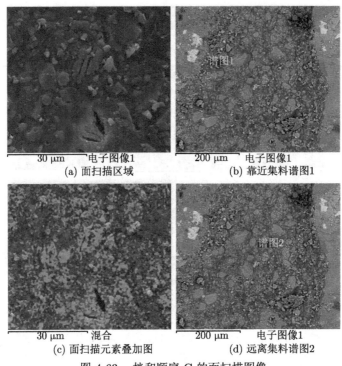

30 μm　电子图像1 　　　　　　200 μm　电子图像1
(a) 面扫描区域　　　　　　　　　(b) 靠近集料谱图1

30 μm　混合　　　　　　　　　200 μm　电子图像1
(c) 面扫描元素叠加图　　　　　　(d) 远离集料谱图2

图 4-63　拌和顺序 C 的面扫描图像

4. 拌和顺序 D

拌和顺序 D 选取靠近集料相的谱图 2 和远离集料相的谱图 1 区域进行面扫描。右下角颗粒状主要元素为 Si、O、Al，左上角颗粒主要元素为 Ca，光滑黝黑胶状物的主要元素为 C、S。如图 4-64 所示。

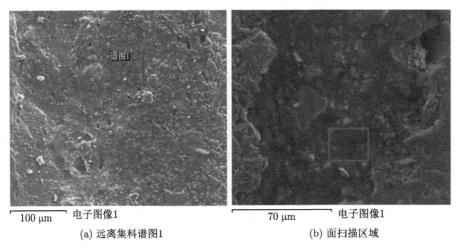

100 μm　电子图像1 　　　　　　70 μm　电子图像1

(a) 远离集料谱图1　　　　　　　　(b) 面扫描区域

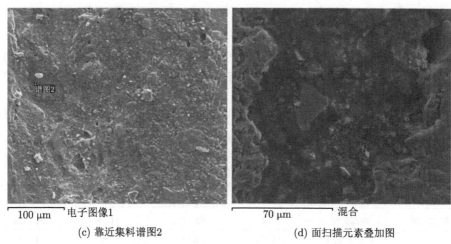

| 100 μm | 电子图像1 | | 70 μm | 混合 |

(c) 靠近集料谱图2　　　　　　　　　　(d) 面扫描元素叠加图

图 4-64　拌和顺序 D 的面扫描图像

5. 能谱分析

四种拌和顺序的能谱分析面扫描结果见表 4-15。沥青中的 S 是混合砂浆中 S 的最主要来源，一般沥青 S/C 比为 6.267%。

表 4-15　能谱分析面扫描试验结果

面扫描模式		元素组成/%					
拌和顺序	观测区域	C	O	Al	Si	S	Ca
A	沥青主相 1	58.03	32.25	0.31	0.72	0.52	8.16
	水泥主相 1	62.40	29.79	0.60	1.43	0.25	5.52
	沥青主相 2	55.45	34.64	0.44	2.98	0.98	5.51
	水泥主相 2	58.91	29.50	0.87	5.37	0.48	4.87
B	沥青相	43.06	40.48	1.36	3.36	2.17	9.57
	水泥主相 1	29.34	48.08	3.97	7.34	0.86	10.41
	水泥主相 2	30.01	53.87	2.57	6.04	0.70	6.81
C	胶浆区域	14.89	59.91	2.98	8.02	0.67	13.53
	靠近点	15.09	60.98	3.02	6.71	0.74	13.47
	远离点	18.21	54.33	3.90	7.04	0.83	15.69
D	胶浆区域	78.29	15.64	0.79	1.90	1.04	2.34
	靠近点	17.49	60.72	3.27	8.28	1.05	9.20
	远离点	17.50	59.62	4.59	9.30	0.93	8.07

表 4-16 所示为观测区域内元素含量比例。由于石灰岩质填料中的 O/Ca 比例为 3，而观测结果中各组 O/Ca 比例均大于 3，因而无论哪种拌和顺序下的任何观测区域都含有水泥水化产物。S/C 比例反映沥青填料分散相中沥青相对浓度，Al/S 比例反映沥青水泥分散相中水泥水化产物相对浓度，Si/Ca 比例反映填料中

水泥水化产物相对含量。

由表 4-16 可以看出：

(1) 拌和顺序 A 下，沥青主相具有 2 倍于水泥主相的 S/C 比，而水泥主相具有 4 倍于沥青主相的 Al/S 比和近 3 倍于沥青主相的 Si/Ca 比，因而沥青主相具有更高的沥青浓度和更低的水泥含量。

(2) 拌和顺序 B 下，沥青主相的 S/C 比是水泥主相的 2 倍，而水泥主相具有 7 倍于沥青主相的 Al/S 比和 2 倍于沥青主相的 Si/Ca 比。

表 4-16　观测区域元素含量比

面扫描模式		元素组成			
拌和顺序	观测区域	S : C	O : Ca	Al : S	Si : Ca
A	沥青主相 1	0.90%	3.95	0.60	0.09
	水泥主相 1	0.40%	5.39	2.40	0.26
	沥青主相 2	1.77%	6.29	0.45	0.54
	水泥主相 2	0.81%	6.06	1.83	1.10
B	沥青主相	5.04%	4.23	0.63	0.35
	水泥主相 1	2.94%	4.62	4.60	0.70
	水泥主相 2	2.34%	7.91	3.66	0.89
C	胶浆区域	4.52%	4.43	4.43	0.59
	靠近点	4.90%	4.53	4.08	0.50
	远离点	4.53%	3.46	4.73	0.45
D	胶浆区域	1.32%	6.67	0.76	0.81
	靠近点	6.00%	6.60	3.11	0.90
	远离点	5.29%	7.39	4.96	1.15

(3) 拌和顺序 C 下，靠近集料区域与远离集料区域的 S/C、Al/S 和 Si/Ca 比无显著差异，两区域水泥、沥青含量无显著差异。

(4) 拌和顺序 D 下，靠近集料区域与远离集料区域的 S/C、Al/S 和 Si/Ca 比无显著差异，但该砂浆区域并未呈现出完全的 "均质"：在选取较小的 $20\mu m \times 20\mu m$ 观测区域时，Al/S 比更低，表明该胶浆区域内含有更多的沥青成分和更少的水泥成分。

4.5.4　性能试验

1. 劈裂试验

四种拌和顺序成型试件按不同养生时间，进行 15℃ 劈裂强度试验和浸水劈裂强度试验，试验结果见图 4-65。选取 60℃ 的养生温度，分别对四种拌和顺序成型试件养生 3d、14d 和 30d，分别评价早期、后期和长期性能。在 30d 的养生过程中，冷再生混合料在 60℃ 鼓风烘箱中，其强度一直在增长，从早期到后期再到长期呈现出先快后慢的增长模式。

3d 的早期强度试验结果表明，各拌和顺序对于冷再生混合料的早期强度影响不大，各组试件劈裂强度在 0.43MPa 左右，当然这极有可能是水泥在冷再生的早期强度起到决定性作用；14d、30d 的后期和长期强度试验结果表明，不同拌和顺序的强度出现了差异，这种差异表现在 B、D 的拌和顺序是最佳的，而 A、C 的拌和顺序较差。

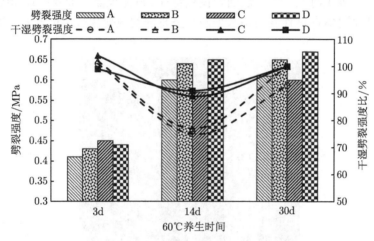

图 4-65   不同拌和顺序下劈裂强度及干湿劈裂强度比变化图

干湿劈裂强度比试验结果表明，在早期养生阶段，四种拌和顺序的冷再生料水稳定性能良好，均保持在 99% 左右；而在后期养生过程中，四种拌和顺序的冷再生料水稳定性能均下降；而在长期养生环节，四种拌和顺序的冷再生料水稳定性能回升，保持在 99% 左右。其中，在后期养生过程中，A、B 拌和顺序水稳定性能显著下降，刚刚满足 75% 的干湿劈裂强度比要求；而在长期养生阶段，A 拌和顺序未能和其他三种拌和顺序一样回复到 100% 的干湿劈裂强度比。

冷再生混合料强度的形成是伴随着一系列物理化学反应的阶段性和长期性的一个缓慢而长期的过程。早期水泥水化硬化强度在冷再生的强度构成中占主导地位，水稳定性能主要受水泥性能影响。相关研究的试验结果表明，相对湿度小于 80% 时，水泥水化将趋于停止，这意味着在养生的后期和长期阶段，冷再生混合料中水泥水化受限、对整体再生料水稳定性能影响下降，而沥青膜的厚度成为决定水稳定性能的关键因素。往后期发展时，由于乳化沥青聚集联结成膜形成主要黏结剂，在冷再生的强度构成中起主要作用，而在 A 拌和顺序中集料表面主要先裹覆水泥基，降低了对新沥青的吸附作用；在 C 拌和顺序中趋向于集料表面裹覆部分水泥基和部分沥青，同样不利于沥青聚集联结成膜。在 B 和 D 拌和顺序中，沥青和 RAP 料的直接接触面更大，新沥青与 RAP 料中的老沥青在长期过程中混合交融，形成 "有效沥青"，整体强度得到增长；而 A 和 C 拌和顺序中由于水泥基的阻隔，新沥青和 RAP 料中旧沥青接触概率下降，整体强度难以提升。

2. 劈裂动态回弹模量

本书根据 ASTM D4123 的劈裂动态回弹模量试验法，研究四种拌和顺序成型试件在不同养生时间下的劈裂回弹模量特性。试验仪器与加载模式如图 4-66 所示，试验测试时需在试件表面贴水平向和竖直向的应变片来测试各方向形变。

图 4-66　劈裂回弹加载示意图

考虑到 CR25 主要应用于基层，因而选用加载频率为 5Hz，加载波形采用半正弦波。为使得间接拉伸动态过程始终处于线性黏弹性范围内，加载幅值应保证在 $0.1\sim0.5$ 倍劈裂峰值荷载 ($P_{\max}$) 范围内，加载周期宜选择 $50\sim200$ 个循环；本节选择加载幅值为 $0.3P_{\max}$，加载周期为 100 个周期。在一阶段设定加载速率为 0 的 2s 时长的预加载以消除压头接触误差，并在二阶段设定半正弦波波形和 200ms 加载波长实现动态劈裂加载全过程。劈裂回弹模量采用式 (4-9) 和式 (4-10) 计算。

$$E_{\mathrm{RT}} = P\left(\nu_{\mathrm{RT}} + 0.27\right)/t\Delta H_{\mathrm{T}} \tag{4-9}$$

$$\nu_{\mathrm{RT}} = 3.59\Delta H_{\mathrm{T}}/\Delta V_{\mathrm{T}} - 0.27 \tag{4-10}$$

式中，E_{RT} 为总劈裂动态回弹模量，MPa；ν_{RT} 为总回弹泊松比；P 为重复荷载幅值，N；t 为试件厚度，mm；ΔH_{T} 为横向回复变形，mm；ΔV_{T} 为纵向回复变

形，mm。

不同拌和顺序试件的 3d、14d 和 30d 养生龄期的劈裂回弹模量试验结果见表 4-17。随着养生龄期增长，四种拌和顺序的试件劈裂回弹模量逐渐增大，模量增长先快后慢，在养生前期已经达到整体强度的 60%～80%，而在养生后期达到整体强度的 85%～95%。

表 4-17　回弹模量随养生龄期增长过程

拌和顺序	养生早期	养生后期	养生长期	最终模量/MPa
A	76%	87%	100%	546
B	81%	91%	100%	807
C	59%	94%	100%	601
D	64%	87%	100%	803

如图 4-67 所示，不同类别的劈裂回弹模量数据对比发现，在养生早期，B 的回弹模量远大于 D、A、C；在养生后期，C、D 回弹模量大幅增长，而 A、B 回弹模量增长缓慢，并且在这一阶段 C 的回弹模量超过了 A；在养生长期的最终阶段，B、D 回弹模量相当，远大于 A、C。分析表明，B 拌和顺序有利于在养生早期获得较高的间接拉伸回弹模量；C 拌和顺序最不利于养生早期获得高间接拉伸回弹模量；而在养生后期和长期阶段时，B、D 拌和顺序下均可获得较高的间接拉伸回弹模量，而 A、C 拌和顺序下整体间接拉伸回弹模量增长受限，无法达到回弹模量的理论最大值。

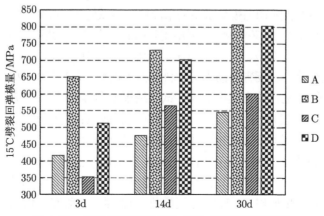

图 4-67　不同拌和顺序 5Hz 下动态劈裂回弹模量

3. 动态模量试验

普通沥青混合料具有典型的黏弹性特征，其动态模量受环境温度和加载频率影响，并且在一定温度范围内满足时温等效原理。此前研究表明，乳化沥青水泥冷再生混合料同热拌沥青混合料 (HMA) 一样是一种典型黏性材料，具有显著的动态力学特性。冷再生混合料的动态模量试验试件采用四种不同拌和顺序拌和，通过旋转压实仪成型后放置于 60℃ 鼓风烘箱养生 3d，对 ϕ150mm×170mm 的旋转压实成型圆柱体试件钻孔取芯并切割得到 ϕ100mm×150mm 的标准动态模量试验试件，试验如图 4-68 所示。

图 4-68　无侧限压缩动态模量试验

本书中无侧限压缩动态模量试验采用简单性能试验机 (SPT) 进行，试件对应不同温度在恒温室保温 4h 等待测试，采用正弦荷载应力控制，共测试 9 个频率 (25Hz、20Hz、10Hz、5Hz、2Hz、1Hz、0.5Hz、0.2Hz、0.1Hz) 与 3 个温度 (0℃、15℃、30℃)。按照《公路工程沥青及沥青混合料试验规程》(JTG E20—2011) 从低温到高温、从高频到低频进行动态模量试验，试验结果如图 4-69~ 图 4-71 所示。

冷再生混合料表现出与普通沥青混合料的相同点：各温度下动态模量均随频率增加而增加；各频率下动态模量均随温度升高而降低。

当然，冷再生混合料表现出相对 HMA 更低的动态模量水平。而对于拌和顺序不同的四种冷再生混合料，在同等环境温度和加载频率下，D 的动态模量始终高于 B，其次 A、C；同时 D、B 动态模量值相近，A、C 动态模量值相近；因而，D、B 抵抗永久变形能力优于 A、C。目前，冷再生混合料主要应用于基层和下面层，在荷载频率 5Hz、环境温度 15℃ 的作用条件下，动态模量仍然有 D>B>A>C，并且 D、B 均具有两倍于 A、C 的动态模量，表明 D、B 具有更强的抵抗 5Hz 荷载作用的能力，更适合应用于基层。

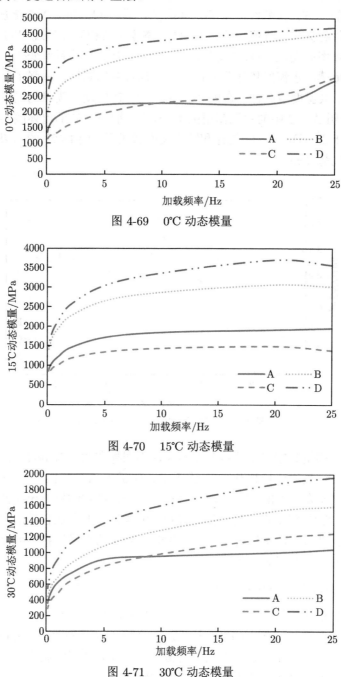

图 4-69   0℃ 动态模量

图 4-70   15℃ 动态模量

图 4-71   30℃ 动态模量

将不同拌和顺序的四类试件的动态模量主曲线绘制在同一图 4-72 中。在同一参考温度的加载频率下，四类试件的主曲线相互区别，且在低温高频和低温高频范围，D 的动态模量始终高于 B，其次 A，最后 C。随着频率增加，D、B 的动态模量增长趋势相同且值接近，A、C 动态模量值相近亦呈现相同的增长趋势。而对于缩减频率的变化，D、B 相较于 A、C 具有更快的斜率变化，因而对缩减的变化更为敏感。水泥发挥作用降低了再生混合料的黏性，增强了整体的弹性特性，并改善了其温度敏感性。在图 4-72 中，D、B 的动态模量的温度敏感性高于A、C，这表明 A、C 中的水泥作用强于 D、B，而 A、C 的整体胶结料抵抗永久变形能力弱于 D、B，A、C 的拌和顺序反而造成了 "1+1≤2" 的后果，未能将水泥、沥青的优势互补。

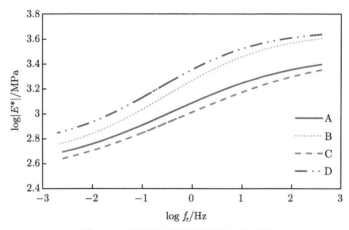

图 4-72　不同拌和顺序的拟合主曲线

对比动态模量数据和主曲线分布结果，不同拌和顺序对 0~30℃ 的动态模量有着极大影响，呈现出拌和顺序 D 优于 B、B 优于 A、A 优于 C 的局面。从拌和工艺的角度出发，拌和顺序 C 的原材料一同加入拌和的材料无序性组合难以发挥材料特性，而拌和顺序 D 的乳化沥青和水泥预拌和的方法容易出现乳化沥青提前破乳和乳化沥青水泥凝结现象，因此拌和顺序 B 的合成矿料和乳化沥青先拌和的工艺是相对最优的拌和工序。

4.5.5　冷再生混合料强度影响因素分析

为了研究旧料掺量、水泥用量和沥青用量对冷再生强度的贡献，在常温下成型不同组合的混合料。选用 CR16 中值级配，成型 RAP 料水泥、新料水泥、RAP料乳化沥青、新料乳化沥青和不同旧料掺量下的乳化沥青水泥冷再生混合料，比较不同乳化沥青、水泥组合下混合料的力学性能。

1. RAP 料

在过去很长一段时间里,由于冷再生层工作温度远低于老化沥青的软化点,冷再生设计中都不考虑 RAP 料中的老化沥青。100%RAP 料加少量水拌和均匀后,在不添加任何胶结料的情况下成型标准马歇尔试件,进行劈裂试验和浸水劈裂试验,试验结果如表 4-18 所示。在 60℃ 养生环境中养生 2~9d,试件表面完好,并且在 2~9d 的养生过程中,劈裂强度出现大幅提升,干湿劈裂强度比得到小幅提升,这一过程恰恰印证了在 60℃ 的工作环境下,RAP 料中的旧沥青“活化”发挥作用,充当了新的胶结料。因而在乳化沥青冷再生设计中,有必要依据抽提沥青 25℃ 针入度值将 RAP 料分为活性的和惰性的。

表 4-18   无胶结料旧料劈裂强度试验结果

纯 RAP 料试件	劈裂强度/MPa	干湿劈裂强度比/%
60℃,2d	0.15	31
60℃,9d	0.21	40

2. 水泥用量

1) 无沥青添加

分别在 RAP 料和新料中掺入水泥成型两类标准马歇尔试件,水泥用量限定在乳化沥青冷再生混合料的水泥用量允许值内,分别为矿料总质量的 1%~2.5%,劈裂强度试验结果如图 4-73 所示。

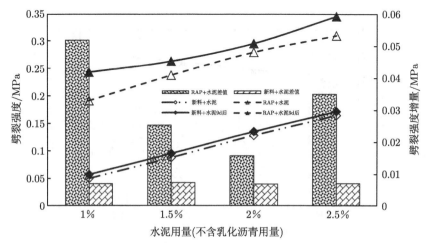

图 4-73   劈裂强度试验结果 (无沥青添加)

线性图对应左纵坐标轴,柱状图对应右纵坐标轴

新料和 RAP 料掺水泥的组合都表现为，随着水泥用量增加，整体间接拉伸强度呈线性增长：水泥用量每增加 0.5%，强度提高 0.03～0.05MPa。RAP 料掺水泥的养生时间从 2d 提高到 9d 后，材料养生进入后期阶段，劈裂强度随水泥用量提高而提升，并且劈裂强度增长趋势在水泥用量超过 1.5% 后逐渐放缓；而新料掺水泥的组合劈裂强度基本不再改变。

可以发现水泥掺量从 1% 增加到 2.5%，无论是新料还是 RAP 料加水泥的组合，其劈裂强度增长幅度都是一致的；且随着养生龄期延长，劈裂强度增长幅度基本相同。在养生龄期从 2d 提高到 9d 时，新料掺水泥的组合劈裂强度基本无变化，而 RAP 料加水泥的劈裂强度得到进一步提高。RAP 料虽然单个颗粒强度劣于新料，内部空隙率远大于新料，但其中的活性旧沥青和较高的吸水率，使得 RAP 料与水泥黏结强度更高，这也导致了其整体强度反而高于新料加水泥；然而加入的水泥并没有与 RAP 料的旧沥青产生良好的 "化学反应"，其强度增长幅值与新料加水泥无异。

但是，在养生后期阶段，RAP 料中旧沥青发挥的胶结料作用得到了体现，并且 RAP 料掺水泥的劈裂强度增长值与纯 RAP 料的增长值几近相同。此外，随着 RAP 料加水泥组合中水泥掺量的提高，强度增长幅值表现为先降低后提升，即在较低水泥含量下 RAP 料中的旧沥青发挥着更高的效益和交联作用。

2) 100% 再生料

在乳化沥青冷再生混合料中，恒定乳化沥青用量为 4.5%，同样变化水泥用量为 1%、1.5%、2% 和 2.5%，劈裂强度试验结果如图 4-74 所示。随着水泥用量增加，整体间接拉伸劈裂强度近乎线性增长，水泥用量每增加 0.5%，强度约提高 0.08MPa。

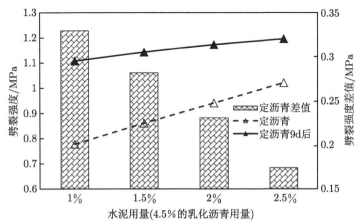

图 4-74   劈裂强度试验结果 (100% 再生料)

线性图对应左纵坐标轴，柱状图对应右纵坐标轴

随着养生龄期延长，间接拉伸强度同样呈线性增长，但是增长变缓，同比劈裂强度增加量逐渐下降。在养生前期，水泥作用明显；养生后期，水泥作用下降。

3) 50%再生料

在乳化沥青冷再生混合料中，旧料掺量为 50%，恒定乳化沥青用量为 4.5%，同样变化水泥用量 1%～2.5%，劈裂强度试验结果如图 4-75 所示。随着水泥用量增加，整体间接拉伸强度增长呈对数增长模式，增长速率一直下降，水泥用量每增加 0.5%，劈裂强度平均提高 0.03MPa。随着养生龄期的延长，劈裂强度增加量基本不变，劈裂强度增长曲线和趋势一致。水泥充当了新料之间、旧料之间和新旧料之间的部分胶结料作用，而随着水泥用量提高，部分胶结料用量达到饱和，劈裂强度逐渐达到稳定值。

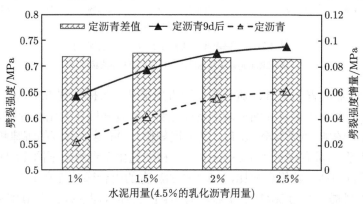

图 4-75　劈裂强度试验结果 (50%再生料)

线性图对应左纵坐标轴，柱状图对应右纵坐标轴

总的来说，水泥用量每增加 0.5%，劈裂强度平均提高 0.03MPa。在 RAP 料掺水泥中水泥水化产物包裹 RAP 料联结成整体，即使是在 60℃ 加速养生的情况下，RAP 料沥青很难与水泥发生深层次的交联，水泥与 RAP 料中的旧沥青独立存在，因而随着水泥用量提高，整体强度线性增长。而养生龄期延长时，RAP 料掺水泥中的旧沥青和无外加胶结料的 RAP 料混合料中一样，进一步发挥作用而不受水泥水化产物影响。

3. 乳化沥青用量

1) 无水泥添加

分别在 RAP 料和新料中加入乳化沥青成型两类标准马歇尔试件，新料中乳化沥青用量分别为 4%～7.5%，RAP 料中乳化沥青用量分别为 4%～5.5%，劈裂强度试验结果如图 4-76 所示。

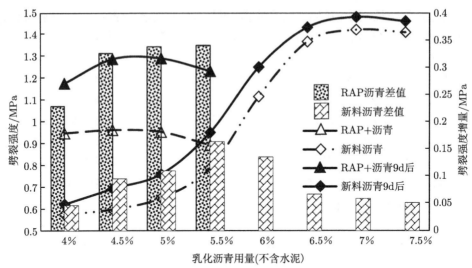

图 4-76　劈裂强度试验结果 (无水泥添加)

线性图对应左纵坐标轴，柱状图对应右纵坐标轴

RAP 料加沥青的组合，随着乳化沥青用量从 4% 提高到 5.5%，其 60℃ 加速养生 2d 的劈裂强度呈先增后减的变化趋势，劈裂强度在乳化沥青用量 4.5% 时达到峰值。养生龄期提高至 9d 后，其发展规律与 2d 劈裂强度的规律相似，并且最佳乳化沥青用量右移至 4.5%~5.0%。在相同乳化沥青用量下同比增长 0.3MPa 左右，与新料加沥青的组合相比，RAP 料加沥青的组合额外提升了 0.2MPa，而此前纯 RAP 料提升在 0.06MPa 左右，而 RAP 料加水泥的提升在 0.02~0.05MPa 左右。这表明新的乳化沥青除了能够发挥和水泥一样的胶结料作用并填充 RAP 料内空隙外，更与旧沥青发生了融合。部分旧沥青保持活性，能更好地与破乳后的乳化沥青协同发挥作用。

新料加沥青的组合，在 7% 的沥青用量时达到最大劈裂强度。随着养生龄期提升至 9d，各沥青用量下的混合料劈裂强度增加量呈现出先增后减的变化趋势，这表明乳化沥青对 RAP 料中旧沥青的激活作用具有一个饱和值，在乳化沥青用量低于 5.5% 时，RAP 料中的旧沥青变成新的有效沥青逐渐增加，而超过 5.5% 后新的有效沥青含量不再增加。相较于 RAP 料，新料的间接拉伸强度限值提升了 40%。而在同等沥青用量下，RAP 料中的旧沥青提升了 60% 的间接拉伸强度。而养生龄期延长时，在 4%~5.5% 的乳化沥青用量下，RAP 料加沥青相较于新料加沥青额外提升了 0.23MPa，占强度总增长值的 2/3。这表明 RAP 料与沥青的组合相较于新料加沥青的组合发生了更深层次的结合，在这一期间完全破乳的乳化沥青实现了从裹覆集料到聚集联结成膜的最终转变，是混合料强度再次增长的关键因素。

2) 100%再生料

在乳化沥青冷再生混合料中，恒定水泥用量为 1.5%，同样变化沥青用量为 4%、4.5%、5%和 5.5%，劈裂强度试验结果如图 4-77 所示。随着沥青用量增加，整体间接拉伸强度先增后减，在 4.5%~5%时劈裂强度达到峰值。并且随着养生龄期延长，劈裂强度增加量逐渐增加。

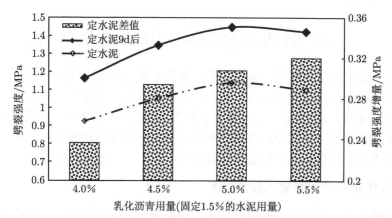

图 4-77 劈裂强度试验结果 (100%再生料)

线性图对应左纵坐标轴，柱状图对应右纵坐标轴

3) 50%再生料

在乳化沥青冷再生混合料中，旧料掺量为 50%，恒定水泥用量为 1.5%，同样变化沥青用量为 4%、4.5%、5%和 5.5%，劈裂强度试验结果如图 4-78 所示。

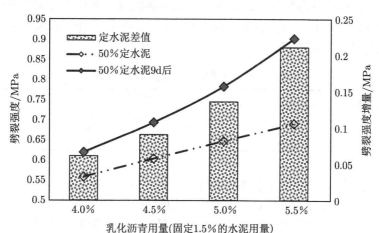

图 4-78 劈裂强度试验结果 (50%再生料)

线性图对应左纵坐标轴，柱状图对应右纵坐标轴

随着沥青用量增加，整体间接拉伸强度呈线性增长；并且随着养生龄期延长，劈裂强度同样呈线性增长，且劈裂强度增加量随沥青用量提高而增加。一方面新的乳化沥青大部分用于裹覆新料，使得沥青用量一直低于最佳沥青用量，整体劈裂强度几乎呈线性增长；另一方面随着养生龄期延长，RAP 料中旧沥青与新沥青耦合成"新的有效沥青"，发挥的强胶结料作用与乳化沥青用量呈线性相关，因而劈裂强度呈线性增长。

4.6　冷再生混合料的强度形成机理

前文所述研究结果表明，水泥用量以及含水率等因素与乳化沥青冷再生混合料的早期强度的发展有密切关系。其中，乳化沥青与水泥存在交互作用，直接影响了早期强度的形成。为此，本节从乳化沥青-水泥-矿粉胶浆的强度发展开始，通过多尺度分析的方法开展冷再生混合料的直接拉伸以及早期破坏面图像分析，进一步研究冷再生混合料的早期强度发展规律，揭示其强度发展机理。

4.6.1　乳化沥青-水泥砂浆的拉伸强度

根据前文所述配合比，制备乳化沥青-水泥-矿粉胶浆，分别放置在两块铝板及两块老化的沥青混合料之间。然后在 20℃、60%湿度下养生 1d、3d、7d。

表 4-19 中是乳化沥青浆体进行直接拉伸试验的结果，分别测试了不同时间下乳化沥青浆体与铝板及沥青混合料的黏结强度，测试温度为 15℃。乳化沥青-水泥-矿粉胶浆的强度同样随着时间延长而显著上升。其中，乳化沥青胶浆与老化沥青混合料平板的黏结强度始终要大于其与铝板的黏结强度，并且在养生初期 (1d 之内) 其强度差距更为明显。这也说明乳化沥青胶浆与老化沥青混合料平板之间有更强的黏结性，其主要来自乳化沥青与集料之间的破乳作用，而在乳化沥青与铝板之间这种作用比较弱。

表 4-19　冷再生混合料直接拉伸强度

冷再生混合料类型	直接拉伸强度/MPa			
	12h	1d	3d	7d
胶浆与混合料平板	0.52	0.90	1.86	1.97
胶浆与铝板	0.16	0.25	0.90	1.45

试件在破坏时乳化沥青浆体与铝板的脱附可以视为界面黏结失效，而与沥青混合料的脱附可以视为乳化沥青浆体内部的黏聚失效。通过表 4-19 中的数据可以发现，乳化沥青浆体的黏结失效强度要明显小于其黏聚失效的强度。这也进一步说明了乳化沥青与新旧集料的界面的状态是影响乳化沥青胶浆强度的重要影响因素，需要进行更加深入的分析。

4.6.2 冷再生混合料的破坏断面分析

在长期的试验中发现，冷再生混合料的破坏具有特殊性，尤其在冷再生混合料的早期破坏与后期破坏中，其破坏面呈现不同的分布形态。本节通过分布形态来预测冷再生混合料的强度，以建立冷再生混合料的界面特性与其强度之间的关系。图 4-79 是不同强度的冷再生混合料的断面照片，从中可以清晰地看到冷再生混合料的破坏状态与乳化沥青浆体有非常显著的关系。

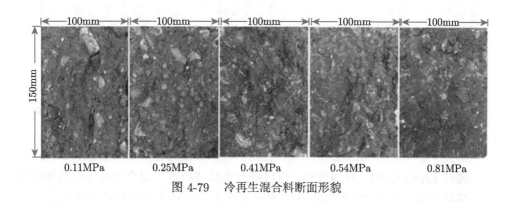

图 4-79 冷再生混合料断面形貌

通过图像处理的方法来表征乳化沥青冷再生混合料的破坏状态，图像处理识别出冷再生混合料的断面黏结破坏的比例 (fracture aggregate ratio of surface area，FASA)，进而可以对应出冷再生混合料的强度。图像处理是基于 MATLAB 13.0 计算软件，具体的过程是先将三维的断面二维平面化，再数字化后取灰度，然后选择灰度中一个颜色阈值对图像中的界面黏结失效进行识别，计算出 FASA 的比例。图 4-80 是图像处理以及生成 FASA 的过程。从图像处理中可以得到两个关键的参数，一是 FASA 的比例，二是图像中乳化沥青浆体颜色的分布峰值。

图 4-80 图像处理过程

从图 4-81 中可以发现，冷再生混合料的强度与 FASA 呈显著线性关系，冷再生混合料的强度越高，其集料剥离比越低，这与前面拉伸试验的数据具有良好的对应性。通过 FASA 可以有效地对冷再生混合料的强度进行识别，这进一步证明了冷再生混合料的强度与乳化沥青浆体密切相关。而乳化沥青浆体的颜色分布与其强度的相关性不大，因此很难通过这个指标进行强度的表征。

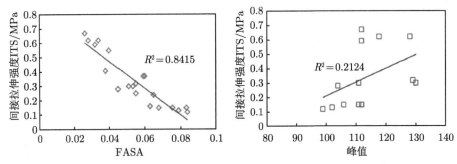

图 4-81　FASA 及颜色分布峰值与冷再生混合料强度的关系

通过 FASA 值的计算与分析，可以进一步验证冷再生混合料在间接拉伸模式下的破坏机理。图 4-82 中以示意图的形式给出了冷再生混合料在早期以及后期的破坏机理。从示意图中可以看出，在早期冷再生混合料中，乳化沥青与集料的界面中存在大量的水分，界面是其破坏时的薄弱点；随着养生时间的增加，水泥水化且乳化沥青破乳，水分蒸发后，冷再生混合料的强度逐渐形成，其与集料的界面间形成了连续的沥青膜，其黏结强度已经大于乳化沥青砂浆的内聚力，因此破坏断裂以黏聚破坏为主。

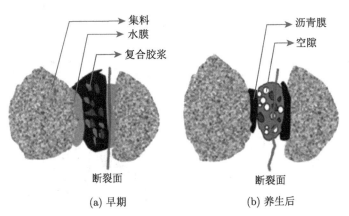

(a) 早期　　　　　　　　　(b) 养生后

图 4-82　冷再生混合料在早期以及后期的破坏机理

4.6.3 不同龄期胶浆微观形貌

前述分析结果表明，乳化沥青-水泥-矿粉胶浆与集料之间的界面黏结是冷再生混合料早期强度形成的关键。为进一步分析与验证冷再生混合料强度形成机理，本节中将通过环境扫描电镜 (ESEM) 进一步对乳化沥青冷再生混合料的界面形成及破坏进行分析，从微观结构的角度揭示其界面形成机制。

按照乳化沥青冷再生混合料中配合比设计中的物料比例，考虑集料比表面积的裹覆用水量，确定胶浆的配合比为乳化沥青：水泥：矿粉：水 $=3.5\%$：2%：2%：0.8%。图 4-83 是冷再生中胶浆成型试件断面的微观形貌。从左图可以看出，在毫米尺度下冷再生胶浆中存在大量的空隙，整体呈现出疏松多孔形态；从右图可以看出，在微米尺度下，冷再生胶浆存在少量的水化产物，水泥及矿粉颗粒被光滑的沥青膜所覆盖，沥青膜的覆盖也阻碍了水向水泥的迁移，阻断了水泥颗粒的进一步水化，因此所见的水化产物并不多。冷再生胶浆的微结构形态是否与在混合料中形态一致还需要进一步通过混合料的随机取样分析来确定。

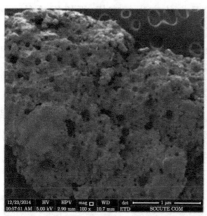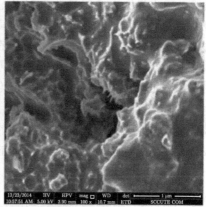

图 4-83 冷再生胶浆试件断面的微观形貌

为进一步分析冷再生混合料中乳化沥青-水泥-矿粉胶浆的分布形态，采用 ESEM 对混合料断面集料表面胶浆进行了观测。由于冷再生中水泥水化与乳化沥青破乳是一个长期的过程，因此选取了冷再生混合料 3d、7d、220d 以及加速养生 (60℃，72h) 的不同龄期；对不同龄期的混合料随机选取带有破裂面的集料采用无水乙醇浸泡，40℃ 下烘干后观测。

从图 4-84(a) 及 (b) 可见，乳化沥青-矿粉呈光滑的界面，而乳化沥青与水泥界面呈粗糙状态。在冷再生混合料成型的初期，对于水泥水化而言，水泥熟料中 C_3A 释放出 Ca^{2+} 和 $Al(OH)_4^-$，液相中 Ca^{2+}、OH^-、SO_4^{2-}、$Al(OH)_4^-$、K^+ 和 Na^+ 的浓度迅速增大，从而生成早期水化产物钙矾石 (AFt)[68,69]。在高倍率镜下可以观察到在冷再生混合料界面存在着大量针状 AFt，整个体系同样呈疏松状，但是水化产物的存在也起到了界面填充的作用；同时水泥颗粒表面会出现 C-S-H 水化物的粗糙膜，增加了界面间的黏结力。乳化沥青与水泥水化产物产生交错，水化产物对乳化沥青膜形成加筋的作用。

随着龄期的增加，图 4-84(b) 中可以看出乳化沥青破乳成膜对水化产物进行了覆盖，也导致钙矾石的比例减少，同时水泥水化也受到了抑制。同样这一现象随着养生时间的进一步延长而发展，在养生 220d 的试件微观形貌 [图 4-85(c)] 中可以看出冷再生混合料内水化产物 AFt 分布明显减少，同时混合料断裂的界面更为光滑，说明在长期过程中乳化沥青对水化产物形成进一步的裹覆，阻断了水泥的进一步水化，而破坏主要发生在乳化沥青膜上。

为进一步说明乳化沥青对水化产物的覆盖，采用 SEM 与能谱仪联用对界面的元素进行进一步分析。表 4-20 和表 4-21 是自然养生 220d 后试件采用能谱分析所得到的原子比例。从表中均可以看出，C 原子的比例比较高，这是由于 C 元素属于轻元素，在测试过程中扩散泵的使用以及特征 X 射线强度低导致 C 原子含量偏高。由于界面中主要是沥青与水泥及水化产物的有机-无机组合物，因此采用特征元素对无机与有机物进行区分，其中 S 元素可以用来作为特征元素。通过 EDS 进行的半定量分析也进一步说明，在长期自然养生下，乳化沥青膜逐步对界面形成了整体上的裹覆，进而也成为冷再生混合料后期强度的直接贡献因素，与前文对冷再生混合料宏观性能的分析结论一致。

对于加速养生的冷再生混合料而言，如图 4-84(d) 中所示，再生料与乳化沥青胶浆的界面呈现出多孔的结构，界面的多孔结构来自冷再生混合料中水分的快速蒸发，是造成冷再生混合料强度较低的主要原因。水泥颗粒表面出现明显的针

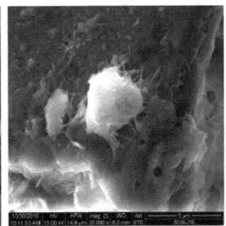

(a) 3d

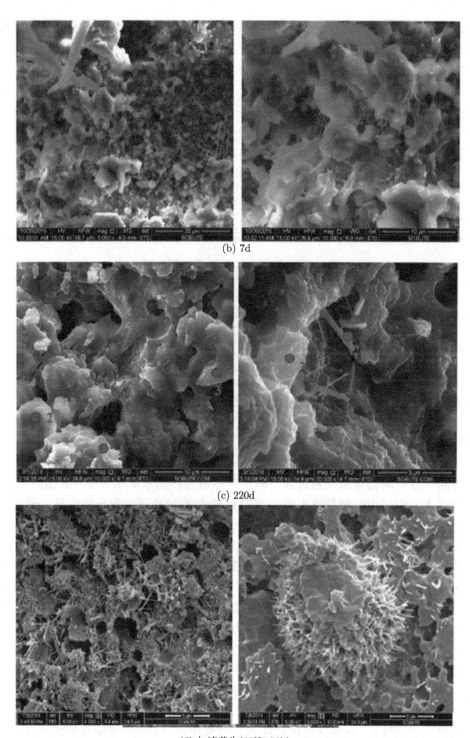

(b) 7d

(c) 220d

(d) 加速养生(60℃, 72h)

图 4-84 不同龄期冷再生混合料的微观形貌

状钙矾石的同时，部分水泥水化生成了六方板状的氢氧化钙，与乳化沥青膜镶嵌在一起。加速养生的再生混合料界面与自然养生的试件结构相似，但呈现出更多的空隙，这是水分的快速散失所造成的。

表 4-20　图 4-84(c) 左图的能谱分析

元素	点 1		点 2		点 3	
	质量分数/%	原子/%	质量分数/%	原子/%	质量分数/%	原子/%
C	46.49	64.21	30.98	51.96	47.84	60.84
O	19.95	20.68	14.64	18.43	31.83	30.4
Al	0.55	0.34	0.57	0.47	0.91	0.57
Si	2.78	1.64	0.87	0.65	0.69	0.39
S	5.9	3.05	3.31	2.37	2.3	1.25
Ca	24.33	10.07	9.27	5.82	3.02	1.44

表 4-21　图 4-84(c) 右图的能谱分析

元素	点 1		点 2		点 3	
	质量分数/%	原子/%	质量分数/%	原子/%	质量分数/%	原子/%
C	55.67	67.97	65.31	76.12	58.4	71.13
O	26.4	24.19	20.37	17.85	22.52	20.59
Al	0.63	0.38	0.97	0.59	0.75	0.45
Si	0.65	0.35	0.45	0.23	0.64	0.35
S	4.13	2.16	0.65	0.34	4.0	2.08
Ca	4.01	1.83	1.23	0.62	4.42	2.02

4.6.4　冷再生混合料的界面形成机制

前述章节采用扫描电镜观测了养生不同时间的冷再生混合料的形貌，可以佐证冷再生混合料的强度发展过程，但是并不能直接揭示早期强度与界面的关系。因此，本节中采用环境扫描电镜 (ESEM) 原位观测冷再生混合料的界面形成机制，进一步对界面特性与冷再生混合料的强度之间的关系进行深入分析。

普通的扫描电子显微镜只能在高真空条件下进行工作，样品中含有水分会破坏高真空环境，影响形貌的观测。ESEM 采用多级真空系统，当样品室处于低真空时 (10~2000Pa)，电子枪和镜筒部分保持高真空状态，分别为 10^{-3}Pa 和 10^{-2}Pa，电子枪和电子根据水的相图调节样品室的压力 (真空度) 和样品台的温度，可使样品中的水处于固、液、气不同状态，从而达到气液平衡态来观察含水样品 [70,71]。根据水在不同温度下的饱和蒸汽压，本次 ESEM 试验所选择的观测温度为 5℃，所选的真空度为 733Pa。通过冷再生混合料中乳化沥青与集料界面的形成机制研究，来进一步解释冷再生混合料的早期强度发展机理。

图 4-85 是按照配合比中乳化沥青-水泥胶浆比例配制的胶浆在环境扫描电镜下的破乳成膜过程。在新拌乳化沥青-水泥胶浆中可以看到非常明显的乳化沥青球

形颗粒，由于测试中 ESEM 环境室内需要低压的环境，在控制初期导致表面水分蒸发，部分乳化沥青颗粒出现了初步的黏附，实际在乳化沥青冷再生混合料中乳化沥青颗粒的团聚需要更多的时间。随着时间的延长，在同一个点连续观测到乳化沥青颗粒的融合过程。从 3h 到 5h，可以看到乳化沥青球形颗粒开始出现逐步的融合，颗粒间的夹角逐步增大，变化尚不明显；到观测 8h 时，已经可以明显看到乳化沥青颗粒融合的过程，这个过程在 ESEM 环境室内主要靠沥青间的分子扩散来实现，而在实际路面中还存在水分的不断蒸发带来的动力；在养生 24h 时，可以非常明显地看到多个乳化沥青球已逐步形成了一个整体的沥青膜，乳化沥青颗粒之间界线逐步消失，已基本融合成膜。通过 24h 的连续观测，可以清楚看出乳化沥青在早期破乳成膜的过程，这也进一步为乳化沥青早期强度的形成提供了直接的基础。要提高冷再生混合料的早期强度，加快乳化沥青颗粒的融合是一个重要的思路。

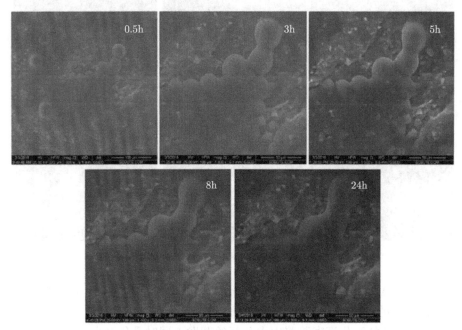

图 4-85　胶浆在 ESEM 下的破乳成膜过程

图 4-86 是乳化沥青胶浆与集料接触界面的 ESEM 连续观测图像。从图中可以看出，乳化沥青-水泥-矿粉胶浆与集料刚接触 10min 时，胶浆中有大量球形的乳化沥青颗粒，球形的乳化沥青颗粒并没有形成明显的接触，而是在胶浆中独立存在；胶浆与集料接触 1h 后，从图中可以看出界面有明显的乳化沥青颗粒，颗粒间同样没有形成聚集，这也说明此时乳化沥青并没有破乳，胶浆尚处于明显的工

作性能保持时间；随着时间的延长，在胶浆与集料接触 3h 后可以看到一部分乳化沥青的颗粒开始聚集，界面的形态呈现黑色，容易确认，说明此时乳化沥青颗粒开始破乳，并且在阳离子乳化剂与集料电荷的共同作用下，水分开始被逐步挤出；继续养生至 6h 后，从图中可以看到界面水分的面积在逐步缩小，胶浆中乳化沥青颗粒间的距离进一步靠近；养生至 24h 可以看出在乳化沥青与集料界面之间已有乳化沥青膜开始铺展，同时界面水膜进一步被挤压，这个过程还将持续发生。由于仪器限制，观测时间只进行了 24h，期间初步观测乳化沥青与集料的界面形成过程，为提升冷再生混合料的早期强度提供基础。

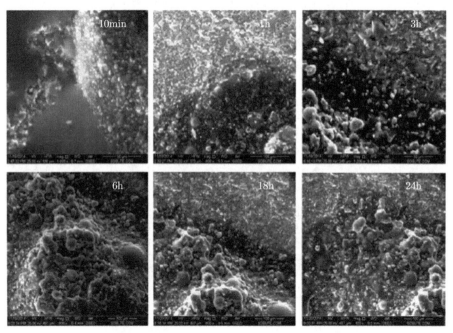

图 4-86　乳化沥青胶浆与集料界面形成 ESEM 图像

　　基于 ESEM 的分析，同时参考乳化沥青与集料共同作用的破乳机理，可以将冷再生混合料的界面形成分为以下 4 个阶段。

　　阶段 I：新拌乳化沥青胶浆中水分开始蒸发，同时乳化沥青微粒表面与水泥及矿粉开始发生电荷吸引，导致乳化沥青颗粒表面扩散双电层被挤压，其中水分蒸发是这个过程的关键。

　　阶段 II：在外力、水分蒸发及电荷作用下，乳化沥青颗粒与水泥颗粒及集料表面进一步靠近，乳化沥青的扩散双电层进一步被挤压，乳化沥青颗粒出现破乳团聚。乳化沥青与集料的吸附作用是这个过程的关键。

　　阶段 III：乳化沥青的破乳过程开始加速，由于水泥与矿粉颗粒具有更强的表面电荷及比表面积,破乳首先围绕着水泥与矿粉颗粒开展,同时水泥颗粒也开始水化,吸收一部分乳化沥青内部的水,同时进一步释放各种离子,加速乳化沥青的破乳。

阶段 IV:乳化沥青在粉料表面破乳过程持续进行,对粉料形成裹覆;同时在乳化剂的作用下,乳化沥青与粗集料表面电荷发生吸引,水分从粗集料表面被逐步挤出,乳化沥青逐步在集料表面成膜,形成强度,强度形成时间与界面水膜厚度及水分散失速率相关。

4.7 本章小结

冷再生沥青混合料的微观性质对冷再生沥青混合料的性能有着关键的影响。本章主要采用扫描电镜二次电子成像对乳化沥青冷再生混合料的微观形貌特征进行观察分析,分别对乳化沥青胶浆以及复合胶浆的微观形貌、不同胶结料和新旧料的分类界面微观形貌以及不同分层材料组合的界面微观形貌特征进行了分析;通过扫描电镜背散射观测技术和数字图像处理对水泥-新料、水泥-旧料、沥青-新料和沥青-旧料的两相材料界面组成分布特征进行研究,采用灰度阈值分割各相产物,采用欧几里得距离映射 (EDM) 研究各相沿集料边界距离分布规律;围绕冷再生混合料的强度特性开展工作,从冷再生材料的材料组成出发,采用不同拌和顺序和不同养生时间来研究不同界面组成对冷再生混合料宏观力学性能的影响。结合直接拉伸强度及图像分析方法,研究冷再生混合料在早期及后期的破坏机理,基于 ESEM 原位监测冷再生混合料的界面微结构的形成机制。主要结论如下:

(1) 混合料中的复合胶浆与纯复合胶浆的形貌无显著区别,骨料与水泥或乳化沥青之间的作用并未产生与纯复合胶浆不同的微观结构。

(2) 矿粉的加入使得水泥乳化沥青胶浆的水泥水化产物形貌发生改变,水泥水化产物之间出现了细长纤维状沥青矿粉交联成整体结构。

(3) 沥青与骨料和水泥之间存在着不同厚度的胶结料浸入区域。集料与沥青胶浆和水泥沥青复合胶浆的浸入深度稳定在 $5\sim7\mu m$,而水泥与沥青的浸入深度分布差异较大,与水泥结构表面形貌有关。

(4) 水泥混合料的微空隙主要来自水泥水化产物自身,沥青混合料的微空隙主要来自矿粉。旧料对混合料微空隙有着一定的影响,在水泥混合料中旧料可在一定程度上减小微空隙的尺寸和数量,而在沥青混合料中旧料则大幅度增大微空隙的尺寸和整体空隙率。微空隙在其尺寸分布上服从韦布尔分布,胶结料差异相较于集料差异对微空隙尺寸和数量有着更重要的影响。

(5) 四种组合填料分布无显著差异,且填料在混合料中分布均匀。

(6) 胶结料厚度谱相较于厚度分布能更好地反映各类胶结料的厚度组成状况,

韦布尔分布模型对其有较好的拟合效果。聚类分析的结果表明，水泥-新料和水泥-旧料混合料与沥青混合料的胶结料厚度组成存在较大的差异，而沥青-旧料混合料和沥青-新料混合料中厚度组成并无显著差别。

(7) 以空隙作为衡量过渡区厚度的关键指标，采用指数渐进法和 t 检验结合的判定方法，能有效获取混合料的界面过渡区厚度。界面过渡区厚度：沥青-新料 < 沥青-旧料 < 水泥-新料 < 水泥-旧料。界面过渡区厚度是空隙含量和水泥水化产物变化的界线，也是旧沥青含量和自由沥青含量变化的界线。

(8) 在水泥为主要胶结料时，ITZ 区域相较于砂浆主相区域具有较高的空隙率；在沥青为主要胶结料时，空隙率变化较小，ITZ 区域相较于砂浆主相区域具有较高的无填料加筋的自由沥青。较高的空隙率以及较高的自由沥青含量分别是这两类混合料中 ITZ 区域劣化的微观结构本质，而旧料可以改善水泥混凝土整体过高的空隙率，同时旧料中旧沥青发挥胶结料作用减少了 ITZ 区域自由沥青分布。

(9) 随着养生阶段从早期到后期再到长期发展，冷再生混合料的间接拉伸强度、间接拉伸回弹模量均呈先快后慢的增长模式。

(10) 拌和顺序 B、D 优于拌和顺序 A、C，主要表现在前者呈现出更高的间接拉伸强度、更大的间接拉伸回弹模量和更高的动态模量，这意味着 B、D 拌和顺序能显著提高冷再生混合料的力学性能。拌和顺序 B、D 优于拌和顺序 A、C 的内在机理在于，拌和顺序 B、D 的沥青直接接触 RAP 料的概率更高，新沥青与 RAP 料中的老沥青在长期过程中混合交融，形成 "有效沥青"，整体强度得到增长；而 A、C 的沥青与 RAP 料接触受到部分水泥水化产物阻隔，不利于沥青聚集联结成膜，整体强度难以提升，整体抵抗永久变形的能力较差。

(11) 从拌和工艺的角度出发，原材料一同加入拌和的材料无序性组合难以发挥材料特性，而乳化沥青和水泥预拌和的方法容易出现乳化沥青提前破乳和乳化沥青水泥凝结现象，因此合成矿料和乳化沥青先拌和的工艺是相对最优的拌和工序。

(12) 随着水泥用量提高，混合料整体强度线性增长。随着养生龄期延长，RAP 料掺水泥中的旧沥青和无外加胶结料的 RAP 料混合料中一样，进一步发挥作用而不受水泥水化产物影响。相较于新料，RAP 料与沥青之间发生了更深层次的结合，在这一阶段乳化沥青与 RAP 料中旧沥青开始结合形成新的有效胶结料，是混合料强度再次增长的关键。

(13) 四种拌和顺序下界面过渡区存在较大差异，拌和顺序 A 和 B 出现明显分层的砂浆带，拌和顺序 C 和 D 砂浆带相对均匀。拌和顺序 A 下形成了较厚的沥青主相层和较薄的水泥主相层，拌和顺序 B 下形成了较薄的沥青主相层和较厚的水泥主相层，拌和顺序 C 下出现了较多的未水化水泥，拌和顺序 D 下出现了拌和顺序 C 未出现的类纤维状水泥水化产物。

(14) 各拌和顺序中的分层砂浆层都是水泥、乳化沥青和填料的分散相，不同点在于水泥、乳化沥青的相对含量差异与水泥沥青组成结构的差异。

(15) 乳化沥青与集料界面间的黏附破坏是其主要破坏形式；在养生后期，以乳化沥青胶浆的黏聚破坏为主要破坏形式。因此，提升冷再生混合料的早期重点在界面黏附。

(16) 冷再生混合料界面形成机制中存在由乳化沥青破乳成膜主导的诱导、加速及稳定期这三个过程。

第 5 章　乳化沥青冷再生混合料配合比设计

5.1　概　　述

乳化沥青冷再生混合料的合理设计是研究其性能的前提。乳化沥青冷再生混合料是以乳化沥青、水泥等为主要胶结料，将破碎后的旧沥青混合料颗粒及添加的新集料重新黏结而成的新混合料 (图 5-1)。因此，在乳化沥青冷再生过程中，乳化沥青、水泥、旧料性能、新集料性能及用水量等因素均会对再生混合料的性能产生明显影响，也是乳化沥青冷再生配合比设计中需考虑的因素。我国在《公路沥青路面再生技术规范》中规定了乳化沥青冷再生混合料的设计方法，其核心基于试验检测中的强度法，同时考虑了冷再生混合料的二次压实效应。本章将依据规范中的马歇尔方法开展乳化沥青冷再生混合料的配合比设计，同时对比振动压实成型与重击压实成型方法。

图 5-1　乳化沥青冷再生混合料拌和

本章主要阐述乳化沥青冷再生混合料的配合比设计，通过室内试验，基于乳化沥青冷再生混合料的密度和强度指标确定最佳用水量、最佳乳化沥青含量，分析水泥掺量等影响因素。主要内容包括第 2 节配合比设计流程、第 3 节级配设计、第 4 节最佳含水量、第 5 节最佳乳化沥青用量、第 6 节配合比优化设计以及第 7 节振动压实成型方法研究。

5.2 乳化沥青冷再生混合料配合比设计流程

冷再生混合料的配合比设计主要是依据相关规范，通过室内试验确定冷再生混合料适宜的原材料、级配、乳化沥青用量、水泥用量、水用量，并对混合料的性能进行相关检查的过程。根据现行规范要求，乳化沥青冷再生混合料的配合比设计主要包括如下设计步骤。

5.2.1 确定工程设计级配范围

工程设计的级配范围，是在现行规范的级配范围内，根据公路等级、工程性质、交通特点、材料品质等因素，通过对条件大体相当的工程使用情况进行调查研究后确定的，如无特殊情况，工程设计级配范围不应超出规范的级配范围。经确定的工程设计级配范围是配合比设计的依据，不得随意变更。规范 [83] 中对乳化沥青冷再生混合料工程级配范围的规定如表 5-1 所示。

表 5-1　乳化沥青冷再生混合料工程级配范围

筛孔/mm	各筛孔的通过率/%			
	粗粒式	中粒式	细粒式 A	细粒式 B
37.5	100			
26.5	80~100	100		
19		90~100	100	
13.2	60~80		90~100	100
9.5		60~80	60~80	90~100
4.75	25~60	35~65	45~75	60~80
2.36	15~45	20~50	25~55	35~65
0.3	3~20	3~21	6~25	6~25
0.075	1~7	2~8	2~9	2~10

5.2.2 原材料选择与准备

乳化沥青冷再生工程中，需使用到的原材料包括回收沥青路面材料 (RAP)、水泥、乳化沥青等，其中对于旧料的要求如表 5-2 所示。

由表 5-2 可以看出，虽然规范中列举了对 RAP 的各种检测项目，但其中真正有明确要求的仅有砂当量一项；对比我国现行规范中对新建路面中所使用的新集料的性能要求可看出，我国对 RAP 的研究尚不完善，尚不能完全明确 RAP 对再生混合料的性能影响。对于冷再生用的乳化沥青，通常采用慢裂阳离子乳化沥青。

表 5-2　乳化沥青冷再生中 RAP 的要求

材料	检测项目	技术要求	试验方法
RAP	含水率	实测	《公路沥青路面再生技术规范》
	RAP 级配	实测	(JTG F41—2008) 附录 A
	沥青含量	实测	
	砂当量/%	> 50	
RAP 中的沥青	针入度	实测	抽提, 《公路工程沥青及沥青混
	60℃ 黏度	实测	合料试验规程》(JTG E20—2011)[41]
	软化点	实测	
	15℃ 黏度	实测	
RAP 中的粗集料	针片状颗粒含量、压碎值	实测	抽提, 《公路工程集料
RAP 中的细集料	棱角性	实测	试验规程》(JTG E42—2005)[40]

5.2.3　矿料的级配设计

RAP 的预处理主要是对 RAP 进行破碎, 并剔除超粒径颗粒, 同时根据再生混合料的最大工程粒径合理选择筛孔尺寸, 将处理后的回收沥青路面材料 (RAP) 筛分成不少于两档的材料, 以利于冷再生混合料的级配设计。

在进行级配设计时, 应根据级配设计需求适当添加新集料, 以使合成级配满足工程设计级配的要求, 并使合成级配平顺。

5.2.4　确定最佳含水量

冷再生混合料中的水分对于混合料的成型具有重要作用, 其最佳含水量是通过击实试验获得的。由于乳化沥青中也含有水分, 因此进行击实试验时, 固定乳化沥青的用量为 4%。

5.2.5　确定最佳乳化沥青用量

最佳乳化沥青用量 (optimum emulsified asphalt content, OEC) 的确定是乳化沥青冷再生配合比设计中的关键步骤。现行规范中采取的是依据劈裂强度确定的方法, 即采用 5 种乳化沥青用量, 保持最佳含水量不变, 采用二次击实和 60℃ 加速养生方法制作试件, 并测试其 15℃ 的劈裂强度和浸水 24h 的劈裂强度; 根据劈裂强度和浸水劈裂强度试验结果, 结合工程经验, 综合确定最佳乳化沥青用量。根据规范要求, 乳化沥青冷再生混合料的性能要求如表 5-3 所示[83]。

表 5-3　乳化沥青冷再生混合料技术要求

试验项目		技术要求
空隙率/%		9~14
劈裂强度 (15℃)	劈裂强度 (MPa) 不小于	0.40 (基层、底基层)、0.50 (下面层)
	干湿劈裂强度比不小于/%	75
马歇尔稳定度试验 (40℃)	马歇尔稳定度不小于/kN	5.0 (基层、底基层)、6.0(下面层)
	(浸水) 残留稳定度不小于/%	75
冻融劈裂强度比 TSR/%		70

经过上述几个步骤,就可以确定乳化沥青冷再生混合料的配合比。虽然针对不同工程、不同原材料情况可获得不同的设计结果,但根据已有经验,冷再生混合料的配合比设计结果相差不大;现行规范内推荐乳化沥青冷再生混合料中乳化沥青用量折合成纯沥青后,占混合料其余部分干质量的百分比一般为 1.5%~35%,水泥等活性填料剂量一般不超过 1.5%。

5.3 级 配 设 计

现有的研究认为,冷再生由于依靠集料的裹覆作用,需要更大的比表面积。冷再生由于仅靠拌和作用进行裹覆,裹覆效果不好;要使其更好地裹覆集料,集料需要偏细[84-86]。本节在规范要求满足范围的条件下选取了偏粗、中等、偏细三种级配进行研究。其混合料的级配如表 5-4 所示。规范要求级配范围以及三种集料的合成级配如图 5-2 所示。

表 5-4   设计级配 (通过率)   (单位:%)

筛孔尺寸/mm	26.5	19	16	9.5	4.75	2.36	1.18	0.6	0.3	0.15	0.075
新料	100	100	100	76.2	54.9	34.8	27.5	13.6	4.8	0.0	0.0
细级配	95.6	87.6	80.0	70.1	57.2	43.1	28.3	18.8	12.2	8.1	5.0
中级配	93.8	82.6	72.0	62.1	49.2	35.1	24.0	16.5	11.6	7.8	5.0
粗级配	92.3	78.3	65.0	55.1	42.2	28.1	20.3	14.4	11.0	7.6	4.9
下限	80.0					25.0	15.0		3.0		1.0
上限	100					60.0	45.0		20.0		7.0
最大密实	92.5	79.7	73.7	58.3	42.7	31.2	22.8	16.8	12.3	9.0	6.6

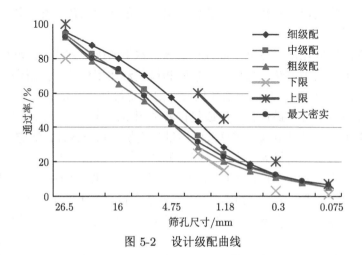

图 5-2   设计级配曲线

上述三种级配曲线对应三种不同粗细的级配,每种级配曲线均在规范要求的范围内。将上述三种级配曲线的混合料进行马歇尔击实成型，在自然养生 3d 条件下，对其进行劈裂强度以及无侧限抗压强度试验，比较级配对其影响。劈裂强度以及无侧限抗压强度值如表 5-5 所示。

表 5-5   不同级配强度   (单位：MPa)

级配	无侧限抗压强度	干劈裂强度	湿劈裂强度
粗	3.240	0.333	0.305
中	2.939	0.330	0.300
细	1.928	0.308	0.273

表 5-5 仅仅能反映同等条件下满足规范的三种级配的强度相对关系，用以判别级配情况的优劣。由上可见，混合料中细料是必不可少的，但过细的级配容易导致混合料抗拉抗压强度不足而无法承受路面实际荷载的作用。故而，在冷再生混合料设计中，混合料的级配粗一点较好。

5.4   最佳含水量

混合料拌和需要加入水。一方面，适量的水能使乳化沥青均匀地分散并裹覆在集料的表面，润滑集料，使混合料充分混合填充，有利于混合料的压实，提高强度；另一方面，乳化沥青中水泥水化需要有充足的水分。混合料压实过程中，如果水分过少，则混合料难以压实，同时水泥得不到充分水化；如果水分过多，则混合料也难以压实，同时过多的水还会导致乳化沥青与水泥浆的流失、水化物晶体发展不充分，养生时间长，材料强度低。因此，掺加水泥的乳化沥青混合料的压实与土的压实类似，存在一个最佳含水量，在最佳含水量下混合料的干密度达到最大值。

不掺水泥的乳化沥青冷再生混合料最佳含水量的确定方式，因乳化沥青种类的不同大体上有两种方法：最佳含水量法和最佳液体用量法。慢裂慢凝型乳化沥青采用最佳液体用量法，其他类型乳化沥青则采用最佳含水量法。掺加水泥后，在乳化沥青冷再生混合料最佳含水量或最佳液体用量的基础上根据水泥用量增加一定比例的用水量，以总用水量或总液体用量为变量，制作试件，测定相应干密度，拟合函数，然后反算与最大干密度对应的就是最佳含水量[87]。

水作为再生料的一个设计参数，其掺加量会影响到拌和的和易性以及强度。参照《公路工程土工试验规程》(JTG E40) 无机结合料稳定土的击实方法 T 0131[88]，该试验的目的是绘制含水量-干密度的关系曲线，从而确定混合料的最佳含水量和最大干密度。

对 4 个不同含水量的再生料进行土工击实试验，确定试件最大干密度。采用重型击实法确定最佳含水量，根据规范要求，采用大筒分三层击实，每层击实 98

次。干密度计算公式如式 (5-1) 所示。根据试件干密度-含水量关系曲线，回归得出最大干密度及其相应的最佳含水量 (optimal fluids content，OFC) 作为后期试验控制外加水量的指标。最佳含水量以及最大干密度如图 5-3 所示。

$$D_{\text{干密度}} = \frac{100}{w_{\text{f}} + 100} \times \frac{4 \times M_{\text{B}}}{\pi \times d^2 \times h} \times 1000 \tag{5-1}$$

式中，$D_{\text{干密度}}$ 为干密度，g/cm^3；w_{f} 为试件在压实过程中的含水量，%；M_{B} 为击实后试件质量，g；h 为试件高度，cm；d 为试件直径，cm。

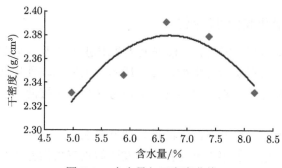

图 5-3　含水量与干密度曲线

由图 5-3 可见，最大干密度是随着含水量的变化而变化的，先随着含水量的增加而增加，过了峰值点随着含水量的增加而减少，曲线形状类似于抛物线；最佳含水量在 6.7% 左右，此时干密度达到峰值。在实际添加水时，要考虑到乳化沥青乳液里的含水量以及铣刨料的含水量，对此要进行折减。

从图 5-3 可以看出，以重型击实试验测得的最佳含水量大约在 6.7%。为了进一步比较含水量对混合料的影响，固定添加水泥 1.5%、乳化沥青 3.5% 的量，分别以水的四种添加量 4.8%、5.8%、6.8%、7.8% 进行马歇尔击实成型，测其干湿劈裂强度以及毛体积密度。试验所测得的强度以及毛体积密度如表 5-6 所示。

表 5-6　不同含水量的试件性能

水添加的百分比/%	干劈裂强度/MPa	湿劈裂强度/MPa	残留强度/MPa	毛体积密度/(g/cm³)
4.8	0.266	0.200	0.749	2.137
5.8	0.280	0.229	0.816	2.122
6.8	0.326	0.283	0.866	2.191
7.8	0.480	0.410	0.855	2.207

从表 5-6 可以看出，水的添加对混合料的影响很大，在最佳含水量附近的混合料有较好的强度以及抗水损性。由于添加了水泥，其最佳含水量比未添加水泥

的重型击实试验测得的含水量要高一些。在水添加达 6.8% 之前，混合料的拌和不均匀，导致密度以及强度大幅度下降。重型击实试验可以作为含水量的一种确定方式。

5.5 最佳乳化沥青用量

沥青用量对混合料的性质影响尤为重要。过少的沥青用量会使混合料达不到相关的指定标准，过多的用量不仅会使混合料达不到相关标准，还造成浪费，路面改善效果也不是很明显 [89]。

5.5.1 冷再生乳化沥青的性能要求

乳化沥青在使用和选择时，应根据上述要求进行比选，《公路沥青路面再生技术规范》中的乳化沥青质量要求如表 2-7 所示，主要比较乳化沥青蒸发残留物的三大指标以及黏度等的要求。具体的方法参考《公路工程沥青及沥青混合料试验规程》[90]。

由表 5-7 可见，乳化沥青的性能满足规范要求。

乳化沥青的比选一般根据乳化沥青蒸发残留物三大指标进行。较优的乳化沥青应具有较大的软化点、针入度以及较好的延度。在比选时需要考虑具体的混合料强度要求，在满足强度要求的同时尽量选择经济合理的乳化沥青。

表 5-7 冷再生用乳化沥青性能检验

试验项目		单位	检验结果
破乳速度			慢裂
粒子电荷			阳离子 (+)
筛上残留物 (1.18mm 筛) 不大于		%	√
黏度	恩格拉黏度 E_{25}		4.71
	25℃ 赛波特黏度 V_s	s	24
蒸发残留物	残留分含量	%	60
	软化点	℃	49.8
	针入度	0.1mm	78.6
	延度	cm	42
与粗、细集料的黏附性，裹覆面积			√
与粗、细粒式集料拌和试验			均匀
常温储存稳定性	1d	%	√
	5d		√

5.5.2 最佳乳化沥青用量的确定

乳化沥青作为混合料的黏结剂，其掺量对于混合料强度具有很大影响。乳化沥青掺量过多，则混合料不能形成集料的骨架接触，强度过小；掺量过少，则混合料不易形成密实结构，其抗水损性能较差。故而有必要通过试验对混合料乳化沥青的掺量进行确定。

选用 16mm、2.36mm 作为控制筛孔，16mm 以上的为粗料，2.36~16mm 的为中料，小于 2.36mm 的为细料。三种级配的组成见表 5-8。

表 5-8 级配添加比例 (单位:%)

级配类型	粗料	中料	细料	4# 料	矿粉
级配 1	28	32	15	20	5
级配 2	35	32	8	20	5
级配 3	20	25	30	20	5

级配曲线如图 5-4 所示。

水泥剂量固定为 1.5%，石灰剂量 0.5%，含水量 6%，分别采用 3%、4%、5% 的乳化沥青用量，根据乳化沥青中水分的含量，依次需要添加的水为 4.8%、4.4%、4.0%。试件采用马歇尔击实仪双面各击实 50 次，然后放在 60℃ 的烘箱里养生 40h，再双面各击实 25 次，不脱模冷却 12h 至室温，测量 15℃ 的劈裂强度。冷却后的试件照片如图 5-5 所示。

从三种级配脱模冷却后的试件可以发现，级配 1 (中级配) 由于没有粗细集料形成密实骨架，其泛油现象比较严重；而级配 3 (细级配) 试件表面发白，由于细料较多，其裹覆沥青较多，表面较光滑。

按规范测得试件的不同强度如表 5-9 所示。

从表 5-9 可以看出:

(1) 级配 2 的劈裂强度要好于级配 1 和级配 3，这是因为级配 2 中粗中料比例相对较大，形成的骨架结构对强度的提高很有利；由于级配 2 粗料比较大，所以成型试件表面出现的破损较级配 1 和级配 3 要大。

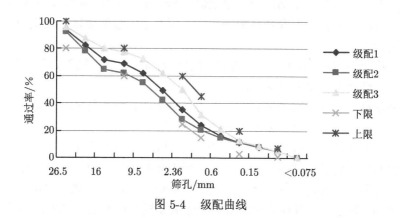

图 5-4 级配曲线

(a) 级配1　　　　　　　　　(b) 级配2　　　　　　　　　(c) 级配3

图 5-5　　不同级配不同沥青掺量脱模试件

表 5-9　　不同级配不同沥青掺量的强度

级配类型	乳化沥青含量/%	15℃ 劈裂强度/MPa
级配 1	3	0.343
	4	0.381
	5	0.377
级配 2	3	0.396
	4	0.404
	5	0.328
级配 3	3	0.375
	4	0.365
	5	0.372

(2) 级配 3 细料偏多，虽然试验中试件表面很光滑、完整，但是由于没有粗料形成骨架，试件强度不高。

(3) 沥青含量对于粗级配及中级配的混合料影响较大，而对于细级配混合料影响较小。

(4) 级配 1 和级配 2 均出现一个极值 (在沥青含量为 4％时)。但对于粗级配而言，较高的沥青含量对混合料影响较大；而对于中级配而言，较低的沥青含量对其影响较大。

(5) 从三组级配还能看出，乳化沥青含量为 4％左右时劈裂强度值较大一些，可以确定最佳沥青含量为 4％左右。

另外在最佳沥青含量的确定上，国内外对此的控制指标还包括毛体积密度最大值。试验中测出的毛体积密度如表 5-10 所示。

由表 5-10 可以看出，级配 2 的毛体积密度较大，因此较密实，再一次证明了级配中粗料适当地多一些更好，进一步证明毛体积密度可以反映其强度。

从总体看，乳化沥青含量为 4％左右时毛体积密度大一些，也可以确定最佳沥青含量为 4％左右，具体乳化沥青掺量还需要根据级配进一步进行细微调整。

通过对比表 5-9 和表 5-10 中的数据分析可以看出，试件的密度与强度之间具有一定的关系。可见试件密度的提高也带来试件强度的提高，因此冷再生施工中应加强对压实工艺的控制。

表 5-10 不同级配不同沥青掺量的密度

级配类型	乳化沥青含量/%	毛体积密度/(g/cm^3)
级配 1	3	2.15
	4	2.17
	5	2.16
级配 2	3	2.21
	4	2.19
	5	2.16
级配 3	3	2.12
	4	2.12
	5	2.11

5.5.3 乳化沥青种类对冷再生混合料性能的影响

对于冷再生混合料，其性能不仅会受到乳化沥青用量的影响，也会受到乳化沥青种类的影响。为此本节分别选择三种不同的乳化沥青，其中两种普通乳化沥青产地分别为江苏和浙江，江苏产乳化沥青为慢裂，浙江产乳化沥青为中裂，另一种是江苏产的高黏乳化沥青。各种乳化沥青的基本性能如表 5-11 所示。

表 5-11 试验所用乳化沥青基本性能

沥青种类	沥青含量/%	软化点/℃	针入度 (25℃)/0.1mm
江苏普通乳化沥青	60.1	49.0	
江苏高黏乳化沥青	65.6	60.5	
浙江中裂乳化沥青	58.7	50.5	69.0

利用上述不同的乳化沥青，采用 1.5% 的水泥用量、1.0% 的石灰用量，级配采用规范中的级配，制作试件，测试其劈裂强度，结果如表 5-12 所示。

表 5-12 不同乳化沥青冷再生试件的强度

沥青种类	15℃ 劈裂强度/MPa
江苏普通乳化沥青	0.66
江苏高黏乳化沥青	0.67
浙江中裂乳化沥青	0.61

可以看出经标准养生后，江苏的高黏沥青和普通沥青的强度都好于浙江的中裂沥青；在温度较高的情况下，中裂破乳较快导致水泥没有完全水化，所以最终影响了混合料的强度。但是高黏沥青和普通沥青的最终强度相差无几，只能断定

高黏沥青不能提高混合料的最终强度，但对前期强度的形成是否有影响还不得而知。

为了对比不同乳化沥青对冷再生混合料强度发展规律的影响，仍采用上述配比制作试件，测试其不同龄期时的强度。为了模拟冷再生路面施工过程，此次采用只双面各击实 50 次，第二天脱模后常温养生的试件成型条件。由此获得的各试件强度发展规律如表 5-13 所示。

表 5-13　乳化沥青对冷再生混合料强度发展规律的影响

沥青种类	不同养生时间下试件的劈裂强度 (MPa) 及相对比例				
	2d	3d	4d	7d	标准
江苏高黏乳化沥青	0.155 (100%)	0.209 (100%)	0.271 (100%)	0.306 (100%)	0.66 (100%)
江苏普通乳化沥青	0.122 (79%)	0.139 (67%)	0.266 (98%)	0.281 (92%)	0.67 (102%)
浙江中裂乳化沥青	0.078 (50%)	0.162 (78%)	0.211 (78%)	0.242 (79%)	0.61 (92%)

由表 5-13 可以看出：

(1) 在相同的养生龄期内，由于乳化沥青种类不同，所制备的试件强度有明显差别，其中采用高黏乳化沥青所制备的冷再生试件强度最高，而采用浙江中裂乳化沥青所制备的冷再生试件强度最低。

(2) 从各试件强度的相对比值可以看出，在成型后 2d，采用浙江中裂乳化沥青所制作的冷再生试件，其强度仅为高黏乳化沥青所制备试件强度的 50%，而江苏普通乳化沥青所制备的试件强度也仅为高黏乳化沥青强度的 79%；在成型 3d 后，上述两个比例分别为 78% 和 67%。由此可以看出，采用高黏乳化沥青所制备的冷再生试件表现出较好的早强性。

(3) 随着龄期的增加，各试件的强度均呈增加趋势，但采用浙江中裂乳化沥青所制备的冷再生试件的强度始终未能达到江苏高黏乳化沥青所制备的冷再生试件强度的 80%，表明两种乳化沥青所制备试件的强度有本质差别。

(4) 表 5-13 中的最后一列为标准养生条件下的各试件强度，可以看出，在此种养生条件下，采用江苏高黏乳化沥青和普通乳化沥青所制备的试件强度较为接近，这也跟试件强度已接近其极限强度有关；如前所述，由于冷再生混合料的强度受旧料颗粒团的影响，当达到一定极限值时，再进一步提高新加胶结料的强度并不会提高混合料的强度。

图 5-6 是上述各试件在不同养生龄期时的失水情况，可以看出，冷再生试件在常温养生过程中，其水分主要是在前四天损失的；其中，浙江中裂乳化沥青试

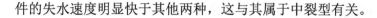

件的失水速度明显快于其他两种，这与其属于中裂型有关。

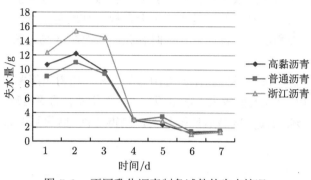

图 5-6   不同乳化沥青制备试件的失水情况

5.6   配合比优化设计

5.6.1   水泥用量的影响

水泥-乳化沥青再生混合料与普通乳化沥青再生混合料有许多不同之处。虽然水泥也是一种黏结料，但其在乳化沥青混合料中起到的作用不仅仅局限在黏结作用，更对再生混合料的结构起到重大影响，并且水泥用量一般都很少，因此，将水泥看作乳化沥青混合料的一种改性剂更为合适。水泥对乳化沥青混合料的作用由两部分构成[91]：

(1) 大部分水泥吸收混合料或乳液中的水分发生水化反应。纤维状的水化生成物向周围空间发展，填充混合料中水分蒸发遗留下来的空隙。因此，与普通乳化沥青混凝土相比，水泥-乳化沥青混合料的空隙率较小、密度较大。而空隙率和密度与初始无侧限抗压强度一起构成反映混合料初期强度的重要指标。

(2) 另一小部分水泥由于水分不足，不能发生水化反应，在再生混合料中起活性矿粉作用。它与沥青分子发生化学吸附，形成一层结构力学膜，使沥青以更薄的结构沥青形式存在，大大提高了沥青与再生料间的黏附性。结构力学薄膜的存在起着隔离作用，能降低和阻止沥青组分渗入矿物颗粒的微孔中，延缓再生沥青混合料的老化。

水泥的矿物成分和分散度对水泥稳定类材料的稳定效果有明显影响。对于同一种集料，通常情况下硅酸盐水泥的稳定效果最好；水泥稳定类材料的强度随水泥用量的增加而增长，但过多的水泥用量虽获得强度的增加，在经济上却不一定合理，在效果上也不一定显著，且容易开裂。试验和研究表明，对于一般的集料，水泥的合理用量范围为不超过 3%。

　　乳化沥青冷再生混合料早期强度低，开放交通迟。在冷再生混合料中加入一定比例的水泥，利用水泥吸水水化加速乳化沥青破乳，可起到提高早期强度、提前开放交通的目的。同时水泥又是冷再生混合料的辅助再生剂，与乳化沥青一起充当结合料。沥青和水泥两种结合料同时存在，没有生成物，其力学特点兼具刚性与柔性。

　　通过以上分析，确定最佳乳化沥青用量为 4%，还得出级配 2 在乳化沥青剂量 4% 情况下的劈裂强度值较大。选定级配 2，乳化沥青含量 4%，变化水泥剂量依次为 1%、1.5%、2%；成型后规范养生，测得 15℃ 劈裂强度如图 5-7 所示。

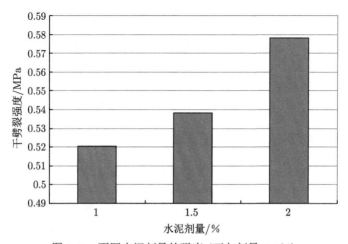

图 5-7　不同水泥剂量的强度 (石灰剂量 0.5%)

　　可以看出，随着水泥含量的增加，劈裂强度值都呈增大趋势，但增加幅度有限：水泥剂量由 1% 增加到 2% 时，其强度仅增加了 10% 左右。这进一步证明了前述的关于旧料颗粒团的影响规律。因此，考虑到工程经济性，在冷再生混合料中并不适宜添加过多的水泥。

5.6.2　生石灰对冷再生混合料性能的影响

　　由上述试验结果可以看出，冷再生混合料的性能受其原材料的约束，单纯靠乳化沥青和水泥等材料难以使强度有较为明显的变化。为了进一步提高冷再生混合料性能，本节探索向其中加入添加剂的技术。

　　1. 生石灰对混合料标准强度的影响

　　石灰也是道路工程中常用的胶结料，主要是利用其与土质材料的相互作用来获得强度。但在本节中，添加石灰质材料并不是简单利用上述机理，而是利用生石灰与水反应时的剧烈放热现象。

在冷再生混合料中，强度来源主要依靠乳化沥青的破乳和水泥的水化。生石灰的加入，一方面可以大量吸收水分，促进试件内水分的减少，有利于沥青胶结强度的提高；另一方面生石灰水化会放出大量热量，提高试件的温度，从而加快水泥的水化速度，这些均有助于提高冷再生试件的强度。

本课题选择磨细生石灰粉，在冷再生混合料中分别添加 0%、0.5%和 1%，冷再生混合料的基本配比为乳化沥青 4%、水泥 1.5%，经标准养生后，各试件的强度如图 5-8 所示。

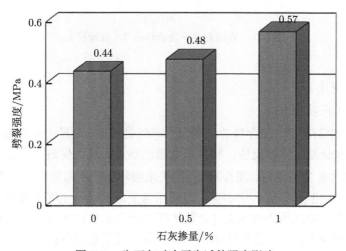

图 5-8　生石灰对冷再生试件强度影响

由图 5-8 可以看出，生石灰的加入对于提高冷再生试件的强度有明显的作用。与空白组相比，添加 1%的生石灰使冷再生混合料的强度提高了近 30%，表现出了良好的增强效果。

2. 生石灰对混合料早期强度的影响

同样选择磨细生石灰粉，在冷再生混合料中加入水泥 1.5%、石灰 1%或不加、乳化沥青 4%、外加水 4.5%。成型后室温下不脱模养生，试件装在开口的塑料袋里，防止试件破损后料散落。测得各试件前 7d 的质量变化和强度如表 5-14 和图 5-9 所示。

表 5-14　室温养生下混合料前 7d 质量损失　　　　　　　　　（单位：g）

	1d	2d	3d	4d	5d	6d	7d
加 1%石灰	13	30.7	39	40.3	41.6	42.6	44.3
不加石灰	13.3	31.3	36	37.3	38.3	39.6	41.3

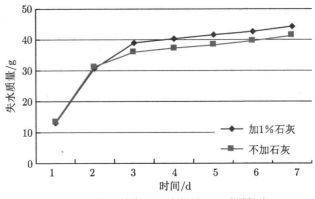

图 5-9　室温养生下混合料前 7d 质量损失

1) 质量变化

由图 5-9 可以看出:

(1) 添加生石灰后,混合料的早期失水率明显增加,这是由于生石灰与混合料中所添加的水分发生化学反应,释放出大量的热量,从而促进了水分的挥发。

(2) 添加 1%生石灰后,混合料 4d 的失水量相当于不添加生石灰混合料的 6d 失水量;同时由于生石灰水化本身将消耗相当于自身质量 1/3 的水分,两者共同作用的结果将多消耗所添加水分 (含乳化沥青所含水分) 的 10%。因此生石灰的加入可有效减少冷再生混合料中的自由水含量,并促进试件强度的形成。

2) 强度变化

分别测试上述不同试件在各个龄期的疲劳强度,试验结果如表 5-15 和图 5-10 所示。

表 5-15　常温养生 3d、5d、7d 劈裂强度值

龄期	劈裂强度/MPa		提高比例/%
	加 1%石灰的试件	不加石灰的试件	
3d	0.29	0.25	16.0
5d	0.47	0.45	4.4
7d	0.56	0.5	12.0

以上数据表明,加入石灰后,混合料强度从一开始就有提高,很好地说明了石灰对早期强度的提高是很有帮助的。

从以上分析中可以看出,生石灰的加入无论是对混合料的标准强度还是混合料的早期强度,都有很显著的改善作用。

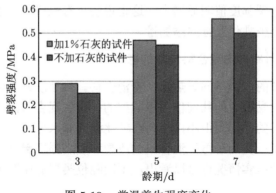

图 5-10 常温养生强度变化

5.6.3 有机活化剂对冷再生混合料性能的影响

在冷再生混合料制备过程中,主要是依靠新添加的胶结料来提高混合料的强度,而 RAP 中所包含的旧沥青基本不起作用,这是一个巨大的浪费。如果能适当激发旧沥青的活性,不仅有助于提高冷再生混合料的强度,同时也有助于提高旧料的再生效率。

为此,本小节优选了一种有机活化剂,并将有机活化剂与石灰按质量比 1∶1 拌和成均匀糊状,所以取有机活性物 1%、石灰 1%、水泥 1.5%。为了避免乳化沥青对试验结果的影响,暂时不添加新的乳化沥青,仅依靠旧沥青发挥作用。所得试验结果如图 5-11 所示。

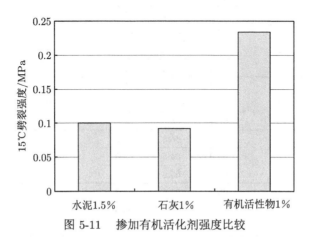

图 5-11 掺加有机活化剂强度比较

可以看出,添加有机活化剂的试件的劈裂强度值明显很大,是未加有机活化剂组强度的两倍多。有机活化剂能溶解旧料中的沥青,沥青的存在使得集料之间

的黏结力增大，劈裂强度值明显增大。这也说明了有机成分的添加能提高路面的
强度，可以适当减少乳化沥青的添加量。

5.6.4　击实次数对冷再生混合料性能的影响

冷再生混合料的成型不同于热拌沥青混合料。热拌沥青混合料是在压实机械
压实和热沥青较大黏附力的共同作用下成型的；再生混合料由于初期乳化沥青还
没开始破乳，提供的黏聚力很小，集料在乳化沥青和水分的润滑下主要依靠压实
成型，这就决定了压实功对再生混合料的成型和后期强度起到很关键的作用。从
再生试验段现场的压实情况也可以看出，不同吨位类型的压路机对路面的压实效
果也不一样。

虽然实验室击实条件无法直接和现场压实条件建立关系，但是可以反映不同
击实功下混合料试件高度和强度的变化。由于集料在击实时受含水率的影响较
大，所以拟定在不同添加水量、不同击实次数下探索混合料试件高度和强度的
变化。

分别选择 4.5% 和 3.0% 两组不同添加水量，在击实次数分别为 20、35、50、
65、80 次下成型试件，石灰 1%、水泥 2%、乳化沥青 4%，标准养生后不进行二
次击实直接测量 15℃ 下的劈裂强度。试验结果见表 5-16、图 5-12 及图 5-13。

表 5-16　不同击实次数不同用水量下的混合料强度

添加水量	击实次数/次	高度/mm			高度均值/mm	劈裂强度/MPa
4.5%	20	69.5	69.8	70.1	68.4	0.384
		67.9	68.1	68.0		
		67.2	67.2	67.5		
	35	68.9	68.2	68.7	68.6	0.498
		68.1	67.9	67.9		
		69.2	69.2	69.0		
	50	67.2	67.9	67.7	68.0	0.567
		67.8	68.5	68.3		
		68.1	68.5	68.2		
	65	67.5	66.5	66.0	66.0	0.642
		66.0	64.5	65.0		
		66.5	65.8	66.4		
	80	65.9	65.1	65.2	65.7	0.706
		65.0	66.3	66.0		
		65.2	66.2	66.5		
3.0%	20	69.8	69.9	70.0	69.9	0.36
		69.3	69.2	69		
		70.2	71.2	70.8		

续表

添加水量	击实次数/次	高度/mm			高度均值/mm	劈裂强度/MPa
3.0%	35	68.0	68.0	67.8	67.5	0.481
		66.9	66.6	66.7		
		68.0	68.0	67.6		
	50	65.1	65.0	64.5	66.0	0.57
		68.0	67.8	67.5		
		65.1	65.2	65.8		
	65	65.8	65.8	65.9	65.9	0.599
		66.0	65.6	65.6		
		66.2	66.1	66.1		
	80	65.0	64.9	64.0	65.2	0.657
		65.3	66.1	66.2		
		64.9	65.1	65.2		

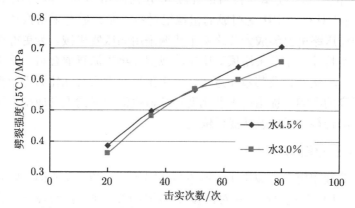

图 5-12　不同击实次数不同添加水量下的混合料强度

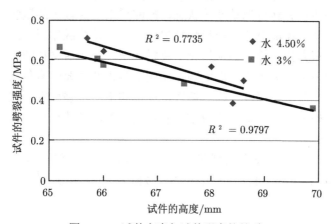

图 5-13　试件高度与试件强度的关系

　　由表 5-16 和图 5-12 可以看出，随着击实次数的增加，混合料的强度明显增加，添加水量分别为 4.5％和 3.0％时，击实 80 次比击实 50 次，混合料的强度分别提高了 24.5％和 15％，可见混合料的压实度对其强度有很重要的影响。当击实次数低于 50 次时，混合料的强度受添加水量的影响很小；当击实次数大于 50 次时，混合料强度随添加水量的增多而提高。

　　由表 5-16 和图 5-13 可以看出，在两组混合料中，试件的高度与试件的强度间有较好的相关性，随着试件压实程度的提高，试件的劈裂强度明显提高；由此表明，对于冷再生混合料来讲，压实过程对于其强度的形成是非常重要的。因此在冷再生混合料施工过程中，应注重压实度的保证。

5.7　振动压实成型方法研究

　　按照成型方式，散体类材料的压实可分为冲击压实、静力压实和振动压实 [92,93]。对于具有一定级配组成的粗粒组材料，尤其适合采用振动压实成型方法，因此振动压路机已经成为公路施工普遍采用的压实机械。为更好地模拟振动压路机的压实特性，本节采用振动压实法成型冷再生沥青混合料，分析湿润水及其添加方法、乳化沥青及其添加方法、养生条件等因素对乳化沥青冷再生混合料密实度、强度的影响，提出用于乳化沥青冷再生混合料的振动成型方法，为乳化沥青冷再生混合料的组成设计提供依据。

5.7.1　振动压实仪简介

　　在振动荷载作用下，被压实材料中相邻固体颗粒的质量不同，则颗粒产生的惯性力不同，因此颗粒将产生相对位移直至稳定状态；此后，过度振动将使压实材料产生分层，但可以通过合理的振动压实时间予以避免。振动荷载使得颗粒间的摩阻力由静摩擦状态转变为动摩擦状态，能够采用相对较小的压实功获得相对较高的密实度，同时还能避免大粒径颗粒被压碎。振动荷载作用下，混合料中浆体产生液化，激振力使其更均匀地填充于集料间隙，压实后材料的结构更均匀，同时其黏聚力和内摩阻力提高。而影响振动压实效果的主要因素包括振动参数、材料、碾压工艺、碾压层厚度、碾压遍数、地基和下承层强度等，这些因素中只有振动参数和结构参数与振动压实成型设备直接相关，具体包括振动频率、振幅和振动质量等 [94]。

　　本书研究采用的振动压实成型仪（图 5-14）主要工作参数如下：振动频率 30Hz、振幅 0~25mm、静面压力 2500N、激振力 9000N，通过改变振动压实时间来调整压实功能。

图 5-14 振动压实成型仪

5.7.2 最佳含水量

乳化沥青冷再生混合料需要加入外加水，用于润湿旧料表面，防止乳化沥青接触石料后马上破乳。为研究润湿水的加入对冷再生混合料密度以及破乳性能的影响，本书对比分析重型击实、振动击实下润湿水的影响。冷再生试验研究用级配如表 5-17 所示。

表 5-17　冷再生试验研究用级配

孔径/mm	19.0	16.0	13.2	9.5	4.75	2.36	1.18	0.6	0.3	0.15	0.075
通过百分率/%	100	97.6	85.1	72.1	48.2	32.9	21.8	16.1	11.6	7.9	5.9

1. 振动击实与重型击实对比

1) 重型击实法最佳含水量的确定

先将预加水加入乳化沥青，再一起加入石料中，搅拌均匀，成型试件，用以确定最佳含水量。不同沥青用量下的重型击实试验结果如表 5-18、图 5-15、图 5-16 所示，不同沥青含量下的最佳含水量和最大干密度如表 5-19 所示。

表 5-18　不同沥青用量的重型击实结果

沥青用量	总用水量/%	外加水量/%	实测含水量/%	干密度/(g/cm³)
2%	3.0	1.7	2.9	2.02
	3.5	2.2	3.7	2.05
	4.0	2.7	3.8	2.06
	4.5	3.2	4.2	2.04
	5.0	3.7	4.8	2.04
3%	2.5	0.5	2.1	1.98
	3.0	1.0	2.7	1.99
	3.5	1.5	3.2	2.01
	4.0	2.0	3.7	2.02
	4.5	2.5	4.2	2.01

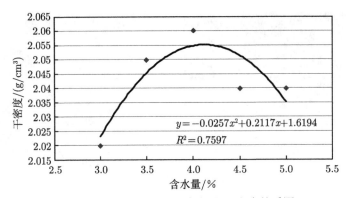

图 5-15　沥青用量 2% 的含水量-干密度关系图

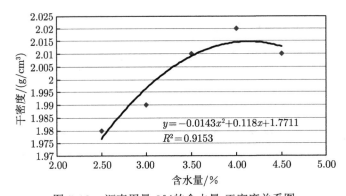

图 5-16　沥青用量 3% 的含水量-干密度关系图

表 5-19　不同沥青含量的最佳含水量与最大干密度 (重型击实)

序号	沥青含量/%	最佳含水量/%	最大干密度/(g/cm^3)
1	2.0	4.1	2.06
2	3.0	4.1	2.02

可以看出, 采用重型击实, 沥青用量不同的再生混合料, 最佳含水量相同; 在最佳含水量下, 沥青含量对最大干密度基本无影响。

2) 重型击实法润湿水的影响

在最佳含水量下, 再采用重型击实, 研究添加润湿水的影响。不加润湿水的情况下乳化沥青添加方法如下: 将设计的外加润湿水加入乳化沥青中, 拌和均匀, 再一起加入混合料中拌和。试验结果见表 5-20。

加入润湿水的情况下乳化沥青添加方法如下: 将设计的外加润湿水先加入混合料中, 使水分在混合料中均匀分散, 再加入计量的乳化沥青, 拌和均匀。试验结果见表 5-21。

表 5-20 不同沥青用量下不加润湿水的干密度结果表

沥青用量	含水量/%	实测含水量/%	干密度/(g/cm³)	含水量均值/%	干密度均值/(g/cm³)
2%	4.1	3.9	2.05	3.8	2.05
	4.1	3.6	2.05		
	4.1	3.7	2.06		
	4.1	3.9	2.05		
	4.1	3.7	2.05		
	4.1	3.8	2.06		
3%	4.1	3.8	2.02	3.7	2.02
	4.1	3.7	2.03		
	4.1	3.6	2.01		
	4.1	3.5	2.04		
	4.1	3.6	2.01		
	4.1	3.8	2.03		

表 5-21 不同沥青用量下加入润湿水的干密度结果表

沥青用量	含水量/%	实测含水量/%	干密度/(g/cm³)	含水量均值/%	干密度均值/(g/cm³)
2%	4.1	3.4	2.04	3.6	2.05
	4.1	3.8	2.04		
	4.1	3.6	2.06		
	4.1	3.4	2.06		
	4.1	3.7	2.05		
	4.1	3.4	2.05		
3%	4.1	3.3	2.05	3.5	2.03
	4.1	3.6	2.01		
	4.1	3.5	2.03		
	4.1	3.5	2.03		
	4.1	3.6	2.02		
	4.1	3.4	2.04		

将表 5-21 和表 5-22 中的试验结果总结汇总，见表 5-22。

表 5-22 不同沥青含量的加与不加润湿水结果

类型	沥青含量/%	最大干密度/(g/cm³)	
		不加润湿水	加入润湿水
1	2	2.06	2.06
2	3	2.04	2.04

可以看出，采用重型击实，在最佳含水量下，沥青含量的不同对最大干密度基本无影响；在不同沥青含量下，是否添加润湿水对最大干密度基本无影响。

3) 振动击实法最佳含水量的确定

采用振动击实，研究添加润湿水对干密度的影响。不同沥青用量试件的振动击实试验结果如表 5-23、图 5-17、图 5-18 所示，最佳含水量和最大干密度如表 5-24 所示。

表 5-23　不同沥青用量的振动击实结果

沥青用量	总用水量/%	外加水量/%	实测含水量/%	干密度/(g/cm³)
2%	2.5	1.7	2.4	2.23
	3.5	2.2	3.4	2.26
	4.0	2.7	3.8	2.27
	4.5	3.2	3.9	2.27
	5.0	3.7	3.8	2.25
3%	2.5	0.5	2.4	2.24
	3.0	1.0	2.8	2.25
	3.5	1.5	3.1	2.24
	4.0	2.0	3.2	2.24
	4.5	2.5	3.6	2.21

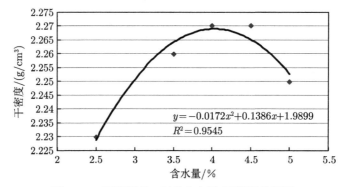

图 5-17　沥青用量 2% 的含水量-干密度关系图

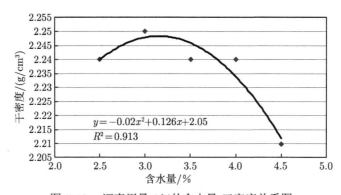

图 5-18　沥青用量 3% 的含水量-干密度关系图

表 5-24　不同沥青含量的最佳含水量与最大干密度 (振动击实)

类型	沥青含量/%	最佳含水量/%	最大干密度/(g/cm³)
1	2.0	4.0	2.27
2	3.0	3.2	2.25

可以看出，采用振动击实，最佳含水量随着沥青用量的增加而减少；在最佳含水量下，沥青含量的不同对最大干密度基本无影响。

4) 振动击实法润湿水的影响

在最佳含水量条件下，采用振动击实法研究添加润湿水对干密度的影响。试验结果见表 5-25。

表 5-25　不同沥青用量下的干密度结果表

	沥青用量	含水量/%	实测含水量/%	干密度/(g/cm^3)	含水量均值/%	干密度均值/(g/cm^3)
不加湿润水	2%	4.0	3.5	2.28	3.7	2.28
		4.0	3.6	2.27		
		4.0	3.7	2.28		
		4.0	3.7	2.27		
		4.0	3.8	2.29		
		4.0	3.6	2.28		
	3%	3.2	2.1	2.24	2.3	2.23
		3.2	2.2	2.23		
		3.2	2.5	2.23		
		3.2	2.2	2.23		
		3.2	2.4	2.22		
		3.2	2.3	2.24		
加入湿润水	2%	4.0	3.4	2.28	3.6	2.28
		4.0	3.8	2.27		
		4.0	3.7	2.27		
		4.0	3.6	2.27		
		4.0	3.7	2.29		
		4.0	3.5	2.28		
	3%	3.2	2.5	2.23	2.5	2.23
		3.2	2.6	2.23		
		3.2	2.4	2.23		
		3.2	2.5	2.23		
		3.2	2.4	2.24		
		3.2	2.6	2.22		

将表 5-26 中的试验结果总结汇总，见表 5-26。

表 5-26　不同沥青含量的加与不加润湿水的干密度

类型	沥青含量/%	最大干密度/(g/cm^3)	
		不加润湿水	加入润湿水
1	2.0	2.28	2.28
2	3.0	2.23	2.23

通过表 5-26 可以得出，采用振动击实法，在最佳含水量下，沥青含量的不同对最大干密度基本无影响；不同沥青含量情况下，润湿水对最大干密度基本无影响。

通过重型击实法和振动击实法两种击实方式的试验研究，对比分析可以得出以下结论：

(1) 振动击实法的最大干密度为 2.25g/cm³ 左右，重型击实法的最大干密度为 2.04g/cm³ 左右；振动击实法击实试件的最大干密度更接近现场的最大干密度。因此，在后续研究中，采用振动击实法成型乳化沥青冷再生混合料。

(2) 沥青含量为 2%时，重型击实法和振动击实法确定的最佳含水量大致相当，约为 4%；沥青含量为 3%时，振动击实法确定的最佳含水量比重型击实法确定的最佳含水量略小。

(3) 不管是重型击实法还是振动击实法，是否添加润湿水对成型试件的干密度无影响。

2. 润湿水对强度的影响

为了进一步比较润湿水对抗压强度的影响，本节在推荐级配的基础上适当变化，级配设计如表 5-27 所示，外加水泥用量为 2%，在不同最佳含水量下采用振动击实法进一步分析润湿水对强度的影响。

表 5-27　级配设计

筛孔尺寸/mm	31.5	26.5	19.0	16.0	13.2	9.5	4.75	2.36	1.18	0.6	0.3	0.15	0.075
级配 QA	100	100	100	97.5	85.0	72.0	48.0	33.0	22.0	16.0	11.5	8.0	6.0
级配 QB	100	97.3	90.7	84.2	74.8	61.7	39.9	25.1	17.3	10.6	6.8	4.6	3.8
级配 QC	100	100	90	80.0	70.0	60	29	15.0	10	6	4	2	0
级配 QD	100	98.0	93.0	88.1	81.1	71.2	49.7	33.0	23.4	14.8	9.8	6.9	5.7

7d 抗压强度测试结果如表 5-28 所示。

表 5-28　润湿水对强度的影响

编号	级配类型	含水量/%	沥青用量/%	7d 抗压强度/MPa	备注	显著性分析
1	级配 QA	4.0	2.0	1.0	加入润湿水	无显著差异
				1.0	不加润湿水	
2	级配 QB	3.5	3.0	1.2	加入润湿水	无显著差异
				1.2	不加润湿水	
3	级配 QC	4.0	2.0	1.1	加入润湿水	无显著差异
				1.1	不加润湿水	
4	级配 QD	4.9	3.0	1.2	加润湿水	无显著差异
				1.1	不加润湿水	

通过表 5-28 可以看出，在乳化沥青拌和均匀程度的情况下，加入或不加入润湿水对试件的强度无影响。因此，可以将计算得到的外加水直接加入乳化沥青，再加入混合料中并拌和均匀。

5.7.3 最佳乳化沥青含量

乳化沥青再生料的拌和过程可以看作是将固定浓度的乳化沥青直接加入混合料中，随着乳化沥青加入量和固含量的变化，沥青用量也发生着变化。所以，研究沥青用量对混合料的影响，本质上就是研究乳化沥青固含量的影响。

选取 5 种固含量的乳化沥青进行研究，分别为 0%、30%、40%、50%、60%。选用不同的流体含量进行击实试验，试验结果见表 5-29、图 5-19 以及图 5-20；不同固含量的乳化沥青击实的最大干密度和最佳流体含量见表 5-30。

表 5-29　不同固含量的乳化沥青干密度 (振动击实)　　　(单位：g/cm^3)

固含量	流体含量					
	3%	4%	5%	6%	7%	8%
0%固含量 (纯水)	2.20	2.20	2.22	2.25	2.15	—
30%乳化沥青	2.20	2.22	2.23	2.24	2.25	
40%乳化沥青	—	2.22	2.23	2.22	2.23	2.24
50%乳化沥青	2.20	2.20	2.23	2.23	2.25	—
60%乳化沥青	—	2.23	2.25	2.25	2.23	2.20

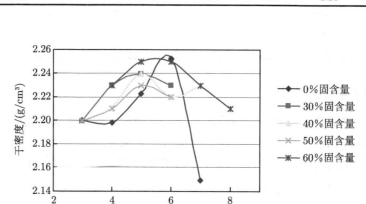

图 5-19　固含量的乳化沥青振动击实曲线 (流体含量-干密度)

可以看出：

(1) 不同固含量的乳化沥青，通过击实曲线可以得出最佳流体含量：除了纯水外，其他固含量的乳化沥青最佳流体含量均在 5.0%左右。少量的沥青在击实过程中起到了润滑作用。

(2) 不同固含量的乳化沥青，最大干密度差异不大。可以认为，在击实试验中，固含量在一定范围内，乳化沥青可以当成水，直接加入再生混合料中进行振动击实试验。

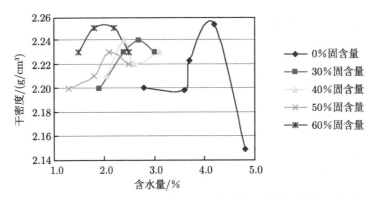

图 5-20 不同固含量的乳化沥青振动击实曲线 (实测含水量-干密度)

表 5-30 不同固含量最佳流体含量-最大干密度表

类型	乳化沥青固含量	最佳流体含量/%	最佳预设含水量/%	最佳实测含水量/%	最佳沥青用量/%	最大干密度/(g/cm³)
1	0%	5.8	5.8	4.2	0	2.25
2	30%	5.0	3.5	2.7	1.5	2.24
3	40%	5.0	3.0	2.4	2.0	2.24
4	50%	5.0	2.5	2.1	2.5	2.23
5	60%	5.4	2.2	2.0	3.2	2.25

5.7.4 养生条件的影响

对于热拌沥青混合料，一般而言是无须过分养生的。在水泥乳化沥青再生混合料中，水分的散失需要一个过程，而水分又是强度形成的重要因素。另外，由于水泥有养生的需要，故而养生条件可以作为其中一个考虑的条件[92]。

1. 对含水量变化的影响

养生期间，混合料的含水量是决定乳化沥青混合料强度形成的重要因素。因此，可以从水分的散失大体判断一个试件强度增长的情况。为了研究强度的形成与水分散失的关系，选取表 5-28 中级配 QB，乳化沥青含量为 4%，水泥用量为 2%，控制集料在自然养生的条件，测量每天的质量损失。将水分散失情况绘制成曲线，如图 5-21 所示。

从图 5-21 中可以看出，乳化沥青混合料水分散失在前三天内是非常迅速的，质量损失从大约 1.5% 迅速降低到 0.2% 左右；而后来变化较为平缓，4~7 天内的质量变化大约为 0.1%。这与强度增长的规律也很类似，因此由水分的散失可以粗略判断强度增长规律，同时也间接说明了水分的散失是强度形成的重要因素。在养生过程中，前几天的养生条件 (温度、湿度) 非常重要。

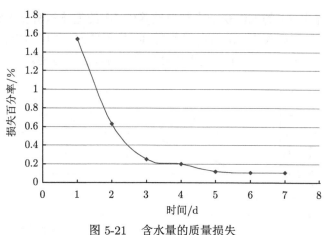

图 5-21　含水量的质量损失

2. 对毛体积密度的影响

毛体积密度可以间接反映水分的散失情况，以及试件强度的形成状况。试件养生主要考虑两种情况，一种情况是试件在空气中养生所需要的天数，称为自然养生；而另一种则是在 40℃ 的烘箱中所需要的天数，间或洒水使其保持湿度，称为加速养生。对应养生天数下的毛体积密度如表 5-31 所示。

表 5-31　不同养生方式不同养生时间下的毛体积密度

养生方式	干重/g	水中重/g	表干重/g	毛体积密度/(g/cm³)	均值/(g/cm³)
自然养生 3d	1160.5	642.1	1176.3	2.172	2.156
	1162.3	644.2	1187.5	2.139	
自然养生 7d	1185.2	660.4	1195.8	2.213	2.233
	1185.5	676.4	1202.8	2.252	
自然养生 28d	1169.9	640.8	1153	2.284	2.282
	1159.8	643.6	1152.3	2.280	
加速养生 2d	1169.6	643.9	1177	2.194	2.167
	1158.8	641.4	1182.8	2.140	
加速养生 3d	1078.1	536.4	1020.8	2.226	2.225
	1123.5	554.0	1059	2.225	

将自然养生和加速养生的情况绘制成图，如图 5-22 所示。

从图 5-22 中可以看出：

(1) 在自然养生状态中，毛体积密度随着养生时间的增加不断增大，开始 3d 内增加很快，7d 以后逐渐平缓。加速养生与自然养生的规律有类似的情况。

(2) 40℃ 加速养生 2d 的毛体积密度与自然养生 3d 的毛体积密度大致相等，

而 40℃ 加速养生 3d 的毛体积密度与自然养生 7d 的毛体积密度大致相等。由此可以看出，40℃ 加速养生 2d 与自然养生 3d 是等效的，40℃ 加速养生 3d 与自然养生 7d 是等效的。这为室内短期试验提供了时间上的方便。

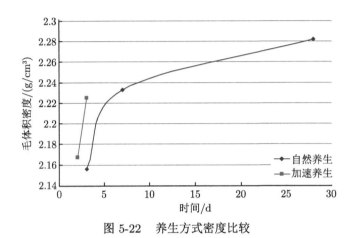

图 5-22　养生方式密度比较

3. 对强度的影响

冷再生混合料在受到长期荷载作用或环境的温湿度变化时很容易开裂。无论基层还是面层开裂，都将对路用性能造成不可估量的影响。对于水泥稳定类混合料的抗拉强度，常用弯拉试验和劈裂试验来评定。其中，劈裂试验最为简便，现在已有一些国家 (如法国、马达加斯加等) 采用劈裂强度作为混合料的抗拉强度指标，并把它用到路面设计的应力检验中。由此可见，劈裂强度是水泥稳定类混合料力学性能的重要指标之一。

按上述最佳的沥青含量、水泥合理掺配比制备冷再生混合料，自然养生 (25℃) 后测量其 15℃ (在烘箱里保温至少 4h) 干湿劈裂强度、残留强度以及无侧限抗压强度。对湿劈裂强度，在自然养生规定的天数前一天浸水 1d 养生。加速养生采用烘箱 40℃，间或洒水养生，测量其干湿劈裂强度、残留强度以及无侧限抗压强度。具体数值见表 5-32。

根据试验得出的不同龄期干湿劈裂强度数据、无侧限抗压强度数据以及残留强度，可以将其绘制成随时间的变化曲线，如图 5-23 所示。

从图 5-23 中可以看出：

(1) 无论采取何种养生方式，劈裂强度随着龄期的增长而增加。自然养生 3~7d 的干、湿劈裂强度增长很快，之后增长较为平缓，而加速养生 2~3d 的干、湿劈裂强度的增长速率与自然养生 3~7d 的速率相同。

(2) 从劈裂强度上看，2d 的 40℃ 加速养生相当于 3d 的自然养生，3d 的 40℃

加速养生相当于 7d 的自然养生。这一点与前文从毛体积密度得出的结论相当。早期劈裂强度主要由材料组成的结构形式和原材料本身力学性能提供，结合料的作用还不足以使混合料黏结为整体结构；同时，若要获得较好的劈裂强度，足够的胶结物和合理的集料级配是必不可少的。

表 5-32　不同龄期的强度值汇总

养生方法	时间/d	干劈裂强度/MPa	湿劈裂强度/MPa	残留强度/%	无侧限抗压强度/MPa
自然养生	3	0.294	0.267	0.909	1.212
	7	0.431	0.403	0.935	1.499
	28	0.488	0.413	0.846	2.653
加速养生	2	0.299	0.288	0.964	1.514
	3	0.426	0.401	0.941	2.073

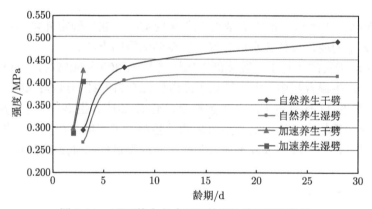

图 5-23　不同养生方式不同龄期的劈裂强度比较

5.8　本章小结

本章对乳化沥青冷再生混合料的配合比设计进行了一系列的研究，并采用振动成型仪制备乳化沥青冷再生混合料，研究湿润水、乳化沥青添加方法和养生方法对振动成型冷再生混合料强度的影响。主要结论如下：

(1) 不同级配的冷再生混合料劈裂强度测试结果表明，虽然规范中的冷再生级配范围较宽，但不同级配的冷再生混合料强度有明显差别，适当增加 16mm 以上的颗粒有助于提高混合料的骨架结构，从而提高强度。

(2) 选用不同的乳化沥青制备冷再生混合料，劈裂强度测试结果表明，乳化沥青的性能对冷再生混合料的强度有明显影响，采用黏结强度更高的改性乳化沥青不仅有助于提高冷再生混合料的强度，而且有助于早期强度的发展，更适用于大交通量公路改造。

(3) 水泥的加入可以明显提高冷再生混合料的强度,但由于旧料颗粒团固有黏结强度的限制,水泥掺量较高时将导致混合料性价比的下降。

(4) 提出在冷再生混合料中添加生石灰,以提高冷再生混合料的强度,促进其早期强度的形成;试验结果表明,生石灰的加入可明显提高混合料的劈裂强度,并有助于混合料 3d 内强度的形成。

(5) 为进一步提高旧料中所残留的旧沥青的作用,制备了可用于冷再生混合料的有机活化物;试验结果表明,有机活化物的加入可明显提高冷再生混合料的强度。

(6) 室内击实试验表明,冷再生混合料的密度和强度随击实次数的增加而线性增加,而试件的强度和密实度间又具有良好的线性关系,也即预示着对于冷再生混合料来讲,施工过程中的压实是非常重要的,应采用重型击实工艺促进结构的密实。

(7) 振动击实比重型击实成型更符合现场实际,建议确定乳化沥青冷再生混合料的最大干密度、最佳含水量时宜采用振动成型的方法。

(8) 振动击实的条件下,乳化沥青的固含量为 30%~60%时,可以直接视为水添加入冷再生混合料中,大大简化了冷再生混合料的拌和过程;40℃ 加速养生 2d 与自然养生 3d 在强度上应该大致相当,40℃ 加速养生 3d 与自然养生 7d 在强度上应该大致相当,这为实验室内短期试验提供了依据;在乳化沥青拌和程度均匀的情况下,加入润湿水或不加入润湿水对成型试件的强度影响不大。

第6章 乳化沥青冷再生混合料路用性能

6.1 概 述

冷再生混合料一般用于下面层或基层。虽然其作为道路的材料强度要求不高，但也必须承受一定荷载的反复作用，即在预定设计当量轴次的反复作用下，在设计使用年限内，冷再生混合料基层不会产生过多的残余变形，更不会产生剪切破坏或弯拉疲劳破坏。作为道路的基层材料除了应满足强度要求，水稳定性、高温稳定性、低温稳定性以及疲劳性能等也是必须考虑的，以达到其材料的耐久性。

各种性能中，乳化沥青冷再生混合料的模量是进行路面结构设计的重要参数(图6-1)；同时，由于乳化沥青冷再生混合料一般多用于路面基层，而疲劳破坏是路面基层结构的主要破坏模式之一，因此疲劳性能是基层材料的一个重要评价内容，基层材料的疲劳特性是路面结构设计中的重要参数。

图 6-1 乳化沥青冷再生混合料动态模量试验

在前面的章节中已经进行了配合比等方面的设计，确定了配合比的最佳参数；本章将在其参数下进行性能试验，评价其路用性能的优劣。主要内容包括第2节乳化沥青冷再生混合料的体积特性、第3节水稳定性、第4节高温稳定性、第5节静态模量、第6节动态模量以及第7节抗疲劳性能。

6.2　乳化沥青冷再生混合料的体积特性

毛体积密度能够反映混合料试件的压实程度,而压实程度在一定程度上影响水稳定性、强度等[95],因此毛体积密度的测量作为其混合料性能的参考是很有必要的。此密度是在击实 50 次 60℃ 养生 40h,再击实 25 次常温冷却 12h 情况下测得。毛体积密度的测量数值见表 6-1。

表 6-1　毛体积密度

水泥用量	乳化沥青用量	毛体积密度均值/(g/cm^3)
1.5%	4%	2.210

最大理论密度在一定条件下可以反映混合料自身的密集程度,从侧面可以反映级配的优劣程度。结合毛体积密度,可以计算空隙率的大小。最大理论密度的测量数值见表 6-2。

表 6-2　最大理论密度

干重/g	水 + 瓶 + 集料/g	水 + 瓶/g	最大理论密度/(g/cm^3)	均值/(g/cm^3)
300	1113.5	932.4	2.523	2.51
300	1113.4	933.2	2.504	

试件的空隙率反映了试件中空隙的大小。试件空隙的多少能够反映试件在同一击实条件下的密实程度,密实程度又能够反映其抵抗水损坏的能力,从而影响其耐久性以及疲劳性能。试件的空隙率按下式计算:

$$\mathrm{VV} = \left(1 - \frac{\gamma_f}{\gamma_t}\right) \times 100\% \tag{6-1}$$

式中,VV 为试件的空隙率,%;γ_f 为按上述方法测量的毛体积相对密度;γ_t 为按上述方法测量的最大理论相对密度。

根据公式可以计算出其空隙率为 11.9%,由此可以看出其空隙符合规范的要求,但偏大,抵抗水损坏条件较差,要求沥青具有较好的黏结性能。

6.3　乳化沥青冷再生混合料的水稳定性

水损害是沥青路面的主要病害之一。所谓水损害是沥青路面在水或冻融循环的作用下,由于汽车车轮动态荷载的作用,进入路面空隙中的水不断产生动水压力与真空负压抽吸的反复循环作用,逐渐渗入沥青与集料的界面上,使沥青黏附性降低并逐渐丧失黏结力，沥青膜从石料表面脱落 (剥离)，混合料掉粒、松散，继而造成沥青路面的坑槽、推挤变形等损坏的现象。

沥青面层往往是透水的，尤其在使用初期透水性较高，因此雨季表面水有可能透过沥青面层进入基层和底基层；表面水也有可能从两侧路肩或路面与路肩的结合处以及中央分隔带与路面的结合处透入路面结构层中。调查表明，水分从沥青面层中蒸发出来要比透进去困难得多，进入路面结构层的水能使基层或底基层材料的含水量增加，使强度大大降低，从而导致沥青路面过早破坏。

一般来说，对于寒冷地区，通过冻融劈裂试验可以反映其对水的稳定性；通过成型马歇尔试件进行冻融劈裂试验，测其水稳定性。对于南方多雨温润气候，没有冻融周期循环，可以利用干湿劈裂强度作为其水稳定性的控制指标，而不去考虑冻融劈裂强度[96]。研究发现，在养生期间，适当的雨水对提高混合料的强度是有益处的，因为水泥的水化等离不开水；适当的雨水越接近养生前期，其实际的路面养生效果越好[97]。

在试验中，通过马歇尔击实成型试件，选择级配 QB 与不添加新料的旧料进行级配对比，在同等条件下自然养生 7d，测量其强度。其冻融劈裂强度以及干湿劈裂强度分别见表 6-3 和表 6-4，其绘制成图则见图 6-2。

表 6-3 冻融劈裂强度

级配类型	干劈裂强度/MPa	冻融劈裂强度/MPa	冻融劈裂残留强度比/%
完全旧料	0.23	0.15	65
合成级配	0.45	0.33	73

表 6-4 干湿劈裂强度

级配类型	干劈裂强度/MPa	湿劈裂强度/MPa	干湿劈裂残留强度比
完全旧料	0.23	0.17	0.74
合成级配	0.45	0.41	0.91

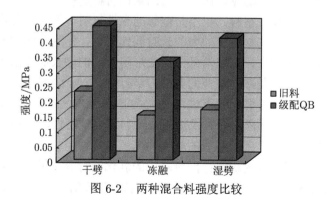

图 6-2 两种混合料强度比较

6.4 乳化沥青冷再生混合料的高温稳定性

高温稳定性是评价沥青混合料耐久性能的主要指标之一，其对应的试验则是车辙试验。通过车辙试验可以反映水泥-乳化沥青冷再生混合料在高温下抵抗行车变形的能力。

沥青混合料是一种黏弹性材料，其物理性能与温度和荷载作用时间密切相关。沥青路面在使用期间，要经受从低温到高温不同环境条件的考验。从常识可知，冬季及春秋季温度不太高时路面是不会产生大的变形的；通常所说的"高温稳定性能"的"高温"条件，是指在使用过程中受交通荷载的反复作用，容易产生车辙、推移、拥包等永久性变形(也包括泛油)的温度范围。道路使用的实践说明，在通常的汽车荷载条件下，永久性变形主要是夏季气温高于 25~30℃ 左右，即沥青路面的路表温度达到 40~50℃ 以上，已经达到或超过道路沥青的软化点温度的情况下容易产生，且温度越高、荷载越重，变形越大；相反，低于这个温度，就不会产生严重的变形。也就是说，所谓的"高温"条件通常是高于 25~30℃ 的气温条件，许多路面发生高温失稳性破坏都是在这个气温下。在我国，大部分地区一年之中会有数十天乃至一百余天超过这个温度；有些地方尽管一年之中也许仅仅只有几天达到这样的气温条件，沥青路面也难逃高温变形破坏的厄运。

沥青路面在高温条件下或长时间承受荷载作用，沥青混合料会产生显著的变形，其中不能恢复的部分称为永久变形，会降低路面的使用性能，危及行车安全，从而缩短沥青路面的使用寿命。高速公路的车辙是沥青路面最有危害的破坏形式。

对材料施加一定水平的荷载或应力，材料将产生变形。若变形不随时间延长而增大，且撤去外力后变形立即全部恢复，那么这种材料称为弹性体；若变形随荷载作用时间增加而增大，外力撤去后变形不能完全恢复，那么这种材料称为黏性体。单纯的弹性材料符合胡克定律，理想的黏性材料则符合牛顿定律；但许多工程材料既不是单纯的弹性材料，也不是理想的黏性材料，而是一种力学性质复杂得多的黏弹性材料，这些材料在外力的长时间作用下，作为响应的变形或应变会随时间的增加而不断增大，在取消外力后变形随时间的增长而逐渐恢复，而一部分变形会永远保持，这是黏性材料的典型力学行为。对于公路路面所使用的材料来说，沥青及沥青混合料尤具代表性，在高温下黏弹性特性表现得更为突出。沥青路面的车辙或永久变形就是沥青及沥青混合料黏弹性特性的直接反映。

对于沥青材料而言，用于路表的材料的高温稳定性是主要考虑的问题，而基层、底基层的温度变化较为缓慢；同时基层的乳化沥青含量很少，其强度形成主要是依靠水泥的强度。其动态模量的计算公式如式 (6-2) 所示。两种级配的动稳定度见表 6-5。

$$DS = \frac{(t_2 - t_1) \times N}{d_2 - d_1} \times C_1 \times C_2 \tag{6-2}$$

式中，DS 为沥青混合料的动稳定度，次/mm；d_1 为对应于 t_1 的变形量，mm；d_2 为对应于 t_2 的变形量，mm；C_1 为试验机修正系数，试验采用曲柄连杆驱动试件的变速行走方式，取 1.0；C_2 为试件修正系数，这里为制备试件，取 1.0；N 为试验轮往返碾压速度，42 次/min。

表 6-5　两种级配的动稳定度

级配类型	45min 变形/mm	60min 变形/mm	动稳定度/(次/mm)
完全旧料	3.683	4.087	1560
合成级配	3.293	3.535	2157

可以看出，因为掺入水泥，沥青的加入很少，故而水泥-乳化沥青相对于旧沥青混合料，动稳定度有较大提高；而乳化沥青混合料沥青掺量小，且不受荷载的直接作用，故而水泥-乳化沥青混合料的高温稳定性在性能测试时可以不加考虑。

6.5　乳化沥青冷再生混合料的静态模量

静态模量是用于结构设计的参数之一。目前冷再生混合料的静态模量参照热拌沥青混合料的抗压回弹模量来进行试验。按《公路沥青路面设计规范》结构设计参数的标准，用于计算弯沉的抗压回弹模量的标准试验温度为 20℃，用于验算弯拉应力的抗压回弹模量的标准试验温度为 15℃[98]。

试验所采用的试件为旋转压实成型，经过钻芯切割成直径、高度均为 100mm 的试件。养生时间为 30d。具体的试验操作见《公路工程沥青及沥青混合料试验规程》(JTJ 052—2000)。

在此次试验中，选取水泥为 1%、2%、3% 的掺量，沥青 3%、4%、5% 的掺量，进行静态模量试验，比较其之间的关系；同时比较在 4%沥青掺量、2%水泥掺量下的静态模量，分析其中模量之间的关系。

根据规范，取第五级荷载以及第五级荷载下修正的变形，绘制成曲线，如图 6-3 所示。

图 6-3 中的实线为各级荷载对应的荷载以及变形，而虚线为用二次函数拟合的曲线。从图 6-3 中可以发现，其静态模量基本符合二次曲线。根据其计算方法，计算各个水泥掺量及沥青掺量的静态模量，可得其静态模量如表 6-6 所示。

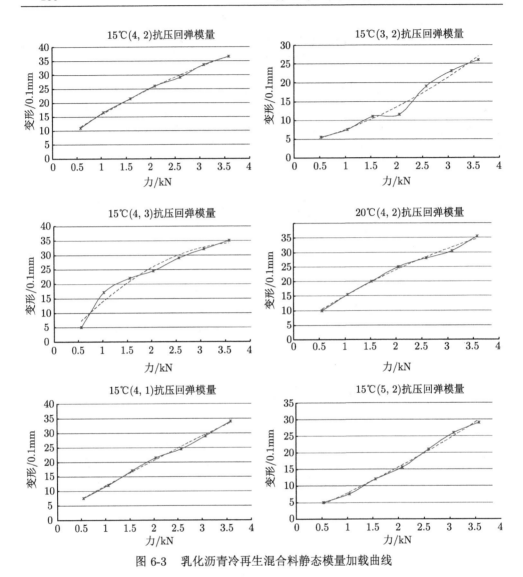

图 6-3　乳化沥青冷再生混合料静态模量加载曲线

表 6-6　不同掺量不同温度的静态抗压回弹模量

温度/℃	沥青掺量/%	水泥掺量/%	抗压回弹模量/MPa
15	3	2	1650
15	4	2	1078
15	5	2	1295
15	4	1	1175
15	4	3	803
20	4	2	1089

6.5.1 水泥掺量对静态模量的影响

图 6-4 中三个柱状图分别表示沥青含量为 4% 的情况下，不同水泥掺量 (从左至右依次是 1%、2%、3%) 的抗压回弹模量。可以发现，抗压回弹模量并不随着水泥含量变化而呈现规律性变化。在水泥含量为 2% 时，对应的抗压回弹模量反而是最高的；在水泥含量为 3% 时，其抗压回弹模量下降很多，这说明水泥的增加虽然在强度上有所增长，但其综合性能并不是很好。所以在材料参数设计中，并不能一味通过增加水泥含量来增加其强度。

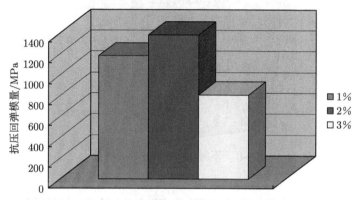

图 6-4 不同水泥含量的抗压回弹模量

6.5.2 乳化沥青掺量对静态模量的影响

图 6-5 中三个柱状图分别为不同沥青含量 (从左至右依次是 3%、4%、5%) 的抗压回弹模量，此时水泥含量为 2%。从图中可以看出，随着沥青含量的变化，其抗压回弹模量是依次变化的，沥青含量越高，其抗压回弹模量越小；但较水泥来说，沥青掺量对抗压回弹模量的影响不及水泥的影响。

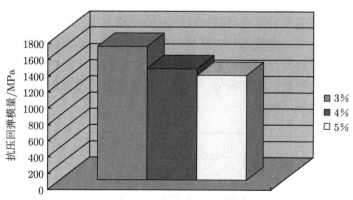

图 6-5 不同沥青含量的抗压回弹模量

6.5.3　温度对静态模量的影响

图 6-6 为两种温度下静态模量的比较。从图中可以看出，温度较低的情况下，抗压回弹模量值高于温度较高情况下的。由此可以充分反映，乳化沥青混合料属于黏弹性材料，在较高温度下发生黏弹性变形。

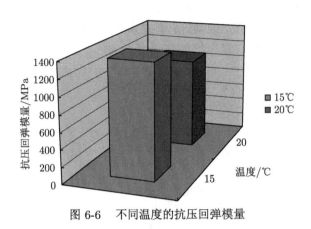

图 6-6　不同温度的抗压回弹模量

6.6　乳化沥青冷再生混合料的动态模量

水泥乳化沥青砂浆材料属于水硬性复合材料，而沥青混合料属于黏弹性材料，两种材料的动态模量性能有很大的区别。动态模量试验能较好地评价材料的力学性能。本节采用几种不同的水泥、乳化沥青含量的混合料，进行不同频率、温度、围压的动态模量试验，并进行对比分析。

6.6.1　动态模量试验设计

复合模量是描述沥青混合料黏弹性性质的一种方法。复合模量用复数表征，其实数部分为弹性劲度，虚数部分表征材料的内部阻尼，动态模量是复合模量的绝对值。美国沥青协会采用的是动态加载试验，试验时对一圆柱形试件施加一动态荷载，测得其应力幅值、应变幅值、应变滞后于应力的相位角等参数来计算材料的动态模量。公式如下所示：

$$|E^*| = \sqrt{\left(\frac{\sigma_0}{\varepsilon_0}\cos\phi\right)^2 + \left(\frac{\sigma_0}{\varepsilon_0}\sin\phi\right)^2} = \frac{\sigma_0}{\varepsilon_0} \tag{6-3}$$

式中，$|E^*|$ 为动态模量；σ_0 为轴向应力振幅；ε_0 为轴向应变振幅；ϕ 为应变滞后于应力的相位角。

按上述的级配设计试验，采用旋转压实成型直径 150mm、高度 160~170mm 的试件，钻芯取样，制成 100mm×150mm 的试件。试验中采用的频率从 0.1Hz 到 25Hz 共 9 种，温度选取 15℃、25℃、40℃ 三种，围压选用 0kPa、138kPa、210kPa。试验中水泥含量为 1%、2%、3%，乳化沥青含量为 3%、4%、5%。试验中水泥、乳化沥青所选取的组合如表 6-7 所示。采用简单性能试验机进行正弦波加载动态模量试验，见图 6-7。

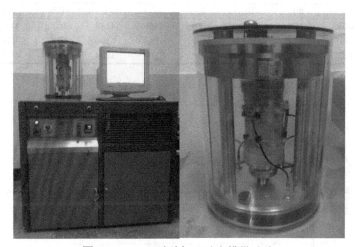

图 6-7　SPT 试验机及动态模量试验

表 6-7　动态模量试验组合

乳化沥青用量	水泥用量		
	1%	2%	3%
3%		√	
4%	√	√	√
5%		√	

动态模量的影响参数涉及很多方面，材料的组成、温度的不同、加载频率、围压大小的不同都会对动态模量产生影响[99]；但在这些因素中，有的因素对动态模量的影响很大，有的则微乎其微，可以忽略[100]。材料的组成包括许多方面，这里主要研究在同一种级配条件下，不同的水泥、沥青含量对动态模量的影响[101]。

6.6.2　水泥用量对动态模量的影响

1. 15℃ 时的影响

不同荷载频率不同水泥掺量下 15℃ 的动态模量见表 6-8，将其绘制成图 6-8。从图中可以看到，随着水泥掺入量的增多，动态模量逐渐增大；但在水泥含量增加到 2%后，随着水泥含量的增加其动态模量减小。在随水泥含量逐渐增大的过程中，动态模量存在一个极值。水泥含量较小时，动态模量的差异性比较大；随着加载频率的增加，动态模量也随着增加；开始增加很明显，当频率增加到 10Hz 时，动态模量的增加呈线性，且增加的幅度逐渐减小。

表 6-8　15℃ 时不同水泥用量下试件的动态模量　　　　　　　（单位：MPa）

水泥用量	荷载频率/Hz								
	25	20	10	5	2	1	0.5	0.2	0.1
1%	6238	6128	5652	5176	4566	4117	3690	3140	2739
2%	8780	8577	8019	7473	6741	6190	5625	4900	4299
3%	7641	7395	6950	6308	5702	5204	4803	4010	3506

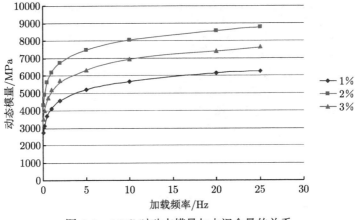

图 6-8　15℃ 时动态模量与水泥含量的关系

2. 25℃ 时的影响

表 6-9 为不同频率不同水泥掺量下 25℃ 的动态模量，其变化趋势如图 6-9 所示。

表 6-9　25℃ 时不同水泥用量下试件的动态模量　　　　　　　（单位：MPa）

水泥用量	荷载频率/Hz								
	25	20	10	5	2	1	0.5	0.2	0.1
1%	5150	4972	4465	3994	3379	2963	2590	2140	1850
2%	7216	6964	6321	5729	4998	4441	3896	3205	2726
3%	6845	6657	6178	5688	5065	4576	4118	3510	3028

从图 6-9 可以看出，25℃ 时不同水泥含量的动态模量和 15℃ 时不同水泥含量的动态模量规律基本相同；由于温度的增高，其动态模量均比 15℃ 时的小。2%

与 3% 的水泥含量的动态模量差别小于 1% 与 2% 的水泥含量的动态模量差别，可以说明水泥含量增加后，其动态模量对温度的敏感性较小。

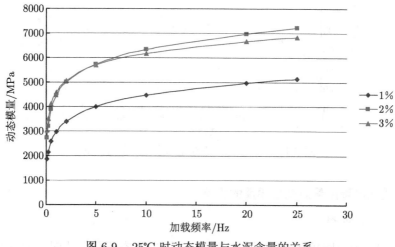

图 6-9 25℃ 时动态模量与水泥含量的关系

3. 40℃ 时的影响

表 6-10 为不同频率不同水泥掺量下 40℃ 的动态模量，其变化趋势如图 6-10 所示。

表 6-10 40℃ 时不同水泥用量下试件的动态模量 （单位：MPa）

水泥用量	荷载频率/Hz								
	25	20	10	5	2	1	0.5	0.2	0.1
1%	2383	2311	1985	1702	1360	1091	840.2	638.7	532.4
2%	3653	3541	3097	2707	2252	1919	1577	1081	841.7
3%	3304	3144	2734	2375	1966	1694	1474	1227	1070

从图 6-10 中可以看出，随着水泥掺入量的增多，动态模量逐渐增大；但在水泥含量增加到 2% 后，随着水泥含量的增加其动态模量减小，即在水泥含量逐渐增大的过程中，动态模量存在一个极值。水泥含量较小时，动态模量的变化比较大。随着荷载频率的增加，动态模量也随之增加；开始增加很明显，当频率增加到 10Hz 时，动态模量的增加呈线性，且增加的幅度逐渐减小。

40℃ 时的动态模量总体比 15℃ 和 20℃ 时更小。其规律和 15℃、20℃ 的一样，添加 2% 水泥时动态模量最大，其次是 3%，最小的是 1%，即动态模量存在峰值。水泥掺量越多，其对温度的敏感性越小。

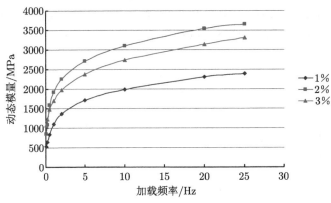

图 6-10　40℃ 时动态模量与水泥含量的关系

6.6.3　乳化沥青用量对动态模量的影响

1. 15℃ 时的影响

表 6-11 为不同频率不同沥青含量下 15℃ 的动态模量。从图 6-11 中可以看出，在低温条件下，沥青掺量低时动态模量差别不大，沥青掺量较高时动态模量较大。动态模量随频率的变化规律是一致的，都是随着频率的增大而增大。

表 6-11　15℃ 时不同乳化沥青用量下试件的动态模量　　　　（单位：MPa）

乳化沥青用量	荷载频率/Hz								
	25	20	10	5	2	1	0.5	0.2	0.1
3%	9677	9087	8551	7952	7194	6606	5956	5211	4666
4%	8780	8577	8019	7473	6741	6190	5625	4900	4299
5%	12593	11864	10823	9858	8559	7594	6723	5728	5015

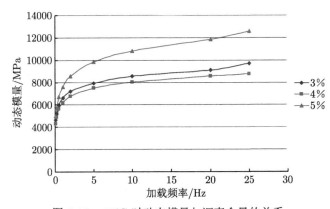

图 6-11　15℃ 时动态模量与沥青含量的关系

2. 25℃ 时的影响

表 6-12 为不同频率不同沥青含量下 25℃ 的动态模量。从图 6-12 中可以看出，无论何种掺量的沥青，随着加载频率的增大，动态模量均增大；相较于 15℃ 的结果，随着温度的升高，4%沥青含量的混合料动态模量相对于 5%的有所升高。总体地，随着温度升高，动态模量是下降的。

表 6-12　25℃ 时不同乳化沥青用量下试件的动态模量　　　（单位：MPa）

乳化沥青用量	荷载频率/Hz								
	25	20	10	5	2	1	0.5	0.2	0.1
3%	5430	5284	4893	4515	4031	3632	3243	2759	3718
4%	7216	6964	6321	5729	4998	4441	3896	3205	2726
5%	6845	6657	6178	5688	5065	4576	4118	3510	3028

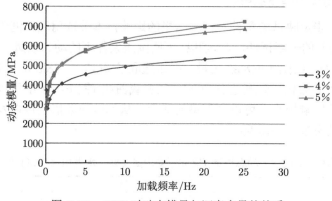

图 6-12　25℃ 时动态模量与沥青含量的关系

3. 40℃ 时的影响

表 6-13 为不同频率不同沥青含量下 40℃ 的动态模量。从图 6-13 中可以看出，40℃ 时的动态模量随着频率的增加而增加，同时 4%的沥青掺量相对于其他两种沥青掺配比例拥有最高的动态模量。

表 6-13　40℃ 时不同乳化沥青用量下试件的动态模量　　　（单位：MPa）

乳化沥青用量	荷载频率/Hz								
	25	20	10	5	2	1	0.5	0.2	0.1
3%	2913	2774	2367	2009	1623	1367	1188	977.3	843
4%	3653	3541	3097	2707	2252	1919	1577	1081	841.7
5%	2790	2630	2203	1844	1453	1194	1010	801.2	674.8

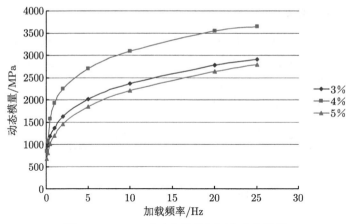

图 6-13　40℃ 时动态模量与沥青含量关系

6.6.4　围压对动态模量的影响

为了进一步反映试验条件对试验结果的影响，本节选用乳化沥青用量为 5%、水泥用量为 2% 的一组试件，测试其在不同围压条件下的动态模量。

表 6-14 为不同围压的动态模量。围压选取了 0kPa、138kPa、210kPa，进行不同荷载频率的加载，温度选取 40℃。从加载曲线 (图 6-14) 中可以看出，围压对动态模量的影响极小，可以到忽略的地步。从细微的数值差可以发现，随着围压的增大，动态模量略微变小。

表 6-14　不同围压下试件的动态模量 (乳化沥青用量 5%，水泥用量 2%)(单位：MPa)

围压/kPa	荷载频率/Hz								
	25	20	10	5	2	1	0.5	0.2	0.1
0	2773	2647	2213	1854	1447	1188	995	798.6	660.6
138	2790	2630	2203	1844	1453	1194	1010	801.2	674.8
210	2744	2600	2178	1825	1434	1175	995.4	789.4	669.1

为了进一步验证上述试验结果，另选用乳化沥青用量为 3%、水泥用量为 2% 的试件，测试围压对其动态模量的影响，试验温度仍为 40℃，试验结果如表 6-15 和图 6-15 所示。

表 6-15　不同围压下试件的动态模量 (乳化沥青用量 3%，水泥用量 2%)(单位：MPa)

围压/kPa	荷载频率/Hz								
	25	20	10	5	2	1	0.5	0.2	0.1
0	2955	2812	2409	2054	1636	1363	1136	929.7	794.1
138	2913	2774	2367	2009	1623	1367	1188	977.3	843
210	2866	2720	2338	1987	1601	1338	1131	915.1	776.6

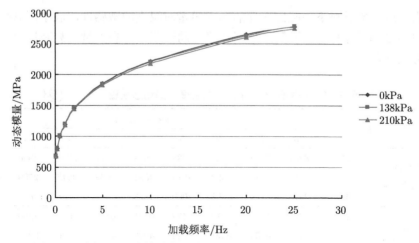

图 6-14 围压对动态模量的影响 (乳化沥青用量 5%，水泥用量 2%)

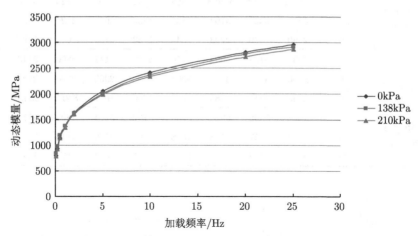

图 6-15 围压对动态模量的影响 (乳化沥青用量 3%，水泥用量 2%)

可以看出，除了动态模量的数值有所降低外，其规律完全一致。

6.6.5 温度对动态模量的影响

作为一种沥青基材料，试验温度对混合料的动态模量有较明显的影响。为此本节对不同配比试件在不同温度下的动态模量进行了测试，试验结果如表 6-16 所示。

将表 6-16 中乳化沥青用量为 3%、水泥用量为 2%的一组试验结果绘制成图 6-16，可以看出温度对混合料的动态模量有明显影响，随着温度的升高，试件的动态模量明显降低。对其他配比的试件进行上述分析，所得的结论都是一致的。

为了进一步反映不同配比试件的动态模量对温度的敏感性，取不同试件在载荷频率为 25Hz 时的动态模量，分别计算不同温度下动态模量的衰减情况，结果如表 6-17 所示。

表 6-16　不同配比试件在不同温度下的动态模量　　　　　（单位：MPa）

配比	试验温度/℃	荷载频率/Hz								
		25	20	10	5	2	1	0.5	0.2	0.1
乳化沥青用量3%，水泥用量2%	15	8207	7984	7534	7088	6533	6071	5590	4956	4447
	25	5430	5284	4893	4515	4031	3632	3243	2759	3718
	40	2913	2774	2367	2009	1623	1367	1188	977.3	843
乳化沥青用量4%，水泥用量2%	15	8780	8577	8019	7473	6741	6190	5625	4900	4299
	25	7216	6964	6321	5729	4998	4441	3896	3205	2726
	40	3653	3541	3097	2707	2252	1919	1577	1081	841.7
乳化沥青用量5%，水泥用量2%	15	12593	11864	10823	9858	8559	7594	6723	5728	5015
	25	6577	6321	5704	5131	4433	3925	3429	2821	2363
	40	2790	2630	2203	1844	1453	1194	1010	801.2	674.8
乳化沥青用量4%，水泥用量1%	15	6238	6128	5652	5176	4566	4117	3690	3140	2739
	25	5150	4972	4465	3994	3379	2963	2590	2140	1850
	40	2383	2311	1985	1702	1360	1091	840.2	638.7	532.4
乳化沥青用量4%，水泥用量3%	15	7641	7395	6950	6308	5702	5204	4803	4010	3506
	25	6845	6657	6178	5688	5065	4576	4118	3510	3028
	40	3304	3144	2734	2375	1966	1694	1474	1227	1070

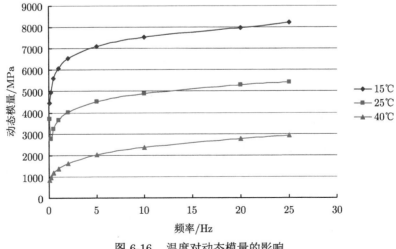

图 6-16　温度对动态模量的影响

表 6-17　不同温度下的动态模量及相对比例　　　　　（单位：MPa）

乳化沥青用量	水泥用量	试验温度		
		15℃	25℃	40℃
3%	2%	8207 (100%)	5430 (66.2%)	2913 (35.5%)
4%	2%	8780 (100%)	7216 (82.2%)	3653 (41.6%)
5%	2%	12593 (100%)	6577 (52.2%)	2790 (22.2%)
4%	1%	6238 (100%)	5150 (82.6%)	2383 (38.2%)
4%	3%	7641 (100%)	6845 (89.6%)	3304 (43.2%)

由表 6-16 中的试验结果可以看出，在不同温度下，试件的动态模量的相对比例又明显不同，随着温度的增加，动态模量呈明显下降趋势。而试件的配比又对下降比例有明显影响，随着乳化沥青掺量的增加，动态模量对温度的敏感性有所提高；而随着水泥用量的增加，试件动态模量对温度的敏感性有所降低。

6.7　乳化沥青冷再生混合料的抗疲劳性能

疲劳破坏是路面基层结构的主要破坏模式之一，因此疲劳性能是基层材料的一个重要评价内容。目前，国内外关于乳化沥青混合料的疲劳性能测试方法研究较少，主要参照热拌沥青混合料的试验方法。

6.7.1　疲劳试验设计

目前实验室内沥青混合料的疲劳试验 (试件疲劳试验) 方法众多，包括旋转法、扭转法、简支法、三点或四点弯曲法、悬臂梁弯曲法、弹性基础梁弯曲法、直接拉伸法、间接拉伸法、三轴压力法、拉压法和剪切法。而在世界范围内较为普遍的试验方法主要有间接拉伸法 (即劈裂疲劳试验)、梯形悬臂梁弯曲法和四点弯曲法 [101,102]。

1. 间接拉伸法

该方法在早期的沥青混合料疲劳试验中开展得最为普遍，由于试验方法相对简单，因而许多研究以此方法进行沥青混合料疲劳性能的评价，国内早期开展的疲劳试验也大都是以间接拉伸法为主。

但是间接拉伸疲劳试验有其试验模式本身的一些不足。虽然圆柱体中心点处于双轴向受力状态，但加载方式与实际路面的受力状态有较大的差别，在试件的两端会产生局部的明显变形，这直接影响到试件的受力模式，得到的疲劳寿命要小于其他方式所得到的疲劳寿命。而到目前为止，采用间接拉伸试验方法，难以从耗能角度进行沥青混合料的疲劳特性分析。

2. 梯形悬臂梁弯曲法

该试验在欧洲开展较为普遍，以重复弯拉作为主要加载方式，可以提供滞后角和耗能性的试验结果，并且可以采用控制应力模式和控制疲劳模式。

该试验的试件制作较为复杂，试验过程中需要将试件的两端进行黏结固定，操作具有一定的难度。另外，试件的最大应力点位于试件底部 1/3 处，该位置也是疲劳开裂的理论位置，在试验过程中裂缝并不是严格地发生在该点，对试验的精确性有一定的影响。

3. 四点弯曲法

该试验在美国、南非和澳大利亚等国家有大量的实际研究和应用，它除具有梯形梁弯曲试验的一些优点外，还有梯形梁法所不具有的优势。试件中央 1/3 区域承受最大应力 (应变) 作用，使得疲劳裂缝的产生位置由一具体的位置扩展为一个理论开裂区域，这对于非均匀材质的沥青混合料的性能更为合适。该试验的试件制作比较方便，固定也较悬臂梁法方便得多。

本节采用间接拉伸疲劳试验 (即马歇尔疲劳试验) 评价再生混合料的疲劳性能。试验试件采用马歇尔击实成型试件，具体的级配、掺量见前述章节。根据美国公路战略研究计划 (SHRP) 的研究成果，常温以上的疲劳破坏主要是材料的变形累积导致的，没有显著意义上的疲劳的意义，所以 SHRP 建议不主要考虑 20℃以上的疲劳破坏 [103]。另外，相关研究成果表明，虽然全国各地的气温变化差异很大，但对于沥青混合料而言，其发生破坏的温度主要集中在 13~15℃，这主要是北方的春融期间与南方地区的多雨季节。因此，此次试件在养生 3 个月后，在 15℃ 温度条件下进行疲劳试验。疲劳性能在 UTM-16 材料试验机上进行，采用正弦波加载试验，加载频率 10Hz。疲劳寿命的判别方法如下：随着加载次数的增加，试件的垂直变形由稳定阶段发展到加速增长阶段，其间的拐点所对应的加载次数定义为疲劳破坏作用次数 [104]。在上述试验条件下进行水泥掺量 2%、3%、4% 及沥青掺量 3%、4%、5% 几种参数下不同应力的疲劳试验。疲劳次数见表 6-18。

表 6-18　不同参数再生料的疲劳次数

沥青含量/%	水泥掺量/%	劈裂强度/MPa	应力比	干劈裂疲劳寿命/次	湿劈裂疲劳寿命/次
			0.5	13725	
3	2	0.65	0.6	2512	
			0.7	600	
			0.4		10500
			0.5	3800	1500
4	2	0.71	0.6	1100	700
			0.7	620	260
			0.8	350	

续表

沥青含量/%	水泥掺量/%	劈裂强度/MPa	应力比	干劈裂疲劳寿命/次	湿劈裂疲劳寿命/次
			0.4	22000	
			0.5	6700	
5	2	0.62	0.6	5500	
			0.7	4300	
			0.8	3400	
			0.4	25550	
4	1	0.59	0.6	1720	
			0.7	870	
			0.5	7438	
4	3	0.8	0.6	1736	
			0.7	600	
			0.8	290	

6.7.2　疲劳寿命方程的建立

前人研究的成果表明，疲劳方程用对数形式拟合能更好地反映疲劳次数与应力比之间的关系，因此拟定疲劳次数与应力的关系如下：

$$\frac{\sigma}{\sigma_f} = aN^c \tag{6-4}$$

式中，σ 为再生混合料的极限抗拉强度；σ_f 为容许拉应力；N 为疲劳寿命；a、c 为系数。

对公式 (6-4) 两边取对数，可得 $\lg\left(\frac{\sigma}{\sigma_f}\right) = \lg(aN^c)$，即 $\lg\left(\frac{\sigma}{\sigma_f}\right) = \lg a + c \cdot \lg N$，即可线性回归成一次方程 $y = c \cdot x + m$，其中 $y = \lg\left(\frac{\sigma}{\sigma_f}\right)$，$m = \lg a$，$x = \lg N$。

从图 6-17 中的拟合关系可以看出，干湿劈裂疲劳的疲劳次数的对数以及应力比的对数都能够很好地满足线性关系，这可以说明用此函数拟合的疲劳次数以及应力比具有实际的价值。其对应不同掺量的疲劳方程如表 6-19 所示。

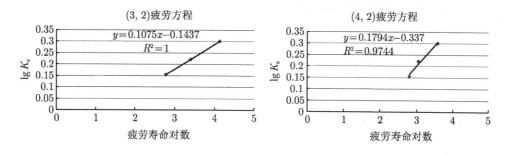

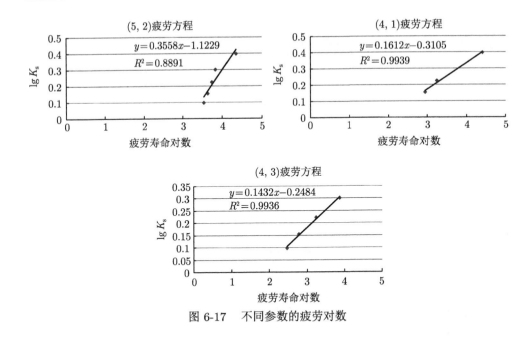

图 6-17　不同参数的疲劳对数

表 6-19　不同沥青和水泥掺量的疲劳方程

乳化沥青及水泥掺量	线性方程	疲劳方程
(3%，2%)	$y = 0.1075x - 0.1437$	$\lg \dfrac{\sigma}{\sigma_f} = 0.1075\lg N - 0.1437$
(4%，2%)	$y = 0.1794x - 0.337$	$\lg \dfrac{\sigma}{\sigma_f} = 0.1794\lg N - 0.337$
(5%，2%)	$y = 0.3558x - 1.1229$	$\lg \dfrac{\sigma}{\sigma_f} = 0.3558\lg N - 1.1229$
(4%，1%)	$y = 0.1612x - 0.3105$	$\lg \dfrac{\sigma}{\sigma_f} = 0.1612\lg N - 0.3105$
(4%，3%)	$y = 0.1432x - 0.2484$	$\lg \dfrac{\sigma}{\sigma_f} = 0.1432\lg N - 0.2484$

6.7.3　湿度对试件疲劳寿命的影响

选择沥青掺量为 4%、水泥掺量为 2% 的混合料，对其做干湿劈裂疲劳对比试验，结果如图 6-18 所示。

从图 6-18 中可以看出，对应于同样的应力比，干疲劳次数比湿疲劳次数要多；应力比越大，其疲劳次数的差别越不明显。因此对于冷再生结构层，应避免其在潮湿条件下承受荷载反复作用。

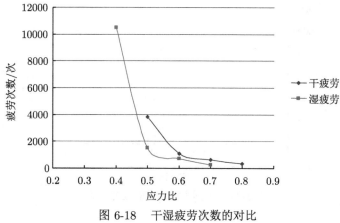

图 6-18　干湿疲劳次数的对比

6.7.4　乳化沥青用量对试件疲劳寿命的影响

图 6-19 显示了水泥含量一样，但沥青含量分别为 3%、4% 和 5% 的三种试件在不同应力比下的疲劳次数，可以看出，乳化沥青用量对试件疲劳性能的影响规律较为复杂：在低应力比下，低乳化沥青剂量似乎有利；在高应力比下，高乳化沥青用量似乎有利。造成上述试验结果的原因，除了试验误差外，主要是由于本次试验采用了控制应力疲劳模式，该试验方法对柔性材料不太适用，因此对沥青用量的反应不敏感。

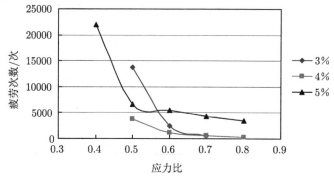

图 6-19　不同沥青含量的疲劳次数

6.7.5　水泥用量对试件疲劳寿命的影响

选取沥青 4%，水泥含量 1%、2%、3% 的三种试件，进行不同应力比下的疲劳试验。从对应的应力比下的疲劳次数 (图 6-20) 可以发现，在低应力比下低水泥掺量下的疲劳较好，而高应力比下水泥掺量对其疲劳次数影响不大。

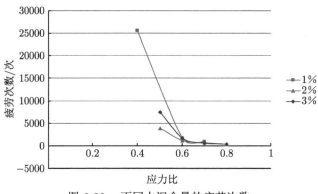

图 6-20　不同水泥含量的疲劳次数

6.7.6　乳化沥青冷再生混合料疲劳寿命与其他材料的对比

由于室内疲劳试验与路面的实际疲劳过程之间有较大的差异，因此单纯看室内疲劳试验结果很难对其抗疲劳性能进行评价，为此本节进行了对比研究。

1. 与热拌沥青混合料的疲劳寿命对比

在研究中，搜集了相关资料，其中热拌沥青混合料在 15℃ 时的劈裂强度及疲劳试验的结果 [105-108] 见表 6-20。

表 6-20　15℃ 热拌沥青混合料疲劳试验结果

混合料类型	劈裂强度/MPa	应力比	平均疲劳次数/次
Esso70# 中粒式	2.00	0.25	42622
		0.3	38799
		0.4	34616
		0.5	29983
		0.6	29406
Shell70# 中粒式	3.26	0.25	50848
		0.3	45758
		0.4	41303
		0.5	34358
		0.6	28644
Esso70# 粗粒式	2.83	0.2	46642
		0.3	41181
		0.4	36709
		0.5	33483
		0.6	31865
Shell70# 粗粒式	3.09	0.25	51048
		0.3	45852
		0.4	41280
		0.5	36349
		0.6	29693

将水泥乳化沥青冷再生料的疲劳寿命与热拌沥青混合料的疲劳寿命作对比，其应力比和疲劳次数的关系如图 6-21 所示。

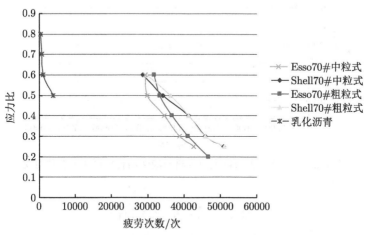

图 6-21　乳化沥青冷再生混合料与热拌沥青混合料对比

从图 6-21 中可以看出，在同一应力比水平下，冷再生混合料的疲劳次数远低于热拌沥青混合料。同时可以看出，冷再生混合料对应力增加的敏感性大于热拌沥青混合料。

2. 与泡沫沥青冷再生混合料的疲劳寿命比较

泡沫沥青作为冷再生的另一种主要方式，在冷再生过程中也添加水泥等活性材料以增加强度。将水泥乳化沥青冷再生料的疲劳寿命与泡沫沥青冷再生混合料相关研究的疲劳寿命 (表 6-21) 作对比，其应力比和疲劳次数的关系如图 6-22 所示。

表 6-21　泡沫冷再生混合料劈裂疲劳试件结果

材料	应力比	疲劳寿命/次
泡沫沥青冷再生混合料	0.1	107746
	0.3	35302
	0.5	4789
	0.7	934

从图 6-22 可以看出，泡沫沥青冷再生混合料与乳化沥青冷再生混合料相比较，两者疲劳寿命相差无几，可以说两种混合料的疲劳程度相当。

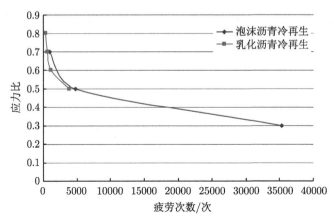

图 6-22　乳化沥青冷再生混合料与泡沫沥青冷再生混合料对比

6.8　本 章 小 结

本章根据上述材料组成设计结果，制备乳化沥青冷再生混合料试样，分别测试其体积特性、水稳定性、高温稳定性、静态回弹模量、动态模量以及疲劳性能，分析水泥剂量、乳化沥青用量以及温度等对混合料路用性能的影响，并建立乳化沥青冷再生混合料疲劳方程。主要结论如下：

(1) 试验结果表明，在铣刨所获得的旧料中适当添加部分新料有助于提高冷再生混合料的强度和水稳定性。

(2) 由于添加了水泥，并保留了部分老化沥青，因此冷再生混合料具有良好的高温稳定性，而适当添加部分新料有助于其高温稳定性进一步提高；从其高温稳定性评判，冷再生混合料完全适用于高速公路的下面层。

(3) 抗压回弹模量并不随着水泥含量增加而持续增大，水泥掺量高时抗压回弹模量反而降低；沥青含量越高，抗压回弹模量越小；温度越低，抗压回弹模量越大；乳化沥青冷再生混合料的 15℃ 抗压回弹模量在 1000~1500MPa 左右，低于半刚性材料和热拌沥青混合料。

(4) 动态模量并不随着水泥含量变化而持续增大，水泥掺量高时动态模量反而降低；温度越高，动态模量越低；围压对动态模量的影响较小。

(5) 动态模量和静态模量均表明，水泥剂量在 2% 时，冷再生混合料的模量最高；随着水泥剂量的增加，混合料的温度敏感性呈下降趋势。

(6) 不同配比的冷再生混合料的疲劳寿命试验结果表明，随着荷载的增加，冷再生混合料的疲劳寿命呈下降趋势，冷再生混合料的疲劳寿命与应力比之间具有良好的相关性；试件浸水将导致疲劳寿命缩减 50% 左右，因此冷再生结构的上面适宜加铺密实型的沥青混凝土结构。

(7) 应力水平较低时，低乳化沥青剂量的混合料疲劳性能更好，而应力水平较高时，高乳化沥青用量更有利；应力水平较低时，低水泥掺量下的疲劳性能较好，而应力水平较高时，水泥掺量对其疲劳次数影响不大。

(8) 对比分析乳化沥青冷再生混合料的疲劳曲线与泡沫沥青冷再生混合料及热拌沥青混合料的疲劳曲线可以发现，乳化沥青和泡沫沥青的冷再生混合料的抗疲劳性能较为接近，疲劳寿命均远低于热拌沥青混合料。

第 7 章　乳化沥青冷再生混合料性能
离散元仿真分析

7.1　概　　述

相比于热拌、热再生沥青混合料，冷再生沥青混合料在材料组成和界面结构方面的复杂程度更高，其强度形成和疲劳失效机制尚不明确。数值仿真被许多研究学者认为是研究沥青混合料抗裂性和抗疲劳性能的有效方法，其中以有限元方法和离散元方法最具代表性。由于裂纹扩展，试件内部位移存在不连续性，局部存在较大位移值，基于连续介质的有限元方法不再适用，需要借助扩展有限元方法。另外，冷再生沥青混合料材料组成和界面结构多样，离散元方法能够细分颗粒属性，能更好地模拟冷再生沥青混合料细观尺度上的内部组成和界面结构 (图7-1)。而普通沥青混合料的离散元仿真一般以集料、沥青砂浆、空隙三组分进行划分并进行虚拟试验模拟。但是，上述方法不适用于冷再生沥青混合料的强度和疲劳机理分析。

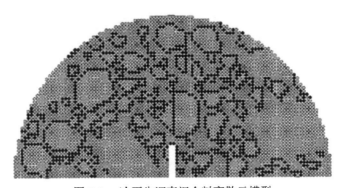

图 7-1　冷再生沥青混合料离散元模型

因此，本章采用离散元仿真手段，对冷再生沥青混合料进行精细化建模，并针对冷再生沥青混合料的断裂性能和抗疲劳性能开展仿真分析。主要内容包括第2 节冷再生沥青混合料离散元模型构建、第 3 节接触模型及参数标定、第 4 节冷再生沥青混合料断裂行为研究以及第 5 节冷再生沥青混合料疲劳行为研究。

7.2 冷再生沥青混合料离散元模型构建

首先，采用彩色乳化沥青作为胶结料以区分 RAP 料形态和集料-冷再生砂浆界面，更加准确地反映冷再生沥青混合料的内部结构。其次，采用随机算法生成混合料二维平面内不同结构的回收旧料，更加准确地反映不同旧料结构对冷再生沥青混合料路用性能的影响。然后，对于离散元数值仿真，接触模型确立和细观参数取值直接决定了离散元模型的模拟精度和计算结果的精确性，本章确立了具有物理意义的细观接触模型，并通过原位单轴试验获取沥青砂浆宏观参数，通过细观接触模型力学表征公式转化为沥青砂浆细观参数。最后，根据室内半圆弯曲断裂和疲劳试验，实现离散元模拟加载条件，与实际试验相一致，并进行离散元模型验证，为冷再生沥青混合料的断裂行为和疲劳开裂行为研究打下基础。

7.2.1 虚拟试件生成

1. 彩色乳化沥青

冷再生沥青混合料含有水泥和乳化沥青两种胶结料，而旧料颗粒中含有老化沥青，由于基质乳化沥青与老化沥青在物理性状 (密度、颜色) 和化学性质 (官能团组成、酸碱性、对 X 射线的反射率等) 上十分接近，不能通过常规试验手段 (红外光谱、X 射线断层扫描或直观观测等) 区分两者之间的界面，因此，为区分明显的冷再生沥青混合料内部界面，尤其是老化沥青与乳化沥青之间的界面，采用彩色乳化沥青制备混合料的方法，再通过图像处理技术获得精细化离散元二维虚拟试件进行模拟加载。

彩色乳化沥青是由脱色沥青、特配乳化剂、SBS 水乳液、增黏增韧水乳液等复合而成的一种新型彩色路面常温施工黏结料，可根据对路面颜色的不同需求调配成红、黄、蓝、绿、灰等色泽，颜色鲜亮持久、不易剥落、黏附性强、综合性能优。本节所采用的彩色乳化沥青的技术指标如表 7-1 所示。

表 7-1 彩色乳化沥青的基本指标

试验项目		单位	试验结果
破乳速度		—	慢裂
粒子电荷		—	阳离子 (+)
筛上残留物 (1.18mm 筛)		%	0.1
蒸发残留物	沥青固含量	%	55
	针入度 (25℃)	×0.1mm	60
	延度 (15℃)	cm	100
	延度 (5℃)	cm	20
软化点		℃	65
黏结强度	沥青基层	N/mm	0.5
	水泥基层	N/mm	1.0

根据上述章节提及的乳化沥青冷再生混合料配合比，采用相同的乳化沥青用量，将基质乳化沥青用彩色乳化沥青替代，旋转压实试件成型方式与冷再生沥青混合料疲劳性能试验相同，压实条件为达到既定高度 170mm，常温放置 24h 后脱模，并在 60℃ 烘箱内养生 14d，强度不足则继续养生，强度形成后钻芯切割得到 $\phi100\text{mm}\times150\text{mm}$ 圆柱体试件，先切割成 $\phi100\text{mm}\times150\text{mm}$ 的圆盘试件，再按直径切割成为半圆试件，通过配有偏光镜片的数码相机拍摄高清照片，如图 7-2 所示。

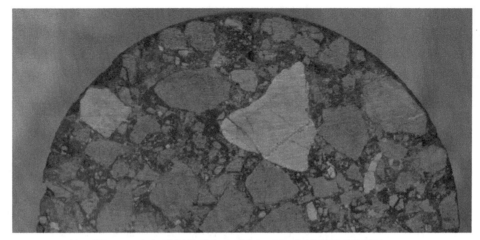

图 7-2　相机拍摄的彩色冷再生沥青混合料半圆试件照片

2. 图像处理技术实现

配有偏光镜片的相机拍摄的彩色冷再生沥青混合料半圆试件照片通过 MATLAB 软件进行图像处理。先进行图片灰度转换，采用 rgb2gray() 函数通过消除色调和饱和度信息同时保留亮度，将真彩色图像转换为灰度图像，并通过 histogram() 绘制灰度频率直方图。利用循环语句生成灰度频率累计直方图，并利用 polyfit() 函数进行多项式曲线拟合，之后采用多项式函数 polyval() 和导数函数 diff() 对拟合得到的多项式曲线求解二阶导数和三阶导数，获取拟合曲线的拐点。数学求解原理是二阶导数存在且导数为 0 同时三阶导数不为 0 的点，以及二阶导数不存在但其左右两边二阶导数异号的点均为拐点。曲线拐点设置为阈值分割的临界点，考虑图像上有四种组成成分，分别是老化沥青砂浆、乳化沥青冷再生砂浆、集料和拍摄背景，先将背景通过阈值分割划分，并设置为白色，对应 RGB 值相等；接着采用三相分割的图像处理办法，循环语句嵌套条件语句，将图片转换成仅含三种组分（分别以三种特征数字表示）的矩阵数组，生成的像素图如图 7-3 所示。白色区域表示集料，绿色区域表示彩色冷再生沥青砂浆，蓝色区域表示老化沥青砂浆。

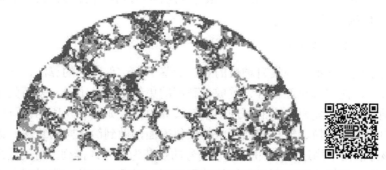

图 7-3　MATLAB 软件图像处理后的像素图 (彩图见二维码)

　　依然利用循环嵌套语句，提取矩阵数组内像素点对应的特征数字，将颗粒生成代码导入 PFC 程序中，运行得到 SCB 离散元精细化模型，划分为三个组分，分别是集料、冷再生沥青砂浆和老化沥青砂浆，并赋予其不同的密度属性。如图 7-4 所示，灰色颗粒表示集料，绿色颗粒表示冷再生沥青砂浆，黑色颗粒表示老化沥青砂浆。

图 7-4　冷再生沥青混合料二维虚拟试件建模 (彩图见二维码)

7.2.2　基于矢量计算的集料随机生成方法

　　由于乳化沥青冷再生混合料的拌和温度为常温，旧料内部结构在混合料内部较大程度地被保留，因此旧料内部结构及其性能对混合料整体路用性能 (包括强度和抗疲劳性能) 都起到至关重要的作用。旧料的主要组成成分是集料、老化沥青、填料、外加剂等，内部结构不同于新集料，也不同于初始的混合料；加之长期受到交通荷载的循环加载和环境因素的不断变化，不同层位深度、不同断面位置处的旧料表现出来的性能不尽相同，如潜在缺陷、老化沥青劣化程度等；机械铣刨的充分程度也影响着旧料的结构和再利用性能。

非就地再生方式时，旧料的高效再利用同样对旧料的运输、存储、堆放方式提出更高的要求。因此，有必要开展不同旧料结构的乳化沥青冷再生混合料疲劳失效机制研究。

1. 矢量计算方法简介

随机生成二维不规则集料颗粒的算法借鉴 Ding 等 [109] 的算法，并在此基础上有所改进，内部填充颗粒且设置成可破碎的集料团 (cluster)。采用矢量计算方法判断颗粒是否在随机生成的不规则集料边界内部，如图 7-5 所示，可以模拟随机长轴向的集料颗粒、随机凹凸形状的集料表面，做到简化判断算法、提高运算效率。该方法简单描述为，顺序 1~3 编号的点若为顺时针排列，则矢量计算结果为负；若为逆时针排列，则矢量计算结果为正。根据生成各个集料顶点首尾相连的矢量逐个判断单元颗粒中心是否在矢量包络线内。

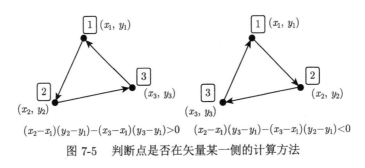

$$(x_2-x_1)(y_2-y_1)-(x_3-x_1)(y_3-y_1)>0 \qquad (x_2-x_1)(y_3-y_1)-(x_3-x_1)(y_2-y_1)<0$$

图 7-5　判断点是否在矢量某一侧的计算方法

根据循环调用的矢量计算方法，可以在相应区域内生成互不重叠的随机多边形，生成算法流程图如图 7-6 所示。首先，在试件二维平面内随机生成一个坐标点，根据矢量计算方法判断是否与已有集料重叠，不重叠时该坐标点设定为集料中心点。生成某档粒径范围的二维集料时，以 9.5~13.2mm 粒径为例，随机短轴长度为 9.5~13.2 的随机数，随机长轴长度则为大于短轴长度且小于公称最大粒径的随机数。随机长/短轴长度确定后，将整体坐标系转换为极坐标系计算，以集料中心点为中心形成随机矩形，该随机矩形即为随机多边形集料的最外围边界，长、宽分别是长、短轴长度。在随机矩形四条边长上各生成一个随机的坐标点，之后在随机矩形内部随机生成一个坐标点，每生成一个随机坐标点即根据矢量计算方法判断是否与已有集料重叠，不重叠时该坐标点设定为随机多边形的一个顶点，否则重复生成直至满足顶点个数要求。顶点生成过程循环，当生成 $(N-1)$ 个顶点时，随机凸/凹多边形已生成，将每个顶点与集料中心点之间连线，计算极轴角度，从小到大重新排列并记录。最后，生成一个随机角度，所有顶点以集料中心点为中心按随机角度逆时针旋转，模拟随机方向角的二维集料颗粒。

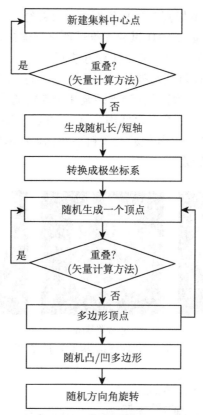

图 7-6 基于矢量计算方法的随机多边形生成算法流程图

2. 不同旧料结构分类与模拟方法

选取不同类型的旧料进行单个颗粒的 X 射线断层扫描,获得不同类型旧料结构的 CT 平面扫描结果,最具代表性的二维 CT 截面如图 7-7 所示。可以将旧料结构大致分为三类,第一类是弱嵌挤结构,该旧料结构是由多个中等粒径集料与少量老化沥青砂浆组成,内部结构存在一部分微缺陷,如图 7-7(a) 所示;第二类是砂浆基团,该旧料结构是由小粒径集料与老化沥青砂浆组成,且老化沥青砂浆的含量较高,也可称为富油旧料结构,如图 7-7(b) 所示;第三类是黑色集料,该旧料结构是由单一大粒径集料外包裹一层厚度较薄的老化沥青砂浆组成的,如图 7-7(c) 所示。假设上述三类旧料结构构成冷再生沥青混合料包含的所有旧料结构,并且将砂浆基团作一定的简化,该旧料结构假定为全部由均质老化沥青砂浆组成,在模拟中设定为小于 1.18mm 粒径的颗粒。

三维体积级配向二维数量级配转换,以当量圆面积计算每档粒径的颗粒数量;以 1.18mm 为粗细集料的分界线,小于 1.18mm 的沥青砂浆视为均质体,基于矢量计算方法随机生成不规则八边形集料颗粒 (粒径 > 1.18mm)。选择半圆弯曲 (semi-circular bending, SCB) 试验二维试件进行建模，采用 0.5mm 半径规则排列的单元，遍历所有单元利用矢量计算方法判断是否与随机生成不规则八边形集料颗粒重叠，并按粒径范围归类。上述方法生成的 SCB 二维虚拟试件模型如图 7-8 所示，其中仅含有水泥-乳化沥青砂浆和全新料的冷拌沥青混合料，红线内为 19~26.5mm 粒径集料 2 个，橙线内为 16~19mm 粒径集料 2 个，黄线内为 13.2~16mm 粒径集料 4 个，其他粒径集料不作标识；灰色颗粒均表示集料颗粒，黑色颗粒表示乳化沥青砂浆。

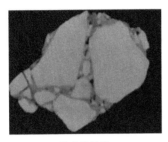
(a) 弱嵌挤结构

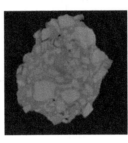
(b) 砂浆基团

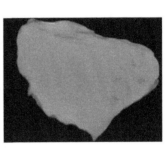
(c) 黑色集料

图 7-7　旧料内部结构 CT 扫描结果

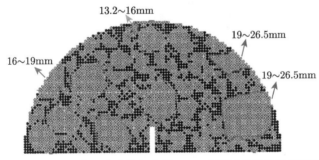

图 7-8　全新料的乳化沥青冷拌混合料 SCB 虚拟试件及粒径范围标识 (彩图见二维码)

针对冷再生沥青混合料内部旧料来源，16~26.5mm 粒径的集料仅为新料，小于 16mm 粒径的集料均为旧料。研究方法为，基于对照组内部结构，分别将 2.36~16mm 粒径的新集料设置为三种旧料结构的其中一种，随后进行断裂和疲劳试验的模拟。应注意的是，1.18~2.36mm 粒径的旧料因单元半径设置为 0.5mm，不能呈现精细化旧料内部结构。

首先，编程实现 2.36~16mm 粒径的新集料均设置为 "黑色集料"，即仅表面裹着一层老化沥青砂浆、内部均为集料的旧料结构，如图 7-9 所示，其中灰色颗粒表示集料，黑色颗粒表示老化沥青砂浆，绿色颗粒表示冷再生沥青砂浆。原冷拌混合料中集料嵌挤作用因"黑色集料"的设置而改变，即集料与集料之间的接触改为老化沥青砂浆之间的接触。在冷拌混合料中断裂界面多为集料与乳化沥青砂浆之间的界面，在此基础上分别探究"黑色集料"旧料结构组成的冷再生沥青混合料的断裂界面为何种界面，以及集料嵌挤作用的改变会对断裂性能产生何种影响。

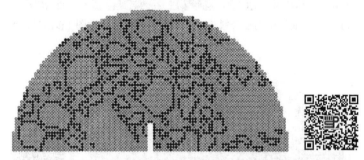

图 7-9　黑色集料结构组成的冷再生沥青混合料 SCB 虚拟试件模型 (彩图见二维码)

其次，编程实现 1.18~16mm 粒径的集料均设置为"老化沥青砂浆基团"，即内部均为老化沥青砂浆的旧料结构，如图 7-10 所示，其中灰色颗粒表示集料，黑色颗粒表示老化沥青砂浆，绿色颗粒表示冷再生沥青砂浆。大量集料被砂浆基团所替代，试件内部集料嵌挤作用被大大削弱，材料刚度骤减，这种极端模拟做法将放大老化沥青砂浆基团对冷再生沥青混合料断裂和疲劳性能的影响，从而实现旧料结构对疲劳失效机制的影响分析。

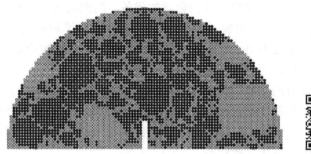

图 7-10　老化沥青砂浆基团结构组成的冷再生沥青混合料 SCB 虚拟试件模型 (彩图见二维码)

最后，基于黑色集料及老化沥青砂浆基团两种旧料结构的离散元模拟结果，对二维 SCB 模型局部颗粒用弱嵌挤结构的旧料颗粒进行替换，模拟含单个简单弱嵌挤结构旧料颗粒时对材料抗裂和抗疲劳性能的影响，如图 7-11 和图 7-12 所示。

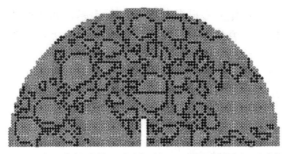

图 7-11　含弱嵌挤结构混合料 (单一旧料 0° 分割) 示意图 (彩图见二维码)

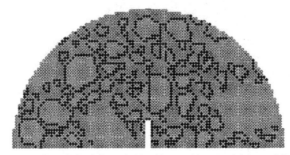

图 7-12　含弱嵌挤结构混合料 (单一旧料 90° 分割) 示意图 (彩图见二维码)

7.2.3　加载条件

1. 断裂模拟加载条件

根据半圆弯曲试验设置合理的边界条件, 尽量减小数值模拟结果存在的误差。在半圆弯曲试件顶部设置加载墙, 模拟金属加载条, 约束其水平位移, 并且施加竖向位移荷载; 底部设置固定支座, 间距 80mm, 约束其水平和竖向位移, 始终保持支座墙水平和竖直速度为 0, 与室内试验一致, 模拟 2 个固定金属支撑条。加载墙和固定支座与颗粒之间的接触设置为极大的接触刚度。

断裂模拟试验设置的预制裂纹长度为 10mm, 为试件高度的 1/5。断裂准则为非脆性断裂时, 峰值应力降至 30%, 试件失效; 脆性断裂时, 应力值降至 0, 试件失效。脆性断裂一般是在加载曲线经历峰值应力后, 应力-应变曲线斜率趋向于无穷大, 瞬间试件达到破坏失效状态。

在加载之前, 设置一个判断函数, 用于判断加载墙与试件顶端恰好达到接触状态, 加载墙与试件之间的竖向接触力保持在 10^{-3}N 极小值, 再开始断裂加载。断裂虚拟试验设置的加载速率为 50mm/min。为保证离散元模型的运算效率, 分析步长设置为自动步长。读取加载墙与试件的竖向接触力, 其与接触面积的比值为加载竖向应力值, 计算 SCB 试件底部中心所受拉应力, 实时更新峰值荷载和拉应力值,实现对加载墙的应力应变监测和 SCB 试件底部中心所受拉应力的监测。通过读取加载墙的竖向位移值,实时计算 SCB 试件的竖向应变值,输出 SCB 试件底部中心所受拉应力与竖向应变值之间的曲线图。试验结束,自动输出峰值荷载和 SCB 试件底部中心所受拉应力峰值。

当某个接触的横向力超过拉伸峰值荷载时,该接触判定为拉伸断裂,将数值 1 赋给接触指针下的断裂模式 (fracture mode);当某个接触的切向力超过剪切峰值荷载,该接触判定为剪切断裂,则将数值 2 赋给接触指针下的断裂模式。换言之,接触未断裂时断裂模式默认值为 0,拉伸或剪切断裂时断裂模式数值分别是 1、2。通过离散断裂网格 (discrete fracture network, DFN) 编写 fracture.p2fis 文件用于细观接触断裂的判定和追踪,即时显示断裂接触坐标位置以及当前接触断裂数量、累积数量等。fracture.p2fis 文件同样适用于疲劳开裂模拟试验。

2. 疲劳模拟加载条件

当前沥青混合料疲劳裂纹发展行为研究主要集中在宏观疲劳裂纹的产生和发展过程。沥青混合料的疲劳性能衰减是从微裂纹萌生开始,通常沿集料与沥青界面处逐渐发展、延伸直至形成不可逆的宏观裂纹 [110]。

在半圆弯曲试件顶部设置加载单元,模拟金属加载条,约束其水平位移,并且施加竖向应力循环荷载;底部设置固定支座,间距 80mm,约束其水平和竖向位移,始终保持支座墙水平和竖直速度为零,与室内试验一致,模拟两个固定金属支撑条。加载单元和固定支座与颗粒之间的接触设置为极大的接触刚度。

疲劳虚拟试验设置的预制裂纹长度为 10mm,为试件高度的 1/5,与断裂虚拟试验相同。试件处于二维应力状态,疲劳模拟试验的加载模式采用控制应力模式,加载曲线定义为半正弦曲线,循环往复加载,直至试件完全断裂。应力水平定义为应力控制幅值与断裂试验对应峰值应力的比值,加载频率参照当前国内规范取 5Hz,加载方式为无间歇式加载。疲劳失效准则为完全断裂,完全断裂取决于断裂曲线定义的强度准则,即疲劳加载至竖向应变值大于等于断裂曲线中的峰值力对应的竖向应变值,判定试件失效。

在加载之前,设置一个判断函数,用于判断加载单元与试件顶端恰好达到接触状态,加载单元与试件之间的竖向接触力保持在 10^{-3}N 极小值,再开始疲劳加载。实现疲劳虚拟试验的伺服机制,控制加载单元对试件顶端施加半正弦无间歇式荷载,读取加载单元与试件的竖向接触力,其与接触面积的比值为加载竖向应力值,计算 SCB 试件底部中心所受拉应力,实现对加载单元的应力监测 (判断是否满足控制应力模式加载条件) 和 SCB 试件底部中心所受拉应力的监测。通过读取加载墙的竖向位移值,实时计算 SCB 试件所受的竖向应变值,同时监测 SCB 试件底部中心拉应力和竖向应变值的变化曲线。达到疲劳失效准则判据后试验结束，自动输出疲劳失效周期。导出模拟数据，做进一步黏弹性、耗散能等分析。

7.3　接触模型及参数标定

7.3.1　基本假设

　　沥青砂浆的参数性质属于黏弹性，不同加载温度和频率对应不同的微观模型参数[111]。Dondi 等[112] 采用线性接触模型，赋予随时间变化的符合 Burgers 模型的法向和切向刚度；同时他提出沥青砂浆微观接触模型法向切向参数理论上是对应一致的，在其他研究之中这点并未表现。沥青砂浆的接触模型也可采用 Burgers 模型，通过蠕变试验确定 Burgers 模型参数，但目前采用混合料试件大小的砂浆试件蠕变试验结果具有变异性大、未体现温度敏感性等缺点；与此同时，拟合参数具有多组解的不确定性。

　　模拟单次断裂试验，考虑到材料断裂为脆性断裂，加载至破坏经历时间过短，材料黏性未发挥；要同时满足优化操作界面及运行效率，当前使用版本的 PFC 软件不能实现 Burgers 与黏结模型共同赋予接触，并且 Burgers 模型不能承受拉力，仅在受压状态下编译其接触属性和力学特质。而模拟断裂试验和疲劳试验主要是研究细观尺度下接触之间的开裂特征，SCB 试件在对称固定支座、顶部竖向荷载加载时，试件底部承受的主要是拉应力，开裂形式为 I 型开裂。因此，模拟试验中的接触模型未选择 Burgers 模型。

　　对于模拟沥青砂浆的断裂特征，多数学者[113−116] 选择内聚力 (cohesive zone model，CZM) 模型作为细观接触模型，双线性内聚力模型居多。选取具有代表性的断裂曲线，并自行定义断裂失效准则，选择特征点进行曲线拟合以获得 CZM 模型细观参数。曲线拟合仍存在一定的不确定性，细观模型未能体现材料的基本属性。

　　根据冷再生沥青混合料疲劳试验中耗散能变化规律，混合料在承受循环荷载时损伤呈线性积累，符合 Miner 定律；常温条件下进行的沥青砂浆原位试验中，冷再生沥青砂浆和老化沥青砂浆的黏性影响较小，假定忽略不计。因此，根据材料的力学特性，在 SCB 虚拟试验中，当前使用的细观接触模型为线性平行黏结模型，忽略其黏性，只考虑弹性。目的在于，其一，简化运算步骤，提高运算效率；其二，细观接触模型采用材料属性参数，具有明确的物理意义，同时兼顾模拟试验的重复性和确定性。

　　同时提出，2D-SCB 模拟试验遵循以下基本假设：

　　(1) SCB 试件符合平面应变假设，2D 平面的应力应变响应不存在第三平面的影响且可以推广到相应 3D 试件的厚度；

(2) 以 1.18mm 为粗细集料的分界线，粒径小于 1.18mm 的沥青砂浆视为均质体，冷再生沥青砂浆由小于 1.18mm 的细集料、水泥及其水化产物和乳化沥青组成，老化沥青砂浆由小于 1.18mm 的细集料和老化沥青组成；

(3) 水泥及其水化产物假定为均匀分布且水泥水化产物已反应完全，性能趋于稳定状态；

(4) 试验温度条件为 15~20℃，冷再生沥青砂浆和老化沥青砂浆的黏性忽略不计 (动态试验中相位角约 5°~8°)，细观接触模型设置为线性平行黏结模型，材料细观接触参数中法向接触刚度假定为拉伸和压缩接触刚度相同。

7.3.2 线性平行黏结模型

线性平行黏结模型提供了两个接触单元之间的线弹性力学行为，线性平行黏结模型的存在不排除两个接触单元之间滑移的可能性，该模型可以传递力和力矩[117]。平行黏结可以想象为一组具有恒定法向刚度和剪切刚度的弹簧，这组弹簧平行分布于以接触点为中心的接触横截面上，即弹簧之间呈并联作用。在两个接触单元之间赋予线性平行黏结模型后，接触位置产生的相对运动会使得黏结材料内部产生力和力矩。接触产生的力和力矩作用在两个接触单元上，将转化为黏结边界最大法向应力和最大剪切应力；如果某一最大应力超过对应的黏结强度，该接触模型就会断裂，模型内的力、力矩和刚度将被清除，即该接触失效。

线性平行黏结模型具有两个界面力学行为，如图 7-13 所示。其一是等价于线性接触模型的线弹性 (无张力) 的含摩擦力的界面，不能承受相对转动；其二是可以承受力和力矩的黏结界面，该界面与第一个界面平行并联。当第二个界面黏结时，线性平行黏结模型能承受相对转动，在超过强度极限、黏结断裂前，力学行为呈线弹性；当第二个界面未黏结时，该模型与线性接触模型等价，不能承受荷载。

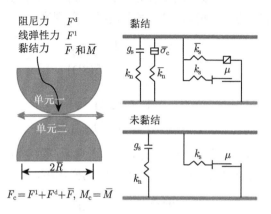

图 7-13　线性平行黏结模型力学行为示意图

线性平行黏结模型的力-位移计算法则如式 (7-1) 所示：

$$F_{\mathrm{c}} = F^{\mathrm{l}} + F^{\mathrm{d}} + \bar{F}, \quad M_{\mathrm{c}} = \bar{M} \tag{7-1}$$

式中，F^{l} 表示线弹性力；F^{d} 表示阻尼力；$\bar{F}, \bar{M}$ 分别表示黏结力和黏结力矩 (加粗表示该变量为矢量，不加粗则为标量，下同)。线弹性力和阻尼力的计算与更新和线性接触模型相同，黏结力可以分解为法向力和切向力，而黏结力矩可以分解为扭矩和弯矩。由于采用二维离散元模拟，因此在二维受力状态下，涉及第三坐标轴的力和力矩恒等于 0，黏结力 $\bar{F}$ 和黏结力矩 $\bar{M}$ 的计算与更新参考式 (7-2)、式 (7-3)。当大于 0 时，两个接触单元之间承受拉力，

$$\bar{F} = -\bar{F}_{\mathrm{n}} \hat{n}_{\mathrm{c}} + \bar{F}_{\mathrm{s}} \tag{7-2}$$

$$\bar{M} = \bar{M}_{\mathrm{b}} \tag{7-3}$$

式中，$\bar{F}_{\mathrm{n}}$ 表示法向力；$\hat{n}_{\mathrm{c}}$ 表示接触法向向量；$\bar{F}_{\mathrm{s}}$ 表示剪切力；$\bar{M}_{\mathrm{b}}$ 表示弯矩。接触平面内的剪切力和弯矩可以按式 (7-4)、式 (7-5) 计算：

$$\bar{F}_{\mathrm{s}} = \bar{F}_{\mathrm{st}} \hat{t}_{\mathrm{c}} \tag{7-4}$$

$$\bar{M}_{\mathrm{b}} = \bar{M}_{\mathrm{bs}} \hat{s}_{\mathrm{c}} \tag{7-5}$$

式中，$\bar{F}_{\mathrm{st}}$ 表示切向力；$\hat{t}_{\mathrm{c}}$ 表示在二维模拟平面内且垂直于 $\hat{n}_{\mathrm{c}}$ 的接触切向向量；$\bar{M}_{\mathrm{bs}}$ 表示法向不位于二维模拟平面内的弯矩；$\hat{s}_{\mathrm{c}}$ 表示垂直于二维模拟平面的方向向量。

对于弹性接触模型，两个颗粒之间的接触行为由连接两个颗粒中心的弹性梁表征，在线性平行黏结模型中每对颗粒之间的弹性梁可以承受力和力矩。根据弹性力学原理可以明确推导出细观参数与宏观参数之间的关系式，如式 (7-6) 所示。式中，L 的定义是两个颗粒接触的半径之和；t 为厚度；A 表示截面积，如式 (7-7) 所示；E 表示弹性梁的弹性模量；k_{n} 表示接触法向刚度。

$$k_{\mathrm{n}} = \frac{EA}{L} = E \begin{cases} t(\mathrm{2D}) \\ L(\mathrm{3D}) \end{cases} \tag{7-6}$$

$$A = \begin{cases} Lt(\mathrm{2D}) \\ L^2(\mathrm{3D}) \end{cases} \tag{7-7}$$

切向刚度同理可以推得，如式 (7-8) 所示。I 表示弹性梁的惯性矩，如式 (7-9) 所示；G 表示弹性梁的剪切模量；k_{s} 表示接触切向刚度。

$$k_{\mathrm{s}} = \frac{12IG}{L^3} = G \begin{cases} t(\mathrm{2D}) \\ L(\mathrm{3D}) \end{cases} \tag{7-8}$$

$$I = \frac{1}{12} \begin{cases} L^3 t (2\mathrm{D}) \\ L^4 (3\mathrm{D}) \end{cases} \tag{7-9}$$

根据式 (7-6) 和式 (7-8) 可以得到,二维模拟试件的接触 (法向/切向) 刚度仅与该方向的模量相关,三维模拟试件的接触刚度还与接触长度 (或颗粒半径) 相关。并且,剪切模量可以通过弹性模量和泊松比通过式 (7-10) 计算得到,因此细观接触刚度可以通过弹性模量和泊松比这两个宏观参数唯一确定。

$$E = 2G(1 + \nu) \tag{7-10}$$

在单轴拉压或单轴剪切条件下,设弹性梁的强度分别为 σ 和 τ,细观接触模型的法向和切向黏结峰值力分别为 F_n 和 F_s,二者之间的关系如式 (7-11) 和式 (7-12) 所示。

$$F_\mathrm{n} = \sigma \begin{cases} Lt (2\mathrm{D}) \\ L^2 (3\mathrm{D}) \end{cases} \tag{7-11}$$

$$F_\mathrm{s} = \tau \begin{cases} Lt (2\mathrm{D}) \\ L^2 (3\mathrm{D}) \end{cases} \tag{7-12}$$

线性平行黏结模型的主要参数有 4 个,分别是 k_n,k_s,σ_n 和 σ_s。当 $t = 1\mathrm{m}$ 时,法向接触刚度等于弹性模量,切向接触刚度等于剪切模量。法向和切向黏结强度分别对应于抗拉强度和抗剪强度,即单轴拉伸峰值应力和剪切峰值应力,可以由断裂曲线平均峰值力除以试件截面积计算得到。当采用国际单位制时,线性平行黏结模型的细观参数具有明确的物理意义,而且该细观接触模型的内在机理是强度失效准则,符合沥青混合料力学特征。

7.3.3 离散元模拟参数获取

1. 基本参数

1) 粗细集料分界线

2.36mm 作为粗细集料的分界线被大部分研究离散元方法的学者所采用。划定的依据有两个方面,一方面是计算机图像处理能力和建模能力的限制;另一方面是考虑混合料内部集料嵌挤作用,小于 2.36mm 的集料对嵌挤作用的贡献很小,因此选择忽略不计。也有学者认为细集料颗粒在离散元中难以实现的原因是细集料模拟会增加计算时间以及使试件难以达到平衡状态。部分学者在离散元应用于不同混合料种类时采取不同分界线,常见的是 4.75mm;或是考虑更精细的模拟,采用 1.18mm 分界线。本节采用的是 1.18mm 分界线,一方面是为了使二维模型更精细，另一方面考虑到断裂和疲劳虚拟试验的运算效率；其中，疲劳虚拟试验运算周期随着颗粒数增多而呈现几何倍数的延长。

2) 单元半径

组成集料颗粒的单元半径选择各不相同，比如 0.2mm、0.24mm、0.4mm、1mm 等。Kim 等 [118,119] 指出所选的单元尺寸范围 (0.25mm、0.5mm、1.0mm) 最终得到的断裂模拟结果与半径大小无关，但是半径不同会影响微裂纹的分布情况 [120]。结合本书所选 1.18mm 分界线，最大单元尺寸确定为 0.5mm。

3) 集料物理参数取值

集料的弹性模量一般取值为 55.5GPa，默认集料参数在模拟过程中保持不变。集料弹性模量的测试方法主要有无侧限抗压强度试验和弯曲梁试验等。本节集料宏观参数的选择来自纳米压痕试验数值；集料的弹性模量为 80GPa，默认集料参数在模拟过程中保持不变，泊松比为 0.2，抗拉强度为 9.2MPa[67] (集料黏结强度需设真实值，可破碎)，抗剪强度为抗拉强度的 2 倍。

4) 摩擦系数和阻尼系数

离散元模拟中，各相组分的摩擦系数和阻尼系数默认在模拟过程中保持不变，并且均采用经验值。摩擦系数均赋值为 0.5。阻尼系数与颗粒运动变量衰减程度相关，影响模拟的收敛性，颗粒的阻尼系数均设置为 0.7。

2. 沥青砂浆物理参数

在沥青材料力学参数获取方面，通常采用成型马歇尔试件并开展劈裂试验或半圆弯曲 (SCB) 试验的方法获取沥青混合料的性能参数，该方法也被众多学者采纳以获取沥青砂浆性能参数。

对于沥青砂浆的拉伸强度或弹性模量，多数研究者采用间接拉伸试验 (IDT) 测定。其中，Qian 等 [120] 采用单轴压缩试验测定沥青砂浆的弹性模量，与其他人不同。IDT 存在应力集中现象，特别是对于质软或脆性材料而言，在加载区域应力集中现象明显且不易消除，因此 You[121] 认为用 IDT 来测定沥青砂浆的强度是不合适的，应采用单缝切割小梁试验 (SEB) 测定。

基于沥青砂浆中最大集料粒径尺寸限制，马歇尔试件尺寸过大，导致砂浆试件力学参数测试结果的离散性和变异性较大，精度低，亟须一种能够获取更高精度力学参数的测试方法。通过原位拉压试验系统，可以实现较小测量范围内小尺寸沥青砂浆试件的加载试验。与传统测试技术相比，它充分考虑到试件尺寸影响下力学参数的变化，可以获得符合砂浆特性的精确力学参数。沥青砂浆的力学参数由下述的原位拉压试验系统测试得到，测试精度高。

1) 沥青砂浆单轴断裂试验

冷再生沥青砂浆由小于 1.18mm 的细集料、与混合料用量等比例的水泥以及乳化沥青制备而成，外加水量根据 1.18mm 通过率进行换算。冷再生沥青混合料中乳化沥青用量为 4.3%，则换算得到的冷再生沥青砂浆的乳化沥青用量为 17.2%。拌和顺序和条件与混合料相同，先将细集料与水拌和 150s，再加入乳化沥青后拌和 90s，最后加入水泥拌和 90s，拌和过程在沥青混合料拌和锅内完成，必要时需手动搅动以保证冷再生沥青砂浆拌和的均匀性。称取 1200g 冷再生沥青砂浆放入马歇尔模具，双面击实 75 次成型马歇尔试件；试件连同模具侧放在 60℃ 恒温鼓风箱内养生 48h 后进行脱模，脱模后常温条件下放置 24h 进行沥青砂浆原位试验所需小尺寸试件的切割。

老化沥青砂浆的级配与冷再生沥青砂浆的级配相同。制备老化沥青砂浆前将合成砂浆级配的 RAP 细料放入 190℃ 烘箱内 3h，拌锅温度调整成热拌温度，不加其他材料拌和 330s，结束后称取 1200g 老化沥青砂浆放入马歇尔模具，双面击实 75 次成型马歇尔试件；常温条件下放置 24h 后脱模，随即切割成沥青砂浆原位试验所需的小尺寸试件。冷再生或老化沥青砂浆的级配如表 7-2 所示。

表 7-2 冷再生或老化沥青砂浆的级配

筛孔尺寸/mm	1.18	0.6	0.3	0.15	0.075
通过率/%	100	72.4	34.3	24.8	20.5

基于原位拉压试验系统的测试量程，沥青砂浆试件宽度和厚度取值均选定为 5mm，长度分别取值 5mm、10mm、15mm，即砂浆试件分为 3 种尺寸：5mm×5mm×5mm、10mm×5mm×5mm 和 15mm×5mm×5mm。首先进行沥青砂浆试件最佳尺寸的确定。试验前需要对试件进行干燥处理，放入 15℃ 鼓风干燥箱内 24h，试验前 1h 用环氧 AB 胶固定于拉压模具上，将模具固定在原位拉压试验系统夹具内，固定时注意交叉旋进螺丝，避免提前给予预应力。以恒定的加载频率进行沥青砂浆单轴拉伸试验。对于不同尺寸长度的试件，长度 10mm 的试件测试结果数据最稳定，变异性仅为 10%；长度 5mm 和 15mm 的变异性相对较大。长度为 15mm 的砂浆试件在模具固定环节容易发生轻微的弯曲或扭转，此种情况在加载时受力模式与设想的单轴应力模式不同，破坏如图 7-14 所示；而长度 5mm 尺寸的试件为 5mm 的立方体，对切割工艺提出更高的要求，因其试验结果变异性较大，不列入合理试件长度的选择范围。最终确定沥青砂浆试件尺寸为 10mm×5mm×5mm。

以最佳尺寸制备沥青砂浆试件，重复上述制备步骤，改变加载速度，分别设置为 0.5mm/s、0.2mm/s、0.1mm/s，进行沥青砂浆单轴拉伸试验选择合理加载速度。试验结果表明，3 种加载速度下测得的峰值力差异性较小(小于 10%)，因此认为加载速率对沥青砂浆试件的断裂特性影响较小，选择 0.5mm/s 为合理加载速度。

图 7-14　　长度为 15mm 的砂浆试件断裂破坏时试件变形

为获取沥青砂浆在三种单轴受力状态 (拉、压、剪) 下的断裂性能，基于土工直剪试验，设计了沥青砂浆单轴剪切试验的模具，模具俯视图如图 7-15 所示，试验图如图 7-16 所示。沥青砂浆单轴拉伸试验的装置图如图 7-17 所示。单轴剪切试验断裂时沥青砂浆的破坏状态如图 7-18 所示。

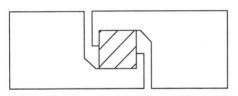

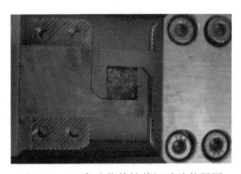

图 7-15　沥青砂浆单轴剪切试验的模具俯视图　　图 7-16　　沥青砂浆单轴剪切试验装置图

图 7-17　沥青砂浆单轴拉伸试验装置图　　图 7-18　　沥青砂浆单轴剪切试验断裂时刻图

以最佳尺寸、合理加载频率为基础，重复上述制备沥青砂浆试件步骤，得到

两种沥青砂浆 (冷再生沥青砂浆和老化沥青砂浆) 原位试验试件, 并进行三种单轴受力状态 (拉、压、剪) 的原位断裂试验, 3 个平行试件取中值曲线, 如图 7-19 所示。

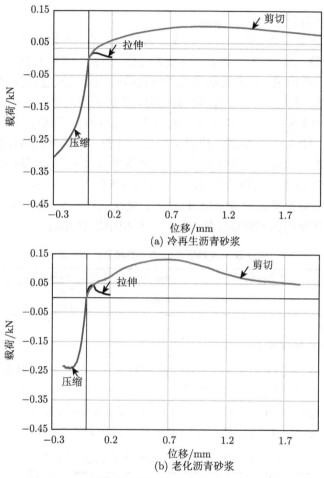

图 7-19 两种沥青砂浆三种受力状态下的断裂特性

可见冷再生沥青砂浆和老化沥青砂浆的剪切性能基本一致, 拉伸和压缩性能差别较大。两种沥青砂浆的剪切峰值力远大于拉伸峰值力, 说明在剪切力作用下, 这两种沥青砂浆的强度和韧性均优于拉力作用时的力学特性。考虑到集料的拉伸峰值力也远大于两种沥青砂浆的拉伸峰值力, 加之冷再生沥青砂浆在单轴拉伸受力状态时的力学表征弱于老化沥青砂浆, 冷再生沥青砂浆受拉是混合料内部最薄弱的受力环节, I 型断裂是冷再生沥青砂浆的主要破坏形态, 而不是 II 型或 I-II 型混合断裂。

　　沥青砂浆的抗拉强度或抗剪强度由断裂曲线平均峰值力除以试件截面积获得。冷再生沥青砂浆的抗拉强度为 0.30MPa，抗剪强度为 2.9MPa；老化沥青砂浆的抗拉强度为 0.90MPa，抗剪强度为 3.0MPa。二者的抗剪强度接近，统一取为 3.0MPa。

2) 沥青砂浆原位周期载荷试验

　　沥青砂浆宏观参数来自原位拉伸或剪切试验。鉴于断裂试验和疲劳试验的加载过程是非准静态过程，存在摩擦、失稳等过程，因此沥青砂浆模量参数不能取静态弹性模量 (杨氏模量)，而是选取承受周期载荷时测得的模量。对两种沥青砂浆通过原位拉压试验测试系统进行周期载荷试验，依然采用尺寸 10mm×10mm×5mm 的试件，加载频率采用 5Hz，与乳化沥青冷再生混合料疲劳试验加载频率一致。周期载荷试验采用控制应变模式，原因是试件尺寸较小时选择位移模式更能维持稳定的幅值，荷载模式由于试件受力过小、加载偏差量过大，容易使得沥青砂浆试件偏离弹性变形阶段而进入损伤阶段，测得的模量数值不准确。试验结果如表 7-3 所示。冷再生沥青砂浆的拉伸模量取 8.0GPa，老化沥青砂浆的拉伸模量取 3.0GPa，根据式 (4-5) 计算得到沥青砂浆的泊松比，模拟中均取 0.5。

表 7-3　两种沥青砂浆动态模量试验结果

沥青砂浆种类	加载频率/Hz	应变幅值/με	拉伸动态模量/GPa	剪切动态模量/GPa
冷再生沥青砂浆	5	200	7.98	2.56
老化沥青砂浆			3.02	1.00

3. 接触模型细观参数

　　冷再生沥青混合料各组分的宏观性能参数如表 7-4 所示。当厚度设置为 0.05m 时，与弹性接触模型相对应的弹性梁力学分析仍然有效，并且接触刚度和黏结强度的细观参数值分别为表 7-4 值与厚度和弹性梁截面积的乘积。可以得到具有明确物理意义的 2D-SCB 接触模型细观参数列表，如表 7-5 所示。

表 7-4　2D-SCB 测试中材料的宏观性能参数

沥青砂浆种类	弹性模量/GPa	泊松比	剪切模量/GPa	抗拉强度/MPa	剪切强度/MPa
集料	80.0	0.2	33.3	9.2	18.4
冷再生沥青砂浆	8.0	0.5	2.7	0.3	3.0
老化沥青砂浆	3.0	0.5	1.0	0.9	3.0

表 7-5　2D-SCB 接触模型细观参数取值

沥青砂浆种类	法向刚度/(N/m)	切向刚度/(N/m)	拉伸强度/Pa	剪切强度/Pa
集料内部	4.0×10^9	1.67×10^9	460	920
冷再生沥青砂浆内部	4.0×10^8	1.67×10^8	15	30
老化沥青砂浆内部	1.5×10^8	5.0×10^7	45	30

针对界面接触刚度的不一致现状，由纳米压痕试验数据出发，假定离散元模拟中不同介质之间的界面为零厚度界面，但界面性质分别体现在界面接触刚度和接触强度两个方面。对于集料与沥青砂浆之间的界面接触刚度，沿用纳米压痕数据；对于冷再生沥青砂浆与老化沥青砂浆之间的接触刚度，认定为二者弹簧的串联值，接触强度为二者的平均值，符合离散元模拟方法中两个弹性小球连接的一般定义。

基于不同材料之间的界面黏结强度不足的实际情况，引入界面折减系数这一参数，即界面实际黏结强度等于界面折减系数乘以沥青砂浆内部黏结强度。本节设定的界面折减系数为 0.75，即界面的黏结强度取沥青砂浆黏结强度的 75%。界面折减系数与界面接触强度密切相关，对界面刚度不产生影响。离散元模型接触刚度的各向异性如图 7-20 所示。

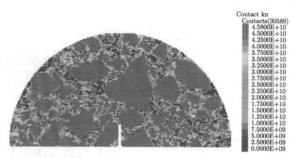

图 7-20　离散元精细化模型细观接触刚度各向异性

7.3.4　模型验证

在后续的细观离散元模拟中，需要先验证构建的离散元模型的有效性和准确性。通过对乳化沥青冷再生混合料 SCB 试件进行摄影和图像处理获取其表面特征，用于离散元精细化建模，进行相应的宏观尺度性能试验、SCB 断裂试验，来获取用来验证的试验数据，试验后拍摄相应的断裂路径和断裂面的照片用于对比验证。

对乳化沥青冷再生混合料 SCB 试件进行摄影和图像处理获取其表面特征，采用离散元精细化建模方法，生成离散元模型。SCB 断裂试验温度为 15℃，与沥青砂浆细观参数获取试验温度保持一致；断裂试验的加载速率为 50mm/min，也与沥青砂浆细观参数获取试验加载速率保持一致。分别进行混合料宏观断裂试验，并采用上述章节描述的离散元虚拟试验加载条件进行模拟。将实际情况与虚拟断裂试验加载曲线进行对比，如图 7-21 所示，断裂路径对比如图 7-22 所示。由两张图可见，虚拟断裂试验结果能较好地模拟实际断裂试验，加载曲线的峰值荷载、断裂失效对应的竖向位移一致，断裂路径基本相同，但仍存在一定的差异。可能的原因是试验仪器数据读取和模拟时间步长差异：UTM 仪器数据读取大致为 1~5ms 读取一次，而离散元模拟的时间步长一般为 $10^{-8} \sim 10^{-6}$s，数据量多达几十万个，导致模拟数据波动明显，与实际加载曲线的符合程度有一定的差异。断裂路径存在差异，原因是实际断裂试验是三维状态，裂纹存在第三方向的开裂趋势，而且出现局部颗粒脱落，这都是二维离散元模拟客观无法做到的情况。

综上所述，本书提出的离散元精细化建模方法及虚拟断裂试验能较为准确地反映乳化沥青冷再生混合料的断裂性能，进而通过离散元模拟手段能更好地揭示乳化沥青冷再生混合料的强度机理。因冷再生沥青混合料的各向异性对疲劳性能的影响程度很大，混合料实际疲劳试验结果本身的离散性和变异系数较大，虚拟疲劳试验无法通过宏观疲劳试验进行验证。本书根据上述的离散元精细化建模方法，采用一致的细观参数，仅改变加载方式，进行虚拟疲劳试验，并设立对照组，分析影响因素的作用规律。

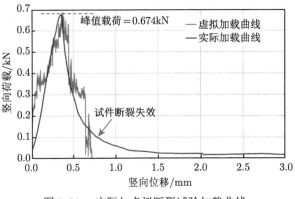

图 7-21   实际与虚拟断裂试验加载曲线

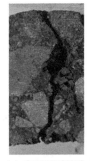

(a) 实际断裂试验   (b) 虚拟断裂试验

图 7-22   实际与虚拟断裂试验断裂路径对比

7.4   冷再生沥青混合料断裂行为研究

开展冷再生沥青混合料的疲劳开裂行为研究的前提是研究冷再生沥青混合料断裂行为，因此，在进行离散元虚拟疲劳试验之前，先进行虚拟断裂试验模拟。一方面开展单次断裂工况下冷再生沥青混合料的力学行为仿真；另一方面，获取虚拟疲劳试验加载条件，如荷载幅值、疲劳失效准则对应的失效应变判据等疲劳模拟输入参数。

本章基于前文所构建的冷再生沥青混合料离散元模型，开展冷再生沥青混合料断裂行为研究。首先，从加载曲线变化、断裂路径发展、开裂界面类型等方面对冷再生沥青混合料离散元断裂结果进行分析，获取材料断裂失效特征、薄弱界面类型以及实际试验无法观察或获取的细观力学特征。其次，针对冷再生沥青混合料断裂行为特点，如开裂界面类型多涉及冷再生沥青砂浆、开裂类型多为 I 型开裂、加载过程中存在应力集中区域等，分别变化冷再生沥青砂浆黏结强度、界面折减系数，设置不同走向、长度、位置 (高度) 的缺陷等因素，开展离散元断裂试验影响因素模拟与分析，模拟结果从初始开裂时刻应力应变值、峰值应力及其对应应变值、断裂失效应变值以及断裂能等多个指标进行分析。最后，考虑到乳化沥青冷再生混合料在常温条件下拌和的工况，旧料结构在冷再生沥青混合料拌和成型过程中基本不发生变化，不同旧料结构对冷再生沥青混合料断裂行为的影响同样非常重要。采用基于矢量计算的集料随机生成方法，随机生成不同旧料结构的冷再生沥青混合料离散元精细化模型，分别对不含旧料、仅含黑色集料、仅含砂浆基团、含弱嵌挤结构的混合料进行断裂试验模拟，开展不同旧料结构混合料断裂行为对比。本节开展的冷再生沥青混合料断裂行为研究解释冷再生沥青混合料的强度机理，也可为疲劳开裂行为研究，以及断裂行为和疲劳开裂行为综合分析奠定一定的基础。

7.4.1 离散元断裂试验结果分析

1. 加载曲线

加载曲线如图 7-23 所示。存在瞬时刚度，实际曲线存在较大波动，简化后的曲线可以明显看到并非单调增加的曲线，存在若干个亚峰值；之后加载应变增加，应力出现略微降低的现象，加载应力峰值为 0.698MPa。该值符合冷再生沥青混合料的中长期养生状态下的一般断裂峰值应力值，同时应变值符合常规认知。在峰值应力之后瞬间断裂，断裂过程存在两个加载平台期，都是紧接着应力应变斜率趋近于无限大，说明该状态下材料不具备承载力。

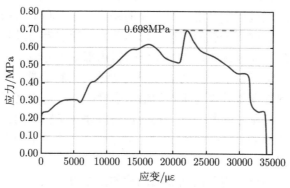

图 7-23 2D-SCB 离散元断裂模拟加载曲线

2. 断裂路径

在虚拟断裂过程中，断裂路径示意图如图 7-24 所示，区域②最先开裂，开裂位置开始聚集在区域②和③。接着，在区域①，预制裂纹向上扩展，区域①②③连通的开裂路径为设想路径，设想路径在达到第一个峰值前 (应力小于 0.6MPa 的上升阶段) 一直处于开裂连通的趋势。之后裂纹向下 (区域④) 扩展，区域⑤中集料颗粒之间夹杂较薄厚度的冷再生砂浆颗粒，而该区域的冷再生砂浆颗粒在前中期加载过程中被切断，导致试件左下侧存在缺陷；随着加载的延续，该缺陷不断向上向下发展，最后扩展至左支座附近。右支座 (区域⑥) 在加载过程中最先产生损伤，试件达到破坏的最终状态时两支座出现明显损伤。最终断裂主路径不是设想路径，而是区域②③④；由于大颗粒集料的阻碍作用，预制裂纹不属于最终断裂主路径，而是支路径。

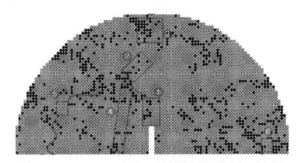

图 7-24   2D-SCB 离散元断裂模拟断裂路径示意图

3. 开裂界面类型

将加载曲线和断裂位置结合来看，加载曲线的波动与界面断裂密切相关。主要原因有：① 预制裂纹扩展；② 主裂纹扩展，由于中间大颗粒集料的阻碍作用，开裂路径沿着该集料边界逐渐向试件顶部扩展；③ 左下侧厚度较薄的冷再生沥青砂浆被切断，在加载过程中产生一个明显的缺陷，更不利于后期受力，在加载过程中也发生了该位置向下开裂的情况。总体而言，断裂界面最多处为冷再生沥青砂浆与集料之间的界面，说明该界面是混合料内部多重界面中最薄弱的界面。从力学分析，原因主要有 3 个：① 冷再生沥青砂浆与集料的黏结强度较低，远低于老化沥青砂浆或热拌沥青砂浆与集料的黏结强度；② 冷再生沥青砂浆的刚度大于老化沥青砂浆，相对受力更大；③ 冷再生沥青砂浆与集料之间的界面黏结强度为冷再生沥青砂浆内部的 75%，在前两项不利条件下，冷再生沥青砂浆与集料之间的界面受力最为薄弱。

实际断裂试验后试件内部的断裂面图片如图 7-25 所示，其中断裂面 A 和 B 是同一个试件断裂的两个对称面，互相重合。大圆圈内表示裸露的大颗粒石灰岩新集料，由于该粒径范围内的石灰岩用量仅占集料总量的 10%，断裂面已有的两个大颗粒集料外侧与冷再生沥青砂浆的界面开裂，说明新集料与冷再生沥青砂浆之间的界面性能薄弱，容易在较大荷载时产生开裂。最为薄弱的界面为新集料与冷再生沥青砂浆之间的界面以及冷再生沥青砂浆内部界面，模拟试验结果与实际断裂面观测结果一致。

由于乳化沥青含水且为"水包油"结构，含有乳化沥青的冷再生沥青砂浆呈深棕色，与老化沥青颜色有一定的差异，老化沥青因长期性能劣化而呈现黑色。小圆圈内表示内部开裂的旧料颗粒，可以看到这些开裂的旧料颗粒内部是复杂的弱嵌挤结构，含有多个细小集料组成且存在微缺陷。次薄弱界面类型主要为老化沥青砂浆与集料之间的界面，即含有微缺陷的旧料颗粒内部界面。

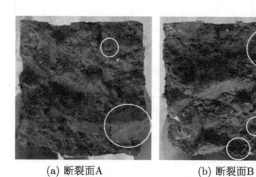

(a) 断裂面A   (b) 断裂面B

图 7-25   实际断裂试验试件内部断裂面

7.4.2 离散元断裂试验影响因素分析

1. 冷再生沥青砂浆黏结强度

冷再生沥青混合料的 2D-SCB 虚拟断裂试验中断裂界面多数为冷再生沥青砂浆与集料之间的界面，说明该界面的抗裂能力 (黏结强度) 最为薄弱。冷再生沥青砂浆内部黏结强度仅为老化沥青砂浆的 1/3，加之冷再生沥青砂浆由于水泥的掺入，其模量略大于老化沥青砂浆；而老化硬化原因使得老化沥青砂浆的模量也略大于常规热拌沥青砂浆。因此，冷再生沥青砂浆黏结强度是影响混合料断裂强度的主要因素之一。在基准模拟参数不变的前提下，提升冷再生沥青砂浆的黏结强度，探究其对 2D-SCB 虚拟断裂试验的断裂界面、开裂路径的影响程度。定义初始开裂时刻为第一个颗粒界面断裂对应的应力应变，完全断裂或试件失效时刻为加载曲线陡降或加载应力等于峰值应力的 30%时刻 (下同)。

冷再生沥青砂浆的黏结强度以 0.15MPa (试验值) 为基准，考虑 0.25MPa、0.35MPa、0.45MPa 不同黏结强度，保持其他参数不变，进行虚拟断裂试验，其中 0.45MPa 等于老化沥青砂浆的黏结强度。直观而言，提升冷再生沥青砂浆的黏结强度，SCB 强度明显增加，试件延性韧性增加显著。初始开裂时刻对应的应力和应变值、峰值应力及其对应的应变值、完全断裂对应的应变值、断裂能指标均与冷再生沥青砂浆的黏结强度呈明显的线性关系，如图 7-26 所示。

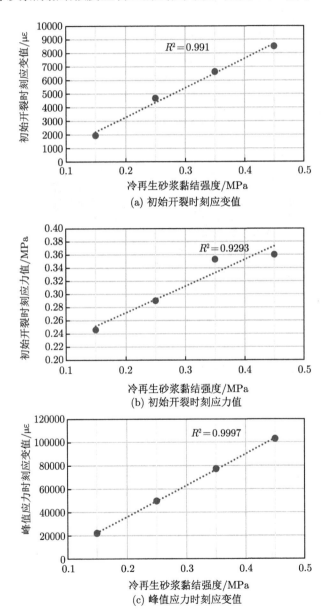

(a) 初始开裂时刻应变值

(b) 初始开裂时刻应力值

(c) 峰值应力时刻应变值

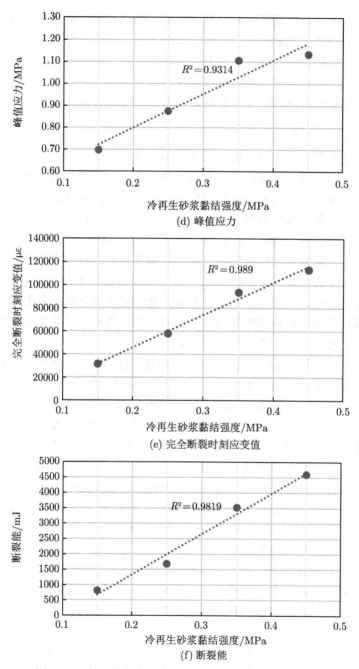

(d) 峰值应力

(e) 完全断裂时刻应变值

(f) 断裂能

图 7-26 各参数与冷再生沥青砂浆黏结强度呈线性关系

　　尽管提升了冷再生沥青砂浆的黏结强度，但 2D-SCB 虚拟断裂试验中，多数断裂界面仍为冷再生沥青砂浆与集料之间的界面。极少部分断裂界面为老化沥青砂浆与集料之间的界面。因此，提升冷再生沥青混合料的整体强度的有效措施之一是提升冷再生沥青砂浆的黏结强度以及冷再生沥青砂浆与集料之间的黏结浸润效果，使其能更趋近热拌沥青与集料之间的黏结浸润效果。

　　2. 界面折减系数

　　界面折减系数以 0.75 为基准，分别取 0.6、0.7、0.8、0.9、1.0，且其定义为沥青砂浆与集料之间的界面黏结强度与沥青砂浆内部黏结强度的比值，其中 1.0 表示沥青砂浆与集料之间的界面黏结强度不作任何程度的衰减，与沥青砂浆内部黏结强度相等。初始开裂时刻对应的应力和应变值与界面折减系数呈明显的线性关系，如图 7-27(a)~(b) 所示；但是 SCB 试件层底峰值应力 (SCB 强度) 及其对应的应变值、完全断裂对应的应变值、断裂能虽都与界面折减系数相关，却不呈线性关系，类似波动关系，如图 7-27(c)~(f) 所示。结果表明，界面黏结强度越接近砂浆内部黏结强度，即界面黏结程度越高，初始开裂时刻越向后推移，即不易启裂；但是其他断裂参数值如断裂强度及其对应应变值和完全断裂应变值，不仅与界面折减系数相关，还受其他因素共同影响。

　　对于断裂界面及开裂路径的影响，不同界面折减系数之间的相同点在于：① 加载前期开裂界面、位置、顺序均相同，一般认为在竖向加载应变小于 10000με 阶段；② 开裂主路径为预制裂纹偏左侧，而非预制裂纹处，示意图如图 7-28 所示；③ 加载峰值力出现的主要原因是加载压头下缘位置出现开裂破坏，该区域材料失效；④ 在加载曲线下降阶段，开裂界面仍集中于压头下缘区域；⑤ 开裂界面绝大多数为集料与冷再生沥青砂浆之间的界面。综上所述，界面折减系数不影响加载前期的开裂界面、位置及顺序，也不影响开裂主路径及走向。

　　根据开裂界面、加载曲线、横向力云图的实时监测，界面折减系数主要影响开裂界面顺序，即开裂位置的发展 (主路径扩展与向两侧扩展的先后)。对于 0.6~0.8 之间的界面折减系数，该表现不明显，当界面折减系数为 0.9、1.0 时，即集料与沥青砂浆之间界面黏结强度趋近于沥青砂浆内部黏结强度时，宏观裂纹主路径先向左下侧扩展，再逐渐在主路径上不断开裂。界面折减系数越大，向左下侧扩展的顺序将越提前，此时主路径开裂界面不集中，数量不大，已经出现开裂界面向左侧偏移的现象，如图 7-29 所示，与此同时右侧支座附近也出现开裂；当界面折减系数为 0.9、1.0 时，在加载后期，加载导致的界面开裂新形成的缺陷位置附近集料与老化沥青砂浆之间的界面也出现开裂现象。

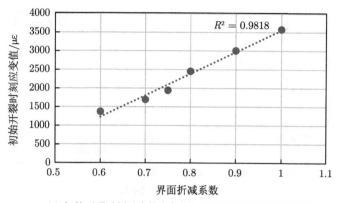

(a) 初始开裂时刻对应的应变值与界面折减系数呈线性关系

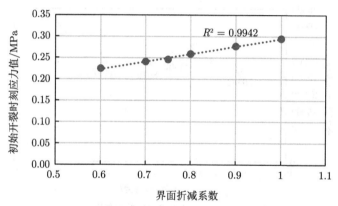

(b) 初始开裂时刻对应的应力值与界面折减系数呈线性关系

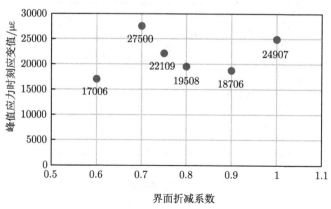

(c) 峰值应力对应的应变值

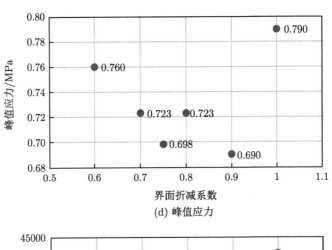

(d) 峰值应力

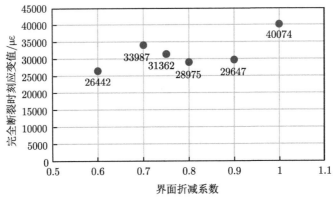

(e) 完全断裂对应的应变值

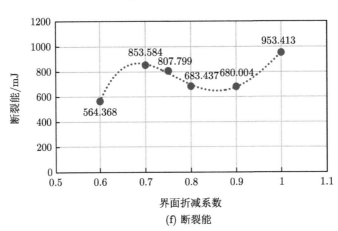

(f) 断裂能

图 7-27　各参数与界面折减系数的关系

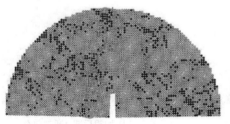

图 7-28 开裂主路径示意图 (彩图见二维码)

橙色矩形框内, 红色短线表示断裂界面

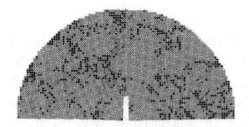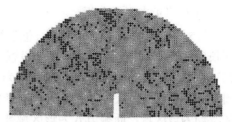

(a) 界面折减系数0.9, 开裂界面数量108   (b) 界面折减系数1.0, 开裂界面数量81

图 7-29 界面折减系数与开裂界面顺序之间的关系

二者此刻的应力约为 0.60MPa, 应变约为 19500με

3. 缺陷设置

2D-SCB 虚拟断裂试验不同加载时期对应的横向力云图如图 7-30 所示。除蓝色外其他颜色表示颗粒接触横向力为正, 为拉力, 且有红色 > 橙色 > 黄色 > 绿色; 蓝色表示颗粒接触横向力为负, 为压力。我们可以清楚地看到试件靠近压头顶部位置存在横向力应力集中现象, 对应试件颗粒分布, 该区域为集料区域, 虽然应力集中且为极大值, 但是自始至终因为集料内部黏结强度足够大, 未产生开裂现象。

基于以上虚拟断裂试验现象, 考虑缺陷设置影响因素, 自行设置缺陷位置、大小及走向, 结合上述区域应力集中现象, 研究在应力集中区域设置缺陷对混合料断裂性能的影响。

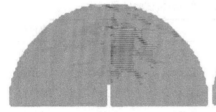

(a) 加载早期   (b) 加载中期 (尚未达到峰值)

(c) 加载达到峰值　　　　　　　　　(d) 加载后期 (断裂前夕)

图 7-30　2D-SCB 虚拟断裂试验不同加载时期对应的横向力云图 (彩图见二维码)

1) 缺陷走向影响分析

针对应力集中区域中心位置 (位于加载压头下缘与预制裂纹连接线)，选取相同长度、不同走向的固有缺陷进行设置，以 x 轴正向为基准，分别设置方向为 0°、45°、90° 和 135° 的四种走向 (顺时针为正，逆时针为负)，长度均设为 6mm。设置固有缺陷后，应力集中于压头与固有缺陷之间，开裂位置也集中于该区域，断裂区域均为该区域，断裂方式为该区域被压碎，而非试件的开裂。不同于 I 型开裂形式，压头压碎破坏形式属于脆性断裂，即达到峰值荷载时试件已经破坏或失效，无法继续承受荷载。结合加载曲线、断裂位置及横向力云图三者的实时监测可以得到结论：位于加载压头正下方区域内的缺陷直接导致由上至下的应力无法继续向下传递，使得只有缺陷与压头之间的部分混合料试件的承载力得以发挥；同时该区域面积 (体积) 较小，易发生应力集中现象，导致试件加载曲线峰值应力较小，承载力不能充分发挥，而宏观显示结果为抗裂性能不足。

四种走向、长度相等、中心位置相同的固有缺陷设置后 SCB 虚拟断裂试验的峰值应力与对应应变值如表 7-6 所示。位于加载路径与预制裂纹连线中出现的固有缺陷使得断裂各项指标下降约 40%~60% 不等，比例根据走向不同而改变，可见固有缺陷的存在与否对试件整体强度和断裂性能等的影响非常显著。值得注意的是，0° 和 45° 的峰值应力与基准初始开裂时刻应力值 (0.246MPa) 非常接近，表明 0° 和 45° 缺陷的加载使得混合料试件的断裂强度下降至基准的初始阶段对应的强度，缺陷对试件承载力的锐减作用巨大。

表 7-6　不同固有缺陷走向的 SCB 虚拟断裂试验结果对比

固有缺陷走向	0°	45°	90°	135°	基准值
峰值应力/MPa	0.222	0.247	0.455	0.315	0.698
对应应变值/με	28296	20515	13026	19081	22109
断裂能/mJ	459.089	498.197	445.502	332.632	807.799
断裂能归一化	0.568	0.617	0.552	0.412	1.000

峰值应力与对应应变值 (试件韧性) 的相关性相反。对试件强度影响最大的是与预制裂纹垂直或与 x 轴轴向一致的缺陷走向 (0°)，峰值应力降至基准值的 31.8%，减小幅度较大，但试件表现出更大的韧性；峰值应力减小幅度最小的是与预制裂纹方向或加载方向一致的缺陷走向 (90°)，降至基准值的 65.2%，但峰值应力对应应变值仅为基准值的 58.9%，降幅接近一半，试件呈现最为明显的脆性；45° 与 135° 走向对材料韧性变化不明显，但是对峰值应力和断裂能的影响程度不一致，45° 走向对峰值应力的减小幅度影响更大，而 135° 走向对断裂能的减小幅度影响更大。

2) 缺陷长度影响分析

以峰值应力为指标，最不利的缺陷走向为 0°。对同一中心位置和走向，设置不同长度的固有缺陷，再进行 2D-SCB 虚拟断裂试验加载，研究固有缺陷不同长度对断裂性能的影响。断裂最终状态示意图显示，靠近压头下缘设置的缺陷，无论长度大小，最终破坏形式都是缺陷与压头之间破坏，如图 7-31 所示，断裂形式依然为脆性断裂，缺陷长度较小时 (如 1mm) 还会伴随着向下开裂。

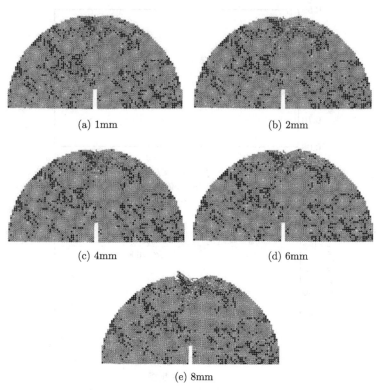

(a) 1mm   (b) 2mm

(c) 4mm   (d) 6mm

(e) 8mm

图 7-31 不同缺陷长度对应的最终断裂破坏状态

不同长度 0° 固有缺陷 SCB 虚拟断裂试验的峰值应力、破坏应变值及断裂能参数如表 7-7 所示，相应趋势图如图 7-32 所示；不同长度 135° 固有缺陷 SCB 虚拟断裂试验的峰值应力、破坏应变值及断裂能参数如表 7-8 所示，相应趋势图如图 7-33 所示。结果表明，同一位置 (高度) 设置不同长度的 0° 固有缺陷，峰值应力随缺陷长度呈线性下降趋势，断裂能参数呈二次函数关系；同一位置 (高度) 设置不同长度的 135° 固有缺陷，峰值应力和断裂能参数均随缺陷长度呈线性下降趋势，其中峰值应力与线性趋势线的离散性更大。

表 7-7　不同长度 0° 固有缺陷 SCB 虚拟断裂试验参数

固有缺陷长度/mm	峰值应力/MPa	破坏应变值/με	断裂能/mJ	断裂能归一化
1.0	0.429	28683	486.932	0.603
2.0	0.400	27527	421.680	0.522
4.0	0.317	34092	393.866	0.488
6.0	0.222	50466	459.089	0.568
8.0	0.208	67553	508.435	0.629
基准值	0.698	32487	807.799	1.000

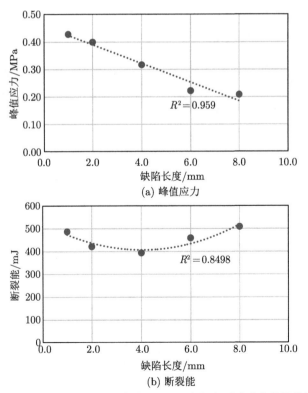

(a) 峰值应力

(b) 断裂能

图 7-32　不同长度 0° 固有缺陷 SCB 虚拟断裂试验参数趋势图

表 7-8   不同长度 135° 固有缺陷 SCB 虚拟断裂试验参数

固有缺陷长度/mm	峰值应力/MPa	破坏应变值/με	断裂能/mJ	断裂能归一化
1.0	0.644	44406	923.032	1.143
2.0	0.413	53855	715.899	0.886
4.0	0.494	40969	590.999	0.732
6.0	0.315	27165	332.632	0.412
8.0	0.278	81836	174.964	0.217
基准值	0.698	32487	807.799	1.000

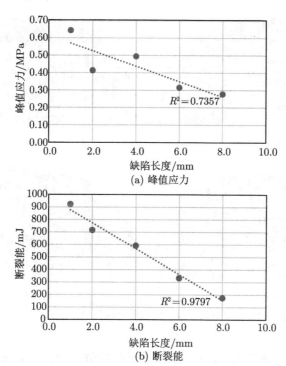

图 7-33   不同长度 135° 固有缺陷 SCB 虚拟断裂试验参数趋势图

3) 缺陷位置 (高度) 影响分析

基于峰值应力最不利的缺陷走向 0°，对同一中心位置和长度设置不同位置 (高度) 的固有缺陷，再进行 2D-SCB 虚拟断裂试验加载，研究固有缺陷不同位置 (高度) 对断裂性能的影响。从最终断裂形式来看，以中间大颗粒集料为界，缺陷位置低于大颗粒集料或处于大颗粒集料之中，都能较好地发挥混合料的抗裂性能，I 型开裂现象明显，与对照组破坏形式一致，是由混合料抗拉强度不足而表征出来的，峰值应力与基准值接近，且断裂能保持在 90% 左右的水平；而缺陷位置高于大颗粒集料时，断裂破坏形式为缺陷上缘至压头下缘之间压碎破坏，混合料加载曲线呈现明显的脆性，即到达峰值应力后急速下降。破坏形式如图 7-34 所示。

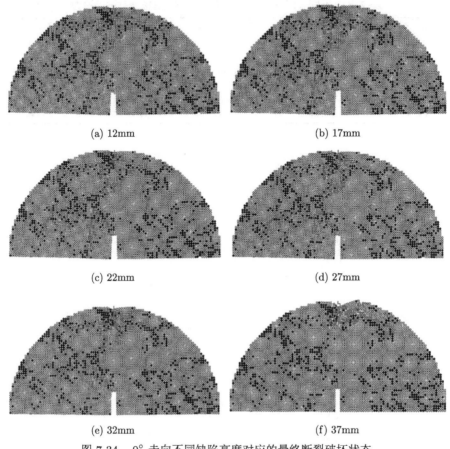

(a) 12mm　　　　　　　　　　　　　　　　(b) 17mm

(c) 22mm　　　　　　　　　　　　　　　　(d) 27mm

(e) 32mm　　　　　　　　　　　　　　　　(f) 37mm

图 7-34　0° 走向不同缺陷高度对应的最终断裂破坏状态

不同高度固有缺陷 SCB 虚拟断裂试验的峰值应力、破坏应变值及断裂能参数如表 7-9 所示，相应趋势图如图 7-35 所示。结果表明，混合料断裂性能 (峰值应力及断裂能指标) 与混合料各向异性 (材料分布特征及大颗粒集料位置) 有关。对于峰值应力及断裂能指标，缺陷位置在 27mm 高度附近存在明显拐点。小于27mm 时，混合料既能充分发挥混合料断裂性能，也能略微提升峰值应力，维持断裂能在 80% 水平及以上；大于 27mm 时，峰值应力及断裂能指标下降趋势差异化非常显著，破坏形式也发生改变，材料从韧性向脆性转变，不利于断裂性能的发挥。27mm 位置示意图如图 7-36 所示，直线 1 表示预制裂纹走向与加载方向的连线，与试件底面保持垂直，直线 2 表示中间大颗粒集料的上缘边界走向，直线3 表示中间大颗粒集料的上缘边界走向拐点处的水平线，直线 1 与直线 3 的相交点就是 27mm 位置高度。

表 7-9   0° 走向不同高度固有缺陷 SCB 虚拟断裂试验参数

距试件底面高度/mm	峰值应力/MPa	破坏应变值/με	断裂能/mJ	断裂能归一化
12	0.732	30063	755.169	0.935
17	0.711	30488	673.703	0.834
22	0.694	30732	720.507	0.892
27	0.689	32651	692.598	0.857
32	0.502	30742	529.633	0.656
37	0.222	50466	459.089	0.568
基准值	0.698	32487	807.799	1.000

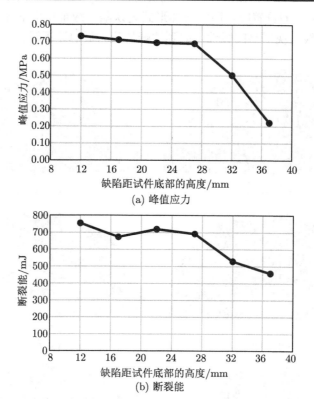

(a) 峰值应力

(b) 断裂能

图 7-35   不同高度 0° 固有缺陷 SCB 虚拟断裂试验参数趋势图

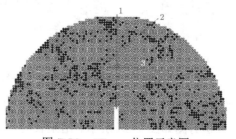

图 7-36   27mm 位置示意图

　　基于断裂能指标最不利的缺陷走向 135°, 对同一中心位置和长度设置不同位置 (高度) 的固有缺陷, 再进行 2D-SCB 虚拟断裂试验加载, 研究固有缺陷不同位置 (高度) 对断裂性能的影响。破坏形式如图 7-37 所示, 可见缺陷高度越低, 断裂时对应的断裂界面分布也越广泛。从最终断裂形式来看, 依然以中间大颗粒集料为界, 在缺陷低于图 7-36 直线 3 的位置时都能较好地发挥混合料的抗裂性能, Ⅰ 型开裂现象明显, 与对照组破坏形式一致, 是由混合料抗拉强度不足而表征出来的, 峰值应力与基准值接近, 且断裂能保持在 90% 左右的水平; 而缺陷位置高于图 7-36 直线 3 的位置时, 断裂破坏形式为缺陷上缘至压头下缘之间压碎破坏, 混合料加载曲线呈现明显的脆性, 即到达峰值应力后急速下降。

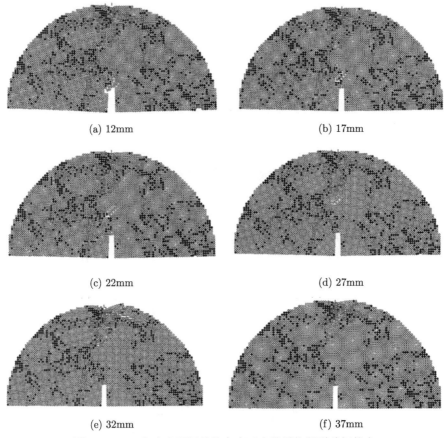

(a) 12mm　　　　　　　　　　　　　　　(b) 17mm

(c) 22mm　　　　　　　　　　　　　　　(d) 27mm

(e) 32mm　　　　　　　　　　　　　　　(f) 37mm

图 7-37　135° 走向不同缺陷高度对应的最终断裂破坏状态

　　不同高度固有缺陷 SCB 虚拟断裂试验的峰值应力、破坏应变值及断裂能参数如表 7-10 所示, 相应趋势图如图 7-38 所示。结果表明, 混合料断裂性能 (峰值应力及断裂能指标) 与混合料各向异性 (材料分布特征及大颗粒集料位置) 有关。

对于峰值应力指标，缺陷位置在 27mm 高度附近存在明显拐点。小于 27mm 时，混合料既能充分发挥混合料断裂性能，也能略微提升峰值应力；大于 27mm 时，峰值应力下降趋势差异化非常大，破坏形式也发生改变，材料从韧性向脆性转变，不利于断裂性能的发挥。对于断裂能指标，缺陷高度在 17mm 和 32mm 位置附近均存在明显的骤降，17~32mm 之间基本维持断裂能在 78% 水平及以上 (略低于 0° 走向的虚拟试验结果)。

表 7-10   135° 走向不同高度固有缺陷 SCB 虚拟断裂试验参数

距试件底面高度/mm	峰值应力/MPa	破坏应变值/με	断裂能/mJ	断裂能归一化
12	0.790	44211	1193.366	1.477
17	0.714	28571	631.484	0.782
22	0.727	29283	732.929	0.907
27	0.714	32651	695.25	0.861
32	0.463	48654	713.21	0.883
37	0.315	27165	332.62	0.412
基准值	0.698	32487	807.799	1.000

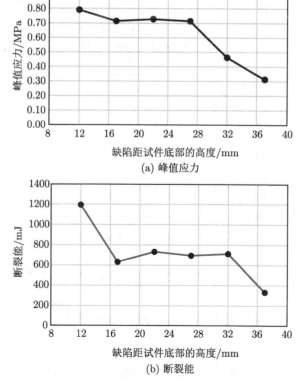

(a) 峰值应力

(b) 断裂能

图 7-38   不同高度 135° 固有缺陷 SCB 虚拟断裂试验参数趋势图

对于同一高度两种走向的固有缺陷的断裂性能参数进行横向比较, 曲线图如图 7-39 所示。走向影响因素对混合料断裂性能参数的差异在 17~27mm 高度之间并不大。缺陷高度越靠近预制裂纹尖端, 0° 走向对峰值应力和断裂能指标越不利。大于 27mm 高度的缺陷设置中, 两种走向的两个指标之间呈相反关系。对于 32mm 高度处 135° 走向缺陷 (与图 7-36 直线 2 几乎重合), 因开裂界面基本均为冷再生沥青砂浆与集料之间的界面, 该缺陷即未含缺陷的混合料试件开裂界面, 仅比 0° 走向略微降低峰值应力, 但是对于断裂能指标 0° 走向降低幅度较为明显, 约为 25.7%。

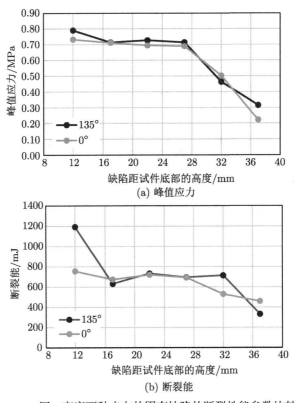

图 7-39　同一高度两种走向的固有缺陷的断裂性能参数比较图

7.4.3　旧料结构对冷再生沥青混合料断裂行为的影响分析

1. 不含旧料的混合料断裂行为

仅含有水泥乳化沥青砂浆和 100% 新料的冷拌沥青混合料在 SCB 虚拟断裂试验中界面类型较为简单, 主要界面类型为新料与乳化沥青砂浆之间的界面、新料内部界面以及乳化沥青砂浆内部界面。冷拌沥青混合料断裂加载曲线如图 7-40 所示，启裂位置约为 3500με，断裂试验峰值应力为 0.778MPa，设置峰值应力降至 30%时试件失效 (下同)，失效对应的应力值为 0.234MPa，失效竖向应变值为 0.0254ε。断裂界面如图 7-41 和图 7-42 所示，显而易见，薄弱界面类型为新料与乳化沥青砂浆之间的界面，最先开裂的界面几乎都是该界面。断裂过程中损伤先出现于预制裂纹向上位置，并且沿着新料与乳化沥青砂浆之间的界面向上延伸，接着损伤局部出现在竖向加载范围内；随着加载的深入，竖向加载范围内损伤逐渐累积，聚集成片，并且沿着新料外界面扩展，逐渐呈连接贯穿趋势；最终裂纹贯穿后应力值下降，应变值迅速增大，直至试件失效。

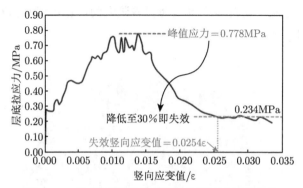

图 7-40　冷拌沥青混合料断裂虚拟试验加载曲线

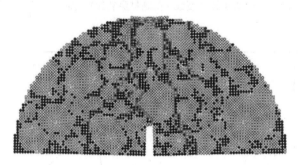

图 7-41　冷拌沥青混合料断裂界面示意图

2. 含黑色集料的混合料断裂行为

含黑色集料的混合料在断裂试验过程中，薄弱界面最先出现于新料与冷再生砂浆之间，其次位于旧料内部老化沥青砂浆层与集料之间；根据观察所得，平行于加载方向的老化沥青砂浆外层更易因外力加载而剥落。根据图 7-43、图 7-44 和

图 7-45，将新料改为黑色集料结构后，混合料断裂路径，即原先与预制裂纹不贯穿的主裂纹走向并未与试件底部连接，断裂界面集中于预制裂纹左侧向上延伸位置，宏观裂纹主要存在于左侧断裂支路。最终断裂状态时，压头下缘出现应力集中现象，该区域部分出现压碎破坏。断裂试验峰值应力为 0.647MPa，失效对应的应力值为 0.194MPa，失效竖向应变值为 0.0780ε。当 2.36~16.0mm 粒径的集料均为黑色集料结构的旧料时，RAP 外层与冷再生砂浆之间接触刚度普遍减小，相较新料与冷再生沥青砂浆之间的黏结强度，RAP 外层与冷再生砂浆之间黏结强度略有提高。此时，薄弱界面则为 RAP 内部集料与老化沥青砂浆之间的界面，之后薄弱界面出现在冷再生砂浆内部。这也说明，集料与沥青砂浆之间的界面依旧是混合料内部最为薄弱的界面，但根据不同的旧料结构类型，薄弱界面出现位置会随之改变，可能是新料与冷再生沥青砂浆之间，也可能是旧料内部集料与老化沥青砂浆之间。

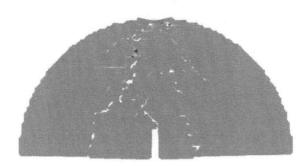

图 7-42   冷拌沥青混合料断裂主裂纹 (左侧贯穿裂纹) 及横向力云图 (应力集中现象)

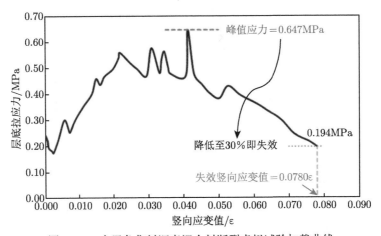

图 7-43   含黑色集料沥青混合料断裂虚拟试验加载曲线

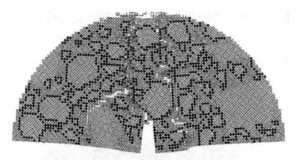

图 7-44 含黑色集料沥青混合料断裂界面示意图

图 7-45 含黑色集料沥青混合料断裂主裂纹 (沿预制裂纹左侧贯穿裂纹) 及横向力云图

3. 含砂浆基团的混合料断裂行为

如图 7-46 和图 7-47 所示，含老化沥青砂浆基团的混合料达到破坏状态时竖向位移较大，且裂纹张口位移也比任何旧料结构混合料都要大。主裂纹位置也与其他不同，是沿着预制裂纹竖直向上，破坏界面主要为老化沥青砂浆内部界面，破坏原因与上述小节中描述的情况不同，是由于横向位移达到临界值而产生拉断现

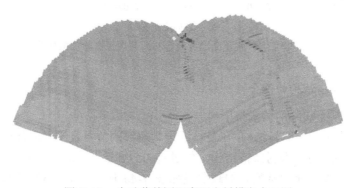

图 7-46 含砂浆基团沥青混合料横向力云图

象。相对薄弱界面是老化沥青砂浆与冷再生沥青砂浆之间的界面，即在 90％以上为砂浆基团旧料结构时，相对薄弱界面存在于旧料与冷再生沥青砂浆之间的连接区域。断裂试验峰值应力为 0.545MPa，断裂形式为脆性断裂，不遵循先前断裂的加载曲线规律，失效对应的应力值为 0.454MPa，失效竖向应变值为 0.235ε，如图 7-48 所示。

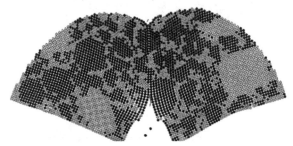

图 7-47　含砂浆基团沥青混合料断裂主裂纹 (沿预制裂纹竖直向上裂纹)

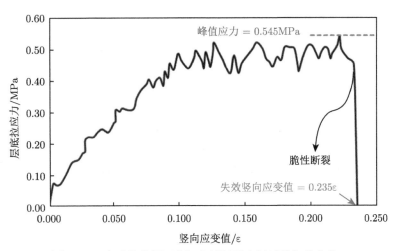

图 7-48　含砂浆基团沥青混合料断裂虚拟试验加载曲线

4. 含弱嵌挤结构的混合料断裂行为

1) 0° 分割无缺陷的弱嵌挤旧料结构

改变单一颗粒的旧料结构，在最靠近预制裂纹的位置且于竖向加载范围内，将黑色集料旧料结构改为弱嵌挤结构，先进行 0° 一分为二的居中分割，不添加固有缺陷，进行虚拟断裂试验。加载曲线如图 7-49 所示，启裂对应的竖向应变值为 2640με，断裂强度 (峰值应力) 从 0.647MPa 变为 0.652MPa，失效竖向应变从

0.0780ε 变为 0.0768ε，断裂能计算从 1585.973mJ 变为 1722.202mJ。考虑误差特性 (小于 10%) 可认为，仅仅改变单一颗粒的旧料结构，在不添加固有缺陷时，不影响断裂强度、材料韧性以及断裂能指标。

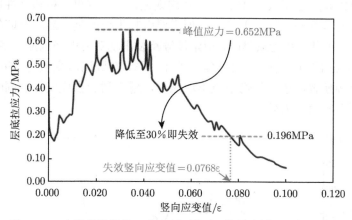

图 7-49　含弱嵌挤结构 (0° 分割无缺陷) 的混合料断裂加载曲线

在观察虚拟断裂过程时，可以发现在改变单一颗粒的旧料结构时，不改变混合料平面的断裂路径。但是薄弱界面特性有所改变，界面法向方向与加载方向垂直的旧料内部集料与老化沥青砂浆之间的界面断裂数量增多，如图 7-50 所示。在增加弱嵌挤结构的旧料数量后，最薄弱界面仍为集料与冷再生沥青砂浆之间的界面，次薄弱界面为界面法向方向与加载方向垂直的旧料内部集料与老化沥青砂浆之间的界面，且该界面变得比仅含黑色集料旧料结构的混合料更易断裂。

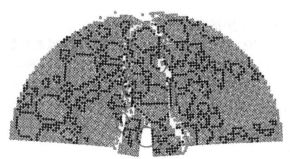

图 7-50　旧料内部集料与老化沥青砂浆之间的界面断裂位置示意图 (界面法向方向与加载方法垂直)

2) 0° 分割 6mm 缺陷的弱嵌挤旧料结构

在此前的弱嵌挤结构基础上，在 0° 分割线居中位置设置同向 6mm 缺陷。由于断裂加载方向一直竖直向下，因此在加载初期缺陷已闭合。虚拟断裂加载曲线如图 7-51 所示，断裂强度 (峰值应力) 升高幅度很小 (< 5%)，从 0.652MPa 至 0.680MPa；失效竖向应变降幅也较小 (< 5%)，从 0.0768ε 至 0.0730ε；同样地，断裂能指标变化幅度也不大于 10%。若考虑误差，断裂强度、材料韧性以及断裂能指标的改变均可忽略不计。但是有一项需要引起重视的是，启裂对应的竖向应变值发生很大的变化。在无缺陷时，初始接触断裂出现对应的竖向应变值为 2640με；但在设置 6mm 固有缺陷后，启裂提前了 40.9%，在竖向应变值为 1560με 时已出现第一次接触断裂现象。损伤节点出现越早，越不利于强度发挥，同时在承受疲劳加载时更容易疲劳失效。

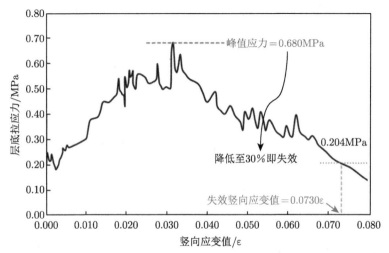

图 7-51　含弱嵌挤结构 (0° 分割 6mm 固有缺陷) 的混合料断裂加载曲线

3) 0° 分割 10mm 缺陷的弱嵌挤旧料结构

在 0° 分割线居中位置设置同向 10mm 缺陷。虚拟断裂加载曲线如图 7-52 所示，断裂强度 (峰值应力) 不升反降；失效竖向应变也升高较大幅度 (38.0%)，从 0.0768ε 提高至 0.1060ε，因此试件韧性也随之增加；同样地，断裂能指标变化幅度也达到了 45.1%。启裂对应的竖向应变值持续提前，在竖向应变值为 1250με 时已出现第一次接触断裂现象，相对于无缺陷时提前了 52.7%，比 6mm 固有缺陷提前了 19.9%。

4) 90° 分割无缺陷的弱嵌挤旧料结构

改变单一颗粒的旧料结构，在最靠近预制裂纹的位置且于竖向加载范围内，将黑色集料旧料结构改为弱嵌挤结构，改变分割走向，进行 90° 一分为二的分割，如图 7-53 所示，不添加固有缺陷，进行虚拟断裂试验。启裂对应的竖向应变值为 3000με，断裂强度 (峰值应力) 从 0.647MPa 变为 0.686MPa，失效竖向应变从

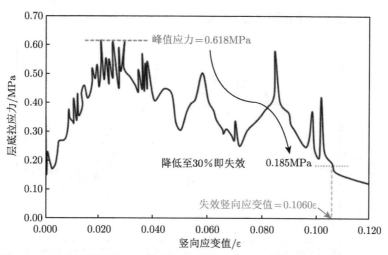

图 7-52　含弱嵌挤结构 (0° 分割 10mm 固有缺陷) 的混合料断裂加载曲线

0.0780ε 变为 0.0808ε，如图 7-53 所示。断裂能从 1585.973mJ 变为 1668.814mJ。考虑误差特性 (小于 10%) 可认为，仅仅改变单一颗粒的旧料结构，在不添加固有缺陷时，不影响断裂强度、材料韧性以及断裂能指标。

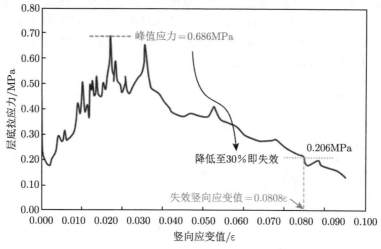

图 7-53　含弱嵌挤结构 (90° 分割无缺陷) 的混合料断裂加载曲线

5) 90° 分割 6mm 缺陷的弱嵌挤旧料结构

在此前的弱嵌挤结构基础上，在 90° 分割线居中位置设置同向 6mm 缺陷。启裂对应的竖向应变值为 2920με，断裂强度 (峰值应力) 从 0.686MPa 略降低为 0.659MPa，失效竖向应变从 0.0808ε 升至 0.0848ε，断裂能从 1668.814mJ 升至

1714.765mJ。加载曲线如图 7-54 所示。

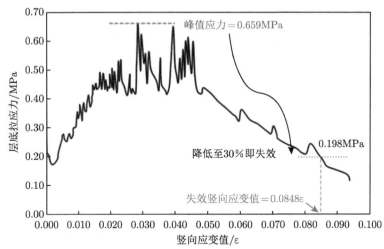

图 7-54　含弱嵌挤结构 (90° 分割 6mm 固有缺陷) 的混合料断裂加载曲线

6) 90° 分割 10mm 缺陷的弱嵌挤旧料结构

在 90° 分割线居中位置设置同向 10mm 缺陷，加载曲线如图 7-55 所示。启裂对应的竖向应变值为 2840με，启裂位置提前，但小于 0° 缺陷设置的提前比例。断裂强度 (峰值应力) 从 0.686MPa 升至 0.740MPa，升高幅度为 7.9%；失效竖向应变从 0.0808ε 升至 0.0880ε，升高幅度为 8.9%；断裂能从 1668.814mJ 升至 1993.231mJ，升高幅度为 19.4%。

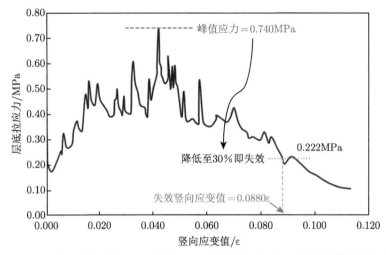

图 7-55　含弱嵌挤结构 (90° 分割 10mm 固有缺陷) 的混合料断裂加载曲线

5. 不同旧料结构混合料断裂行为对比

根据不同旧料结构混合料断裂试验模拟结果，整理成表 7-11，对比分析可得到以下结论：

表 7-11 不同旧料结构混合料断裂试验模拟数据

指标参数	冷拌	黑色集料	砂浆基团
峰值应力/MPa	0.778	0.647	0.545
失效竖向应变/ε	0.0254	0.0780	0.235
断裂能/mJ	654.137	1585.973	4773.850
薄弱界面类型	新料与乳化沥青砂浆之间的界面	新料与冷再生砂浆之间的界面	老化沥青砂浆内部界面
弱嵌挤结构	0° 无缺陷	0° + 6mm	0° + 10mm
峰值应力/MPa	0.652	0.680	0.618
失效竖向应变/ε	0.0768	0.0730	0.1060
断裂能/mJ	1722.202	1575.690	2286.337
薄弱界面类型	新料与冷再生砂浆之间的界面；旧料内部集料与老化沥青砂浆之间的界面	新料与冷再生砂浆之间的界面；旧料内部集料与老化沥青砂浆之间的界面	新料与冷再生砂浆之间的界面；旧料内部集料与老化沥青砂浆之间的界面
弱嵌挤结构	90° 无缺陷	90° + 6mm	90° + 10mm
峰值应力/MPa	0.686	0.659	0.740
失效竖向应变/ε	0.0808	0.0848	0.0880
断裂能/mJ	1668.814	1714.765	1993.231
薄弱界面类型	新料与冷再生砂浆之间的界面；旧料内部集料与老化沥青砂浆之间的界面	新料与冷再生砂浆之间的界面；旧料内部集料与老化沥青砂浆之间的界面	新料与冷再生砂浆之间的界面；旧料内部集料与老化沥青砂浆之间的界面

(1) 冷拌混合料峰值应力最大，但因其新料占比大，整体刚度最大，二维试件呈现更大的脆性，失效竖向应变值最小，计算所得的断裂能指标最小，抗裂性能最为薄弱；

(2) 不同旧料结构混合料抗裂性能不一，就断裂能指标而言，仅含老化沥青砂浆基团的冷再生混合料抗裂性能最大，其次是部分含弱嵌挤结构的混合料、仅含黑色集料的混合料，最后是冷拌混合料；

(3) 不同旧料结构混合料断裂模拟中薄弱界面类型不同，说明混合料内部局部断裂与其旧料结构息息相关，推测可得材料损伤的分布也与混合料内部旧料结构及其分布相互联系；

(4) 更改某一旧料颗粒为简单弱嵌挤结构的旧料时，相同外观不同内部分割组成的旧料颗粒，薄弱界面类型相同，而峰值应力、失效竖向应变值、断裂能指标等都有一定差异；就断裂能指标而言，0° 分割弱嵌挤结构的抗裂性能略优于 90° 分割弱嵌挤结构的抗裂性能；

(5) 更改某一旧料颗粒为简单弱嵌挤结构的旧料并设置不同长度同向缺陷时, 缺陷的设置不一定削弱断裂性能 (降低断裂能指标或峰值应力);

(6) 不同走向分割呈现不一样的断裂能, 如 0° 分割, 断裂能随缺陷长度的增加先减小后增大; 90° 分割, 断裂能随缺陷长度的增加而增大。

7.4.4　小结

采用彩色乳化沥青制备冷再生沥青混合料, 再通过图像处理技术获得精细化离散元二维虚拟半圆弯曲试件进行断裂试验模拟。选用线性平行黏结模型, 选取具有物理意义的材料属性参数, 赋予一定的界面特征属性。定义初始开裂时刻为第一个颗粒界面断裂对应的应力应变, 完全断裂或试件失效时刻为加载曲线陡降或加载应力等于 0 的时刻。对基准精细化离散元二维虚拟半圆弯曲试件进行断裂加载曲线、断裂路径、开裂界面类型等分析, 并结合冷再生沥青砂浆黏结强度、界面折减系数和缺陷走向、长度、位置 (高度) 等设置进行影响因素分析。分别进行不同旧料结构混合料的断裂试验的模拟仿真, 以冷拌混合料模拟结果作为对照组, 并对所有模拟结果进行分析, 如薄弱界面类型、断裂能指标、断裂曲线峰值应力等, 主要结论如下:

(1) 基准 SCB 试验加载曲线存在若干个亚峰值, 并非单调增加或下降的曲线, 断裂过程存在两个加载平台期, 应力峰值之后存在应力应变曲线斜率趋近于无限大, 表明材料失效;

(2) 最终断裂主路径与设想路径以及预制裂纹走向不一致, 其原因在于二维试件平面内的材料分布及各向异性, 如大颗粒集料的阻碍作用;

(3) 加载曲线的波动与界面断裂密切相关, 冷再生沥青砂浆与集料之间的界面是混合料内部最薄弱的界面, 原因与其黏结强度、刚度等息息相关;

(4) 提升冷再生沥青砂浆的黏结强度, SCB 强度明显增加, 试件延性、韧性增加显著; 初始开裂时刻对应的应力和应变值、峰值应力及其对应的应变值、完全断裂对应的应变值均与冷再生沥青砂浆的黏结强度呈明显的线性关系;

(5) 界面黏结强度越接近砂浆内部黏结强度, 即界面黏结程度越高, 初始开裂时刻越向后推移, 即不易启裂; 但是其他断裂参数值, 如断裂强度及其对应应变值和完全断裂应变值, 不仅与界面折减系数相关, 还受其他因素共同影响;

(6) 位于加载压头正下方区域内的缺陷直接导致由上至下的应力无法继续向下传递, 使得只有缺陷与压头之间的部分混合料试件的承载力得以发挥, 导致试件加载曲线峰值应力较小, 而整体显示为抗裂性能不足;

(7) 同一位置 (高度) 设置不同长度的固有缺陷, 峰值应力均随缺陷长度呈线性下降趋势, 其中 135° 固有缺陷对应峰值应力与线性趋势线的离散性更大; 断裂能参数呈二次函数或线性关系, 拟合程度较高;

(8) 设置不同高度的固有缺陷时, 混合料断裂性能 (峰值应力及断裂能指标) 与混合料各向异性 (材料分布特征及大颗粒集料位置) 有关;

(9) 冷拌混合料的抗裂性指标较低, 说明新料在一定程度上会降低材料整体的抗裂性能, 可以在工程实践中应用更高比例的旧料;

(10) 断裂模拟中, 最为薄弱的界面类型为新料与冷再生沥青砂浆之间的界面, 次薄弱界面为旧料内部集料与老化沥青砂浆之间的界面。

7.5 冷再生沥青混合料疲劳行为研究

本节通过离散元疲劳试验模拟结果获取虚拟疲劳试验加载条件, 如荷载幅值、疲劳失效准则对应的失效应变判据等疲劳模拟输入参数, 根据冷再生沥青混合料实际路用层位, 基于离散元精细化模型的构建与参数确定, 主要开展冷再生沥青混合料疲劳开裂行为研究。

首先, 从疲劳开裂界面特征、疲劳裂纹扩展特征、不同应力水平疲劳加载曲线、疲劳损伤特征、混合料整体黏弹性与耗散能表征等方法对冷再生沥青混合料离散元疲劳模拟结果进行分析, 获取材料疲劳失效特征、薄弱界面类型以及实际试验无法观察或获取的细观力学特征, 如细观尺度下断裂界面数量及发展变化。

其次, 针对冷再生沥青混合料疲劳开裂行为特点, 如开裂界面类型多涉及冷再生沥青砂浆、开裂类型多为 I 型开裂、加载过程中存在应力集中区域等, 分别变化冷再生沥青砂浆黏结强度, 设置不同走向、同一长度和位置 (高度) 的缺陷等, 同时考虑冷再生沥青混合料路面层位应用拓展的可能性, 设置不同加载频率, 对上述涉及的不同影响因素开展离散元疲劳试验模拟与结果分析, 对模拟结果从初始开裂时刻应变值、疲劳失效周期、疲劳损伤阶段特征点等多个指标进行分析。

最后, 考虑到乳化沥青冷再生混合料在常温条件下拌和的工况, 旧料结构在冷再生沥青混合料拌和成型过程中基本不发生变化, 不同旧料结构对冷再生沥青混合料疲劳开裂行为的影响至关重要。采用基于矢量计算的集料随机生成方法, 随机生成不同旧料结构的冷再生沥青混合料离散元精细化模型, 分别对不含旧料、仅含黑色集料、仅含砂浆基团、含弱嵌挤结构的混合料进行疲劳试验模拟, 开展不同旧料结构混合料疲劳开裂行为对比。

本节开展的冷再生沥青混合料疲劳性能研究, 揭示冷再生沥青混合料的疲劳失效机制, 与冷再生沥青混合料断裂行为模拟结果综合分析, 提出相应的工程实践建议, 目的在于根本性提升冷再生沥青混合料的抗疲劳性能, 使得冷再生材料在路面维修养护决策中的应用频次得到提高, 实现路面材料循环再利用的经济效益, 提高路面材料可持续发展的环保效益。

7.5.1 离散元疲劳试验结果分析

1. 疲劳开裂界面特征

不同应力水平条件下，主要开裂界面多数为集料与冷再生沥青砂浆之间的界面，该界面依然为混合料内部最为薄弱的界面。结合 7.3 节模拟结果可以得出，集料与冷再生沥青砂浆之间的界面在抗裂性能或抗疲劳性能两个方面都是混合料内部最为薄弱的界面。

以应力水平 50% 为例，疲劳与断裂宏观开裂路径是相一致的，开裂界面顺序不一致，主要原因在于循环往复加载与单次断裂加载使混合料二维试件内部应力集中区域分布不一致，如图 7-56 所示。可以注意到的是，单次断裂的二维试件内部压力区域 (蓝色) 面积明显大于疲劳加载二维试件内部，疲劳加载过程中拉力分布区域非常大，而对比二维试件精细化结构分布图，可以发现中间大颗粒集料对应力区域分布具有至关重要的作用。

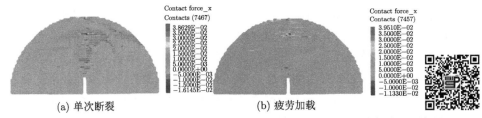

(a) 单次断裂　　　　　　　　　　　　　(b) 疲劳加载

图 7-56　达到相同竖向应变值时两种加载方式横向力云图对比 (彩图见二维码)

疲劳开裂界面顺序是先在压头下缘区域萌生微裂纹，接着沿着大颗粒集料边界向上开裂，并伴随着沿主路径向下扩展，预制裂纹再不断向上扩展，同时压头下缘与应力集中区域向左右两侧扩展裂纹，最终贯通产生破坏。而断裂开裂界面顺序则是预制裂纹先不断向上扩展，接着沿着大颗粒集料边界并伴随着沿主路径向下扩展，然后才是压头下缘区域开裂，最终宏观裂纹贯通产生断裂破坏。

2. 疲劳裂纹扩展特征

以应力水平 70% 为例，在第一个加载周期内对横向接触力云图与微裂纹萌生发展位置之间的联系进行分析。首先，微裂纹的萌生直接改变混合料二维平面内应力集中区域分布情况，如图 7-57 所示，应力集中区域随着多处微裂纹的产生不断上移，聚集于大颗粒集料与压头下缘之间的区域内；其次，在达到峰值应力的时刻附近，上升阶段和回落阶段均有大量微裂纹萌生，并且在回落阶段后大颗粒集料边界下缘开始呈压应力分布。在经历 3/4 个周期后，混合料二维试件平面内除局部应力集中外主要呈压应力分布，如图 7-58 所示，此时微裂纹萌生速度减慢，但依然会产生少量微裂纹。该周期内开裂走向是沿大颗粒集料边界向上扩展，应力集中区域向两侧扩展，预制裂纹竖直向上扩展。

(a) 未产生任何损伤状态   (b) 产生多处微裂纹后

图 7-57　横向接触力云图应力集中区域分布差异

图 7-58　除局部应力集中外主要呈压应力分布 (蓝色) (彩图见二维码)

3. 加载曲线与疲劳损伤特征

不同应力水平疲劳失效周期之间的差异迥异，如表 7-12 所示。应力水平处于 30% 时，疲劳失效周期大于 3000T，趋向于高周疲劳，疲劳加载至 3000T 时疲劳仍处于第二稳定阶段，未进入第三阶段；而应力水平大于等于 50% 时，试件明显处于低周疲劳，损伤积累非常迅速，很短的周期内即达到疲劳失效。应力水平处于 50% 时，自疲劳开始加载至失效，试件经历非常明显的疲劳三阶段；应力水平处于 70% 时，自疲劳开始加载至失效，试件未经历明显的疲劳三阶段，而是从一开始即进入损伤快速累积，短期内达到疲劳失效的第三阶段。疲劳加载竖向应变曲线如图 7-59 所示。

表 7-12　不同应力水平疲劳失效周期对比

应力水平/%	疲劳失效周期/T
30	>3000
50	48
70	16

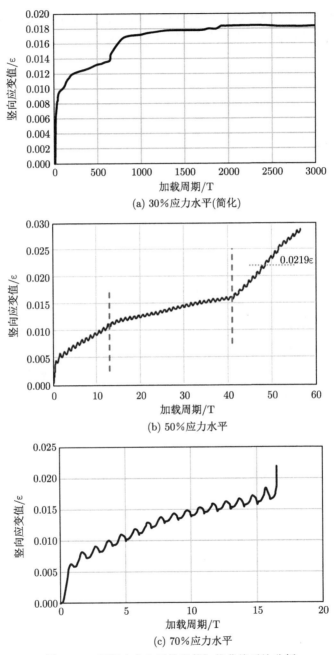

图 7-59　不同应力水平的疲劳加载曲线对比分析

以应力水平 50% 为例，对疲劳特征三阶段进行分析。第一阶段应变增长速率较大，占总疲劳寿命的 1/4；第二阶段应变增长速率趋于平稳，占总疲劳寿命的

1/2~3/5；第三阶段的应变增长速率最大直至疲劳失效，约占总疲劳寿命的 1/6，如图 7-60(a) 的虚线所示。断裂界面数随着疲劳加载周期的增加基本呈线性增长趋势，少部分位置出现细小的波动，如图 7-60(b) 所示。主要断裂界面集中在预制裂纹以及加载路径上，少数断裂界面集中于支座附近或加载压头下缘。

疲劳特征阶段对应的损伤累积变化曲线如图 7-61 所示，由细观裂纹数量与竖

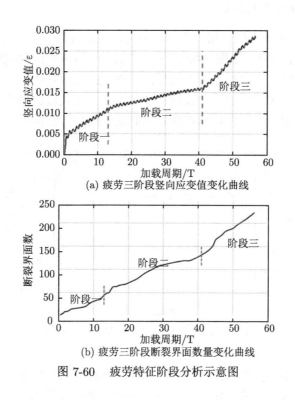

(a) 疲劳三阶段竖向应变值变化曲线

(b) 疲劳三阶段断裂界面数量变化曲线

图 7-60　疲劳特征阶段分析示意图

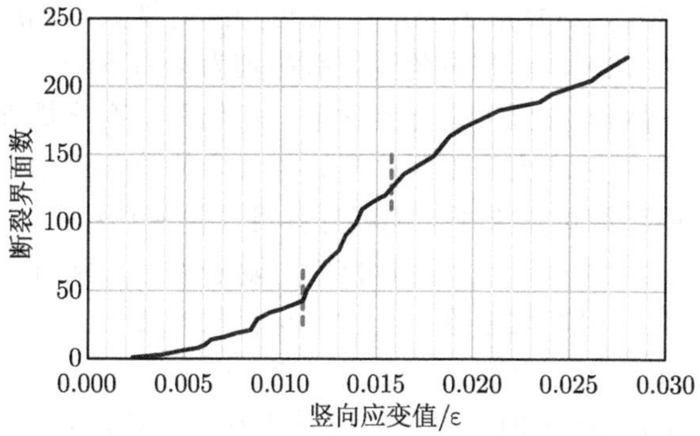

图 7-61　细观裂纹数量与竖向应变值的关系曲线

向应变值之间的关系曲线表征。可以看出，疲劳加载过程中，损伤变化是呈非线性累积的。从疲劳三阶段的区分来看，第一阶段损伤累积速率缓慢，损伤总量累计仅占 19.4%；第二阶段损伤基本呈线性累积，损伤总量累计占 36.9%；第三阶段损伤累积总量最大，占总损伤量的 43.7%，且呈现非线性指数型增长。试件自进入疲劳第二阶段开始，损伤 (细观裂纹数量) 进入快速累积阶段，占总量的 80.6%。

4. 材料黏弹性与耗散能

以应力水平 50% 为例，相同周期内应力加载曲线与竖向应变曲线的峰值 (或谷值) 之间存在相位角，如图 7-62 所示，说明混合料内部细观接触模型定义为线性平行黏结模型时，混合料整体在承受循环加载时呈现黏性，即线性细观接触模型的组合可以呈现多样性的力学性能。换而言之，细观接触模型类型与整体力学性能表征不一定相一致，整体黏弹性并不能反推细观接触模型即为黏弹性。

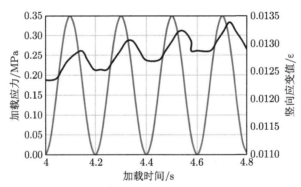

图 7-62　　相同周期内应力加载曲线与竖向应变曲线的峰谷值之间存在相位角

整个加载周期内，相位角的变化曲线如图 7-63 所示，分别表示峰谷值相位角差异。峰值相位角的波动区间为 $40° \sim 90°$，而谷值相位角的波动区间为 $30° \sim 60°$。在强度准则到达后 (判定试件疲劳失效)，相位角瞬时增大，此后峰值相位角的波动区间改变为 $90° \sim 120°$，但相位角变化趋势则为不断下降，下降趋势可认定为线性 (少数值存在离散)；在强度准则到达前，相位角的变化规律存在周期性的线性波动规律，都是周期性增大后不断往复。并且峰值与谷值相位角曲线线性波动规律的斜率一致。由于相位角大小与材料黏弹性比例密切相关，即相位角越大，材料黏性越大，弹性比例越小，因此可以推断，随着疲劳加载过程推进，材料黏弹性比例也在不断变化，且在强度准则到达前材料黏性按一定规律周期性增大后不断往复，弹性则相反；在强度准则到达后，变化则相反。

在应力水平 50% 的疲劳曲线中作加载周期内耗散能分析，如图 7-64 所示，曲线整体呈 "U" 形。加载前期，由于试件整体未达到稳定状态，耗散能处于较高值；

在 5~10T 内达到稳定后，耗散能处于较为稳定的阶段。可以发现，第一阶段跃向第二阶段时，耗散能变化不明显，取值略下降，幅度约为 15%，随后第二阶段的耗散能一直都保持在较低的水平，略低于 200J/m^3；而第二阶段向第三阶段转变时，耗散能有非常大的跃升，如图 7-65 所示，从 144.00J/m^3 增大至 316.15J/m^3，增大比例约为 120%；当试件达到强度准则 (疲劳失效状态) 时，耗散能有一定的增幅，从 315.01J/m^3 增大至 393.55J/m^3，约为 25%，如图 7-66 所示。

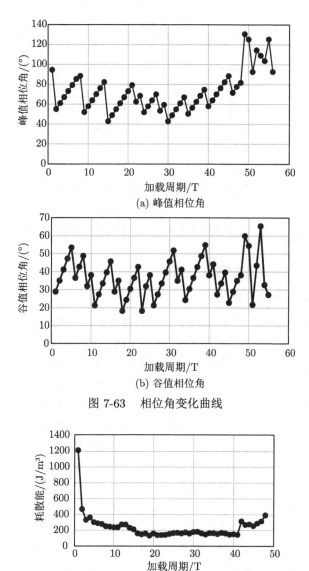

(a) 峰值相位角

(b) 谷值相位角

图 7-63　相位角变化曲线

图 7-64　应力水平 50% 疲劳加载周期内耗散能变化曲线

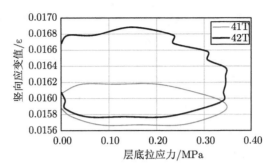

图 7-65　阶段二向阶段三转变时两个周期的滞回曲线对比

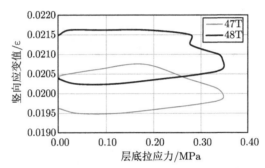

图 7-66　达到疲劳失效准则时两个周期的滞回曲线对比

7.5.2　离散元疲劳试验影响因素分析

1. 冷再生沥青砂浆黏结强度

由于冷再生沥青混合料的 2D-SCB 虚拟疲劳试验中断裂界面多数为冷再生沥青砂浆与集料之间的界面，说明该界面的抗疲劳能力较为薄弱，侧面反映该界面黏结强度可能不足。原位断裂试验数据显示，冷再生沥青砂浆内部黏结强度仅为老化沥青砂浆内部黏结强度的 1/3。此外，冷再生沥青砂浆由于水泥的掺入，模量刚度略大于老化沥青砂浆，而老化硬化原因使得老化沥青砂浆的模量也略大于常规热拌沥青砂浆。结合断裂影响因素分析结果，冷再生沥青砂浆黏结强度也可能是影响 SCB 疲劳性能的主要因素之一，在基准模拟参数 (0.15MPa) 不变的前提下，提升冷再生沥青砂浆的黏结强度 (0.25MPa、0.35MPa)，保持其他参数不变，进行虚拟疲劳试验。值得注意的是，不同冷再生沥青砂浆黏结强度值对应不同的断裂曲线 (峰值应力及对应应变值)，因此不同冷再生沥青砂浆黏结强度值对应不同疲劳失效判据，但在虚拟试验中均采用相同的应力幅值 (0.349MPa)。

直观而言，不同冷再生砂浆的黏结强度直接影响 SCB 混合料疲劳开裂路径，如图 7-67 所示，从预制裂纹向上开裂，并沿着大颗粒集料边界界面开裂，该路径为主路径，而非支路径，与先前分析结果不同。试想其原因可能是提升了冷再生砂浆黏结强度，相当于冷再生砂浆黏结强度逐步接近老化砂浆黏结强度，使得集料边界与两种砂浆的黏结强度相差无几；在加载路径上两种砂浆黏结强度越接近，在疲劳加载过程中开裂倾向越趋于一致，这使得开裂界面从预制裂纹开裂沿着大颗粒集料界面扩展，而非在设想路径之外寻找更易开裂的路径。

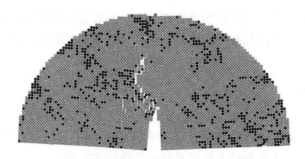

图 7-67　提升冷再生砂浆黏结强度后疲劳开裂路径改变

　　提升冷再生砂浆黏结强度后，疲劳失效周期明显提升，如表 7-13 所示，效果大于指数函数增长范围，特别是大比例提升，在电脑内存限制条件下，超过 4000T 仍看不到完全断裂状态。由此说明，提升冷再生砂浆黏结强度对提升乳化沥青冷再生混合料的疲劳性能具有显著效果。不同手段提升冷再生砂浆黏结强度的检验方法不局限于制备混合料进行宏观试验，也可以通过原位拉压试验或微观观测方法进行检验，以更少的制备材料量获取更多的样本数量和试验数据佐证。

表 7-13　不同冷再生砂浆黏结强度疲劳失效周期对比

冷再生砂浆黏结强度/MPa	疲劳失效周期/T	归一化
0.15	48	1.0
0.25	199	4.2
0.35	> 4000	> 83.3

2. 加载频率

　　由于路面层位以及使用服役所在的路面等级不同，冷再生沥青混合料承受的加载频率也不同，其展现的疲劳性能也趋于不同。针对同一内部结构的冷再生沥青混合料，细观接触性能保持不变，改变不同的加载频率，维持 50% 应力水平，进行疲劳虚拟试验。加载后疲劳失效周期如表 7-14 所示。直观而言，加载频率越高，疲劳性能越能得到发挥，加载周期更长，且非等比例增长；对于低频率加载，试件更趋于单次加载断裂，承载力快速失效。例如，1.0Hz 频率加载时，仅仅 4 个周期内损伤就快速积累，已达到疲劳失效，疲劳失效周期仅为 5.0Hz 频率加载时疲劳失效周期的 8.3%，尚不足 10%；而 10.0Hz 频率加载时，疲劳寿命接近 5.0Hz 频率加载时的 2.5 倍。

表 7-14　　不同加载频率疲劳失效周期对比

加载频率/Hz	疲劳失效周期/T	归一化
1.0	4	0.083
5.0	48	1.0
10.0	119	2.48

将冷再生沥青混合料应用于高等级路面，而非低等级道面材料设计中，车速越高，基层或底基层的加载频率越高，也同样对冷再生沥青混合料发挥疲劳性能有较大助益。

3. 缺陷设置

根据虚拟结果，对于峰值应力指标，缺陷位置在 27mm 高度附近存在明显拐点，可见离试件底部 27mm 高度设置的缺陷直接影响目前内部结构的冷再生沥青混合料断裂性能，在此基础上探究其对疲劳性能的影响。

在离试件底部 27mm 高度设置相同长度 (6mm) 的缺陷，针对同一内部结构的冷再生沥青混合料，在同等 50% 应力水平的基础上，分别对 0° 走向和 135° 走向的缺陷进行疲劳虚拟试验。

在同等应力水平的基础上，可以从图 7-68 看出，0° 和 135° 走向缺陷各自的加载曲线在疲劳第一阶段和第二阶段高度重合，在进入第三阶段后斜率接近，但进入第三阶段时对应的疲劳周期不一致，先进入第三阶段预示着疲劳失效周期更短。相对而言，135° 走向缺陷的虚拟疲劳失效周期为 63T，而 0° 走向缺陷的虚拟疲劳失效周期为 67T，相差 6.35%。在两种走向缺陷疲劳加载前期阶段，损伤多集中于缺陷与压头竖直区域内，特别是大颗粒集料边界与冷再生沥青砂浆之间的薄弱界面以及其上侧中等粒径集料周围，并且缺陷以下混合料区域多呈现受压状态；中期阶段时，预制裂纹开始向上扩展，中间损伤集中向下发展；但最终达到第

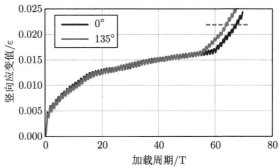

图 7-68　0° 走向和 135° 走向缺陷疲劳虚拟加载曲线对比 (50% 应力水平，27mm 高度，6mm 长度)

三阶段以及疲劳失效,主要原因是右支座出现失稳状态。通过分析虚拟疲劳试验的横向接触力云图和接触失效分布图可以发现,135° 走向缺陷疲劳失效周期更短、疲劳性能更薄弱的原因,主要是大颗粒集料上边界与缺陷呈平行关系,不利于混合料整体疲劳性能的进一步发挥。当大颗粒集料上边界与缺陷呈平行关系时,在加载过程中缺陷附近应力集中,加之大颗粒集料边界与冷再生沥青砂浆之间的薄弱界面不断产生接触断裂,两条平行线之间的集料易破碎,进而导致该区域缺陷宽度逐渐增大,疲劳裂纹进一步加长,从而提前达到疲劳加载第三阶段,而更早达到疲劳失效状态。

但是,缺陷的增加并非一无是处。无缺陷状态中,在同等 50% 应力水平和内部结构情况下,混合料只能承受 48T 的疲劳半正弦加载;而在大颗粒集料内部 (距试件底部高度 27mm 处) 设置 6mm 缺陷后,混合料可以承受大于 60T 的疲劳半正弦加载 (> 30%),也就预示着缺陷也可以一定程度上提升疲劳寿命。但有时会适得其反,若缺陷位置过高,混合料因承载力无法发挥,压头下缘断裂破坏,疲劳提前失效。

7.5.3 旧料结构对冷再生沥青混合料疲劳开裂行为的影响分析

1. 不含旧料的混合料疲劳开裂行为

冷拌沥青混合料疲劳模拟试验加载周期仅为 21T,加载应变曲线如图 7-69 所示。薄弱界面仍为新料与冷再生沥青砂浆之间的界面。初始启裂位置为 4500με。

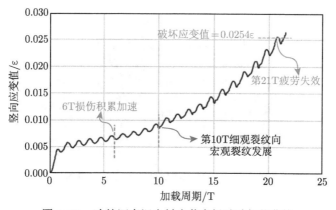

图 7-69 冷拌沥青混合料疲劳虚拟试验加载曲线

最初,裂纹先在集料棱角位置开裂,沿着新料边界小范围分布,再在预制裂纹左上方向上延伸,如图 7-70 所示。

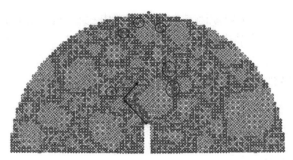

图 7-70 预制裂纹左上方向上延伸的裂纹示意图

箭头表示向上延伸的裂纹走向，圆圈表示在集料棱角位置开裂

4~6T 期间，预制裂纹左上方延伸速度减缓，大部分外力做功使得裂纹宽度不断加大，细观裂纹逐步形成宏观裂纹，并且横向接触力云图显示试件上端横向接触力峰值增大，如图 7-71 所示，材料分布及其各向异性特征更加不利于疲劳加载。

6~8T 期间，压头下缘向下损伤开始积累，逐渐贯穿成长裂纹，从 8T 开始右侧长裂纹宽度亦不断加大并逐步向下延伸。值得注意的是，所有裂纹均围绕预制裂纹上缘新料界面扩展。

9T 开始，竖向应变值因损伤积累有一个明显的下降，之后预制裂纹左上方裂纹开始向右侧长裂纹方向扩展；11T 开始，右侧长裂纹继续向下延伸，形成疲劳主裂纹，此时竖向应变值进一步大幅度下降；13T 时加载路径范围内损伤大范围累积，15T 时主裂纹已基本贯穿，至 21T 时试件最终疲劳失效破坏。

图 7-71 试件上端横向接触力峰值增大

2. 含黑色集料的混合料疲劳开裂行为

含黑色集料沥青混合料疲劳模拟试验加载周期为 67T，加载应变曲线如图 7-72 所示。初始启裂位置为 $3250\mu\varepsilon$。薄弱界面为 $1.18\sim2.36mm$ 粒径集料与冷再生沥青砂浆之间的界面。

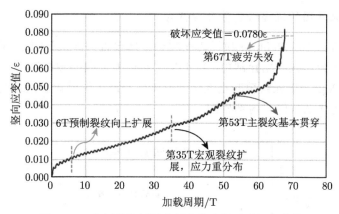

图 7-72　含黑色集料混合料疲劳虚拟试验加载曲线

不同于冷拌沥青混合料疲劳虚拟试验结果，损伤先出现于试件上半部，再逐渐出现在加载路径范围内，总体趋势是由上向下扩散。

6T 开始，预制裂纹向上扩展，下半部大颗粒 RAP 边界开始出现损伤和裂纹；9T 开始，该区域的细观裂纹扩展成宏观裂纹。

14T 开始，损伤大面积在试件平面内分布，细观接触断裂形成很多局部损伤节点，其中分布位置毗邻两个大粒径集料，并且被这两个大粒径集料所分割开来。

18T 时，预制裂纹沿着下半部大粒径黑色集料向上延伸；至 28T 时，该裂纹于中部损伤贯穿，形成主裂纹。

30T 开始，主裂纹向右上方扩展，同时向左下侧延伸。部分断裂界面变化为冷再生沥青砂浆与老化沥青砂浆之间的界面，其原因是在断裂路径上应力集中现象使得某些砂浆之间的界面达到细观接触抗拉强度而断裂。

35T 时，由于主裂纹宽度较大，且损伤密集分布，横向接触力重分布，即出现应力重分布现象，使得损伤集中出现在压头下缘位置，试件承载力已趋于极限。

43T 时，上缘大颗粒旧料两侧裂纹开始贯穿。

45T 时，上缘大颗粒旧料出现旧料内部集料与老化沥青砂浆之间的界面断裂，即旧料内部界面的断裂，该界面法向方向与加载方向垂直。一方面，主裂纹宽度进一步加大；另一方面，上缘界面断裂位置发生变化。

50T 时，主裂纹与上缘大颗粒旧料右侧裂纹贯穿，应力集中于压头下缘，仅该区域承载力得以发挥；直至 53T 时，该区域应力超过细观接触抗拉强度，大部分接触均断裂。

60T 时，压头下缘颗粒部分因形变过大而溢出，对应现实状况则是压碎破坏；届时加载曲线斜率很快发生变化，直至 67T 时试件完全断裂，达到疲劳失效。

3. 含砂浆基团的混合料疲劳开裂行为

若混合料除 16~26.5mm 粒径为新料外全部设置为砂浆基团结构的旧料颗粒，则疲劳模拟试验加载周期异常短，为 4T，加载应变曲线如图 7-73 所示。初始启裂位置约为 1600με，最先断裂的是老化沥青砂浆与冷再生沥青砂浆之间的界面，其次断裂的为老化沥青砂浆内部界面。

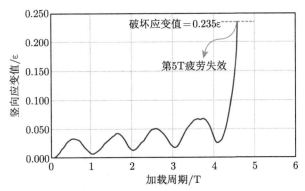

图 7-73　含砂浆基团混合料疲劳虚拟试验加载曲线

小于 16mm 的集料全部为砂浆基团结构的旧料颗粒时，冷再生混合料疲劳性能相较最差，疲劳失效破坏形式为压头下缘压碎破坏。其原因是，加载过程中压头下缘出现应力集中现象，该区域超过细观模型抗拉强度，局部出现接触断裂，进而发展为区域接触断裂，导致试件上缘压碎破坏。

猜想其可能的本质原因是，含大量砂浆基团的冷再生混合料整体刚度和强度均不足，导致在疲劳加载过程中承载力过低，易造成疲劳失效。含大量砂浆基团的冷再生混合料应存在某一临界应力水平值，低于该值时，疲劳失效形式是 I 型开裂；而高于该值时为压碎破坏，且加载周期非常小。

因此，大颗粒旧料全为砂浆基团结构非常不利于疲劳加载，在非常小的应力水平下会快速疲劳失效。在工程实践应用时，应避免铣刨的旧料大量掺入大颗粒砂浆基团，一方面在铣刨过程中应铣刨充分，另一方面在旧料出厂装料前需要通过密度法或其他有效方法筛除大颗粒砂浆基团。

4. 含弱嵌挤结构的混合料疲劳开裂行为

1) 0° 分割无缺陷的弱嵌挤旧料结构

改变单一颗粒的旧料结构，在最靠近预制裂纹的位置并于竖向加载范围内，将黑色集料旧料结构改为弱嵌挤结构，先进行 0° 一分为二的分割，不添加固有缺陷，进行虚拟疲劳试验。疲劳加载曲线如图 7-74 所示。

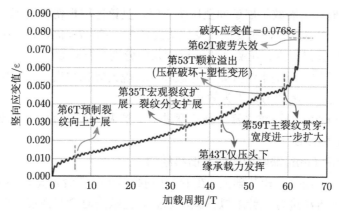

图 7-74 含弱嵌挤结构 (0° 分割无缺陷) 混合料疲劳虚拟加载曲线

　　含弱嵌挤结构的混合料在疲劳开裂和断裂的相似点在于，初始阶段开裂界面类型相同、位置相同、顺序相近，在疲劳加载前期，开裂界面均为集料与冷再生沥青砂浆之间的界面，及先前提及的集料棱角边缘与冷再生沥青砂浆之间的界面，暂无旧料内部结构开裂情况。

　　随着加载过程的深入，疲劳开裂路径为预制裂纹向上，但受到大颗粒集料阻碍，沿着集料边缘向上开裂，但开裂界面类型有所改变，多为旧料外侧老化沥青砂浆与冷再生沥青砂浆之间的界面；其次是冷再生沥青砂浆内部因裂纹尖端应力集中现象造成的开裂，后向右上侧方向开裂。综上所述，含弱嵌挤结构的混合料在疲劳开裂初期的薄弱界面为新料与冷再生沥青砂浆之间的界面，疲劳开裂中后期的薄弱界面为旧料与冷再生沥青砂浆之间的界面。

　　启裂对应的竖向应变值为 3200με，相比于含黑色集料的混合料略提前。第 6T 开始，预制裂纹向上扩展，下半部大颗粒 RAP 边界开始出现损伤和裂纹；第 8T 开始，该区域的细观裂纹扩展成宏观裂纹，相比于含黑色集料的混合料提前一个周期。薄弱界面仍为 1.18~2.36mm 粒径集料与冷再生沥青砂浆之间的界面。

　　第 13T 开始，损伤大面积在试件平面内分布，细观接触断裂形成很多局部损伤节点，其中分布位置毗邻两个大粒径集料，并且被这两个大粒径集料所分割开来。

　　第 22T 开始，预制裂纹沿着下半部大粒径黑色集料向上延伸，同时中部损伤开始向上下两侧扩展，有贯穿趋势；至第 28T 时，该裂纹与左侧中部损伤贯穿，形成主裂纹。

　　第 30T 时，裂纹在中部形成两个分支；在第 34~35T 时，主裂纹宽度加大，与此同时左上部损伤部分贯穿。左中部向上扩展因中等粒径旧料受到阻碍，裂纹向右中部向上扩展。

第 43T 时，主裂纹扩展延伸至压头下缘，且该区域损伤积累到一定程度，仅该部位承载力得以发挥，应变曲线变化幅度较大；第 47~48T 时，压头下缘相对大粒径的旧料颗粒右侧、左侧老化沥青砂浆层分别剥落开裂。

第 53T 开始，压头下缘开始压碎破坏，表现为颗粒溢出，对应为现实情况则为材料塑性变形，承载力处于失效边缘。

第 59T 开始，主裂纹贯穿，且宽度进一步扩大，承载力基本失效，加载经过 3T 后达到失效准则。

2) 0° 分割 6mm 缺陷的弱嵌挤旧料结构

在此前的弱嵌挤结构基础上，在 0° 分割线居中位置设置同向 6mm 缺陷，以同等应力水平再次进行疲劳虚拟试验，观察有无缺陷对含弱嵌挤旧料结构混合料的疲劳失效机制的影响。疲劳加载曲线如图 7-75 所示。

启裂对应的竖向应变值为 1960με，相比于无缺陷状态提前 38.75%。并且在循环往复加载过程中，固有缺陷位置存在应力集中现象，第 5T 开始附近颗粒存在位移，旧料颗粒内部存在结构的塑性变形，缺陷上侧的老化沥青砂浆与集料之间因颗粒位移产生剥离，存在较大的宏观裂纹，并且是宽度较大的上下两条裂纹。至第 8T 时，含缺陷的旧料结构外部的损伤积累并不多，大部分积累位于试件中部，循环往复的外力做功更多造成的是旧料颗粒内部的缺陷宽度加大，并向左右两侧扩展；第 10T 开始，预制裂纹向上扩展，并形成宏观裂纹。

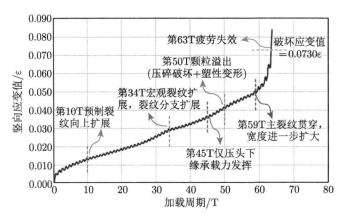

图 7-75　含弱嵌挤结构 (0° 分割同向 6mm 缺陷) 混合料疲劳虚拟加载曲线

第 15T 开始，预制裂纹向上扩展，并沿着含缺陷旧料结构外侧开裂，开裂界面为旧料外侧老化沥青砂浆与冷再生沥青砂浆之间的界面，不同于先前情况，冷再生沥青砂浆内部并未开裂。

第 28T 时，向上扩展的预制裂纹与左侧中部损伤贯穿，形成主裂纹。第 34T

开始，裂纹宽度加大，与此同时左上部损伤部分贯穿。左中部向上扩展因中等粒径旧料受到阻碍，裂纹向右中部向上扩展，但是主裂纹未与旧料颗粒内部的缺陷贯穿。

第 45T 时，主裂纹向右上侧扩展的同时，试件中部产生一条新的横向裂纹；第 50T 开始，仅压头下缘部分位置承载力得以发挥，且压头下缘相对大粒径的旧料颗粒右侧、左侧老化沥青砂浆层分别剥落开裂。

第 59T 开始，主裂纹贯穿，且宽度进一步扩大，承载力基本失效，加载经过 4T 后达到失效准则。

根据有无缺陷，我们可以得出以下结论：① 0° 分割 6mm 的同向缺陷设置时不影响疲劳寿命以及疲劳后期的开裂状态；② 0° 分割 6mm 的同向缺陷仅影响疲劳加载前期的启裂对应竖向应变值及试件内部断裂位置等，启裂对应竖向应变值提前量幅度非常大，试件内部初始断裂位置也将出现在缺陷设置附近。

3) 0° 分割 10mm 缺陷的弱嵌挤旧料结构

在此前的弱嵌挤结构基础上，在 0° 分割线居中位置设置同向 10mm 缺陷 (缺陷长度增大)，以同等应力水平再次进行疲劳虚拟试验，观察缺陷长度对含弱嵌挤旧料结构混合料的疲劳失效机制的影响。疲劳加载曲线如图 7-76 所示，疲劳寿命为 40T，相比于无缺陷和 6mm 缺陷状态缩短近 35%。

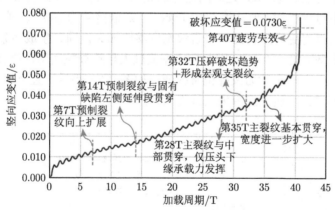

图 7-76 含弱嵌挤结构 (0° 分割同向 10mm 缺陷) 混合料疲劳虚拟加载曲线

启裂对应的竖向应变值为 1780με，相比于无缺陷状态提前 44.38%，比 6mm 缺陷状态提前 9.18%。启裂位置位于固有缺陷的左尖端，并且随着加载过程的延续不断扩展和延伸。第 7T 开始，预制裂纹向上扩展，并形成宏观裂纹，该节点对应的周期也提前。第 14T 开始，预制裂纹向上扩展，并沿着含缺陷旧料结构外侧开裂，开裂界面为旧料外侧老化沥青砂浆与冷再生沥青砂浆之间的界面；该周期内，预制裂纹向上扩展与固有缺陷左侧延伸段贯穿。

至第 28T 时，向上扩展的预制裂纹与右侧中部损伤贯穿，形成主裂纹。与之前不同的是，左侧中部损伤并未贯穿，未形成两条分支的裂纹，但应注意到试件右侧中部主裂纹具有向右下方扩展的趋势。此时，仅压头下缘部分位置承载力得以发挥，而且压头下缘相对大粒径的旧料颗粒右侧老化沥青砂浆层已剥落开裂。此节点大幅度提前，说明疲劳寿命已趋于尾声，加载曲线出现拐点，进入第三阶段，疲劳损伤快速增长。

第 32T 时，压头下缘相对大粒径的旧料颗粒左右两侧损伤大面积积累，压头下缘开始有压碎破坏迹象。疲劳加载应变曲线出现波动，试件右侧中部主裂纹向右下方扩展，已形成宽度较大的宏观支裂纹，该开裂界面为冷再生沥青砂浆内部界面。

第 35T 开始，主裂纹基本贯穿，且宽度进一步扩大，承载力基本失效，加载经过 5T 后达到失效准则。

4) 90° 分割无缺陷的弱嵌挤旧料结构

改变单一颗粒的旧料结构，在最靠近预制裂纹的位置将黑色集料旧料结构改为弱嵌挤结构，进行 90° 一分为二的分割，不添加固有缺陷，进行虚拟疲劳试验。疲劳加载曲线如图 7-77 所示。启裂对应的竖向应变值为 3360με，相比于含黑色集料的混合料略延后。第 53T 之前的循环加载与 0° 分割无缺陷含弱嵌挤结构混合料的疲劳加载过程相似，但从第 60T 开始，含弱嵌挤结构 (90° 分割无缺陷) 混合料的承载力发挥得更充分，此时主裂纹宽度继续加大，同时生成多条支裂纹，并未完全疲劳失效。第 68T 时，因竖向应变值过大导致颗粒间塑性位移过大，左上侧形成支裂纹，之后承载力发挥位置改变，如图 7-78 所示。直至第 77T 时，因压头下缘形变过大，达到疲劳失效最终状态。

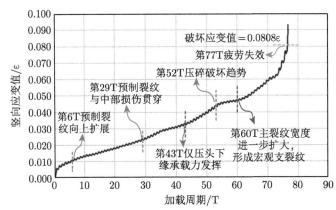

图 7-77　含弱嵌挤结构 (90° 分割无缺陷) 混合料疲劳虚拟加载曲线

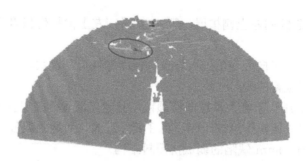

图 7-78 第 68 个周期时承载力位置发生改变

5) 90° 分割 6mm 缺陷的弱嵌挤旧料结构

在此前的弱嵌挤结构基础上，在 90° 分割线居中位置设置同向 6mm 缺陷，以同等应力水平再次进行疲劳虚拟试验。疲劳加载曲线如图 7-79 所示。启裂对应的竖向应变值为 3360με，相比于无缺陷时未提前，但是初始开裂时刻几乎同时出现 3 处细观接触断裂。

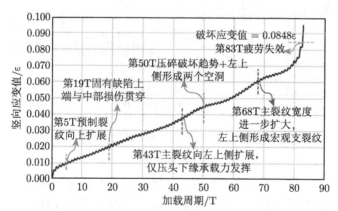

图 7-79 含弱嵌挤结构 (90° 分割同向 6mm 缺陷) 混合料疲劳虚拟加载曲线

第 5T 开始，预制裂纹向上扩展，并形成宏观裂纹，该节点对应的周期也相对提前。

第 9T 时，预制裂纹扩展与固有缺陷下端贯穿。第 15T 时，大颗粒弱嵌挤结构旧料上部裂纹向右上侧扩展。值得注意的是，固有缺陷两侧颗粒随着竖向应变值加大而被剥离，尽管集料内部黏结强度相对于其他接触黏结强度而言极大，但是因为裂纹开口位移逐渐加大，颗粒间位移超过限制而出现了剥离。

第 19T 开始，中部及大颗粒弱嵌挤结构旧料上部裂纹与固有缺陷上端贯穿。第 20~35T 时，中上部损伤累积加剧。至第 36T 时，仅压头下缘承载力得以发挥。

第 43T 时，主裂纹向左上侧扩展。第 50T 时，左上侧损伤积累形成两个较大的空洞。

第 68T 时，因竖向应变值过大导致颗粒间塑性位移过大，左上侧形成支裂纹，之后承载力发挥位置改变。

第 78T 时，压头下缘大颗粒旧料颗粒左侧老化沥青砂浆层剥离，此时已处于失效边缘，紧接着压头下缘被压碎，塑性变形过大，而达到疲劳失效破坏。

6) 90° 分割 10mm 缺陷的弱嵌挤旧料结构

在此前的弱嵌挤结构基础上，在 90° 分割线居中位置设置同向 10mm 缺陷 (缺陷长度增大)，以同等应力水平再次进行疲劳虚拟试验。疲劳加载曲线如图 7-80 所示。初始启裂位置约为 2860με，相比无缺陷或 6mm 缺陷时提前 14.9%。

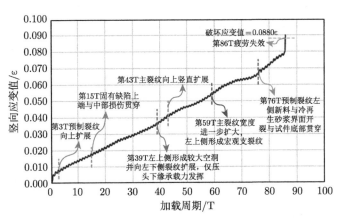

图 7-80   含弱嵌挤结构 (90° 分割同向 10mm 缺陷) 混合料疲劳虚拟加载曲线

第 3T 后期，预制裂纹向上扩展，随之形成宏观裂纹，该节点对应的周期也相对于短缺陷长度更提前。第 6T 开始，预制裂纹扩展与固有缺陷下端贯穿。在缺陷扩大至 10mm 后，关键节点对应的周期也相对提前了 2~3T。第 10T 时中部损伤积累速度加快。第 15T 时，中部损伤与固有缺陷上端贯穿，主裂纹初步形成。第 20T 时，上部损伤积累速度加快，并向试件两侧扩展。

第 39T 时，左上侧形成较大的空洞，较 6mm 缺陷长度时提前 11T；与此同时空洞向左下侧裂纹扩展，压头下缘大颗粒旧料左侧老化沥青砂浆层提前剥落，仅仅压头下缘承载力得以发挥。

第 43T 时，主裂纹向上竖直扩展，即 90° 分割缺陷长度较大时使得主裂纹扩展路径不发生偏移，裂纹尖端应力集中现象明显。

值得注意的是，在第 15~60T 期间，预制裂纹左侧 16~19mm 新料与冷再生沥青砂浆之间的界面随着竖向应变值加大，也不断扩展断裂。

第 59~63T 期间，主裂纹形成另外一条迂回裂纹，如图 7-81 所示。第 59T 时，压头下缘大颗粒旧料右侧老化沥青砂浆层剥落。第 63T 时压头下缘大颗粒旧料右侧形成支裂纹，向右下方扩展。

图 7-81　迂回裂纹形成示意图

第 76T 时，预制裂纹左侧 16~19mm 新料与冷再生沥青砂浆之间的界面开裂路径与试件底部贯穿，后逐步向上扩展。

第 77T 时，上缘压碎破坏，竖向应变值陡然上升，裂纹开口位移加剧变大，随之导致试件疲劳破坏。

5. 不同旧料结构的混合料疲劳开裂行为对比

将不同旧料结构混合料疲劳试验模拟结果整理成表 7-15，对比分析可得到以下结论：

(1) 冷拌混合料初始启裂位置最大，失效竖向应变值最小，损伤累积范围比其他旧料结构混合料更为集中，抗疲劳性能较为薄弱，原因与断裂性能较弱一致；

(2) 仅含老化沥青砂浆基团的冷再生混合料疲劳失效周期非常低，初始启裂应变较小，表现为抗疲劳性能极差，失效破坏形式也与其他结构混合料不同；

(3) 不同旧料结构混合料疲劳模拟中薄弱界面类型不同，说明混合料内部局部断裂与其旧料结构息息相关，推测可得材料损伤的分布也与混合料内部旧料结构及其分布相互联系；

(4) 更改某一旧料颗粒为简单弱嵌挤结构的旧料时，相同外观不同内部分割组成的旧料颗粒，初始启裂位置、疲劳失效周期、薄弱界面类型均不同，90° 分割弱嵌挤结构的抗疲劳性能略优于 0° 分割弱嵌挤结构的抗疲劳性能；

(5) 更改某一旧料颗粒为简单弱嵌挤结构的旧料并设置不同长度同向缺陷时，初始启裂位置随着缺陷长度增加而减小；

(6) 更改某一旧料颗粒为简单弱嵌挤结构的旧料并设置不同长度同向缺陷时，疲劳失效周期并不一定随着缺陷长度的增大而减小：对于 0° 分割弱嵌挤结构混合料, 缺陷的设置明显降低了其抗疲劳性能; 而对于 90° 分割弱嵌挤结构混合料, 缺陷的设置及缺陷长度的增大反而使抗疲劳性能增强。

表 7-15 不同旧料结构混合料疲劳试验模拟数据

指标参数	冷拌	黑色集料	老化沥青砂浆基团
初始启裂位置/με	4500	3250	1600
疲劳失效周期/T	21	67	4
薄弱界面类型	新料与冷再生沥青砂浆之间的界面	1.18~2.36mm 粒径集料与冷再生沥青砂浆之间的界面	老化沥青砂浆与冷再生沥青砂浆之间的界面; 老化沥青砂浆内部界面
弱嵌挤结构	0° 无缺陷	0°+6mm	0°+10mm
初始启裂位置/με	3200	1960	1780
疲劳失效周期/T	62	63	40
薄弱界面类型	新料与冷再生砂浆之间的界面; 旧料外侧老化沥青砂浆与冷再生沥青砂浆之间的界面	新料与冷再生砂浆之间的界面; 旧料外侧老化沥青砂浆与冷再生沥青砂浆之间的界面	新料与冷再生砂浆之间的界面; 旧料外侧老化沥青砂浆与冷再生沥青砂浆之间的界面
弱嵌挤结构	90° 无缺陷	90°+6mm	90°+10mm
初始启裂位置/με	3360	3360	2860
疲劳失效周期/T	77	83	86
薄弱界面类型	新料与冷再生砂浆之间的界面; 旧料内部集料与老化沥青砂浆之间的界面	新料与冷再生砂浆之间的界面; 旧料内部集料与老化沥青砂浆之间的界面	新料与冷再生砂浆之间的界面; 旧料内部集料与老化沥青砂浆之间的界面

7.5.4 综合分析

1. 水泥添加剂的影响

水泥在冷再生沥青混合料中的添加, 主要起到的作用是增加早期强度、材料硬度、刚度和水稳定性。根据疲劳失效现象来看, 水泥作为冷再生沥青混合料的组分之一, 使得冷再生沥青砂浆刚度增加 (远大于老化沥青砂浆和热拌沥青砂浆等), 以致冷再生沥青砂浆在受力时由于刚度的增加承担更大的受力, 而水泥材料的添加使得材料更具有脆性, 不利于疲劳加载, 冷再生沥青混合料的疲劳寿命较短有其脆性的主导原因。不同应力水平条件下, 主要开裂界面多数为集料与冷再生沥青砂浆之间的界面, 该界面依然为混合料内部抗疲劳性能最为薄弱的界面。

2. 冷再生沥青砂浆黏结强度的影响

由于冷再生沥青砂浆黏结强度的提升能显著提高疲劳失效周期, 因此冷再生沥青砂浆黏结强度是影响疲劳寿命的主要因素。而影响冷再生沥青砂浆黏结强度的因素, 可以是水泥及其水化产物的分布、水泥与乳化沥青之间的比例, 也可以是路面结构摊铺方式——"二次压实"效应、冷再生沥青混合料的养生龄期等。

水泥在施工时拌和的均匀性直接影响水泥及其水化产物的分布情况，水泥及其水化产物与乳化沥青两相分离又处于集料界面时，较弱的该区域会存在较大的微孔隙，导致冷再生沥青砂浆局部黏结强度较低。

水泥与乳化沥青之间的比例直接影响冷再生沥青砂浆的黏弹性比例，乳化沥青的含量较高时，冷再生沥青砂浆与界面黏结性能较好，黏结强度较高。

冷再生基层摊铺、初步养生完成后，加铺热拌、热再生或温拌沥青层时，不同摊铺温度会使得冷再生基层被"二次压实"所受的温度不同，从而使对其强度的提高影响不一致。

随着时间增长，冷再生沥青混合料的强度会逐步提升，主要表现在乳化沥青破乳失水、水泥转化为水化产物，二者结合形成新的混合物提升强度。在役冷再生混合料在承受累计交通荷载、充分养生后，在疲劳破坏阶段更多地呈现弹性特征，劲度模量对应力大小的敏感性减小；并且服役过程中冷再生混合料会存在疲劳寿命增长的过程，使得集料与冷再生砂浆之间结合浸润的深入以及行车荷载对路面结构的压密作用，界面黏结力增强，一般认定是在 2~5 年之内力学性能达到稳定水平。

3. 断裂与疲劳试验模拟结果对比分析

根据不同旧料结构的断裂与疲劳试验模拟结果对比分析，我们可以得到以下结论：

(1) 冷拌混合料在断裂与疲劳试验模拟结果中都显示较弱的性能，一定程度上说明新料高比例的掺入会降低混合料整体的抗裂性能和抗疲劳性能。

(2) 断裂与疲劳试验模拟中，同种结构混合料之间薄弱界面类型不同；二者对比发现，最为薄弱的界面类型为新料与冷再生沥青砂浆之间的界面，次薄弱界面为旧料内部集料与老化沥青砂浆之间的界面；疲劳试验模拟中，次薄弱界面还可能是旧料外侧老化沥青砂浆与冷再生沥青砂浆之间的界面。

(3) 断裂能指标高不等同于抗疲劳性能优越，如仅含老化沥青砂浆基团的冷再生沥青混合料断裂能指标最大，而疲劳失效周期最短；无缺陷的 0° 分割弱嵌挤结构混合料与 90° 分割弱嵌挤结构混合料断裂能指标与疲劳失效周期的比较恰好相反。

7.5.5 小结

本节采用彩色乳化沥青制备冷再生沥青混合料的方法，再通过图像处理技术获得精细化离散元二维虚拟半圆弯曲试件进行疲劳试验模拟。选用线性平行黏结模型，选取具有物理意义的材料属性参数，赋予一定的界面特征属性。采用控制应力模式，半正弦曲线循环往复加载，直至试件达到强度准则，判定为完全断裂。从界面开裂类型、横向力云图差异、应力水平对比、疲劳损伤累积、黏弹性及耗散能等多方面进行疲劳模拟结果分析,再对冷再生沥青砂浆黏结强度、加载频率、缺陷设置等影响因素进行研究,细致分析疲劳失效机制,得出一些工程实践建议。分别进行不同旧料结构混合料的疲劳试验的模拟仿真,以冷拌混合料模拟结果作为对照组,并对所有模拟结果进行分析,如疲劳试验初始启裂位置、疲劳失效周期等,主要结论如下:

(1) 不同应力水平条件下,主要开裂界面多数位于集料与冷再生沥青砂浆之间,该界面依然为混合料内部抗疲劳性能最为薄弱的界面;横向力云图差异显著,且疲劳失效周期迥异;

(2) 应力水平 50% 呈现明显的疲劳三阶段,损伤累积呈非线性趋势,自进入疲劳第二阶段开始,损伤 (细观裂纹数量) 进入快速累积阶段;

(3) 混合料内部细观接触模型定义为线性平行黏结模型时,混合料整体在承受循环加载时呈现黏性;细观接触模型类型与整体力学性能表征不一定相一致,整体黏弹性不能反推细观接触模型即为黏弹性;

(4) 耗散能曲线整体呈 "U" 形,第一阶段至第二阶段耗散能改变较小,而第二阶段向第三阶段转变时,耗散能有非常大的跃升;

(5) 提升冷再生砂浆黏结强度后,疲劳失效周期明显提升,开裂路径也发生改变;

(6) 加载频率越高,疲劳性能更能得到发挥,加载周期更长,且非等比例增长;

(7) 在试件竖向加载中间位置添加相同长度的 0° 和 135° 走向的缺陷,二者疲劳失效周期较为接近,但 135° 走向的缺陷抗疲劳性能相对更为薄弱;

(8) 冷拌混合料抗疲劳性能的指标较低,说明新料在一定程度上会降低材料整体的抗疲劳性能,可以在工程实践中应用更高比例的旧料;

(9) 疲劳试验模拟中,最为薄弱的界面类型为新料与冷再生沥青砂浆之间的界面,次薄弱界面为旧料内部集料与老化沥青砂浆之间的界面;次薄弱界面还可能是旧料外侧老化沥青砂浆与冷再生沥青砂浆之间的界面;

(10) 断裂能指标高不等同于抗疲劳性能优越,如仅含老化沥青砂浆基团的冷再生沥青混合料断裂能指标最大,而疲劳失效周期最短;无缺陷的 0° 分割弱嵌挤结构混合料与 90° 分割弱嵌挤结构混合料断裂能指标与疲劳失效周期的比较恰好相反;

(11) 不同旧料结构混合料疲劳虚拟仿真中薄弱界面类型不同,说明混合料内部局部断裂与其旧料结构息息相关,推测可得材料损伤的分布也与混合料内部旧料结构及其分布相互联系;

(12) 仅含老化沥青砂浆基团的冷再生混合料疲劳失效周期非常短,初始启裂位置较小,表现为抗疲劳性能极差,在工程实践中应剔除内部结构无大颗粒集料的大粒径旧料。

7.6 本 章 小 结

基于原位试验的接触模型参数获取,采用离散元方法模拟乳化沥青冷再生混合料的断裂及疲劳试验过程,将最终断裂面与微观薄弱界面结合来综合分析疲劳开裂机理,并将微观、细观、宏观等三个层面上的研究结果与实际工程实践相结合,分析材料性能优化方向,为提出冷再生沥青混合料基于疲劳性能的设计方法和规范标准提供理论支撑,提出应用于实际工程实践的合理有效的建议,提升冷再生沥青混合料应用广度和深度。主要研究结论具体如下:

(1) 冷再生砂浆黏结强度是影响冷再生沥青混合料强度及疲劳失效机制的重要因素之一;提升冷再生砂浆黏结强度,其抗裂性能和疲劳失效周期明显提升,试件延性韧性增加显著;初始开裂时刻对应的应力和应变值、峰值应力及其对应的应变值、完全断裂对应的应变值均与冷再生沥青砂浆的黏结强度呈明显的线性关系,疲劳开裂路径也发生改变;在工程实践中可以通过使用高黏度乳化沥青或采用增塑剂 (减水剂) 提升乳化沥青与集料之间界面的浸润程度来提升冷再生砂浆黏结强度。

(2) 位于加载位置正下方区域内的缺陷会导致由上至下的应力无法继续向下传递,使得只有缺陷与压头之间的部分混合料试件的承载力得以发挥,导致试件加载曲线峰值应力较小,而整体显示为抗裂性能不足;设置同一位置 (高度) 同一长度的固有缺陷,与加载方向垂直 (0° 走向) 的缺陷对应峰值应力较低,与大颗粒集料边界平行 (135° 走向) 的缺陷对应的断裂能参数较小,抗疲劳性能相对更为薄弱。

(3) 不同旧料结构冷再生混合料疲劳模拟试验中,相对薄弱界面为旧料外侧老化沥青砂浆与冷再生沥青砂浆之间的界面;旧料颗粒劣化不利于早期强度形成和旧料与冷再生沥青砂浆之间的黏结作用;综上所述,在工程实践中应筛选并使用外层劣化程度低的旧料,或考虑使用物化手段对旧料外层老化沥青进行活化,增强老化沥青与乳化沥青之间的融合作用,提高二者界面的黏结程度和强度。

(4) 断裂能指标高不等同于抗疲劳性能优越,如仅含老化沥青砂浆基团的冷再生沥青混合料断裂能指标最大,而疲劳失效周期最短;仅含老化沥青砂浆基团的冷再生沥青混合料疲劳失效周期非常低,初始启裂位置较小,表现为抗疲劳性能极差,在工程实践中应剔除内部无大颗粒集料的大粒径旧料。

第 8 章　乳化沥青冷再生加铺结构设计方法

8.1　概　　述

我国虽然从 1998 年就开始了关于沥青路面冷再生技术的工程实践和相关研究,但是大部分研究主要集中于冷再生混合料的设计方法和路用性能,针对冷再生路面结构设计方法依然缺乏相对成熟的研究成果。这点在现行的《公路沥青路面再生技术规范》(JTG F41—2008) 中有非常明显的体现,现行规范重点对再生材料的设计和施工进行了规定而未涉及结构设计;因此,在实际的冷再生工程中,通常是将其作为一般的改建补强工程,遵循《公路沥青路面设计规范》(JTG D50—2006) 的改建路面设计方法进行结构设计。然而,现有的设计规范所制定的改建路面设计方法是基于旧路面加铺所提出的,设计方法相对比较笼统,无论是在结构上还是在材料上都没有考虑冷再生路面的结构 (图 8-1) 和材料的特性。

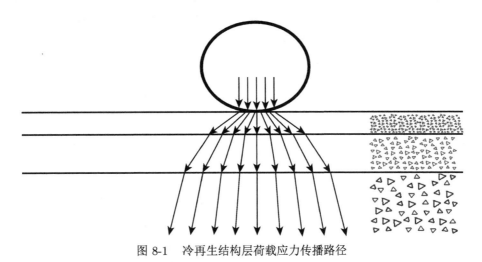

图 8-1　冷再生结构层荷载应力传播路径

因此,本章重点结合实体工程,对乳化沥青冷再生加铺结构设计作进一步的探究,以期为系统的冷再生路面结构设计方法的形成奠定良好的基础。主要内容包括第 4 节冷再生混合料抗拉强度结构系数、第 5 节冷再生材料轴载换算公式、第 6 节旧路面结构残余承载力、第 7 节结构设计流程以及第 8 节实例验算。

8.2 国内外冷再生路面结构设计方法

目前国外主要的冷再生设计方法有美国的 AASHTO(American Association of State Highway and Transportation Officials) 法、AI(Asphalt Institute) 法以及南非的冷再生沥青路面结构组合设计方法。

8.2.1 美国 AASHTO 法

AASHTO 冷再生路面结构设计方法来源于有效厚度法加铺层设计方法 [122]。它是一种基于剩余寿命概念的设计方法,路面材料以弹性模量和疲劳特性表征,具有不同强度和构造的路面材料用适当的结构数表示。结构数 SN(structural number) 是各层层系数、层厚、排水系数等的函数,可依据诺模图确定:一定可靠性水平 R 下的 SN、总的标准差 S、设计期内的预估交通量水平 (ESAL)、路基有效回弹模量和以现时服务指数表示的服务能力损失,表征柔性路面抵抗荷载的能力;对于非稳定层,排水条件的影响系数也被考虑在内。

对于典型的三层结构,结构数 SN 定义如式 (8-1) 所示:

$$SN = a_1 \times D_1 + a_2 \times D_2 \times m_2 + a_3 \times D_3 \times m_3 \qquad (8\text{-}1)$$

式中,a_1、a_2、a_3 分别为面层、基层、底基层层系数;D_1、D_2、D_3 分别为面层、基层、底基层的厚度;m_2、m_3 分别为基层、底基层排水系数。

式 (8-1) 的表达可以调整以适应不同层数的结构。与新建路面相同,AASHTO 指南的加铺 (罩面) 层的厚度设计仍然是基于结构数 (SN)。对于再生路面 (包括冷、热再生),可以采用同样的方法,只是材料的层系数需要适当取值。将再生层当成加铺层处理,再生路面结构层的结构数就等于新路 (包括再生层在内) 要求达到的结构数减去现有道路的有效结构数,如式 (8-2) 所示:

$$SN_{OL} = SN_Y - (F_{RL} \times SN_{xeff}) \qquad (8\text{-}2)$$

式中,SN_{OL} 为加铺层的结构数;SN_Y 为现有条件下满足预估交通量新路面的结构数;F_{RL} 为残留寿命系数;SN_{xeff} 为罩面时原路面的结构数。这样计算得出的加铺层结构数是再生层和再生层上罩面层的结构数之和,然后根据再生层和罩面层结构等效系数,计算得出各自的厚度。表 8-1 中列出了通过现场试验得到的典型再生沥青混合料结构层系数。

此外,对于各种再生材料的层系数,还可以根据 van Wijk 等基于路面结构应变、永久变形和材料的疲劳特性推导的方法计算。应用弹性层状体系理论与有限元方法,可以计算路面结构的应力、应变和永久变形。将再生路面的再生层替换为 AASHTO 标准热拌沥青混合料 (HMA) 结构层,并比较再生路面与 HMA

表 8-1　AASHTO 典型再生沥青混合料结构层系数

再生材料类型	使用层位	层系数范围	层系数均值	测试路段数	AASHTO 试验路相应结构层与材料的层系数
厂拌沥青混凝土面层再生	面层	0.37~0.59	0.48	14	0.44
厂拌沥青混凝土面层再生	基层	0.37~0.49	0.42	3	0.35
就地沥青混凝土沥青和/或改性剂再生	基层	0.23~0.42	0.31	4	0.15~0.23
就地沥青混凝土 + 基层材料水泥稳定再生	基层	0.40	0.40	1	0.15~0.3
就地沥青混合料沥青稳定再生	面层	0.42	0.42	1	—

路面的应变、永久变形和疲劳寿命，就可以得出再生层的层系数。在相同的气候、土基、排水和路面服务性能指数 (pavement serviceability index, PSI) 条件下，路面在同样 ESAL 作用下应有相同的服务年限和 SN。保持其他层的系数与厚度不变，将再生路面的再生层替换为 HMA 结构层，可以得到式 (8-3)：

$$\left\{ \begin{array}{l} SN' = SN \\ a' = a^* h / h' \end{array} \right\} \tag{8-3}$$

式中：SN′ 为再生路面结构数；SN 为标准结构层的路面结构数；a' 为再生层层系数；a^* 为 HMA 层层系数，等于 0.44；h' 为再生层厚度；h 为在相同应变、永久变形或疲劳寿命下的沥青层厚度。

van Wijk 等的计算研究表明，泡沫沥青冷再生混合料路面结构的层系数范围为 0.20~0.42，中值 0.31；乳化沥青冷再生混合料的层系数范围为 0.17~0.41，中值 0.29。与 HMA 的 0.44 相比，可以认为冷再生沥青混合料的结构层系数合理范围为 0.30~0.35。但是，冷再生混合料的层系数受多种因素的影响，如养护、水分蒸发速度等，必须结合具体工程合理评价。

AASHTO 加铺法是一种基于旧路剩余寿命的设计方法，具有不同强度和构造的路面材料用适当的结构数 SN 表示。路面设计时路面需要达到的结构数通过查诺模图得到；对路面加铺设计时，将再生层当成加铺层处理，再生路面结构层的结构数就等于新路 (包括再生层在内) 要求达到的结构数减去现有道路的有效结构数，旧路的有效结构数由旧路各层层系数、层厚、排水系数求得。

AASHTO 设计方法中，最关键的参数是材料的层系数，而层系数的取值是通过大量的现场试验得到的，是一个经验值。美国的路面结构为柔性基层路面，和我们国家的半刚性基层沥青路面差别很大，所以 AASHTO 法中的层系数值不能直接应用于我国的路面结构设计。

8.2.2 AI 法

美国沥青协会 (AI) 出版的 AI 路面结构设计手册中详细介绍了冷再生沥青路面的材料评价、混合料设计、厚度设计、就地冷再生施工、厂拌冷再生施工等内容[123]。AI 冷再生沥青路面厚度设计方法属于理论法，采用两个应变作为设计指标。一个指标是沥青混合料层底水平拉应变，用以控制路面疲劳开裂；另一个是路基顶面竖向压应变，用以控制永久变形。对于已知的交通量和土基回弹模量，路面厚度可以通过诺模图得到。

AI 法冷再生路面设计方法主要基于乳化沥青冷再生混合料，也适用于低黏度沥青冷再生混合料。沥青混合料分为 A 类和 B 类两大类，A 类包括集料级配为一般的冷再生混合料，B 类包括集料级配主要为较细的砂粒式级配。

一般而言，通过诺模图得到的路面厚度是沥青路面冷再生基层与沥青面层的总厚度，为此 AI 法推荐了冷再生基层上最小沥青面层厚度，具体如表 8-2 所示。沥青混凝土或 I 型乳化沥青混合料 (主要指性能与沥青混凝土类似的乳化沥青混合料) 面层可以替代部分厚度的 A 型或 B 型乳化沥青混合料；当使用 I 型乳化沥青混合料时，应铺筑 1~2 层的沥青表面处置作为磨耗层。另外，厚度设计中，如果冷再生基层之下保留部分旧粒料基层，如图 8-2 所示，应对基层的材料性质进行评价，以确定其层厚等效性。表 8-3 所示为折算系数。

表 8-2　AI 基层上冷再生最小面层厚度

交通量/ESAL	$<10^4$	10^4	10^5	10^6	10^7	$>10^7$
最小面层厚度/mm	—	50	50	75	100	130

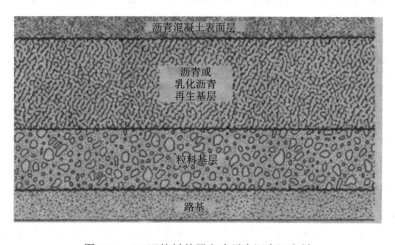

图 8-2　AI 旧粒料基层上冷再生沥青混合料

表 8-3　AI 折算系数

材料分类	材料描述	折算系数
A	天然路基顶面	0
B	改善的路基顶面	0
C	粒料底基层或基层: 级配大体良好, 颗粒坚硬, 含细粒土, CBR(加州承载比, California bearing ratio) 不小于 20, 如果塑性指数 PI≤6, 用范围的上限; 如果 PI > 6, 用下限	0.1~0.2

注: 表中折算系数仅适用于冷再生沥青混合料路面的评价, 不适用于新建路面的厚度设计; 折算系数的值和范围指现有结构层厚度折算为冷再生沥青混合料基层等效厚度的乘数。

AI 冷再生结构设计方法的最大优点是针对不同级配的冷再生混合料, 并在结构验算时利用路基的动态模量验算沥青层层底拉应变和路基顶面的竖向压应变。但 AI 法也有很多不足之处, 首先对不同种类的冷再生混合料划分的依据是级配而不是性能; 不同的加铺厚度决定了再生层在路面结构中承受荷载作用时的受力状态, 而混合料的劈裂强度、疲劳性能等才是直接决定混合料承受荷载能力的因素; 其次 AI 法中没有考虑旧路剩余寿命。考虑到美国的沥青路面设计一般采用较高的可靠度、柔性的基层、较厚的面层, 所以 AI 法也不适合直接应用于我国的路面结构设计。

8.2.3　南非法

近年来, 南非的研究人员对泡沫沥青与乳化沥青作了深入研究。南非的路面结构设计方法属理论法, 其基础是实验室试验及重车模拟试验得到的材料性质和结构行为 [124]。该方法将乳化沥青混合料作为一大类材料, 既适用于新料, 也适用于冷再生乳化沥青混合料作为基层的路面设计。考虑到乳化沥青混合料中可能添加有水泥, 乳化沥青混合料按无侧限抗压强度和 23℃ 劈裂强度分为四类, 如表 8-4 所示 (表中 ET=emulsion treated, 乳化处理)。

表 8-4　南非乳化沥青混合料的分类

冷再生沥青混合料分类	无侧限抗压强度/kPa	23℃ 劈裂强度/kPa
ET1	1200~2000	300~500
ET2	1200~2000	100~300
ET3	750~1200	300~500
ET4	750~1200	100~300

根据南非相关实验室试验及重车模拟试验结果, 乳化沥青混合料路面的结构行为分为两个阶段: 疲劳开裂之前和疲劳开裂之后。结构层疲劳开裂之前称为疲劳破坏阶段 (fatigue life phase), 以冷再生结构层的回弹模量降低到 500MPa 或初期强度的 25% 为界限; 疲劳开裂之后一段时间内, 路面仍能承受车轮荷载的作用, 这个阶段称为等效粒料阶段 (equivalent granular phase)。在疲劳破坏阶段, 结构层竖向变形可以不计, 荷载作用次数是层底最大拉应变与破坏应变之比的函

数。在等效粒料阶段,结构层将产生较大的竖向变形,路面永久变形大约 80% 都来自乳化沥青层,另外 20% 来自路面其他结构层;对于给定的竖向变形,荷载作用次数是临界应力比的函数。因此,路面总寿命可以表达为式 (8-4):

$$N = N_f + N_{PD} \tag{8-4}$$

式中,N 为乳化沥青混合料基层路面总寿命;N_f 为材料达到疲劳破坏的荷载作用次数;N_{PD} 为路面表面总永久变形达到 20mm 的荷载作用次数。应用上述原理,以路面表面总变形 20mm 作为破坏标准,通过复杂的计算,可以得到不同等级道路的结构层所需要的厚度。

南非法的优点是首先根据再生混合料的无侧限抗压强度和劈裂强度对混合料进行分类,根据试验结果给出各类混合料的路面设计参数值;其次在结构设计时,将路面总寿命定义为疲劳破坏寿命和疲劳破坏之后路表面总变形达到 20mm 的作用次数之和。

可见南非法中很多设计理念还是很值得借鉴的,但是对旧路的残余寿命考虑不足。由于南非法对混合料类型划分的依据是 23℃ 劈裂强度,且路面设计参数是通过实验室试验及重车模拟试验得到的,我国现阶段对再生材料的研究主要处于实验室阶段,缺乏重车模拟试验结果,所以南非法也不能直接应用于我国的冷再生结构设计。

8.2.4 我国现行设计方法

我国路面设计采用双圆垂直均布荷载作用下的多层弹性连续体系理论,以设计弯沉为路面结构整体刚度的设计指标,以弯拉应力作为控制结构层疲劳开裂的设计指标。

(1) 为控制路基结构总体变形,防止沉降、车辙等整体强度的不足造成的损坏,采用弯沉设计指标——路基路面结构表面在双圆均布荷载作用下轮隙中心处的实测路表弯沉 l_0 小于或等于设计弯沉值 l_d 作为确定沥青路面结构厚度的设计标准,如式 (8-5) 所示:

$$l_0 \leqslant l_d \tag{8-5}$$

路面设计弯沉值 l_d 是表征路面整体刚度大小的指标,是路面厚度计算的主要依据。路面设计弯沉值应根据公路等级、设计年限的轴载标准轴次、面层和基层类型,根据式 (8-6) 求得:

$$l_d = 600 N_e^{-0.2} A_c A_b A_s \tag{8-6}$$

式中,l_d 为设计弯沉值,0.01mm;N_e 为设计年限内一个车道累计当量标准轴载通行次数;A_c 为公路等级系数,高速公路、一级公路为 1.0,二级公路为 1.1,三、四级公路为 1.2；A_s 为面层类型系数，沥青混凝土面层为 1.0，热拌沥青碎石、冷拌沥青碎石、上拌下贯或贯入式路面、沥青表面处置为 1.1；A_b 为路面结构类型系数，刚性基层、半刚性基层沥青路面为 1.0，柔性基层沥青路面为 1.6。若基层由半刚性材料层与柔性材料层组合而成，则 A_b 介于两者之间，通过线性内插决定。

(2) 为防止基层或沥青混凝土疲劳开裂，采用拉应力指标——其层底计算点的拉应力 σ_m 应小于或等于该层材料的容许拉应力 σ_R，如式 (8-7) 所示：

$$\sigma_m \leqslant \sigma_R \tag{8-7}$$

式中，σ_R 为路面结构层的容许拉应力，MPa，按式 (8-8) 计算：

$$\sigma_R = \frac{\sigma_{SP}}{K_s} \tag{8-8}$$

式中，σ_{SP} 为沥青混凝土或半刚性层的劈裂强度，MPa；K_s 为抗拉强度结构系数，与结构层材料类型有关。

在路面设计规范中，对加铺补强层结构设计规定：补强层厚度设计方法与新建路面相同。在承载板测定原路面顶面当量回弹模量后，按照设计使用期内的交通要求，按新建沥青路面设计方法设计加铺层结构所需的厚度。

我国将冷再生路面结构设计当作加铺补强层结构设计，用原路面顶面的当量回弹模量表征旧路残余性能，按新路加铺设计方法进行设计。方法中没有明确任何再生层材料的设计参数，包括材料的抗压回弹模量、劈裂强度、容许拉应力等，显然按照此方法进行结构设计是行不通的；而且该法中将原路面完全看作土基，没有充分考虑原路面结构层的剩余承载能力，进行结构设计时需要更厚的再生层和面层来保证结构的安全性，显得过于保守，而且造成材料的浪费。

通过对国内外已有冷再生结构设计方法的分析发现，无论是基于力学经验法的 AASHTO 法和我国设计方法，还是基于理论法的 AI 法和南非法，都有各自的优缺点。相对而言，国外的冷再生技术研究起步较早，在冷再生结构设计方法方面形成了相对比较成熟的体系，但是国外的交通荷载与环境以及路面结构和材料均与我国存在较大的差异，更重要的是国外的冷再生结构设计方法通常是与其自身的新建沥青路面设计方法相对应的，很难直接复制到我国进行使用，但是其设计理念值得我们借鉴。因此，有必要提出一种适用于我国路面状况的简单可行的冷再生结构设计方法。

8.3 冷再生沥青路面结构设计基本原则

基于前述分析可知，我国现有的冷再生路面补强结构设计存在两个较明显的缺陷：

(1) 将冷再生层作为独立的结构层，却没有充分考虑冷再生材料自身的特点；

(2) 对原路面结构进行补强，却没有充分考虑原路面结构残余的承载力。

因此，本小节重点针对冷再生路面的结构特点和材料特性，在现行设计方法的基础上进行关键参数的研究分析，以期弥补上述两个缺陷。基于冷再生混合料的特性，综合国内外冷再生实体工程的实体经验，目前的冷再生技术应用主要有以下几个特点：

(1) 冷再生技术主要应用于结构病害的处置，如路面结构使用一定年限后的结构补强设计；

(2) 冷再生混合料具有强度低、疲劳性能差的特点，因此在结构补强中通常用作基层 (包括部分下面层)；

(3) 冷再生结构设计方案通常是对原路面铣刨至基层 (部分乃至全部基层)，视情况进行处理后，加铺冷再生基层和沥青面层。

可以看出，由于冷再生技术对原路面结构实施了铣刨，因此其结构设计方案以及铺面材料可以具有多种多样的组合和变化，是一项非常复杂的工作。鉴于我国的冷再生技术应用多是在路面结构出现一定问题但还没有到达使用期末时，且使用经验也还不够丰富，为了突出针对性和实用性，本节重点结合实体工程，对目前较常见的工程应用方案 [即铣刨部分 (或者全部) 基层–冷再生基层–加铺常规沥青面层] 进行关键技术参数探索研究，以期提出有一定适用性和实用性的冷再生结构补强设计方法。重点基于以下三个原则展开优化和探索：

(1) 冷再生结构补强设计方法必须与我国现有的路面设计方法体系保持一致，才能够具有良好的适用性和可操作性；因此，本节的冷再生结构补强设计方法在大体原则上仍然遵循现有的结构设计体系，以弹性层状体系理论为基础，以弯沉和拉应力作为结构设计控制指标。

(2) 冷再生沥青混合料作为一种较新型的路面材料，在性能上与传统的半刚性材料和柔性材料具有一定的差异性，当其用于路面结构中独立的结构层，尤其是具有承载作用时，在结构设计中必须考虑其性能特性对路面结构承载力和使用寿命的影响作用；因此，从我国的现行路面结构设计方法和原理出发，从材料特性和结构设计角度，本节将在原有规范设计方法的基础上增加冷再生层层底拉应力控制指标，并对其具体实施方法展开研究。

(3) 我国之所以普遍使用半刚性基层就是看中其具有优于柔性基层的承载力，且就我国目前的冷再生应用来看，绝大多数路面结构进行补强设计并不是因为到达了使用寿命末期，基层在经过一定的措施处理后仍然具有优良的承载力。然而在现有的沥青路面改建设计方法中，一概将原路面结构视为土基进行加铺结构设计，这样在结构设计时势必会增加再生层和面层的厚度，造成承载能力的浪费和投资的加大。因此，本研究吸取国外设计方法中普遍考虑残余寿命的优点，力求在我国的设计方法体系中以现有设计理念和控制指标为基础，考虑原路面结构 (尤其是剩余半刚性基层) 的残余承载力，进行合理的结构设计。

综上所述，本研究在后续章节中，将重点针对乳化沥青冷再生加铺结构设计方法中的关键参数与步骤展开优化研究，主体包括：

(1) 基于拉应力指标的冷再生材料抗拉强度结构系数；

(2) 基于拉应力指标的冷再生材料轴载换算公式；

(3) 基于弯沉和拉应力指标的原路面结构残余承载力表征。

最终结合现有改建路面设计方法和冷再生实体工程特点，提出完整的冷再生加铺结构设计流程。

8.4　冷再生混合料抗拉强度结构系数

基于前述的研究分析可知，乳化沥青冷再生混合料的材料性能不同于传统的半刚性材料和柔性材料，相比较而言具有强度低和疲劳性能差的特点；同时，冷再生混合料在路面结构中用于基层，又必须具有良好的结构承载能力；因此，在结构设计中必须注重冷再生混合料的疲劳性能。冷再生层的层底拉应力指标与沥青面层和半刚性材料层一样，也是结构设计的重要指标，应以冷再生层层底拉应力为指标进行交通量计算和路面结构层底拉应力验算；而抗拉强度结构系数 K_s 是联系材料性能与结构性能的重要参数，也是进行轴载换算推导和层底拉应力验算的基本参数。因此，本小节首先进行冷再生混合料的抗拉强度结构系数 K_s 的推导。

抗拉强度结构系数 K_s 表征材料承受一次加载断裂的极限弯拉应力与承受多次加载后达到同样断裂所施加的疲劳应力之间的比值，是进行层底拉应力计算的依据，可以用式 (8-9) 表示：

$$K_s = \frac{\sigma_{sp}}{\sigma_R} \tag{8-9}$$

式中，σ_{sp} 为路面结构材料的极限抗拉强度，MPa，按标准试验方法测得；σ_R 为路面结构材料的容许拉应力，即该材料能承受设计年限 N_e 次加载的疲劳弯拉应力，MPa；K_s 为抗拉强度结构系数，其值根据结构层材料不同，按不同的公式计算。

材料的抗拉强度结构系数 K_s 与疲劳寿命之间存在关系如式 (8-10) 所示：

$$\frac{\sigma_{sp}}{\sigma_R} = K_s = bN^c \tag{8-10}$$

对上式两边同时取对数可得式 (8-11)：

$$\lg \frac{\sigma_{sp}}{\sigma_R} = \lg b + c \lg N \tag{8-11}$$

可见疲劳寿命与 K_s 呈双对数线性关系，所以通过材料的疲劳试验得到疲劳方程即可推导得到抗拉强度结构系数 K_s，在此基础上对室内试验与实际路面结构之间的差异进一步修正，即可获取结构设计用的抗拉强度结构系数 K_s。

8.4.1 基于室内疲劳试验的沥青混合料 K_s

同济大学、哈尔滨建筑工程学院和教育部重庆公路研究所采用间接拉伸和弯曲试验，分别测得了不同沥青种类、不同级配下沥青混合料的疲劳寿命，疲劳试验结果汇总如表 8-5 所示。

表 8-5　中国高等级公路常用沥青混合料疲劳试验结果

试验方法	沥青混合料	研究单位	K	n	温度/°C
间接拉伸	Esso70# 粗粒式	同济大学	5400	3.86	17
间接拉伸	Esso70# 中粒式	同济大学	9980	4.46	15
间接拉伸	Esso70# 细粒式	同济大学	11800	3.41	17
间接拉伸	Shell70# 粗粒式	同济大学	8680	4.42	15
间接拉伸	Shell70# 中粒式	同济大学	17500	4.82	15
间接拉伸	Shell70# 细粒式	同济大学	19500	4.09	15
间接拉伸	韩国 70# 粗粒式	同济大学	6050	4.14	15
间接拉伸	茂名 70# 中粒式	哈尔滨建筑工程学院	8540	3.86	15
间接拉伸	茂名 70# 粗粒式	哈尔滨建筑工程学院	29200	3.45	15
间接拉伸	胜利 140# 中粒式	哈尔滨建筑工程学院	27600	4.25	15
间接拉伸	胜利 140# 粗粒式	哈尔滨建筑工程学院	20800	4.21	15
间接拉伸	辽河 140# 中粒式	哈尔滨建筑工程学院	33600	3.74	15
间接拉伸	辽河 140# 粗粒式	哈尔滨建筑工程学院	7350	3.74	15
弯曲	Esso70# 粗粒式	同济大学	30400	4.42	20
弯曲	Shell70# 中粒式	同济大学	17400	3.9	15
弯曲	单家寺 70# 中粒式	教育部重庆公路研究所	46269	3.48	17
弯曲	单家寺 90# 中粒式	教育部重庆公路研究所	50615	3.36	17
弯曲	阿尔巴尼亚 70# 中粒式	教育部重庆公路研究所	24526	3.5	16

注：表中的 K、n 为应力–疲劳寿命方程 $N_f = K\left(\frac{1}{\sigma^T}\right)^n$ 中的系数，由于应力与疲劳寿命间可以进行多种方式的方程拟合，比如单对数、双对数等，所以表现形式也不尽相同。

通过计算，可以得到基于室内试验的沥青混合料的 K_s 如式 (8-12) 所示：

$$K_s = 0.275 \times N_f^{0.20} \tag{8-12}$$

式中，N_f 为实验室条件下沥青材料的疲劳寿命。

8.4.2 基于室内疲劳试验的半刚性材料 K_s

《公路沥青路面设计规范》(JTG D50—2006) 中汇总了各种半刚性材料的疲劳方程 21 个，其中小梁疲劳方程 12 个、中梁疲劳方程 3 个、劈裂疲劳方程 6 个。

将 21 个疲劳方程按二灰稳定粒料类、水泥稳定粒料类和稳定土类分别进行整理，统计回归，得到如式 (8-13)～ 式 (8-17) 所示的疲劳方程：

二灰稳定粒料类：

$$\lg N_f = 1.741 - 15.786 \times \lg(\sigma/S) \tag{8-13}$$

水泥稳定粒料类：

$$\lg N_f = 1.921 - 14.344 \times \lg(\sigma/S) \tag{8-14}$$

两式合并：

$$\lg N_f = 1.815 - 15.191 \times \lg(\sigma/S) \tag{8-15}$$

稳定土类：

$$\lg N_f = 1.546 - 12.614 \times \lg(\sigma/S) \tag{8-16}$$

二灰稳定粒料类：

$$\lg N_f = 1.762 - 14.728 \times \lg(\sigma/S) \tag{8-17}$$

式中，N_f 为实验室条件下材料的疲劳寿命。根据上面的疲劳方程可以获得 K_s 汇总如表 8-6 所示。

表 8-6　半刚性材料 K_s 表达式

材料	K_s 表达式
二灰稳定粒料类	$K_s = 0.776 \times N_f^{0.06}$
水泥稳定粒料类	$K_s = 0.735 \times N_f^{0.07}$
两者合并	$K_s = 0.759 \times N_f^{0.066}$
稳定土类	$K_s = 0.754 \times N_f^{0.08}$
所有的合并	$K_s = 0.759 \times N_f^{0.068}$

8.4.3　基于室内试验的冷再生材料 K_s

在本书所做室内冷再生材料疲劳试验结果的基础上，进一步搜集了 2005～2011 年 18 篇有关冷再生文章中冷再生材料的疲劳试验结果，结果汇总如图 8-3 所示。从图中的结果可以看出，室内疲劳试验具有较大的离散性，但是在 $\lg N_f < 5$ 的范围内，$\lg K_s$ 与 $\lg N_f$ 之间仍然具有良好的相关性；而 $\lg N_f > 5$ 的数据来自同一数据源，结合通常的疲劳试验结果，该试验的数据明显异常，因此将该部分数据剔除后作进一步分析。

剔除其中的一些异常数据点，然后对数据进行拟合，拟合结果见图 8-4。

通过计算，可以得到冷再生材料的 K_s 表达式如式 (8-18) 所示。

$$K_s = 0.605 \times N_f^{0.16} \tag{8-18}$$

式中，N_f 为实验室条件下材料的疲劳寿命。

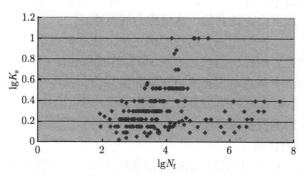

图 8-3 冷再生材料的疲劳试验结果汇总

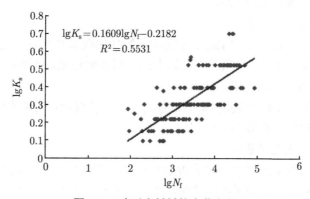

图 8-4 冷再生材料的疲劳方程

8.4.4 冷再生材料 K_s 修正

由于实验室与路面实际情况间的差异，室内应力控制疲劳试验大都低估了材料的实际路用性能，造成室内试验结果与路面实际疲劳响应状态之间具有较大的差异。从表 8-7 可以看出，基于室内疲劳试验推导出的 K_s 与规范所规定的 K_s 具有明显的差异。因此，为了使室内试验结果符合路面实际疲劳响应状态，需要对

表 8-7 沥青材料和半刚性材料的 K_s 表达式

材料类型	K_s 表达式	
	规范	实验室疲劳结果推导
沥青材料	$K_s = 0.09 N_e^{0.22}$	$K_s = 0.275 N_f^{0.20}$
半刚性材料 (稳定粒料)	$K_s = 0.35 N_e^{0.11}$	$K_s = 0.759 N_f^{0.066}$

注：N_e、N_f 分别为实际疲劳寿命和实验室疲劳寿命。

室内试验结果进行修正。然而由于路面实际状况的复杂性，目前还没有成熟统一的修正方法。规范中最终给出的沥青材料和半刚性材料的 K_s 表达式是在大型环道试验结果的基础上修正得到的，这里称为规范修正法。

在现有条件下，本节无法利用规范修正法，在此重点借鉴许志鸿在《沥青混合料疲劳性能研究》中提出的修正方法 (简称许氏修正法) 进行冷再生材料的 K_s 修正。许氏修正法中重点是根据室内试验和实际路面条件在间歇时间、裂缝传播速率、横向分布系数和不利季节天数之间的差异，对室内疲劳试验结果进行修正。现将许氏修正法的重要参数和修正步骤介绍如下：

1) 间歇时间的影响

Brown 认为，由于室内疲劳试验的荷载脉冲间没有设置间歇时间，不利于沥青材料的疲劳恢复。与实际道路受荷情况相比，无间歇时间可导致室内材料试验的疲劳寿命减少到原来的 1/5。

2) 裂缝传播速率的影响

不同应力比及温度下，劈裂疲劳试件断裂时加载次数与试件出现裂缝时加载次数的比值有较大变化。参照已有的沥青混合料研究结果，这里取规范参考值 40。

3) 轮载横向分布的影响

对于设分车道单向行驶的 50 cm 宽的轮迹，荷载横向分布频率最高为 57%，此处取轮载横向分布系数为 0.5。

4) 不利季节天数的影响

环境温度的变化通常会对沥青混合料的特性有极大影响。在不同温度下，沥青混合料劲度模量、抗拉强度及疲劳特性等均有很大变化。根据 Miner 法则、各地月平均气温资料及其对应温度下的疲劳关系，得到不同月份温度下路面结构的疲劳破坏，进而推出疲劳损坏当量温度，在设计中考虑这个最不利温度以达到路面结构安全耐久。根据哈尔滨建筑工业大学的研究成果，推荐当量温度为 15℃，不利季节天数在中国一般按 60 天计。

基于上述四个修正参数，可以得到室内试验条件下的材料疲劳寿命与路面实际条件下的材料疲劳寿命之间的关系：

$$N_f = \frac{1}{5} \times \frac{60}{365} \times \frac{1}{40} \times 0.5 N_e = 4.1 \times 10^{-4} N_e \qquad (8\text{-}19)$$

式中，N_f 为实验室条件下材料的疲劳寿命；N_e 为实际条件下材料的疲劳寿命。

为了验证许氏修正法的有效性，利用它对前述基于室内试验获取的沥青材料和半刚性基层材料的 K_s 进行修正，并与规范修正法进行对比分析；在获取许氏修正法与规范修正法之间的差异性后，再进一步对许氏修正法获取的冷再生材料 K_s 进行修正，以尽量获取符合路面实际状态的冷再生材料 K_s。

将式 (8-19) 中的 N_{f} 分别代入沥青混合料、半刚性材料 (稳定粒料类) 和冷再生混合料的室内 K_{s} 表达式 [式 (8-12)、表 8-9、式 (8-18)],得到三种材料 K_{s} 与 N_{e} 的关系如下:

(1) 沥青材料:

$$K_{\mathrm{s}} = bN_{\mathrm{f}}^{c} = b \cdot (4.1 \times 10^{-4} N_{\mathrm{e}})^{c} = (4.1 \times 10^{-4})^{c} b \cdot N_{\mathrm{e}}^{c}$$
$$= (4.1 \times 10^{-4})^{0.20} \times 0.275 \times N_{\mathrm{e}}^{0.20} = 0.06 N_{\mathrm{e}}^{0.20} \tag{8-20}$$

(2) 半刚性材料:

$$K_{\mathrm{s}} = bN_{\mathrm{f}}^{c} = (4.1 \times 10^{-4})^{c} b \cdot N_{\mathrm{e}}^{c} = (4.1 \times 10^{-4})^{0.066} \times 0.759 \times N_{\mathrm{e}}^{0.066}$$
$$= 0.45 N_{\mathrm{e}}^{0.07} \tag{8-21}$$

(3) 冷再生材料:

$$K_{\mathrm{s}} = bN_{\mathrm{f}}^{c} = (4.1 \times 10^{-4})^{c} b \cdot N_{\mathrm{e}}^{c} = (4.1 \times 10^{-4})^{0.16} \times 0.605 \times N_{\mathrm{e}}^{0.16}$$
$$= 0.17 N_{\mathrm{e}}^{0.16} \tag{8-22}$$

为了更好地进行对比分析,将三种材料室内试验获取的 K_{s}、规范提出的 K_{s} 以及许氏修正法获得的 K_{s} 汇总于表 8-8 中。

表 8-8　修正前后 K_{s} 表达式对比

材料	K_{s} 表达式		
	实验室试验	规范修正法	许氏修正法
沥青材料	$K_{\mathrm{s}} = 0.275 N_{\mathrm{f}}^{0.20}$	$K_{\mathrm{s}} = 0.09 N_{\mathrm{e}}^{0.22}$	$K_{\mathrm{s}} = 0.06 N_{\mathrm{e}}^{0.20}$
半刚性材料 (稳定粒料)	$K_{\mathrm{s}} = 0.759 N_{\mathrm{f}}^{0.066}$	$K_{\mathrm{s}} = 0.35 N_{\mathrm{e}}^{0.11}$	$K_{\mathrm{s}} = 0.45 N_{\mathrm{e}}^{0.07}$
冷再生材料	$K_{\mathrm{s}} = 0.605 N_{\mathrm{f}}^{0.16}$	无	$K_{\mathrm{s}} = 0.17 N_{\mathrm{e}}^{0.16}$

为对比许氏修正法与规范修正法之间的差异性,分别将沥青混合料以及稳定粒料的规范 K_{s} 与许氏修正法获取的 K_{s} 的对比曲线绘制于图 8-5 和图 8-6 中。

从图中曲线对比可以看出,规范给出的 K_{s} 和经过许氏修正法获取的 K_{s} 之间存在一定的差异,规范给出的 K_{s} 要大于许氏修正法获得的 K_{s}。因为 K_{s} 是极限强度和容许拉应力的比值,所以 K_{s} 值越大,材料的容许拉应力越小,也就意味着用规范 K_{s} 值进行结构设计相比于许氏修正法 K_{s} 结构设计是偏安全的。所以,需要对许氏修正法获得冷再生混合料 K_{s} 做进一步修正。

进一步观察图 8-5 和图 8-6 发现,虽然两种 K_{s} 在具体数值上有所差异,但是许氏修正法获得的 K_{s} 与轴载作用次数之间的关系曲线与规范具有相同的曲线形式和变化规律。为进一步分析两者之间的差异性,将相同轴载作用次数下的规

范 K_s 值与许氏修正法的 K_s 值的对比值列于表 8-9 中，同时将两种修正法的 K_s 比值与轴载次数的相关曲线绘制于图 8-7 中。

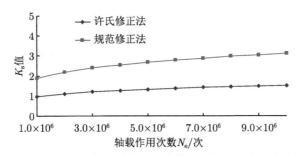

图 8-5　沥青混合料两种修正方法修正后的 K_s 表达式对比

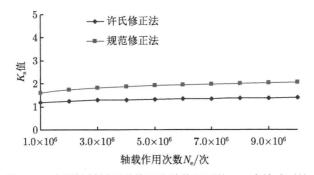

图 8-6　半刚性材料两种修正方法修正后的 K_s 表达式对比

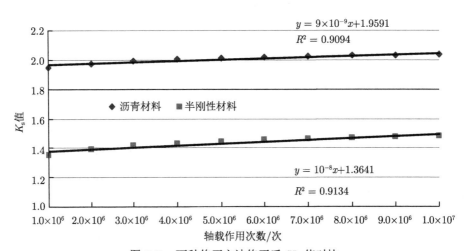

图 8-7　两种修正方法修正后 K_s 值对比

表 8-9 两种修正方法修正后 K_s 值对比

轴载次数 N_e/次	沥青材料 规范值/许氏值	半刚性材料 规范值/许氏值
1.0×10^6	1.950	1.352
2.0×10^6	1.976	1.390
3.0×10^6	1.991	1.412
4.0×10^6	2.002	1.429
5.0×10^6	2.011	1.441
6.0×10^6	2.018	1.452
7.0×10^6	2.024	1.461
8.0×10^6	2.029	1.469
9.0×10^6	2.033	1.476
1.0×10^7	2.037	1.482

从表 8-11 和图 8-7 的数据对比可以看出，无论是沥青混合料还是半刚性材料，不同轴载作用次数下，规范 K_s 和许氏修正法 K_s 的比值相对比较稳定。对于沥青混合料，规范 K_s 值基本是许氏修正法 K_s 值的 2 倍左右；而对于半刚性材料，规范 K_s 值基本是许氏修正法 K_s 值的 1.5 倍左右。

为简化计算分析，对于两种材料 (沥青混合料和半刚性材料) 均取表 8-11 中不同荷载作用次数下 K_s 比值的均值作为许氏修正法 K_s 向规范 K_s 修正的安全系数。由于冷再生材料性质介于沥青材料和半刚性材料之间，取沥青混合料和半刚性材料的安全系数的平均值作为冷再生材料的安全修正系数，计算得到 1.722，则对许氏修正法 K_s 做进一步安全系数修正后的 K_s 表达式为

$$K_s = 0.17 N_e^{0.16} \times 1.722 = 0.29 N_e^{0.16} \tag{8-23}$$

综上所述，建议冷再生材料的抗拉强度结构系数 K_s 如下：

$$K_s = 0.29 N_e^{0.16} / A_c \tag{8-24}$$

式中，N_e 为设计年限内一个车道累计当量标准轴载通行次数；A_c 为公路等级系数，高速公路、一级公路为 1.0，二级公路为 1.1，三、四级公路为 1.2。

8.5 冷再生材料轴载换算公式

由于路面实际作用的车辆种类繁多，必须将不同车辆按照一定的原则进行换算；而轴载换算公式是进行换算的基础，但目前还没有针对冷再生材料的轴载换算公式。因此，在获取了冷再生材料 K_s 的基础上，进一步基于拉应力等效原则推导其轴载换算公式。

　　路面设计在进行轴载换算时，应该遵循两项原则：第一，不同轴载在同一路面结构上重复作用不同次数后，使路表弯沉或层底拉应力达到同一极限状态；第二，对某一种交通组成，不论以哪种轴载标准进行换算，由换算所得轴载作用次数计算的路面厚度是相同的。现行的轴载换算的方法主要有两种，一种是以弯沉为指标的轴载换算方法，另一种则是以拉应力为指标的换算方法。

8.5.1　以弯沉为指标的轴载换算原则

　　路面结构在单后轮双轮组不同荷载作用下，弯沉比的简化公式形式如式 (8-25) 所示：

$$\frac{l_1}{l_2} = \frac{p_1 d_1}{p_2 d_2} \cdot \frac{w_1}{w_2} \simeq \frac{p_1}{p_2}(\frac{d_1}{d_2})^a \tag{8-25}$$

或者

$$\frac{l_1}{l_2} \simeq (\frac{P_1}{P_2})^b \tag{8-26}$$

　　与设计指标的设计弯沉值 l_d 相联系的设计弯沉值公式如式 (8-27) 所示：

$$l_d = AN^{-c} \tag{8-27}$$

不同轴载的设计弯沉值之比如式 (8-28) 所示：

$$\frac{l_{d1}}{l_{d2}} = \frac{A_1 N_1^{-c_1}}{A_2 N_2^{-c_2}} \tag{8-28}$$

因为是对于统一路面结构进行的，设计弯沉中的指数已经统一，即通过调斜等，保证公式中的 $A_1 = A_2$，$C_1 = C_2$，则可得到式 (8-29)：

$$\frac{l_{d1}}{l_{d2}} = (\frac{N_1}{N_2})^{-c} \tag{8-29}$$

根据轴载换算原则，按 1 型轴载作用了 N_1 次的设计弯沉值 l_{d1} 设计的路面结构，与 2 型轴载作用了 N_2 次的设计弯沉值 l_{d2} 设计的路面结构相同，所以 l_{d1}/l_{d2} 必然等于同一个路面结构上 1 型与 2 型轴载作用的弯沉之比 l_1/l_2，即如式 (8-30) 所示：

$$\frac{l_{d1}}{l_{d2}} = \frac{l_1}{l_2} = (\frac{N_1}{N_2})^{-C} = (\frac{N_2}{N_1})^c \tag{8-30}$$

将式 (8-30) 代入式 (8-25) 或 (8-26)，得到式 (8-31)：

$$\frac{N_1}{N_2} = \left[\frac{p_2}{p_1} \left(\frac{d_2}{d_1} \right)^a \right]^{1/c} \tag{8-31}$$

或者

$$\frac{N_1}{N_2} = \left(\frac{P_2}{P_1} \right)^{b/c} \tag{8-32}$$

以上所述即为以弯沉为指标的轴载换算原则。

规范中，当以弯沉值和沥青层层底拉应力为设计指标时，凡轴载大于 25kN 的各级轴载 (包括车轮的前、后轴)P_i 的作用次数 n_i 均应按下式进行轴载换算：

$$N = \sum_{i=1}^{K} C_1 \cdot C_2 n_i \left(\frac{P_i}{P} \right)^{4.35} \tag{8-33}$$

式中，N 为标准轴载的当量轴次，次/d；n_i 为各种被换算车辆的作用次数，次/d；P 为标准轴载，kN；P_i 为各种被换算车型的轴载，kN；C_1 为轴数系数，当轴间距大于 3m 时，按单独的一个轴计算，此时轴数系数为 1；当轴间距小于 3m 时，双轴或多轴的轴数系数为 $C_1 = 1 + 1.2(m-1)$，其中 m 为轴数；C_2 为轮组系数，双轮组为 1，单轮组为 6.4，四轮组为 0.38。

8.5.2 以弯拉应力为设计指标的轴载换算方式

依据层状体系理论，可以首先求得单后轴双轮组之间不同轴载应力比的简化公式，经过分析，其简化公式形式如下所示：

$$\frac{\sigma_1}{\sigma_2} = \frac{p_1 \overline{\sigma_1}}{p_2 \overline{\sigma_2}} \simeq \frac{p_1}{p_2} \left(\frac{d_1}{d_2} \right)^{a'} \tag{8-34}$$

式中，$\overline{\sigma}$ 为拉应力系数。或者，

$$\frac{\sigma_1}{\sigma_2} \simeq \left(\frac{P_1}{P_2} \right)^{b'} \tag{8-35}$$

与表征控制层材料疲劳规律的结构强度 K 相联系，该层材料的结构强度系数 K 可以用式 $K = BN^{c'}$ 表示，又 $K = \sigma_0 / \sigma_R$，两式相联系可求得容许应力比 N 的关系，即

$$\frac{K_1}{K_2} = \frac{\sigma_0 / \sigma_{R1}}{\sigma_0 / \sigma_{R2}} = \frac{\sigma_{R2}}{\sigma_{R1}} = \frac{B_1 N_1^{c'}}{B_2 N_2^{c'}} \tag{8-36}$$

从半刚性基层材料疲劳规律及结构强度系数的研究中可知，半刚性基层材料已确定时，$B_1 = B_2$；由于轴载换算是在同一类型的同一个结构上进行的，故 $B_1 = B_2$，$C_1' = C_2'$，则不同轴载的容许应力之间的比值为

$$\frac{\sigma_1}{\sigma_2} = (\frac{N_1}{N_2})^{-c'}(\frac{N_2}{N_1})^{c'} \tag{8-37}$$

根据等效原则，按 1 型轴载作用 N_1 次的容许拉应力 σ_{R1} 设计的路面结构应与按 2 型轴载作用 N_2 次的容许拉应力 σ_{R2} 设计的路面结构相同，所以 σ_{R1}/σ_{R2} 等于同一个结构不同轴载作用下的应力比 σ_1/σ_2，即

$$\frac{\sigma_{R1}}{\sigma_{R2}} = \frac{\sigma_1}{\sigma_2} = (\frac{N_1}{N_2})^{-c'}(\frac{N_2}{N_1})^{c''} \tag{8-38}$$

将式 (8-38) 代入式 (8-34) 或式 (8-35) 中，得

$$\frac{N_1}{N_2} = \left[\frac{p_2}{p_1}\left(\frac{d_2}{d_1}\right)^{a'}\right]^{1/c'} \tag{8-39}$$

或

$$\frac{N_1}{N_2} = (\frac{p_2}{p_1})^{b'/c'} \tag{8-40}$$

以上即为以拉应力为设计指标的轴载换算公式的推导形式。

当以半刚性材料层层底拉应力为设计指标时，凡轴载大于 50kN 的各级轴载 (包括车轮的前、后轴)P_i 的作用次数 n_i 均应按下式进行轴载换算：

$$N = \sum_{i=1}^{K} C_1 \cdot C_2 n_i (\frac{P_i}{P})^8 \tag{8-41}$$

式中，N 为标准轴载的当量轴次，次/d；n_i 为各种被换算车辆的作用次数，次/d；P 为标准轴载，kN；P_i 为各种被换算车型的轴载，kN；C_1 为轴数系数，当轴间距大于 3m 时，按单独的一个轴计算，此时轴数系数为 1；当轴间距小于 3m 时，双轴或多轴的轴数系数为 $C_1 = 1 + 2(m-1)$，其中 m 为轴数；C_2 为轮组系数，双轮组为 1，单轮组为 18，四轮组为 0.09。

8.5.3　冷再生材料的轴载换算公式

基于前述两种换算原则的阐述可以看出，冷再生材料的轴载换算公式的确定主要包括以下几个重要方面：控制指标、需要进行换算的轴载范围、轴载换算指数、轴数系数和轮组系数。其中最核心的指标为轴载换算指数。

由于冷再生材料主要用于基层，重点应考虑其弯拉疲劳验算，因此冷再生材料的轴载换算应以拉应力等效为原则；针对需要考虑的轴载范围、轴数系数和轮组系数三个指标，鉴于冷再生材料模量较沥青混合料和半刚性材料均较小，其应力敏感性也较小，出于安全设计考虑，其轴载范围、轴数系数和轮组系数均采用与沥青混合料相同的数值。下面重点阐述其轴载换算指数 (b/c) 的推导：

(1) 指数 b，当以弯沉为指标的疲劳等效轴载换算时取 0.88，当以弯拉应力为指标的等效轴载换算时取 0.86，这里取均值 0.87；

(2) 指数 c，根据前一节中冷再生材料的 K_s 表达式，$c=0.16$；

因此有 $b/c=0.87/0.16=5.4$，所以当以冷再生层层底拉应力为验算指标时，轴载换算指数为

$$\frac{N_1}{N_2} = (\frac{P_2}{P_1})^{5.4} \tag{8-42}$$

综上所述，当以冷再生层层底拉应力为设计指标时，凡轴载大于 25kN 的各级轴载 (包括车轮的前、后轴)P_i 的作用次数 n_i 均应按下式进行轴载换算：

$$N = \sum_{i=1}^{K} C_1 \cdot C_2 n_i (\frac{P_i}{P})^{5.4} \tag{8-43}$$

式中，N 为标准轴载的当量轴次，次/d；n_i 为各种被换算车辆的作用次数，次/d；P 为标准轴载，kN；P_i 为各种被换算车型的轴载，kN；C_1 为轴数系数，当轴间距大于 3m 时，按单独的一个轴计算，此时轴数系数为 1；当轴间距小于 3m 时，双轴或多轴的轴数系数为 $C_1 = 1 + 1.2(m-1)$，其中 m 为轴数；C_2 为轮组系数，双轮组为 1，单轮组为 6.4，四轮组为 0.38。

基于冷再生轴载换算公式，设计年限累计当量标准轴载数 N_e 的计算如下：

$$N_e = \frac{[(1+r)^t - 1] \times 365}{r} \cdot N_1 \cdot \eta \tag{8-44}$$

式中，N_e 为设计年限内一个车道通过的累计标准当量轴次，次；r 为设计年限内交通量平均增长率，%；N_1 为路面营运第一年双向日平均当量轴次，次/d；t 为设计年限，a；η 为与车道数有关的车辆横向分布系数，简称车道系数。

8.6 旧路面结构残余承载力

半刚性基层成为我国路面结构的常用基层形式，很重要的一点原因就是其良好的承载力。在旧路冷再生补强时，通常先对旧路进行铣刨，一般铣刨至旧路半

刚性基层或者铣刨部分半刚性基层。就我国目前的一般情况来看，冷再生补强时旧路半刚性基层的承载能力并没有完全丧失，大部分半刚性基层即使出现了裂缝和松散，但整体的结构性仍保持较好，即使出现了较大的松散也能保持一定的承载力。因此，在旧路补强中残余半刚性基层应作为独立的层位进行结构设计，以充分利用其残余承载力。

　　结合我国的路面结构设计方法体系，同时借鉴南非设计方法的两阶段思想 (疲劳开裂之前和疲劳开裂之后)，本节提出考虑半刚性基层结构行为的基本思路：半刚性基层疲劳开裂前，以半刚性基层的疲劳损伤为主，按照疲劳损伤原理表现为半刚性基层材料的抗拉承载能力下降；半刚性基层疲劳开裂后，以路面的整体变形增大为主，按照弯沉等效原则表现为半刚性基层结构层模量下降。但是，要想严格划分半刚性基层的疲劳开裂界限以判断其残余承载能力是很困难的，不仅没有定量化的指标，同时在不大规模地铣刨开挖以检查半刚性基层的情况下更加难以获取定量指标。因此，本研究遵循我国现行的结构设计理论和方法，仍然以弯沉和拉应力作为控制指标，来评价和反映旧路面结构的残余承载能力。具体的实施方案如下。

8.6.1　半刚性基层残余承载力

　　假设旧路半刚性基层原设计使用寿命为 N_e 次，进行冷再生补强时路面使用寿命为 N_{ep}，如图 8-8 所示。

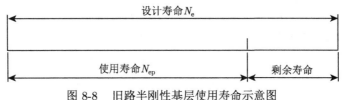

图 8-8　旧路半刚性基层使用寿命示意图

假定：

$$\alpha = \frac{N_e - N_{ep}}{N_e} \tag{8-45}$$

式中，α 为残余寿命系数；N_e 为原路面设计寿命；$N_e - N_{ep}$ 为原路面剩余寿命。

　　对于半刚性基层材料，按照疲劳设计原理，有

$$\frac{\sigma_s}{\sigma_r} = 0.35 N_e^{0.11} \tag{8-46}$$

　　根据损伤力学原理，材料的疲劳实质是损伤不断累积的过程，其实质是 σ_s 的不断下降；随着荷载的不断作用，当 σ_s 下降至与 σ_r 相同时，材料就出现了所谓

的疲劳破坏。从这一角度分析，就可以将基于交通量的残余寿命转化为半刚性基层极限抗拉承载力的折减，如式 (8-47) 所示：

$$\frac{\sigma'_s}{\sigma_r} = 0.35\,(N_e\alpha)^{0.11} = 0.35\alpha^{0.11}N_e^{0.11} = \frac{\sigma_s}{\sigma_r}\alpha^{0.11} \qquad (8\text{-}47)$$

也即，

$$\sigma'_s = \sigma_s\alpha^{0.11} \qquad (8\text{-}48)$$

如果以结构设计时惯用的抗拉结构系数 K_s 表示，则式 (8-48) 可以表示为

$$K_s = 0.35\alpha^{-0.11}N_{en}^{0.11}/A_c \qquad (8\text{-}49)$$

式中，N_{en} 为加铺后以旧路半刚性层层底拉应力为验算指标时，路面的设计使用寿命。

上式就是旧路半刚性层在补强后新应力状态下半刚性基层的 K_s 表达式，通过上式就能得到旧路改造后半刚性层底新的容许拉应力。

8.6.2 半刚性基层层底当量回弹模量

我国现有的路面改建设计方法中通过测定弯沉，进而计算原路面顶面的当量回弹模量用于加铺层结构设计，其实质是将原路面结构视为土基，进而用当量回弹模量表征其整体的结构残余承载力；在本节中提出将原路面半刚性基层作为单独的结构层来考虑，因而将当量回弹模量移至半刚性基层层底来进一步表征剩余路面结构的整体残余承载力。半刚性基层层底的当量回弹模量仍然采用路表弯沉反算测试获取，具体的反算步骤如下：

(1) 测得旧路顶面的回弹弯沉值 l；

(2) 根据工程实际情况或经验，确定旧路面面层和半刚性基层的模量；

(3) 以半刚性基层以下为土基，以其当量回弹模量为未知量，利用弹性层状体系计算软件进行计算，获得半刚性基层层底当量回弹模量 E_t。

上述计算步骤的合理性在于，测定的路表弯沉是原路面结构总体承载力的表现，已经将各结构层的结构行为 (是否疲劳开裂) 考虑在内，在反算过程中使用各结构层现有的材料模量，反算获取的半刚性基层层底的当量回弹模量一定程度上仍然是原路面结构的总体残余承载力的表征。

8.7 结构设计流程

8.7.1 冷再生路面结构设计流程

基于前述的分析可以看出，冷再生加铺结构设计是路面改建设计的一种，在总体原则上与我国现行的路面改建设计方法仍然一致，只是在具体细节上需要根

据冷再生加铺结构自身的特点加以优化。因此，基于现有的路面改建设计方法，结合前述关键技术细节，本节提出冷再生路面的结构设计流程如图 8-9 所示。

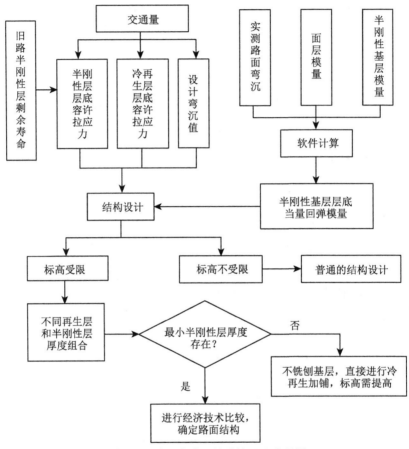

图 8-9　冷再生路面的结构设计流程图

8.7.2　交通量确定

结合原始设计资料和交通量调查，根据沥青面层、冷再生基层和半刚性基层的轴载换算公式分别计算出以弯沉值和沥青面层层底拉应力、冷再生基层层底拉应力以及半刚性基层层底拉应力为设计指标时，路面在设计年限内累计当量标准轴载 N_{e1}、N_{e2} 和 N_{e3}。

8.7.3　结构层参数确定

根据旧路路面实测弯沉值 l，通过弹性层状体系软件计算半刚性基层层底当量回弹模量 E_t；加铺沥青面层、冷再生基层、剩余半刚性基层的回弹模量以及劈裂强度则通过经验值或实际测试获取。

8.7.4　路面结构组合

当路面标高不受限时，根据常规的加铺结构设计方法进行结构设计。

当路面标高受限制时，通过调整沥青面层、冷再生基层以及铣刨残余半刚性基层之间的厚度组合，满足路面结构总厚度不变。

8.7.5　结构验算

将 N_{e1} 代入公式 $l_d = 600 N_e^{-0.2} A_c A_b A_s$，求得路面设计弯沉值 l_d，进行弯沉指标验算；根据沥青面层的抗拉强度结构系数 K_s 公式 $K_s = 0.09 N_e^{0.22}$ 和冷再生基层的 K_s 公式 $K_s = 0.29 N_e^{0.16}$，分别计算面层和冷再生层层底容许拉应力，进行拉应力指标验算；结合设计资料和交通量调查，确定旧路半刚性基层设计寿命 N_e 和使用寿命 N_{ep}，根据公式 $\alpha = \dfrac{N_e - N_{ep}}{N_e}$ 计算出残余寿命系数 α 值，获取加铺路面结构中残余半刚性基层的抗拉强度结构系数 $K_s = 0.35 N_e^{0.11}$，计算加铺后半刚性基层层底容许拉应力，进行拉应力指标验算。

8.7.6　经济性及施工要求

再生层的厚度设计还应该考虑经济性和施工要求。从经济性角度考虑，显而易见，原路面结构层保留越多，残余承载力发挥越充分，则投资成本越低；而从施工工艺角度考虑，相关研究从压实设备方面考虑指出，为了发挥机械摊铺效能并达到碾压密实，使得结构层有良好的耐久性和水稳定性，结构层的适宜厚度应与机械的性能相协调。18~20t 压路机最大压实厚度为 20cm，若使用大功率振动压路机，其压实厚度可以达到 30cm，所以再生结构层的厚度不宜大于 30cm；而我国《公路沥青路面再生技术规范》(JTG F41—2008) 则要求再生基层 (或底基层) 的层厚度不宜小于 15cm。因此，没有特殊要求的情况下，再生层的厚度以 15~30cm 为宜。

除了前述三个关键技术环节，在进行冷再生结构补强方案设计时，还必须注意路面标高的影响。实际的旧路改造补强工程中，由于受坡度、连接线、护栏等客观条件的影响，很多路段都有标高限制，所以结构设计时要充分考虑标高受限和标高不受限的情况。通常情况下，冷再生路面结构由铣刨后剩余的原路面结构加铺冷再生基层，进而加铺沥青面层构成；当标高不受限时，按常规的结构设计方法，拟定不同结构组合方案，根据各方案的计算结果进行技术经济性比较，确定采用的冷再生补强方案；当路面标高受限时，意味着改建路面的总厚度已经限定，在具体结构设计时只能通过调整沥青面层、冷再生基层以及残余半刚性基层之间的厚度组合，必要时通过材料设计修正材料参数来完成路面结构设计。

8.8 实例验算

在上述结构设计方法提出的基础上，本小节进一步结合实体工程应用，进行实例验算和说明。结合我国冷再生技术实体工程应用的一般情况，假定原路面标高受限，同时加铺沥青面层结构和厚度已定，重点调整冷再生基层的厚度和铣刨剩余半刚性基层厚度，进行结构方案设计。具体的冷再生路面结构为 4cm 上面层 +6cm 中面层 + 再生层 h+ 半刚性基层 H+ 剩余结构。由于路面标高受限，因此 $h+H$ 不变；变化冷再生基层和铣刨后剩余半刚性基层厚度获得不同的结构组合，进行结构组合验算，以确定最优的冷再生基层厚度 h，$h+10$ 即为原路面结构需铣刨的最大深度。

8.8.1 交通量计算

1. 交通量资料

甬台温高速日混合交通量数据 2 万辆，结合现阶段实际测得的车辆比例进行标准轴载的换算。根据规范，小汽车轴载换算可忽略不计；因此在结构计算中，轴载分为六类：大客车、小型货车、中型货车、大型货车、重型货车、拖挂车 (集装箱)。日交通量与代表车辆参数如表 8-10 所示。

表 8-10　分类类型车辆日交通量

车辆类型	代表车型	前轴重/kN	后轴重/kN	后轴数	后轴轮组数	后轴距/m	日交通量/(辆/d)
大客车	黄海 DD680	49.0	91.5	1	2	0	1560
小型货车	北京 BJ130	13.4	27.4	1	2	0	780
中型货车	东风 EQ140	23.6	69.3	1	2	0	986
大型货车	黄河 JN150	101.9	49	1	2	0	528
重型货车	黄河 JN163	58.6	114.0	1	2	0	2294
拖挂车	东风 SP9250	50.7	113.3	3	2	4	3442

在实际观测过程中，交通量已经基本饱和，故而交通量的增长空间并不大，因而在此设计中，交通量增长率取 4%，设计要求为 8 年，车道系数 0.4。

2. 不同控制指标的交通量计算

(1) 当以设计弯沉值为指标进行沥青层层底拉应力验算时，根据公式 $N = \sum_{i=1}^{K} C_1 \cdot C_2 n_i (\frac{P_i}{P})^{4.35}$，得到近期路面日平均当量轴次 $N=14992$，根据公式 $N_e = \frac{[(1+r)^t - 1] \times 365}{r} \cdot N_1 \cdot \eta$，得到设计年限内一个车道上累计当量轴次为 2.02×10^7。

(2) 当以半刚性基层层底拉应力验算时, 根据公式 $N = \sum_{i=1}^{K} C_1 \cdot C_2 n_i (\frac{P_i}{P})^8$, 得到近期路面日平均当量轴次 N=17608, 根据公式 $N_e = \frac{[(1+r)^t - 1] \times 365}{r} \cdot N_1 \cdot \eta$, 得到设计年限内一个车道上累计当量轴次为 2.37×10^7。

(3) 当以冷再生层层底拉应力验算时, 根据公式 $N = \sum_{i=1}^{K} C_1 \cdot C_2 n_i (\frac{P_i}{P})^{5.4}$, 得到近期路面日平均当量轴次 N=14751, 根据公式 $N_e = \frac{[(1+r)^t - 1] \times 365}{r} \cdot N_1 \cdot \eta$, 得到设计年限内一个车道上累计当量轴次为 1.98×10^7。

(4) 原路面半刚性基层设计寿命和目前的使用寿命: 该高速原设计年限为 15 年, 已经通车运行 10 年, 按半刚性基层层底拉应力验算时现有日平均当量轴次为 17608 次, 反推原路面营运第一年的日平均当量轴次为 4112 次; 原路面设计年限内, 当进行半刚性基层层底拉应力验算时, 设计年限内一个车道上累计当量轴次为 1.63×10^7, 已经运行的累计当量轴次为 1.04×10^7。

8.8.2 路面结构组合设计

图 8-10 左侧为原路面结构 (5cm 加铺层 +4cm 上面层 +5cm 中面层 +6cm 下面层 +40cm 水稳基层 + 级配碎石底基层) 示意图, 考虑到水稳基层以下为级配碎石和土基, 整体结构性不强, 因此假定半刚性基层以下为当量土基, 则原路面结构变化为图 8-10 右侧所示结构。由于标高受限, 因此保持原路面总厚度不变, 初拟冷再生路面结构组合为 4cmAC 13 +6cmAC 20+? cm 再生混合料 +? cm 剩余水稳基层 + 剩余路面结构 (土基), 原路面级配碎石层以上厚度为 60cm, 除去新加铺面层厚度 10cm, 再生层和剩余半刚性层厚度总和为 50cm, 如图 8-11 所示。

图 8-10 路面半刚性层以下层位当量模量反算示意图

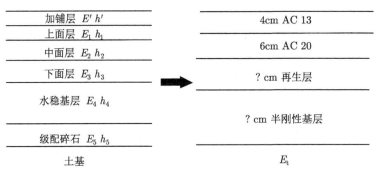

图 8-11　初拟路面结构示意图

不同的再生层和水稳层的厚度组合见表 8-11。

表 8-11　不同再生层和水稳层的厚度组合情况

结构类型	再生层厚度/cm	水稳层厚度/cm	结构类型	再生层厚度/cm	水稳层厚度/cm
1	10	40	6	35	15
2	15	35	7	40	10
3	20	30	8	45	5
4	25	25	9	50	0
5	30	20	—	—	—

8.8.3　结构层参数确定

1. 半刚性基层层底当量回弹模量计算

按照图 8-10 的假定，实测原路面结构路表弯沉 $l=17.9(0.01\text{mm})$，依据实际工程经验，同时考虑面层材料的疲劳折减，原路面各结构层参数选择如表 8-12 所示，其中水稳层通过取芯，考虑 2 倍方差折减获取。采用弹性层状体系计算软件，可计算出半刚性基层层底当量回弹模量为 78MPa。

表 8-12　旧路各结构层参数取值

层位	结构层材料名称	厚度/cm	抗压模量/MPa
1	AC 16	5	1000
2	AC 13	4	1200
3	AC 16	5	1000
4	AC 20	6	800
5	水稳碎石	40	1324
6	土基	—	—

《公路沥青路面设计规范》(JTG D50—2006) 中提到，考虑到土基模量的变

异系数，给出了各级公路的考虑保证率的土基模量折减系数 Z，高速公路、一级公路 $Z=0.66$，所以折减后半刚性基层层底当量回弹模量为 51MPa，用折减后的当量土基模量进行结构设计时，结构偏于安全。

2. 冷再生路面结构层参数

为进行结构组合验算，参照现行设计规范和实体工程经验，选取的沥青加铺面层、冷再生基层的材料抗压回弹模量取值如表 8-13 所示。残余半刚性基层及其层底的抗压回弹模量如表 8-14 所示。

表 8-13　沥青材料抗压回弹模量取值

材料名称	20℃ 抗压回弹模量/MPa			15℃ 抗压回弹模量/MPa			
	E_p	方差	$E_p - 2\sigma$	E_p	方差	$E_p - 2\sigma$	$E_p + 2\sigma$
		σ	$E_{p代}$		σ	$E_{p代}$	$E_{p代}$
AC 13	1991	201	1589	2680	344	1992	3368
AC 20	978	55	868	1320	60	1200	1440
冷再生混合料	912	48	816	1123	78	967	1279

注：表中数据，20℃ 抗压回弹模量的 $E_p - 2\sigma$ 用于计算路面弯沉，15℃ 抗压回弹模量的 $E_p - 2\sigma$ 和 $E_p + 2\sigma$ 用于验算层底应力，验算层模量取 $E_p + 2\sigma$，其余层取 $E_p - 2\sigma$。

表 8-14　半刚性材料和土基当量模量取值

材料名称	抗压回弹模量/MPa			
	E_p	方差	$E_p - 2\sigma$	$E_p + 2\sigma$
		σ	$E_{p代}$	$E_{p代}$
水泥稳定碎石	2788	732	1324	4252
土基	51	—	—	—

注：表中数据，水稳碎石抗压回弹模量的 $E_p - 2\sigma$ 用于计算路面弯沉，$E_p + 2\sigma$ 用于验算层底应力。

8.8.4 结构组合验算

1. 路面设计弯沉值

《公路沥青路面设计规范》(JTG D50—2006) 中规定，进行基层类型系数 A_b 取值时，若基层由半刚性材料层与柔性材料层组合而成，当半刚性基层或底基层上柔性结构总厚度小于 180mm 时为半刚性基层结构，路面结构系数 $A_b = 1.0$；柔性结构层大于 300mm，路面结构系数 $A_b = 1.6$；柔性结构层为 180～300mm 时，路面结构系数 A_b 通过线性内插决定。因此，对于表 8-14 的不同冷再生结构组合，其设计弯沉值分情况计算如下：

(1) 当冷再生层厚度小于 80mm 时，沥青面层 + 冷再生层的柔性结构层总厚度小于 180mm，设计弯沉值计算如下：

$$l_\mathrm{d} = 600 N_\mathrm{e}^{-0.2} A_\mathrm{c} A_\mathrm{b} A_\mathrm{s} = 600 \times (2.02 \times 10^7)^{-0.2} \times 1.0 \times 1.0 \times 1.0$$

$$= 20.8(0.01\mathrm{mm})$$

(2) 当冷再生层厚度大于 200mm 时，沥青面层 + 冷再生层的柔性结构层总厚度大于 300mm，设计弯沉值计算如下：

$$l_\mathrm{d} = 600 N_\mathrm{e}^{-0.2} A_\mathrm{c} A_\mathrm{b} A_\mathrm{s} = 600 \times (2.02 \times 10^7)^{-0.2} \times 1.0 \times 1.0 \times 1.6$$

$$= 33.2(0.01\mathrm{mm})$$

(3) 当冷再生基层厚度为 80~200mm 时，沥青面层 + 冷再生基层的柔性结构层总厚度介于 180~300mm 之间，此时根据不同的再生层厚度进行插值获得不同层的路面结构系数 A_b，再代入设计弯沉计算公式获取设计弯沉；由表 8-14 可以看出，结构 1、2 的柔性结构层厚度处于上述范围，因此通过内插法获得路面结构系数 A_b 分别为 1.1、1.35，进而得到路面设计弯沉分别为 22.8、28.0($\times$0.01mm)。

2. 层底容许拉应力

1) 再生层底容许拉应力

将表 8-12 中给出的交通量数据代入式 (8-43) 得到，当以冷再生层层底拉应力验算时，近期路面日平均当量轴次为 14751，设计年限内一个车道上累计当量轴次 $N_\mathrm{e} = 1.98 \times 10^7$。取冷再生材料的强度为 0.7MPa，由式 (8-24) 得到冷再生层层底的容许拉应力为 0.16MPa。

2) 加铺后半刚性层层底容许拉应力

原路面进行半刚性基层层底拉应力验算时，设计年限内一个车道上累计当量轴次 $N_\mathrm{e}=1.63\times10^7$，已经运行的累计当量轴次 $N_\mathrm{ep}=1.04\times10^7$，代入式 (8-45) 得到 $\alpha=0.362$。

加铺后进行半刚性基层层底拉应力验算时，设计年限内一个车道上累计当量轴次 $N_\mathrm{en} = 2.37\times10^7$，将 N_en、α 和半刚性层极限劈裂强度 0.6MPa 代入式 (8-47)，得加铺后半刚性层层底的容许拉应力为 0.24MPa。

3. 合理结构组合确定

利用弹性层状体系计算软件，对表 8-14 的结构组合方案进行弯沉和层底弯拉应力验算，计算结果如表 8-15 所示。

由表 8-15 中的结构验算结果可以看出，方案 2(即 4cmAC 13 + 6cmAC 20 + 15cm 再生混合料 +35cm 剩余水稳基层 + 剩余路面结构) 满足各指标控制的结构设计要求。为了验算结构理论设计结构，本研究在试验路段选择了 15cm 冷再生层和 20cm 冷再生层两种设计方案。

表 8-15   各结构组合验算结果

结构类型	再生层层底		半刚性层层底		弯沉	
	验算结果/MPa	容许拉应力/MPa	验算结果/MPa	容许拉应力/MPa	路表弯沉/0.01mm	设计弯沉/0.01mm
1	压		0.224		25.8	22.8
2	压		0.235		26.4	28.0
3	压		0.245		26.9	33.2
4	0	0.16	0.256	0.24	27.4	33.2
5	0.02		0.265		27.8	33.2
6	0.06		0.274		28.2	33.2
7	0.08		0.284		28.7	33.2
8	0.11		0.316		29.3	33.2
9	0.15		—		30.2	33.2

注：①再生层层底拉应力验算时，再生层模量取 15℃ 的 $E_p+2\sigma$，沥青面层取 15℃ 的 $E_p-2\sigma$，水稳层取 $E_p-2\sigma$；②半刚性层层底拉应力验算时，水稳层模量取 $E_p+2\sigma$，沥青面层、再生层取 15℃ 的 $E_p-2\sigma$；③弯沉验算时，沥青面层、再生层取 15℃ 的 $E_p-2\sigma$，水稳层模量取 $E_p-2\sigma$。

8.9 本 章 小 结

本章总结了现有国内外冷再生路面的结构设计方法的优缺点，针对我国沥青路面结构的特殊性，提出了适合我国沥青路面的冷再生结构设计方法，主要结论如下：

(1) 现有的设计规范所制定的改建路面设计方法是基于旧路面加铺所提出的，设计方法相对比较笼统，无论是在结构上还是在材料上都没有考虑冷再生路面结构和材料的特性，对冷再生结构补强设计不太适用。

(2) 在冷再生补强结构设计中，将铣刨残余的半刚性基层作为独立的层位进行结构设计，以充分利用其残余承载力，按照疲劳损伤的原理，基于弯拉承载力和弯沉控制指标，提出利用半刚性基层材料的极限抗拉强度折减和半刚性基层层底当量回弹模量两个参数评价残余半刚性基层的残余承载力。

(3) 依据乳化沥青冷再生混合料的疲劳方程，本章计算了其轴载换算系数，计算结果表明，水泥乳化沥青冷再生材料不同于柔性或刚性材料，其轴载换算系数有区别，更接近柔性材料的轴载换算系数。

(4) 进行旧路加铺改造时，不同的设计方法所设计的路面结构差异性较大，为推广冷再生加铺结构，应充分考虑旧路剩余结构的残余寿命；通过使用寿命的折减，推导出半刚性层在加铺后的结构强度抗拉系数 K_s 表达式。

(5) 将不同再生层和面层总厚度的基层类型系数 A_b 引入设计弯沉的计算公式中。

(6) 提出完整的冷再生补强结构设计方法，并通过实例验算对其设计流程进行说明和验证。

第9章　乳化沥青冷再生施工工艺

9.1　概　　述

沥青混合料施工工艺对工程质量具有最直接的影响。我国《公路沥青路面再生技术规范》(JTG F41—2008) 中对沥青路面冷再生的施工工艺作了一般要求，但具体的施工工艺中仍存在较多的问题。冷再生混合料施工 (图 9-1) 的气候、设备、拌和运输、摊铺碾压、养生、施工质量管理以及交通组织方案等均需要进一步详细分析，同时施工中进场出现的旧料质量控制、"花白料"、压实等问题均需要总结，以更好地指导冷再生实体工程开展。

图 9-1　乳化沥青冷再生施工

本章对乳化沥青冷再生混合料的施工工艺进行详细阐述，对施工过程中常见的问题，如旧料质量控制、"花白料"等具体问题进行探讨，并提出相应的对策。主要内容包括乳化沥青厂拌冷再生工艺及设备、乳化沥青就地冷再生工艺及设备、施工质量管理及检查验收、交通组织方案以及乳化沥青冷再生工程常见问题及对策。

9.2 乳化沥青厂拌冷再生工艺及设备

9.2.1 工艺原理

原沥青路面材料经过铣刨，运送至指定的场地，并根据铣刨后材料的级配情况添加部分新料，通过固定的冷再生设备加入乳化沥青、水和水泥，在常温下拌和形成新的乳化沥青冷再生混合料，然后运送至道路施工现场，使用摊铺设备进行摊铺，压实成型后成为新路面的下面层或基层。施工工艺原理如图 9-2～图 9-4 所示。

图 9-2 沥青层的铣刨

图 9-3 乳化沥青冷再生混合料的拌和

图 9-4 乳化沥青冷再生混合料的摊铺和压实

厂拌冷再生施工流程图如图 9-5 所示。

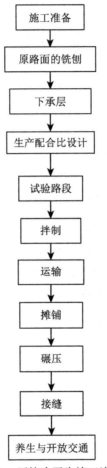

图 9-5　厂拌冷再生施工流程图

　　乳化沥青厂拌冷再生工艺主要用于旧沥青路面材料的再生利用，适用于各等级公路沥青路面的大修、改扩建工程，可用于高速公路、一级公路和二级公路沥青路面的下面层及基层与三、四级公路沥青路面的上面层。城市道路的大修与改扩建工程可参照应用。

　　厂拌冷再生主要适用于：

　　(1) 标高不宜增加或增加不多 (通常小于 5cm) 的公路；

　　(2) 路面具有较多沥青面层铣刨材料可以使用；

　　(3) 路面结构整个面层和大部分基层产生损坏，处理深度较大，而且下承层病害处理面积较大；

(4) 路面线形需要较大调整，而且路表面平整度要求较高；

(5) 施工点附近具备合适的拌和场地。

9.2.2 主要施工设备

应配备齐全的施工机械和配件，并对乳化沥青冷再生拌和设备、铣刨机、摊铺机、压路机等各种施工机械和设备进行调试，对机械设备的配套情况、技术性能、传感器计量精度等进行认真检查、标定。做好开工前的保养，并尽量避免在施工期间发生有碍施工进度和质量的故障，主要配置设备如下：

(1) 可生产乳化沥青的连续式或间歇式专用厂拌冷再生设备，冷料仓不宜少于 2 个，配有水泥添加系统，并具有与测重传感器和数据显示仪相连的全电脑控制系统，乳化沥青的喷嘴应能自清洗，其连续生产能力不宜低于 150t/h，且与生产需求量相适应；同时应配有检测和试验喷嘴，以随时检查沥青的发泡效果；

(2) 20~40t 水泥料仓；

(3) 20t 以上乳化沥青罐；

(4) 破碎筛分系统 1 套 (必要时)；

(5) 装载机若干辆；

(6) 铣刨机若干台，宜为同一型号；

(7) 宜采用自动找平方式的摊铺机 1~2 台；

(8) 25t 以上轮胎压路机 1~2 台，8~13.5t 双钢轮压路机 1~2 台，15~25t 单钢轮压路机 (带强弱振动调整)1~2 台；

(9) 载重量 15t 以上的自卸汽车若干辆。

图 9-6 所示为德国维特根公司生产的 KMA220 型移动厂拌冷再生设备，该设备能够快速转移场地，方便运输，运输状态下的 KMA220 如图 9-6 所示。该设

图 9-6   运输状态下的维特根移动厂拌再生设备 KMA220

备由 1 个水箱、2 个集料仓、水泥螺旋添加系统、双卧轴强制拌和锅、喷洒系统 (可以自动喷洒水、泡沫沥青和乳化沥青)、操作室和输料皮带等组成。2 个集料仓都有筛网可以将超粒径的材料筛除掉，通常 1 个用于添加回收料，另外 1 个用于添加新骨料，如图 9-7 所示。冷料仓的送料速度可以控制回收料和新料的比例。两个料仓的材料同时在输料皮带混合，并在此添加精确计量的水泥等填料，然后运输至双卧轴强制搅拌锅里；在强制搅拌锅上方装有乳化沥青喷嘴和水喷嘴，可以同时喷洒乳化沥青和水，喷入量可根据集料的质量通过电脑控制。

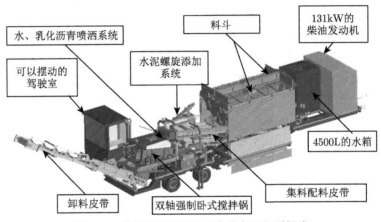

图 9-7 乳化沥青厂拌冷再生设备及主要组成

KMA220 移动式搅拌站安装有强力 6 缸发动机，可实现 131kW 的功率输出，完全满足搅拌站的动力需求。由于自身配备发电机，所以不需要外来供电，与此同时发动机在非生产状态可转换到 ECO 模式 (经济模式) 运行，降低了噪声及空气污染。KMA220 的主要技术参数如表 9-1 所示。

表 9-1   KMA220 技术参数

拌和能力/(t/h)	发动机额定功率/kW	工作质量/t	基本机器尺寸/mm
220	131	30000	13.4/2.5/4

1) 连续式搅拌锅

乳化沥青冷再生混合料的拌和主要通过双卧轴连续搅拌锅，如图 9-8 所示。该搅拌锅配备抗磨损搅拌大臂及可调整的特殊冷硬搅拌叶片，锅体衬耐磨衬板，充分保证了再生料均匀一致的搅拌效果。锅内料位可通过液压调节搅拌锅出料口开度控制。

KMA220 移动式搅拌设备可拥有批量式和持续式两种生产模式。再生料既可以直接装载入料车，也可以存储在转运输料器中。

图 9-8 KMA220 连续式双卧轴搅拌锅

2) 水和乳化沥青喷洒系统

水由装于机身一侧或水箱内部的离心碟杆泵输送给搅拌锅,并喷洒在搅拌锅的进料端。磁感应式流量计确保最佳洒水量,水箱水位由显示器显示。乳化沥青喷洒系统包括沥青齿轮泵、乳化沥青喷洒杆、带温度指示的沥青过滤器。所有沥青管路均为绝热。配备乳化沥青流量测试装置及水压力监视。乳化沥青系统为全套开式及闭式回路控制系统。KMA220 水和乳化沥青喷洒系统如图 9-9 所示。

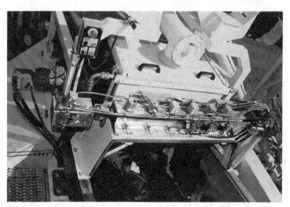

图 9-9 KMA220 水和乳化沥青喷洒系统

3) 粉料添加系统

粉状黏结剂供料通过可摆动的供料螺旋输送器和搅拌锅上的称量螺旋输送器实现。供料螺旋可以安装在机身的任一侧,摆动至搅拌锅上合适的位置,运输时固定在机身上。称量传感器用于精确计量粉状黏结剂的用量。运输时传感器的专用固定装置为标准配置。

9.2.3　场地选择与布置

拌和场宜选在空旷、干燥、交通便利，并远离工厂、居民区、经济农作物及畜牧业集中的区域；拌和场地的面积要根据项目工程量、拌和设备的型号、施工工期、材料供应速度计算确定，拌和场占地面积应满足施工需要，拌和设备，并将生活区及工作区分开；KMA220 移动拌和设备的典型布置如图 9-10 所示。拌和场地要有良好的排水、防水措施；堆料场地和场区道路应进行必要的硬化，杜绝产生弹簧、翻浆现象；要求设专人每天对拌和场、场区道路等及时进行洒水清扫，减少灰尘对集料的二次污染；不同规格材料要严格分档、隔离堆放，严禁混堆；各档材料间应设置高于 2m 的硬分隔墙，2m 以上部分可采用软隔离；分隔墙顶面高度应高于料堆坡脚至少 50cm，料堆形状为梯形；砂石材料堆放时应防止离析。

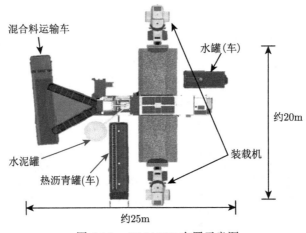

图 9-10　KMA220 布置示意图

9.2.4　原材料

对乳化沥青厂拌冷再生所用各种原材料应满足以下要求：

(1) 对提供新集料、沥青和水泥的生产企业进行严格考察，仔细筛选，并对原材料进行检测，同时要完成 RAP 材料有关性能的检测，确保所提供的原材料质量，不合格材料不得进入料场；

(2) RAP 在回收和存放时不得混入其他结构层材料和杂物，并且在铣刨过程中随时观察 RAP 和铣刨面的外观，发现异常时应及时调整铣刨方案；

(3) 料源无法确定或对质量存疑时，应按照规范规定的取样方法在 RAP 料堆不同位置进行取样检测；

(4) 不同来源的 RAP 材料应分别回收、分开堆放，不得混杂；堆放过程中应均匀堆放避免出现离析现象；回收和存放时不得混入其他材料，如水泥混凝土废料、杂物、土等杂质；

(5) 对于超粒径颗粒含量不符合规范要求的 RAP 应进行二次破碎；

(6) RAP 应防止阳光长时间照射，RAP 和新添加的集料应设防雨措施；

(7) 运输至场地的 RAP 应及时使用，堆放时间不宜超过 12 个月，堆放高度不宜高于 5m；

(8) 为提高 RAP 的均匀性，宜使用小型推土机或铲车 (自重不宜太大，防止 RAP 材料压实) 摊开逐层堆料，使用 RAP 时应从料堆的一端开始在全高范围内铲料。

9.2.5 原路面铣刨及下承层

对原路面铣刨时，应满足以下要求：

(1) 应根据旧路面调查及 RAP 材料评价结果 (沥青含量和级配情况) 确定铣刨段落和厚度，分段、分层、分车道回收；

(2) 对于原有道路局部破碎严重和局部特殊修补的区域，应预先挖除掉，之后再统一进行铣刨；

(3) RAP 的回收应采用能自动控制层厚的铣刨机；

(4) 应在大规模正式铣刨前进行铣刨速度试验，通过比较不同铣刨速度的 RAP 级配，确定合适的铣刨速度范围；铣刨机工作速度范围宜控制在 3~10m/min；

(5) 铣刨要求：

① 铣刨前对原有路面应进行必要的清洗，保证 RAP 材料洁净；

② 宜选用同一铣刨宽度的铣刨机，同一批次铣刨应保持恒定的铣刨速度，且铣刨刀头应完整，不得缺失；

(6) 铣刨后的路槽应为平整、坚实和符合规定的横坡，不得出现薄的夹层。

乳化沥青厂拌冷再生混合料摊铺前应先检查下承层的质量，确保符合以下要求：

(1) 应对下承层的承载能力 (强度) 和病害进行全面检测和调查；

(2) 对于承载能力 (强度) 低于设计值的区域或网裂与沉陷区域，应对下承层进行加固处理，可在已铣刨面的基础上再向下铣刨，并换填材料，压实后在新老交界处铺设 0.5~1m 宽的聚酯玻纤网或抗裂贴；

(3) 对下承层裂缝存在情况进行仔细检查；当裂缝宽度小于 5mm 时，可在裂缝处先喷洒乳化沥青，再铺设 0.5~1m 宽的聚酯玻纤网或抗裂贴；当宽度大于 5mm 时，应对裂缝进行开槽灌缝处理，并喷洒乳化沥青，再铺设 0.5~1m 宽的聚酯玻纤网或抗裂贴；

(4) 摊铺乳化沥青冷再生混合料之前，应安排人员 (或清扫车) 清扫路槽。

9.2.6　试验路段

在正式铺筑乳化沥青冷再生混合料之前，应先拟定试验路段铺筑方案，并铺筑试验路段。试验路段应当位于施工路段之内，试验段的长度应根据试验目的确定，宜选在正线上铺筑 200~400m。

通过试验路段应当确定以下内容：

(1) 验证现场材料的级配和乳化沥青冷再生混合料的生产配合比；

(2) 乳化沥青冷再生混合料的最大干密度、最佳含水量和最佳用水量；

(3) 摊铺的厚度与速度，以及再生层的松铺系数；

(4) 不同压实组合下的压实度和每一次碾压作业的合适长度；

(5) 乳化沥青冷再生混合料的性能指标；

(6) 检验各种施工机械的效率及组合方式是否匹配；

(7) 乳化沥青冷再生层的养生条件及成型情况；

(8) 标准施工方法。

9.2.7　拌制

乳化沥青厂拌冷再生拌制过程中，应满足以下要求：

(1) 不同规格的 RAP 应分类堆放，堆放高度以材料不结块成团为宜；存料场要布置排水系统，露天存放 RAP 须覆盖帆布防雨防晒；

(2) 矿粉、水泥、水和乳化沥青的添加设备必须经常检查，保持畅通；料仓应装配机械振捣设备，必要时辅以人工捣料，确保各种材料均匀出料；

(3) 如果厂拌再生设备自有料仓数量所限，应考虑额外增加料仓或按照生产配合比设计比例将材料混合均匀后，再将其混合物装载到再生机料仓；

(4) RAP、新集料与水泥按比例配制完成后输送至强制拌和锅内，然后喷入水，经过 5~10s 搅拌后喷入乳化沥青，最后搅拌 10~20s；

(5) 应当经常观测冷再生混合料拌和状况，及时调整喷水量，确保乳化沥青无破乳、结团、"花白料"、液体流淌等现象；

(6) 拌制好的乳化沥青冷再生混合料如采用输料皮带直接出料，为防止粗细集料离析，不宜直接装入运料卡车；

(7) 冷再生混合料取样应符合现行试验规程的要求，从冷再生混合料运料车上取样时应设置取样台，分几处采集 30~50cm 以下的样品；

(8) 每个工作班结束时应打印出一个工作班材料用量和冷再生混合料拌和量的统计量，计算沥青、水泥及添加新材料的用量，与设计值及容许值的波动相比较，评定是否符合要求；如果不符以上要求，宜对设定值适当调整；

(9) 冷再生材料拌和完成后，应尽快运输至现场进行摊铺和压实；

(10) 当拌和设备中途发生故障时，应立即通知运输车驾驶员将已装入车内的冷再生混合料送到工地，不宜等装满再走；

(11) 停止拌和冷再生混合料后，在拌和机停机前，应用水冲洗干净拌缸，同时放空 RAP 料仓避免 RAP 黏结成块堵塞料仓；乳化沥青输送管道也应冲洗干净，以确保畅通。

9.2.8 运输

拌和后的冷再生混合料不宜储存，应立刻运至施工现场使用。采用汽车运输混合料时，在每次使用前后都应该清扫干净，并采用不透光的棉被或厚帆布严密覆盖住车厢，防止混合料提前破乳、污染、中途遭受雨淋，最好在汽车车厢板上涂抹一层隔离剂。

宜采用载重量不小于 20t 的大吨位自卸车运输，但不得超载运输，不得在施工现场急制动、急转弯掉头以免损伤透层和下封层。运输车的数量应根据拌和楼的产能、运距、路况、车辆吨位进行综合分析，以确定运力，并保证略有富余。施工过程中应有运料车等候于摊铺机前方，等候的运料车多于 3 辆后适宜开始摊铺。

从拌和楼向车厢内卸料时，应按照从车厢前、后、中的顺序分三次平衡装料，以减少冷再生混合料的离析。装满冷再生混合料的汽车，中途不得随意停留；运送至摊铺现场，在等待其他车辆卸料的过程中，不能撤除覆盖物。运送至现场的冷再生混合料，应该在当班完成摊铺、压实。

低于规定铺筑温度的冷再生混合料、被雨水淋湿的冷再生混合料、已发生离析、结成团块以及卸料时滞留于车上的冷再生混合料，都应废弃。

9.2.9 摊铺及碾压

乳化沥青厂拌冷再生混合料摊铺过程中，应满足以下要求：

(1) 在铺筑冷再生层之前应整平下层表面、处理干净并按要求喷洒透层油或黏层油；

(2) 摊铺前应检查摊铺机的刮板输料器、螺旋布料器、振动梁、熨平板、厚度调节器等工作装置和调节机构，确认处于正常状态；熨平板振频振幅以高频低幅为宜，初始密实度宜调整至 85% 以上；

(3) 摊铺机应缓慢、均匀、连续不间断地摊铺，中途不得随意变换速度或停顿，摊铺速度宜控制在 2~4m/min 的范围内，以防沥青破乳和混合料离析；当发现混合料出现明显的离析、波浪、裂缝、拖痕时，应分析原因，予以消除；

(4) 冷再生混合料的摊铺松铺系数应根据试验路段结果确定，摊铺过程中应随时检查摊铺层厚度及路拱、横坡；

(5) 摊铺过程中的细微缺陷宜由人工作局部找补，严重缺陷应整层铲除更换混合料。

乳化沥青厂拌冷再生混合料碾压过程中，应满足以下要求：

(1) 冷再生混合料摊铺后应及时压实，其单层压实最大厚度不宜大于 20cm；

(2) 冷再生混合料宜在最佳含水量情况下碾压，避免出现弹簧、松散、起皮等现象；

(3) 直线和不设超高的平曲线段，由两侧路肩向路中心碾压；设超高的平曲线段，由内侧路肩向外侧路肩进行碾压；碾压时应重叠 1/3 轮宽，后轮压完路面全宽时即为 1 遍；

(4) 压实流程宜为双钢轮压路机静压—单钢轮压路机高幅低频强振压实—双钢轮压路机高频低幅弱振压实—视表面干燥情形决定是否洒水—轮胎压路机压实；

(5) 钢轮压路机的工作速度不得超过 3km/h；轮胎压路机速度不得超过 4km/h。

冷再生混合料的压实层厚度宜控制在 8~15cm 范围内，超过此厚度范围可采取分层施工的方法解决。冷再生混合料碾压工序可参考表 9-2。

表 9-2　冷再生混合料碾压工序

碾压次序	碾压设备	碾压遍数	碾压速度/(km/h)
初压	双钢轮振动式压路机	静压 1 遍，振压 1 遍	1.5~3
复压	单钢轮振动式压路机	振压 3 遍	2~4
	轮胎式压路机	揉压 3 遍	2~4
终压	双钢轮振动式压路机	静压 1 遍	3~4

每天在正式开铺前，压路机应做好加油、加水、维修、调试、保养等全部准备工作，不宜向碾轮涂刷柴油。压实过程中，冷再生混合料的表面应保持湿润，如地表水蒸发过快，可以及时洒上少量水。施工中，从拌和到碾压完成的延迟时间不宜超过试验路段确定的延迟时间。压实机械压实过程中，不能在当天修筑的路面上长时间停留，严禁在路上过夜。

摊铺机摊铺乳化沥青冷再生混合料时，有时会产生工作缝，包括纵向接缝和横向接缝，都应采用垂直的平接缝。平接缝切缝应在冷再生混合料碾压结束后尽快进行。所有的接缝处都要往完全压实的路段一侧去除部分材料，纵向接缝至少去除 20cm，横向接缝至少去除 10cm。切缝后必须用硬扫帚和吹风机清洁，并涂刷薄层乳化沥青，再铺筑新的冷再生混合料。特别注意横向接缝处的平整度，可用 3m 直尺测量确定。

铺筑冷再生层时，应严格控制交通，不得污染表面。养生期前 72h 禁止一切车辆行驶，72h 后可视情况允许施工用 2t 以下小型车辆匀速慢行通过，车速不高于 20km/h，不得急制动和原地掉头。

工地现场应根据具体情况配备足够数量防雨卷材，并做好路肩排水。冷再生层与上一层沥青路面结构层之间应铺洒黏层油。黏层施工宜在养生期结束后、上层沥青结构层施工前进行。

当满足以下条件时，可进行下道工序施工：

(1) 冷再生层可用钻孔取芯机取出完整芯样；

(2) 冷再生层含水率小于 2%；

(3) 压实后的冷再生混合料养生期一般为 3~7d。

9.2.10 养生及开放交通

乳化沥青冷再生层在加铺上层结构前应进行自然养生，以保持再生层处于接近干燥的状态，养生结束后及时加铺封层。具体养生要求如下：

(1) 日最低气温在 20℃ 以上时，再生层在完成压实至少 2d 后方可边通车边进行自然风干养生；

(2) 日最低气温在 20℃ 以下或再生层完成压实后遭雨淋时，应在封闭交通的情况下进行自然风干养生。

当满足以下两个条件之一时，可以结束养生：

(1) 再生层可以取出完整的芯样；

(2) 再生层的含水率低于 2.0%。

乳化沥青冷再生层碾压完毕后，满足以下条件方可开放交通：

(1) 最低气温在 20℃ 以上时，再生层在完成压实至少 2d 后，在不加铺封层的情况下可开放交通，但应限制重载车辆通行，并严禁车辆在再生层上掉头和应急刹车，开放交通时间不宜超过 30d；

(2) 日最低气温在 20℃ 以下或再生层完成压实后遭雨淋时，不宜开放交通；

(3) 当满足结束养生条件并加铺封层后，可开放交通，但应限制重载车辆通行，并严禁车辆在再生层上掉头和应急刹车，开放交通时间不宜超过 30d。

9.3 乳化沥青就地冷再生工艺及设备

9.3.1 工艺原理

利用专用就地冷再生设备在现场将原有路面结构铣刨、破碎，并根据破碎后材料的级配情况添加部分新料，在常温下与乳化沥青、水和水泥一次性拌和形成乳化沥青冷再生混合料，经摊铺或整平并压实成型后，成为新路面的下面层或基层，一般仅对沥青面层的就地冷再生 (cold in-place recycling，CIR)。

乳化沥青就地再生施工由于采用的就地冷再生机不同，在工艺上有所不同。一种是采用轮胎式冷再生机的乳化沥青就地冷再生施工工艺，如图 9-11 所示；一种是采用履带式冷再生机的乳化沥青就地冷再生施工工艺，如图 9-12 所示。采用轮胎式就地冷再生机的冷再生施工，由于再生机后面的两个轮胎对再生混合料进行了初步的碾压，并产生了一定深度的轮迹印，因此一般需要配置平地机进行整平，以消除轮迹印，使再生层达到一定的平整度要求。此外，在整平之前，必须首先压实轮间松散的材料，以达到同样的密度；整平前如达不到均匀的压实，则会在再生层内形成永久的密度差异。而采用履带式冷再生机的乳化沥青就地冷再生施工，由于再生混合料通过再生机输料皮带输送给摊铺机，所以一般不需要平地机进行整平。

水泥撒布机　　水车　　乳化沥青罐车　轮胎式就地再生机　压路机　平地机　　　压路机

图 9-11　采用轮胎式冷再生机的乳化沥青就地冷再生施工工艺原理

压路机　　摊铺机　履带式就地冷再生机　乳化沥青罐车　水车　　　水泥撒布机

图 9-12　采用履带式冷再生机的乳化沥青就地冷再生施工工艺原理

　　无论轮胎式还是履带式就地冷再生机，其核心是由一个装有若干个硬质合金刀具的切削转子、乳化沥青喷洒系统、拌和水喷洒系统组成的铣刨拌和装置。铣刨转子旋转铣刨原路面材料的同时，可以通过喷洒系统将乳化沥青、水喷入拌和腔，这样使得乳化沥青、拌和水、旧路面材料、添加的新料、水泥等拌和在一起，其铣刨拌和原理如图 9-13 所示。

图 9-13　乳化沥青就地冷再生铣刨拌和原理

就地冷再生施工流程图如图 9-14 所示。

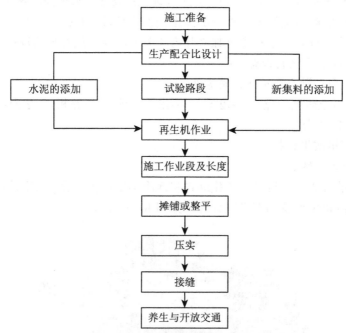

图 9-14 乳化沥青就地冷再生施工流程图

乳化沥青就地冷再生工艺主要用于旧沥青路面材料的再生利用，适用于各等级公路沥青路面的大修、改扩建工程，可用于高速公路、一级公路和二级公路沥青路面的下面层及基层与三、四级公路沥青路面的上面层。城市道路的大修与改扩建工程可参照应用。

就地冷再生主要适用于：

(1) 道路不适合进行大面积的开挖，需要快速维修的路段；

(2) 道路下承层病害较少，不需要大面积进行病害处理的路段；

(3) 道路附近没有合适的拌和场地，无法进行厂拌再生的工程。

9.3.2 主要施工设备

应配备齐全的施工机械和配件，并对就地冷再生机、摊铺机或平地机、压路机等各种施工机械和设备进行调试，对机械设备的配套情况、技术性能、传感器计量精度等进行认真检查、标定。做好开工前的保养，尽量避免在施工期间发生有碍施工进度和质量的故障，并应配备以下主要施工机械：

(1) 能够将铣刨的路面材料与新添加材料均匀拌和的专用就地冷再生设备，最小功率不宜小于 450kW，以确保足够的拌和能力；乳化沥青和水或水泥稀浆供给系统应计量精确、可显示、可调节，并与切削深度、施工速度、材料密度等联动，再生机铣刨转子宽度至少为 2.0m，转速可调，并应具有水平控制系统，保证在连续施工过程中实际铣刨深度和要求的深度误差不超过 10mm；乳化沥青喷嘴在工作范围内应均匀分布，各喷嘴可独立开启和关闭，并应能够自清洗；

(2) 20t 以上乳化沥青罐车；

(3) 水泥自动撒布车或水泥稀浆车；

(4) 22t 以上轮胎压路机 1~2 台；8~13.5t 双钢轮压路机 1~2 台；15~25t 单钢轮压路机 1~2 台；

(5) 摊铺机或平地机；

(6) 水车若干辆。

该工艺的核心施工设备为乳化沥青就地冷再生设备，以下以维特根 W380CR 履带式就地冷再生设备为例进行介绍，如图 9-15 所示。

图 9-15 维特根 W380CR 就地冷再生机

W380CR 安装有强力 12 缸发动机，可实现 708kW 的功率输出，具有强劲的动力输出。W380CR 的主要技术参数如表 9-3 所示。

表 9-3 W380CR 技术参数

最大铣刨深度/mm	再生宽度/mm	铣刨和行驶速度/(m/min)	拌和能力/(t/h)	发动机额定功率/kW	工作质量/kg
350	3800	0~88	800	708	53000

1) 铣刨拌和转子

强劲的铣刨和拌和转子用于铣刨现有的受损沥青路面，同时采用下切模式，可以优化切削材料的颗粒形状，避免大块材料的出现，可以改善再生混合料的级配；铣刨后的材料与喷入的乳化沥青和水在机器的拌和仓内高效拌和，从而就地再生出均匀的再生混合料。由于铣刨和拌和转子采用螺旋结构，再生材料向中央聚集，通过收料皮带运输至摊铺装置。

2) 动力系统

先进的大扭矩 12 缸柴油发动机性能强劲、扭矩大，即使在最大铣刨深度下，它也能实现快速完工。机器拌和能力高达 800 t/h，应用范围广泛。机械式铣刨和拌和转子驱动装置可使机器持续获得强大的铣刨性能和高施工效率。

3) 喷洒系统

集成式微机控制的喷洒系统能够精准控制水和乳化沥青的添加量。视施工需求，它可以安装多个喷洒杆并同时注入不同的黏结剂。喷洒系统的连接管和水泵位于机器前方，便于快速更换罐车；低吸入点能够更好地填充水泵以及排气。用于乳化沥青和水的 VARIO 喷洒杆可通过改变喷嘴的横截面积，灵活调节喷洒压力，因此能够更深地渗透到材料中，同时确保沿整个喷洒宽度均匀分布。另外，喷洒宽度也可以根据具体的施工需求进行调节。

沥青喷洒系统的温度可以根据施工需求进行调节，从而也可用于在低温下喷洒乳化沥青。自清洗装置再生施工过程中，可以通过定时清洗 (冲洗) 的方法将 VARIO 喷洒杆喷嘴的杂质去除。此外，停机期间或再生施工结束时，推入喷嘴出口处的闭式气缸可手动或自动清洗喷嘴。

9.3.3 病害调查

就地冷再生施工前，应对原路面进行详细的病害调查，并满足以下要求：

(1) 对于乳化沥青冷再生铣刨不能处理的病害，或考虑到路面仅再生施工其强度等尚不能满足设计要求的区域，应进行病害处理或补强处理；可先根据再生铣刨深度对原路面进行铣刨，然后铣刨或挖除下部结构层，换填材料，压实至已铣刨面的基础面齐平，再将铣刨的旧路面材料回铺至换填材料上，最后与其他路段一并进行乳化沥青就地冷再生；

(2) 就地冷再生施工之前应对路表面进行清扫，保持路表层表面干净、平整；如果再生层表面不规则，应采取适当的整型方式，以达到线形要求，并保证最终压实后再生层的厚度满足要求。

9.3.4 试验路段

在正式铺筑乳化沥青冷再生混合料之前，应先铺筑试验路段，并拟定试验路段铺筑方案。试验路段应当位于施工路段之内，试验路段的长度应根据试验目的确定，宜选在正线上铺筑 200~400m。

通过试验路段应当确定以下内容：

(1) 验证现场材料的级配和验证乳化沥青冷再生混合料的生产配合比；

(2) 乳化沥青冷再生混合料的最大干密度、最佳含水量和最佳用水量；

(3) 就地冷再生机参数设置，再生机的铣刨深度、速度，摊铺工艺以及再生混合料的松铺系数 (对于轮胎式或未配置熨平装置的再生机，其松铺系数指的是未经轮胎碾压区域的松铺系数)，建立就地冷再生机仪表显示值与实际值的相关关系；

(4) 每个再生作业段的合适长度；

(5) 不同压实组合下的压实度和每一碾压作业的合适长度；

(6) 乳化沥青冷再生混合料的性能指标；

(7) 检验各种施工机械的效率及组合方式是否匹配；

(8) 乳化沥青冷再生层的养生条件及成型情况；

(9) 按标准施工方法，检验质量控制方案的可行性和可操作性。

9.3.5 新集料、水泥的添加

新集料应保持干燥。添加两种及以上不同规格的新集料时，应将需要添加的集料按照比例事先拌和均匀，并使用摊铺机进行摊铺；人工摊铺时，应事先在旧路面上打格，计算单位面积新集料的添加量。打格宜按照每 $100\sim300\text{m}^2$ 的面积进行总量控制，撒布应保证厚度均匀。

可采用水泥稀浆车、水泥撒布机或人工撒布的方法添加水泥，具体要求如下：

(1) 采用水泥稀浆车时，应根据生产配合比设计值在水泥稀浆车上进行设定，水泥和水的比例通过电脑实时控制，水泥和水混合均匀后输送至再生机铣刨搅拌室内进行喷洒；

(2) 采用水泥撒布机撒布时，水泥的用量应比生产配合比设计值高 5%；根据水泥的实际用量和撒布机出料速度，经过计算获得撒布机的行驶速度标准值；水泥撒布施工时，撒布机的实际行驶速度不应超过行驶速度标准值的 ±10%；水泥撒布一旦完成，除了再生机 (包括附属设备) 以外其他车辆一律不得进入施工区域；

(3) 采用人工撒布时，应要求工人佩戴防尘器具，水泥的实际用量应比生产配合比设计值高 10%；根据水泥的实际用量，通过计算得出所铺的面积；撒布水泥时应均匀，同时注意提醒工人降低扬尘；水泥撒布一旦完成，除了再生机 (包括附属设备) 以外，其他车辆一律不得进入施工区域。

9.3.6 再生机作业

再生机作业时，应满足以下要求：

(1) 为了获取质量稳定的 RAP，应在大规模铣刨前应进行铣刨试验，通过比较不同铣刨速度的 RAP 级配，确定合适的铣刨速度范围 (±1.5m)；再生机工作速度范围一般控制在 $2\sim6\text{m/min}$；

(2) 在直线和不设超高的平曲线段，再生机应首先沿着路幅的外侧开始，然后逐渐向路幅内侧施工；设超高的平曲线段，再生机应首先沿着路幅的内侧开始，然后逐渐向路幅外侧施工；

(3) 应考虑在再生路面上设置再生机的方向引导措施, 保证再生机沿着正确的方向前进;

(4) 应至少每隔 200m 检测和记录再生机的工作速度, 以确保再生机保持一定的生产效率和良好的再生效果;

(5) 应当安排经验丰富的施工人员在再生机后连续观测拌和材料是否均匀, 一旦发现乳化沥青破乳、结团等现象, 应立即停止施工;

(6) 铣刨前对原有路面应进行必要的清洗, 保证 RMAP 材料洁净, 不得混入其他结构层材料和杂物, 并且在铣刨过程中随时观察 RMAP 和铣刨面的外观, 发现异常时应及时调整铣刨方案;

(7) 宜选用同一型号的再生机, 应保持恒定的铣刨速度, 且铣刨刀头完整, 不得缺失。

9.3.7 施工作业段及长度

使用就地再生机时, 通常会分段作业 (尤其是轮胎式就地再生机), 此时应满足以下要求:

(1) 再生施工的每个作业段内, 为避免产生夹层, 宜一次性摊铺或整平、压实;

(2) 应根据再生施工的效率以及添加水泥等活性填料的初凝时间, 确定冷再生施工作业段的长度, 对于轮胎式再生机宜控制在 50～200m, 采用履带式再生机并与摊铺机同步摊铺的可根据路面宽度等确定。

9.3.8 整平及碾压

根据工艺不同, 冷再生材料可通过摊铺机进行摊铺或平地机进行整平。

采用摊铺机摊铺, 摊铺机应与再生机速度同步, 并应注意控制好横坡和厚度, 宜采用钢丝绳或平衡梁引导方式控制摊铺平整度和厚度。应合理选择熨平板的振幅和夯锤振动频率, 一般情况冷再生混合料宜采用 “夯锤振动频率大于熨平板振幅” 的方式, 以提高冷再生混合料的初始压实度。应控制好料位传感器的高度, 使储料箱中的螺旋送料器始终埋入冷再生混合料不小于 3/4 的高度, 以减小在摊铺过程中冷再生混合料的离析。摊铺机熨平板必须拼接紧密, 不许存有缝隙, 防止卡入粒料将铺面拉出条痕。

对于轮胎式就地再生, 静压结束后, 需要平地机进行整平工作, 消除再生机轮迹印, 切削深度应由深至浅。在直线和不设超高的平曲线段, 平地机应由路肩向路中心刮平; 在设超高的平曲线段, 平地机应由内侧向外侧刮平。刮平后多余的混合料应予以废弃。

乳化沥青冷再生混合料碾压过程中, 应满足以下要求:

(1) 冷再生混合料整平或摊铺后应及时压实, 其单层压实最大厚度不宜大于 20cm;

(2) 直线和不设超高的平曲线段，由两侧路肩向路中心碾压；设超高的平曲线段，由内侧路肩向外侧路肩进行碾压；碾压时应重叠 1/3 轮宽，后轮压完路面全宽时即为 1 遍；

(3) 碾压流程宜为双钢轮压路机静压—单钢轮压路机高幅低频强振碾压—双钢轮压路机高频低幅弱振碾压—视表面干燥情形决定是否洒水—轮胎压路机碾压；

(4) 钢轮压路机的工作速度不得超过 3km/h；轮胎压路机的工作速度不得超过 4km/h。

9.3.9　接缝

就地冷再生机施工作业时通常会产生工作缝，包括纵向接缝和横向接缝，对于两种接缝的处理应满足以下要求：

1) 纵向接缝

相邻两个再生幅面应具有一定的搭接宽度。第一个再生作业的宽度应与铣刨毂的宽度一致，所有后续有效再生幅面的纵向搭接宽度不宜小于 10cm。

再生机应准确地沿着预先设置的铣刨指引线前行。若偏差超过 10cm，应立即倒退至开始出现偏差的地方，然后沿着正确的铣刨指引线重新施工 (无须再加水或者稳定剂)。再生机上每个水和沥青的喷嘴均有一定的有效喷洒宽度，当搭接宽度超过 1 个喷嘴的有效喷洒宽度时，后续施工应根据搭接宽度关闭若干个喷嘴，以保证重叠区域没有多余的水和沥青。

2) 横向接缝

一个工作日结束、两个相连作业段连接、再生途中更换罐车或其他情况造成的停机均会形成横向接缝，重新作业开始前整个再生机组应后退至已再生路段至少 1.5m 的距离，以保证接缝宽度上的材料得到处理。对于超过水泥等活性填料初凝时间的段落，在接缝处应重新撒布水泥，但不用撒布石屑、碎石并喷洒乳化沥青。

9.3.10　养生及开放交通

同 9.2.10 节内容。

9.4　施工质量管理及检查验收

9.4.1　施工前

在工程开始前及施工过程中，材料的来源或规格发生变化时，应对材料的质量、数量等进行检查，检查频率应满足表 9-4 的要求。

施工前应检查和标定拌和设备的技术性能、计量精度，以及摊铺机械和压实设备的配套情况、技术性能。

表 9-4 施工前材料的检查频率

材料	检查频率
RAP	每天 2~3 次，每批次 1 次
乳化沥青	每 2~3 天 1 次，每批次 1 次
水泥	必要时，每批次 1 次
水	必要时，每批次 1 次
矿粉	必要时，每批次 1 次
集料	必要时，每批次 1 次

9.4.2 施工过程中

施工过程中的质量管理和检查验收频率应满足表 9-5 的要求。

表 9-5 施工过程的质量管理和检查验收频率

检查项目	检查频率
压实度	不少于 1 次每车道每公里
空隙率	不少于 1 次每车道每公里
40℃ 马歇尔稳定度	必要时，每天 1 次
浸水马歇尔稳定度	必要时，每天 1 次
15℃ 劈裂强度	必要时，每天 1 次
干湿劈裂强度比	必要时，每天 1 次
冻融劈裂强度比	必要时，每 3 天 1 次
动稳定度	必要时，改变配合比时

9.4.3 完工后

完工后，全线以 1~3km 作为一个评定路段，按照表 9-6 的要求进行质量检查验收。

表 9-6 完工后的质量检查验收表频率

检查项目	检查频率
压实度	不少于 1 次每车道每公里
平整度 (最大间歇)	每 200m 设 2 处，每处连续 10 尺
纵段高程	每 200m 设 4 个点
厚度	每 200m 每个车道 1 个点
宽度	每 200m 设 4 个断面
横坡	每 200m 设 4 个断面
外观	随时

9.5　交通组织方案

高速公路路面养护工程根据规模和内容的不同,一般可以分为小修保养、中修工程、大修工程、改建工程和专项养护工程。为了保证路面养护工程施工期间高速公路的正常运营、过往车辆的交通安全以及施工作业的顺利进行,如何处理好施工路段的交通组织、交通管制等一系列问题,提出切实可行、安全有效的交通组织方案,是路面养护工程设计及实施阶段的重要内容。因此,本节结合实体工程,针对冷再生养护工程的特性进行交通组织方案的研究。

9.5.1　常见交通组织方式及其特点

高速公路路面养护工程中的交通组织方式归纳起来主要有以下几种。

1) 不改变交通流方向,封闭部分车道施工

这种交通组织方式是将施工作业区段按车道划分,在不改变交通流方向的前提下,封闭单向车道中的部分车道,利用其余车道通行的交通管制方式,即所谓的 "半幅范围内部分车道封闭施工,其他车道通行",也是路面养护工程中最常见的一种交通组织方式,如图 9-16(a) 所示。

(a) 封闭部分车道　　　　　　　　　　　　(b) 单向封闭施工

图 9-16　路面养护工程中常见交通组织方式

2) 改变交通流方向,单向封闭施工,对向双向通行

这种交通组织方式是将施工作业区段所在方向的所有车道封闭,利用中央分隔带紧急开口绕行的方式来改变交通流方向,使来往车辆在对向车道范围内双向行驶的交通管制方式,即所谓的 "半幅双向通车,半幅封闭施工",如图 9-16(b) 所示。

3) 改变交通流方向,单向 (或双向) 封闭施工,绕行其他路线通行

这种交通组织方式是将单向 (或双向) 所有车道封闭进行施工作业,通行车辆绕行其他线路来改变交通流方向的一种交通管制方式,也就是所谓的单向 (或双

向)"断交施工"。

不同交通组织形式的基本特点与适用性总结如下:

"不改变交通流方向,封闭部分车道施工"的交通组织方式的优点在于仅对施工作业区段所在方向的交通流进行交通管制,对于对向行驶的交通流不产生任何影响。不足之处是施工作业和同向交通流之间的干扰因素较多,由于施工作业面受到一定的限制,因此对养护作业施工质量的控制难度增大,施工工期较长,并且给安全、组织和管理等多方面带来较多的困难。因此,对于高速公路路面的小修保养等小规模、小范围、工期短的日常养护工程,可以采取这种交通组织方式,以尽量减少对交通流的管制时间和范围。

"改变交通流方向,单向封闭施工,对向双向通行"的交通组织方式的优点是有利于施工作业面的展开,最大可能地减少施工作业和交通流之间的干扰因素,便于加强施工质量的控制,合理缩短施工工期。但是,这种组织方式直接影响到双向行驶的交通流,尤其是对于双向四车道的高速公路来说,正常行驶的过往车辆将被压缩为双向两车道顺次通行,这对交通流造成了很大的干扰,对道路的畅通也造成了很大的影响。因此,对于双向六、八车道或交通量相对较小的双向四车道高速公路的中修或大修工程,可以采取这种交通组织方式。另外,对于大型桥梁结构物等的专项养护工程,为避免过往车辆对桥梁的冲击振动作用而影响施工质量,应尽量采取单向封闭施工的交通组织方式。

"改变交通流方向,单向(或双向)封闭施工,绕行其他线路通行"的交通组织方式与周边路网的规模有很密切的关系,将直接影响到周边路网的正常运营,并且容易造成较大的社会影响。因此,除道路改(扩)建、大修养护等大规模施工作业,结合周边路网具体情况考虑采取这种方式外,一般不采取这种交通组织方式。沈大高速公路扩建工程曾经采用全线封闭施工的交通组织方式,车辆改由大连(大庄公路、鹤大线)—丹东(沈丹高速公路)—沈阳或黑大线等路线通行,能够满足沈大高速公路封闭期间车辆分流绕行的要求。

按照目前冷再生实体工程经验,冷再生养护工程属于中修和大修工程,原则上应该选用前两种交通组织方式,若采用第三种交通组织方式,必须经过充分的方案论证。

9.5.2 养护作业交通管制基本形式

高速公路养护作业选择了合适的交通组织方式后,最重要的就是针对养护作业的特点实施安全管理。高速公路的作业区安全管理有两部分:一是对作业区以外有限范围实行交通管制,目的是避免作业人员、装备与行驶车辆发生冲突;二是对作业区内的作业进行必要的安全管理。其中的核心便是交通管制。

交通管制是指因道路维修作业占用行车断面,为使车辆通行有序,保证作业区内人员和设备的安全，而对车辆行驶速度、路线、方向采取的强制性管理。这种管理是通过设置在作业区以外路面上的设施和标志来实现的。

非流动性的养护作业需要进行交通管制。按照通行车辆行驶的特点，将交通控制区分警告区、上游过渡区、上游缓冲区、作业区、下游缓冲区、下游过渡区和终止区七个部分，如图 9-17 和图 9-18 所示。

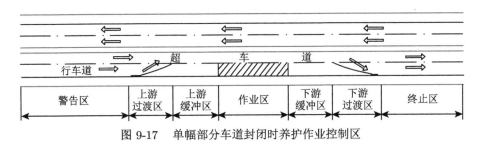

图 9-17　单幅部分车道封闭时养护作业控制区

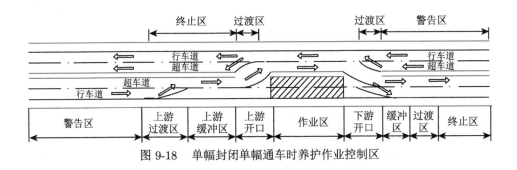

图 9-18　单幅封闭单幅通车时养护作业控制区

依据《公路养护安全作业规程》中的推荐值和《高速公路养护工区交通组织仿真研究》的仿真结果，各交通控制区长度的基准取值如下：

单幅部分车道封闭模式下，如图 9-17 所示，各控制区长度推荐值：警告区 1km、上游过渡区 30m、上游缓冲区 80m、下游缓冲区 50m、下游过渡区 30m、终止区 200m。

单幅封闭单幅通车模式下，如图 9-18 所示，各控制区长度推荐值：警告段 1km、上游过渡区 30m、上游缓冲区 400m、下游缓冲区 100m、下游过渡区 30m、终止区 200m、上游开口和下游开口 80m。

9.5.3　养护作业区交通流模拟仿真

可以看出，不同的交通组织方式有其各自的特点和适用性，其核心的影响因素还是养护作业区的交通特征。在我国的现行相关规程和研究中仅给出了基准的交通管制形式，因此还需要针对具体的养护工程进行交通特征分析，才能够为合理的交通组织方案的制定提供实际指导。本小节重点利用交通流模拟仿真来为甬台温高速冷再生补强工程交通组织方案的制定提供参考依据。

道路交通系统仿真是采用计算机数学模型来反映复杂道路交通现象的交通分析技术和方法，是再现交通流时间和空间变化的模拟技术，具有直观、准确、灵活的特点，是一种描述复杂道路交通现象的有效手段。道路交通系统仿真的目的是运用计算机技术再现复杂的交通现象，并对这些现象进行解释、分析，找出问题的症结。接下来借助 VISSIM 仿真软件对作业区的交通状况进行模拟，以确定最终的交通组织方案。

1. VISSIM 模型参数的校正

VISSIM 是德国 PTV 公司的产品，它是一个离散的、随机的、以 10^{-1}s 为时间步长的微观模型。车辆的纵向运动采用心理、生理跟车模型，横向运动 (车道变换) 采用了基于规则 (rule-based) 的算法，不同驾驶员行为的模拟分为保守型和冒险型。VISSIM 提供了图形化的界面，用 2D 和 3D 动画向用户直观显示车辆运动，运用动态交通分配进行路径选择。

模型参数校正是根据模拟对象的交通运行状况，对仿真系统中各个独立的参数进行调整，最终使得模型能准确表达具体仿真对象的过程。需要校正的仿真参数一般包括交通控制运行参数、交通流特性和驾驶员行为特性。参数校正的最终目的是使仿真结果与实际数据差距最小。

1) 紧急停车距离

紧急停车距离指的是一个需要强制换道的车辆的最后可能位置，也就是车辆在此等待换道的距离。由于仿真的对象是高速公路，车辆不会产生中途转弯，根据经验，紧急停车距离对于仿真结果影响不大，因此仿真中紧急停车距离一般选定为 5m。

2) 车道变换距离

车道变换距离在这里指的是车辆由于路径需要而试图换道的位置，也就是强制换道的位置，这个参数与紧急停车距离相互关联，对仿真结果影响也不大，仿真中一般取值 200m。

3) 最小车头时距

最小车头时距是车辆进行车道变换所需要的与前方车辆的最小距离，特别是在快速车道变换到慢速车道的时候产生。VISSIM 的默认值是 0.5m，这个值显然不符合中国的国情；我国车辆的车速差异较大，这个值明显偏小，在高速公路上一般取值为 1~2m。

4) 平均停车距离

平均停车距离指的是车辆停车与前方车辆之间的距离 (在城市道路中也指

与停车线的距离)。VISSIM 的默认值是 2m，在仿真中取值的范围一般定义在
1~2m。

5) 等待换道消失的时间

等待换道消失时间指的是车辆在停车线前等待换道直到消失的最大时间，一
般发生在慢速车道向快速车道变换的过程中。VISSIM 的默认值是 60s，基于我国
国情，在仿真中取值的范围为 45~100s。

6) 观察前方数

定义为车辆在仿真中观测前方车辆的运行数量，然后相应地作出反应。VIS-
SIM 的默认值是 2 辆，根据我国的国情一般取值为 1~4 辆。

2. 甬台温交通流仿真模拟

1) 模型建立

(1) 施工路段交通信息相关参数。

甬台温高速公路设计行车速度 110km/h，路基宽度 21.5m；行车道 2×2×3.5m，
中央分隔带 1.5m，两侧路缘带 2×0.5m，硬路肩 2×2.0m，土路肩 2×0.5m。交通
量与交通组成见 5.3.1 节，车型、车辆几何尺寸、车辆特性选用 VISSIM 软件中
2D 或 3D 模型中的类似车型，并根据国内高速公路上车辆的具体情况进行调整。

(2) 车辆参数。

在建立模型时，最重要的就是车辆参数的设定，车辆的组成不同导致仿真的
结果也有很大的不同。根据《公路工程技术标准》(JTG B01—2003) 关于车型
分类及车辆折算系数的规定，公路交通情况调查车型分类及车辆折算系数具体如
表 9-7 所示。

表 9-7　调查车型分类及车辆折算系数表

车型			折算系数	荷载	备注
机动车	汽车	小客车	1.0	额定座位 ≤19 座	
		大客车	1.5	额定座位＞ 19 座	
		小型货车	1.0	载质量 ≤2t	
		中型货车	1.5	2t ＜载质量 ≤7t	包括吊车
		大型货车	2.0	7t ＜载质量 ≤14t	
		特大型货车	3.0	载质量＞ 14t	
		拖挂车	3.0		包括半挂车、平板拖车
		集装箱车	3.0		
	摩托车		1.0		包括轻骑、载货摩托车及载货 (客) 机动三轮车等
	拖拉机		4.0		
非机动车	人畜力车	畜力车	4.0		
		人力车	1.0		包括人力三轮车、手推车
	自行车		0.2		包括助动车

注：交通量换算采用小客车为标准车型。

根据甬台温高速交通调查结果，本次仿真的各类型车辆交通量如表 9-8 及图 9-19 所示。

表 9-8　2010 年甬台温高速分类车辆交通量

指标参数	小型货车	中型货车	大中型货车	特大型货车	大客车	拖挂车	小客车	pcu/(h·车道)
辆数	16	20	11	48	32	72	217	
折算系数	1	1.5	1.5	3	1.5	3	1	
pcu	16	30	16	144	48	215	217	675

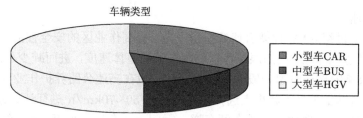

图 9-19　车辆分类类型

本次仿真的车辆组成如表 9-9 所示。

表 9-9　仿真车辆分类类型

车辆类型	车辆尺寸/m	期望速度/(km/h)	所占百分比/%
小型车 CAR	4.11~4.75	90(80~120)	34
中型车 BUS	8.61~11.55	80(75~110)	14
大型车 HGV	>11.55	70(68~78)	52

图 9-20 和图 9-21 分别是在 VISSIM 中建立的双向四车道高速公路养护作业区的模型，关闭一条车道和单幅全部封闭后车辆通过作业区的情况。通过 VISSIM 的仿真可以非常清楚地看到自由流状态和强制流状态下的车辆运行状况，为准确分析车流在养护作业区的运行状态提供了依据。

图 9-20　半幅部分车道封闭时的仿真模拟

2) 不同因素对道路通行状况的影响分析

在交通组成一定的情况下，作业区通行状况最直观地反映就是车辆排队长度和延误时间，所以选择车辆排队长度和延误时间作为控制因素，分别在不同作业区限速、作业区长度、封闭车道数目和不同交通量下，得到不同情况时的排队长度和延误时间，最终确定不同的交通组织方案。

图 9-21　半幅通车半幅封闭时的仿真模拟

(1) 限速。

早在 20 世纪 80 年代就有研究指出，为了提高作业区的安全性能，必须对作业区进行限速，因为适当的限速可以均衡车流的整体速度，进而减少事故的发生。我国高速公路的设计时速一般为 110km/h，一般在高速公路养护作业区的限速为 50km/h 和 70km/h，因此重点选择限速范围在 50～70km/h 进行计算分析。

具体的仿真条件如下：单向两车道，封闭一条车道，坡度 0%，终止区不限速，作业区长度 500m，小时到达流量 675 辆/车道。分以下几种限速方案进行仿真：作业区前限速 70km/h、作业区及下游限速 50km/h =(70，50)；作业区前限速 70km/h、作业区及下游限速 60km/h =(70，60)；作业区前限速 70km/h、作业区及下游限速 70km/h =(70，70)。仿真结果如表 9-10 和图 9-22 所示。

表 9-10　不同限速方案时的仿真结果

指标参数	限速		
	(70，50)	(70，60)	(70，70)
平均排队长度/m	33	25	24
最大排队长度/m	204	194	191
平均延误时间/s	39.2	32.6	30.9

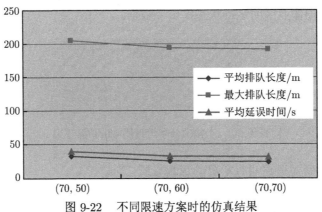

图 9-22　不同限速方案时的仿真结果

由表 9-10 和图 9-22 中的数据可以看出,作业区的限速对排队长度和延误有一定的影响,作业区限速值越大,影响越小。实质上限速 50km/h 和 70km/h 时对大车和小车的影响不同,实际行车中小车和大车的车速相差很大,限速 70km/h 对于小车而言是限速,但对大车其实影响不大,大车仍能以相对较高的速度行驶;但是限速值过大则没有实质提升意义,因为实际中重车的车速一般不会超过 70km/h,通过作业区时小车只能跟随大车行驶。因此,选择 70km/h 作为限速要求。

(2) 作业区长度。

选择的具体仿真条件如下:单向两车道,封闭一条车道,坡度 0%,小时到达流量 675 辆/车道,作业区限速 70km/h,终止区不限速,作业区长度分别为500m、1000m、2000m、3000m。仿真结果如表 9-11 和图 9-23 所示。

表 9-11   不同作业区长度时的仿真结果

指标参数	500m	1000m	2000m	3000m
平均排队长度/m	25	27	44	47
最大排队长度/m	194	177	201	204
平均延误时间/s	30.9	33.6	46.9	47.2

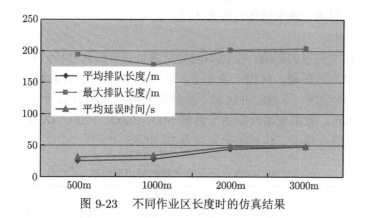

图 9-23   不同作业区长度时的仿真结果

由表 9-11 和图 9-23 中的数据可以看出,随着作业区长度的增加,平均排队长度、最大排队长度和平均延误时间变化不大,可见作业区长度对道路的通行状况影响较小。作业区长度的取值可以依据《公路养护安全作业规程》中的推荐值。

(3) 封闭车道数。

根据养护作业的性质不同,强度不同,有时需要同时封闭多条车道进行作业,这样就会增加车辆变换车道的行为,干扰正常的车流,从而增加车辆的排队长度和延误时间。

选择的具体仿真条件如下:双向四车道,坡度 0%,小时到达流量 675 辆/车道,作业区限速 70km/h,终止区不限速,作业区长度 500m。具体的仿真结果如

表 9-12 所示。

表 9-12　不同封闭车道数目时的仿真结果

指标参数	一条车道	两条车道	
		原车道	对向车道
平均排队长度/m	25	70	2
最大排队长度/m	194	226	87
平均延误时间/s	30.9	52.8	8.9

　　由表 9-12 中的数据可以看出：当由封闭一条车道改为封闭两条车道时，车辆的平均排队长度、最大排队长度和平均延误时间都相应变大。其中平均排队长度增加两倍，说明车辆在通过上游过渡区时，排队等待的概率更大，主要原因是车辆在改道到对向车道经过上下游开口时增加了更多的转弯，从而影响了车辆的正常行驶。与此同时，对向车道由于变为单车道通车，从而也出现排队和延误的情况。

　　可见封闭车道数目对车辆的排队和延误有较大的影响。因此，应根据工程的要求慎重选择封闭一条车道还是两条车道。

　　(4) 交通量。

　　为了分析交通量的影响，变化不同的交通量进行仿真分析，具体的仿真条件选择如下：单向两车道，封闭一条车道，坡度 0%，上游过渡区和上游缓冲区限速 70km/h，作业区、下游缓冲区和下游过渡区限速 50km/h，终止区不限速，作业区长度 500m，分别取小时到达车流量 800、1000、1200、1350、1458、1575、1700 辆/车道进行模拟。仿真结果如表 9-13 所示。

表 9-13　不同交通量时的仿真结果

指标参数	两条车道交通量/(pcu/(h·车道))						
	800	1000	1200	1350	1458	1575	1700
平均排队长度/m	0	0	0	25	305	745	1200
最大排队长度/m	0	0	47	194	723	1860	2677
平均延误时间/s	2.8	8.9	16.2	30.9	131.2	246.4	364

　　由表 9-13 的数据可以看出，随着交通量的增加，平均排队长度、最大排队长度和平均延误时间也呈增加趋势。当交通量不大于 1000pcu/(h·车道) 时，没有出现排队状况；当交通量为 1200 时，虽然车辆的平均排队长度为 0，整体通行不受影响，但是某一时刻最大排队长度可以达到近 50m；当交通量为 1350pcu/(h·车道) 时，车辆通行已经严重受影响，平均延误时间也比交通量 1200pcu/(h·车道)

时翻一倍，达到半分钟以上，最大排队长度近 200m；当交通量进一步增大时，养护作业对交通的影响程度亦数倍增加，当交通量达到 1700pcu/(h· 车道) 时，最大排队长度可以达到 2.5km 以上。因此，当交通量不超过 1000pcu/(h· 车道) 时，养护作业对交通组织影响不大；但是当交通量超过 1000pcu/(h· 车道) 后，必须慎重考虑交通组织方案。

(5) 交通量和封闭车道数。

进一步对不同交通量和不同封闭车道数的情况进行仿真分析，仿真结果如表 9-14 所示。由表中结果可以看出，在低交通量下 (<1000pcu/(h· 车道))，封闭不同车道数对行车影响不大；当交通量超过 1000pcu/(h· 车道) 后，封闭不同车道对行车的影响逐渐显现出来，当交通量达到 1350pcu/(h· 车道) 时，无论是对原车道还是对对向车道行车都出现了明显的影响；当交通量达到 1575pcu/(h· 车道) 时，无论是原车道还是对向车道都会出现大量车辆积压的情况。

表 9-14 不同交通量下封闭不同车道数时的仿真结果

指标参数	1000pcu/(h· 车道)		1200pcu/(h· 车道)		1350pcu/(h· 车道)	
	原车道 (一条/两条)	对向车道	原车道 (一条/两条)	对向车道	原车道 (一条/两条)	对向车道
平均排队长度/m	0/0	0	0/0	0	25/70	2
最大排队长度/m	0/0	0	47/58	21	194/226	87
平均延误时间/s	8.9/10.3	7.9	16.2/20.7	9	30.9/52.8	8.9

指标参数	1458pcu/(h· 车道)		1575pcu/(h· 车道)		1700pcu/(h· 车道)	
	原车道 (一条/两条)	对向车道	原车道 (一条/两条)	对向车道	原车道 (一条/两条)	对向车道
平均排队长度/m	305/322	115	745/756	404	1200/1239	723
最大排队长度/m	723/826	578	1860/1885	1361	2677/2742	1902
平均延误时间/s	131.2/133.4	57.4	246.4/252.3	141.6	364.4/367.0	231.4

综上所述，在众多影响因素中，交通量和封闭车道数对交通通行的影响最大，因此是交通组织方案选择时必须重点考虑的因素。

9.5.4 甬台温高速补强工程交通组织方案

基于上一小节的交通流仿真模拟分析可以看出，交通量和封闭车道数对养护作业区交通组织具有非常显著的影响。具体而言，当交通量达到 1350pcu/(h·车道) 时，无论是封闭单车道还是双车道都会对交通行车产生显著影响，最大排队长度可以达到 200~300m；当交通量达到 1458pcu/(h·车道) 时，最大排队长队已经近 1km，很容易导致严重拥堵情况发生；而当交通量达到 1575pcu/(h·车道) 时，最大排队长度近 2km，达到 1700pcu/(h·车道) 时最大排队长度近 3km，会导致严重拥堵的发生。而上述计算数据是以甬台温高速公路的实际交通调查为依据的：1350pcu/(h·车道) 是甬台温的平均交通量数据；1458pcu/(h·车道) 和 1575pcu/(h·车道) 是甬台温交通量较大时容易出现的交通状况；1700pcu/(h·车道) 也是实际调查中出现的最大交通量数据。此外，甬台温高速交通流的特殊性还在于，换算成标准车前，其重车比例超过了 50%(图 9-24)。由此可以看出，由于冷再生养护作业需要较长的施工时间，无论是封闭单车道还是封闭双车道，在甬台温冷再生养护作业过程中，发生交通拥堵的概率都较大。

图 9-24　甬台温高速现场交通状况

　　基于上述分析，甬台温高速公路冷再生养护作业的普通交通组织方案如下。

　　方案一：单幅封闭单条车道施工，不改变交通流方向。各控制区长度推荐值：警告段 1km、上游过渡区 30m、上游缓冲区 80m、作业区 1~3km、下游缓冲区 50m、下游过渡区 30m、终止区 200m；控制区限速 70km/h。

　　方案二：单幅封闭施工，对向双向通行。各控制区长度推荐值：警告段 1km、上游过渡区 30m、上游缓冲区 400m、下游缓冲区 100m、下游过渡区 30m、终止区 200m、上游开口和下游开口 80m；控制区限速 70km/h。可以进行长时间的交通管制。

方案三：单幅封闭部分车道或者全部车道，车辆绕行其他道路。

方案一和方案二都有可能造成交通拥堵，方案三实施难度较大。因此，在本研究试验路段的交通组织实施方案过程中，采取了下列措施以辅助和优化交通组织实施方案的实施：

(1) 如第 3 章和第 4 章所述，进行了冷再生混合料早强措施研究，以缩短施工作业时间，减小施工作业对交通的干扰；

(2) 在施工过程中,实施单幅封闭双车道施工以加快施工速度,如图 9-25 所示。

图 9-25　冷再生作业施工现场

(3) 由于试验路段靠近奉化服务区，如图 9-26 所示，因此利用服务区实施车辆绕行，从而大大减小封闭车道对车辆通行的影响，同时铣刨路面保留的硬路肩

图 9-26　试验段位于服务区附近

部分也可作为临时辅助通行车道，如图 9-27 所示。

图 9-27　利用服务区分流交通和硬路肩作为紧急辅助

9.6　乳化沥青冷再生工程常见问题及对策

冷再生路面技术虽然在我国大部分省份取得了一定的应用，但是除了极少部分省份大规模使用外，其他多数是以试验路段的形式开展，相应的技术储备并不足够。因此，目前冷再生中的应用技术仍然存在着诸多亟待解决的问题，需要进一步进行分析，以更好地指导实体冷再生工程，确保冷再生工程的质量。

9.6.1　旧料的质量控制

冷再生混合料中回收旧料来自原有路面铣刨或者存放的旧料，相应的规范中关于旧料的检测项目如表 9-15 所示。从表中可以看出，在冷再生混合料中，RAP要求主要有含水率以及砂当量这两项指标，其他的指标并不影响冷再生混合料的原材料质量控制及配合比设计。

关于 RAP 分档的问题，RAP 分档对于冷再生混合料的级配控制具有重要意义。冷再生混合料分档中至少分为二档，以 10mm 作为分档线；而根据我国冷再生路面实体工程现状，冷再生混合料一般分为三档，即 0~5mm，5~10mm 或者5~15mm，10~30mm 或者 15~30mm。在实体工程中，为确保级配的可靠性，建议采用三档 RAP 进行冷再生配合比设计。有研究发现，在不同批次的 RAP 中，其关键筛孔 4.75mm 通过率的最大偏差可以达到 30%，根据拌和对变异性的要求，RAP 严重影响了级配的稳定性。因此，在 RAP 铣刨过程中要考虑到 RAP 的冷再生应用，标准铣刨间距 15mm 要根据铣刨料的级配来确定是否进行调整。

表 9-15 冷再生中 RAP 的技术要求

材料	检测项目	技术要求
RAP	含水率	≤3%
	RAP 矿料级配	实测
	沥青含量	实测
RAP 中沥青	针入度/0.1mm	实测
	60℃ 黏度	实测
	软化点	实测
	延度	实测
RAP 中的集料	粗集料针片状	实测
	粗集料压碎值	实测
	细集料砂当量	≥50

关于含水率的问题，目前对冷再生中含水率的要求是 ≤3%，而在冷再生混合料中，外加用水量通常在 2%~5%。如果 RAP 中含水率过高并且不均匀，将使拌和用水无法加入而导致"花白料"，或者加入拌和用水又导致冷再生混合料中含水率过高而出现浆体聚集流淌的现象。因此，必须严格控制 RAP 中的含水率，主要的措施是在铣刨过程中要尽可能采用风力除尘，严格控制铣刨用水量，在满足铣刨施工的前提下使用最小的用水量，降低 RAP 中的含水率；另一方面，RAP 堆放中要做好排水措施，同时料仓加盖顶棚，并且对铣刨下的旧料进行混合堆放，以减小不同路段 RAP 含水率带来的变异性；最后，对 RAP 的含水率要每天进行监测，以实时地调整外加拌和用水量。

9.6.2 冷再生混合料的工作性

在冷再生混合料的设计流程中，并没有对其工作性进行限定。实际上，冷再生混合料的工作性对混合料的压实以及强度有非常大的影响，乳化沥青提前破乳会影响冷再生混合料的压实，从而降低冷再生混合料的强度。图 9-28 所示是冷再生混合料提前破乳而导致混合料发黑，在路面上难以压实的情况。

图 9-28 乳化沥青提前破乳

因此，在冷再生混合料配合比设计时，必须考虑冷再生混合料在实际施工环境下的工作性保持时间。图 9-29 进一步给出了冷再生混合料在 30℃ 下放置时间不同，压实后 60℃ 养生 48h 的强度以及空隙率的变化规律。从图中可以明显看出，随着放置时间的延长，即模拟冷再生混合料在料车中放置的时间，冷再生混合料的强度不断下降，空隙率不断增加。以冷再生混合料的性能指标要求，放置 4h 混合料强度达不到 0.6MPa，但是空隙率即使放置 6h 仍然满足 9%～14% 的要求。

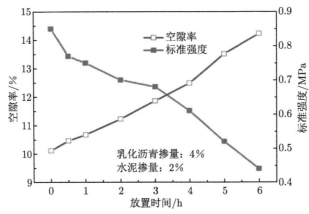

图 9-29　冷再生混合料强度及空隙率与放置时间的关系

面对冷再生混合料的工作性问题，在冷再生混合料设计时，建议采用延迟放置时间的方法，采用与施工现场接近的环境温度及湿度，模拟冷再生混合料在料车中的等料时间，同时监测不同放置时间混合料的强度及空隙率指标，以强度出现明显衰减或者小于 0.6MPa 作为工作性保持时间的依据。

9.6.3　拌和中"花白料"的问题

"花白料"是冷再生混合料在拌和中最易出现的质量问题，其产生主要是因为乳化沥青对集料的裹覆不均匀，而裹覆不均匀主要可能来自拌和用水的不足，或者乳化沥青的用量少，或者级配偏细及粉料过多等原因。针对参与的冷再生工程项目中出现的裹覆不均匀现象进行相应的调整，可以有效解决"花白料"的问题，其中主要进行调整的是拌和用水量以及级配这两个方面。

1) 调整拌和用水

美国沥青再生协会在冷再生的应用中强调了冷再生混合料拌和现场的实时调整，允许在拌和时调整拌和用水量 1%～2%，乳化沥青约 0.5%。实际上，乳化沥青用量的调整在现场来说需要非常慎重，因为乳化沥青过多容易使路面出现稳定性不足，特别容易导致早期的病害。因此，着重采用调整拌和用水量以及环境因素的变化，会导致冷再生混合料的拌和状态与实验室设计状态有所区别，进行拌和用水的实时调整是十分有必要的。本书提出了根据实时拌和状态来确定最佳拌和用水量的方法，目的也是未来在拌和现场实时根据室内最佳用水量调整用水量，以达到冷再生混合料裹覆良好、浆体不聚集不流淌的状态。

2) 调整级配

冷再生混合料的级配也是造成"花白料"的重要原因之一。过细的级配将导致冷再生混合料中集料比表面积大，在二次拌和条件下连续式拌和时间较短，容易造成混合料拌和不均匀，从而导致部分细集料上难以裹覆沥青。在兰州中川机场辅路冷再生试验路段中，就出现了因为冷再生混合料级配过细而导致的"花白料"问题，照片如图 9-30 所示；将原采用的中粒式级配调整级配为粗粒式级配后，其拌和的状态见图 9-31。对比分析两图可以看出，调整冷再生混合料的级配后，冷再生混合料的裹覆明显改善，初拌混合料中没有出现"花白料"，并且裹覆非常均匀。级配曲线前后调整如表 9-16 所示。从表中可以看出，调整后冷再生混合料的级配有较大的调整，在关键筛孔 4.75mm 处其通过率减少了 22%，从而减小了冷再生混合料的比表面积。

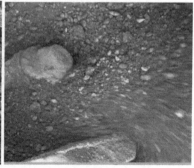

图 9-30　级配调整前冷再生混合料的"花白料"

图 9-31　级配调整后冷再生混合料状态

表 9-16   冷再生混合料级配调整

类型	粒径/mm												
	31.5	26.5	19.0	16.0	13.2	9.5	4.75	2.36	1.18	0.6	0.3	0.15	0.075
初试级配	100.0	98.9	87.3	81.8	79.3	74.1	56.3	36.4	25.3	11.2	3.6	2.8	2.3
最终级配	100.0	98.2	78.6	68.1	62.8	52.0	34.8	22.7	16.8	9.2	4.3	3.7	3.1

9.6.4 冷再生混合料压实问题

冷再生混合料的压实是其应用技术中的重点问题。与热拌沥青混合料相比,冷再生混合料难以压实。实际工程中,由于对冷再生混合料的认识不足,以热拌沥青混合料的压实方式来进行,往往造成冷再生混合料的压实度不足。因此,对冷再生混合料的压实需要更大的压实功与压实设备。

在碾压工艺中,压实设备应配有轮胎式、单钢轮振动式和双钢轮振动式压路机。其中,双钢轮振动式压路机应为 8~12t;单钢轮振动式压路机激振力应大于35t;轮胎式压路机单轮配重不少于 3t,轮胎气压不小于 0.8MPa。推荐的碾压遍数和碾压速度如表 9-17 所示。但是具体的冷再生混合料的碾压工艺要根据试验路段的压实度来进行确认。

表 9-17   冷再生混合料的碾压工艺

碾压工序	压路机类型	碾压遍数	碾压速度/(km/h)
初压	双钢轮振动式	静压 1 遍,振压 1 遍	1.5~3
复压	单钢轮振动式	振压 3~6 遍	2~4
	轮胎式	揉压 3~8 遍	2~4
终压	双钢轮振动式	静压 1 遍	3~4

通过在国内数个冷再生工地的调研可知,在冷再生混合料的碾压过程中,表面产生微细裂缝是其易出现的共性问题,如图 9-32 所示。通过分析,该裂缝是浅

图 9-32   冷再生混合料碾压过程的表面微细裂缝

层的表面裂缝，并不会使路面产生实质性的结构损伤，其产生的原因主要是单钢轮压路机的吨位较大且冷再生混合料级配较粗，振动压实后会在冷再生混合料的表面形成图中密集的横向微细裂缝，特别是铺装层厚度较厚时。通过实体工程的碾压工艺调整，针对微裂缝的主要措施有以下几点：

(1) 在振动碾压过程中对水分散失过快的位置、出现微细裂缝的地方适当进行人工洒水，可以在一定程度上减少微细裂缝；

(2) 在单钢轮压路机振动压实后，立刻采用轮胎压路机反复揉搓碾压，保证各部位碾压充分，增加轮胎碾压的遍数 2~4 遍，通过反复揉搓来消除表面微细裂缝。

9.6.5 开放交通的判据

对于乳化沥青冷再生混合料而言，在加铺上层结构前必须进行养生，养生时间不宜少于 3d。当满足以下两个条件之一时，可以提前结束养生：一是再生层可以取出完整的芯样，二是冷再生层含水率低于 2%。另外，摊铺的再生混合料在碾压后，至少 2h 内不允许任何车辆通行；2h 后，少量的轻型车辆可以通行。

本书前述章节中关于早期强度的研究中，建立了冷再生混合料的早期强度与取出完整芯样的关系，可确定当冷再生混合料的强度大于 0.2MPa 时能取出完整度大于 90% 的芯样。而关于含水率的监测，在室内达到 2% 养生条件所需要的时间更长。因此，建议还是将取出完整芯样作为开放交通的主要判据。

目前，冷再生路面在非夏季施工时，经常出现养生 3d 甚至 7d 都无法正常取出芯样的情况，混合料尚未形成足够的强度，取芯过程中松散。在前述章节中通过对早期强度的研究，同时结合冷再生路面的拌和与碾压，针对无法取出完整芯样，主要有以下几个对策：

1) 严格控制含水率

含水率对冷再生混合料的强度影响非常明显，在冷再生混合料施工中要每天进行原材料料堆含水率的检测，以及标定拌和时外加拌和用水量，以确保冷再生铺筑时的含水率与设计的最佳含水率接近。

2) 控制水泥用量及活性

水泥对冷再生混合料的早期强度有非常重要的影响。对于低温及潮湿地区冷再生工程，建议使用 P·O 42.5 水泥，同时可以略提高水泥的含量 (≤2%)，精确控制水泥的用量，动态检测每批水泥的活性。

3) 控制乳化沥青用量与质量

乳化沥青的用量也是影响强度的重要因素。过少以及过多的乳化沥青将降低早期强度，因此通过试验路段精确标定乳化沥青的用量，同时每天施工结束后采用总量控制的方法进行乳化沥青用量的检查。同时，乳化沥青的质量控制中目前缺少对其乳化效果的要求，在有条件时应测试乳化沥青的乳化效果。

4) 压实

压实对于冷再生混合料的早期强度也有明显的影响，特别对于铺筑厚度大于 12cm 的冷再生路面，往往下半部分冷再生混合料压实不足；另外，冷再生混合料中集料较粗，浆体较少，难以压实。因此，压实中一定要采用较大的压实功，增加单钢轮振压的次数以及胶轮碾压的次数，以达到要求的压实度 (≥98%)。

5) 采用早强技术

在以上环节控制的基础上，如果仍然无法达到 3~7d 取出完整芯样的要求 (图 9-33)，特别是针对低温季节施工以及重点大规模工程，采用本书中所提出的早强技术，可以单独或者复合使用提高冷再生混合料的早期强度。

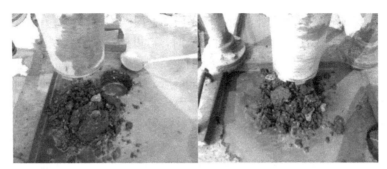

图 9-33　取芯照片

9.7　本章小结

冷再生施工是一个系统工程，需要从原材料、室内设计、拌和以及碾压、养生各个环节加以控制，以获得性能良好的冷再生路面。本章主要针对乳化沥青厂拌冷再生施工中施工机械、施工工艺、施工质量控制指标以及交通组织方案等提出要求，同时针对数个冷再生工程施工过程中容易出现的问题进行相应的分析及对策建议。主要结论如下：

(1) 冷再生混合料的原材料控制与其性能密切相关，尤其是含水率与级配的变异性对冷再生混合料的性能有较大的影响。

(2)VISSIM 交通仿真软件模拟路段交通流后发现，交通量和封闭车道数是影响车辆通行的主要因素；当交通量大于 600pcu/(h·车道) 时，要妥善进行交通组织，不宜选择封闭两条车道的交通组织形式。

(3) 冷再生混合料在拌和中易出现的"花白料"问题，可以通过调整拌和用水量以及级配加以解决。

(4) 压实后的冷再生路面易出现表面的微裂缝现象，该裂缝可以通过调整胶轮碾压的次数以及补充表面水分两个措施加以避免。

第 10 章 乳化沥青冷再生工程实践

10.1 概　　述

国内外对冷再生技术的研究与应用已经有几十年的历史，也取得了较多的成果。但是由于各地的气候、环境、材料以及施工水平的差异，在冷再生的实体工程中仍存在诸多问题，导致冷再生路面的破坏，甚至在刚通车不久就出现大规模的破坏。因此，有必要借助工程实践，建立相关的技术储备。本章主要围绕甬台温高速、梨温高速以及江苏省道 S340 常州段三条乳化沥青冷再生试验路段实体工程 [48,125-128]，阐述工程实践中材料性能评价、设计方法应用、施工工艺和质量控制以及结构检测与评价等方面的具体问题并分析对策，旨在更好地指导实体冷再生工程，为冷再生技术的推广提供示范。图 10-1 为某就地冷再生工程现场。

图 10-1　就地冷再生工程现场

本章主要阐述乳化沥青冷再生试验路段的设计施工以及监测与检测情况，主要内容包括第 2 节甬台温高速冷再生工程实践，第 3 节梨温高速冷再生工程实践以及第 4 节 S340 常州段冷再生工程实践。

10.2　甬台温高速

甬台温高速为双向四车道，试验路段位于甬台温高速公路奉化服务区一侧，起点桩号为温州方向 K1525+628，终点为 K1526+228，共 600m，分 450m 段和 150m 段两种方案进行施工。450m 段的结构为 4cmAC 13+6cmAC 20+15cm 冷再生，150m 段的结构为 5cmAC 13+20cm 冷再生。原路面结构如图 10-2 所示。

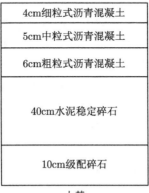

4cm细粒式沥青混凝土
5cm中粒式沥青混凝土
6cm粗粒式沥青混凝土
40cm水泥稳定碎石
10cm级配碎石

土基

图 10-2　旧路结构图

10.2.1　原路面状况调查

本次调查的目的是了解现有沥青路面交通状况，以便根据路面交通情况进行后续的结构计算。同时测定路面的结构及承载力、路面的主要破坏类型及破坏程度，重点分析各种破坏类型对路面结构承载力的影响程度及影响范围。

1. 交通量

根据观测的数据将轴载分类标准分为六大类：小型货车、中型货车、大中型货车、大型货车、大客车、拖挂车。根据实测数据，其比例如表 10-1 所示。实际的日交通量根据收费站统计为 2 万辆。

表 10-1　车辆分布比例

	小型货车	中型货车	大中型货车	大型货车	大客车	拖挂车
比例/%	3.9	4.9	2.6	11.5	7.8	17.2

2. 弯沉

路面回弹弯沉作为一项重要的检测指标，反映了公路路面的整体强度质量。路面回弹弯沉值是指标准后轴载双轮组轮隙中心处的最大回弹弯沉值。它可以反映路基和路面的综合承载能力，回弹弯沉值越大，承载能力越小，反之则越大。在我国已广泛使用路面回弹弯沉值来综合评定路基和路面的强度质量，而且有很多的经验和研究成果。它不但广泛用于路面结构的设计中，也用于施工控制及施工验收中，还用在旧路补强设计中，是公路工程建设和维护的一个重要参数。

由于目前在路面检测工程中广泛使用的是贝克曼梁弯沉仪，因此我们也选用贝克曼梁弯沉仪来进行测试。标准测试车为双轴、后轴每侧为双轮胎的载重汽车，其技术参数见表 10-2。

表 10-2　标准测试车

标准轴载等级	BZZ-100	BZZ-60
后轴标准轴载 P/kN	100±1	60±1
每侧双轮胎荷载/kN	50±0.5	30±0.5
轮胎充气压力/MPa	0.70±0.05	0.50±0.05
单轮传压面当量圆直径/cm	21.30±0.5	19.50±0.5
轮隙宽度	应满足能自由插入弯沉仪侧头的测试要求	

测试前，应测定测试车的轴重、轮压、轮胎接地面积，与标准车的要求相差不应超过上表规定的值，如有不符应适当调整。现场调查时需对测试点进行标注，标注时首先用砂纸除去护栏上的灰尘，然后用记号笔画一记号，表示弯沉测试位置并编号，并在测试位置处标记一下。弯沉测试点分为两类，一类为标准测试点，以 20m 为间距；另一类为特殊测试点，主要为路面破损位置，包括松散处和裂缝处。对于松散处，在松散处的中心进行弯沉测试；对于裂缝处，在裂缝处及裂缝外 1m 进行测试。弯沉测试时，需要严格注意贝克曼梁端部的位置，要求端部放在标准车后轴前 3~5cm，且不得与车轮接触。

贝克曼梁及百分表架设好后，需轻敲贝克曼梁，观察百分表指针是否移动；读取百分表时，需仔细观察百分表的指针，读取指针移动的最大值。

测试路段为甬台温高速 K52+180~K52+940 段。选取此处作为试验路，主要是因为甬台温高速交通量太大 (图 10-3)，货车比例很高，封路时很容易造成拥堵；而此处有宁海服务区，车流一部分可以借服务区道路通过，这样就最大程度上缓解了交通压力。

如图 10-4 所示，此路段路面破损较轻，裂缝刚经过灌缝处理，只有一两处坑槽。

测试时路表温度 50.4℃，弯沉测试结果如表 10-3 所示。

路面测点的回弹弯沉值值按下式计算：

$$l_T = (L_1 - L_2) \times 2 \tag{10-1}$$

式中，l_T 为路面温度为 T 时的回弹弯沉值，0.01mm；L_1 为车轮中心临近弯沉仪侧头时百分表的最大读数，0.01mm；L_2 为汽车驶出弯沉影响半径后百分表的终读数，0.01mm。

《公路沥青路面设计规范》(JTG D50—2006) 规范规定，当沥青层厚度小于或等于 5cm 时，不考虑温度修正；当路面温度在 20℃±2℃ 范围内时，也不考虑修正；其他情况都需要修正。通常以 20℃ 作为标准温度，其余不在 20℃ 标准温度下测得的路表弯沉应按式 (10-2) 修正：

$$l_{20} = l_T \cdot K_3 \tag{10-2}$$

图 10-3   甬台温高速弯沉测试段

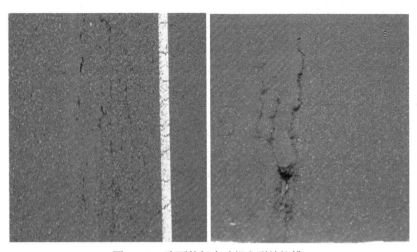

图 10-4   路面的轻度破损和裂缝坑槽

表 10-3 弯沉测试数据   (单位：×10⁻²mm)

测点桩号 (K1525+)	左轮			右轮			路面弯沉	修正后弯沉	病害类型
	初读数	终读数	弯沉	初读数	终读数	弯沉			
180	93	84	18	78	73	10	14	10.5	
200	95	92	6	75	71	8	7	5.25	
220	88	78	20	42	38	8	14	10.5	
240	55	40	30	59	55	8	19	14.25	
260	105	95	20	45	36	18	19	14.25	轻微裂缝
261	30	20	20	19	10	18	19	14.25	
270	93	84	18	29	24	10	14	10.5	
280	77	68	18	22	15	14	16	12	
290	102	85	34	92	89	6	20	15	
300	12	6	12	30	22	16	14	10.5	
320	23	17	12	42	35	14	13	9.75	
321	88	69	38	58	50	16	27	20.25	轻微裂缝
322	60	49	22	70	63	14	18	13.5	
340	78	55	46	29	19	20	33	24.75	
360	109	91	36	69	60	18	27	20.25	
365	51	35	32	76	55	42	37	27.75	轻微裂缝
370	108	90	36	40	36	8	22	16.5	轻微裂缝
371	97	80	34	19	11	16	25	18.75	
375	99	80	38	17	11	12	25	18.75	
380	45	30	30	45	34	22	26	19.5	
396	95	79	32	48	36	24	28	21	
416	95	85	20	50	42	16	18	13.5	
436	93	75	36	90	85	10	23	17.25	
456	25	12	26	37	24	26	26	19.5	
466	122	95	54	90	82	16	35	26.25	病害
467	85	67	36	95	85	20	28	21	
486	42	33	18	29	10	38	28	21	
504	80	63	34	42	32	20	27	20.25	
524	70	60	20	10	0	20	20	15	
544	18	10	16	82	75	14	15	11.25	
564	28	19	18	30	19	22	20	15	
584	108	94	28	38	29	18	23	17.25	
590	106	95	22	95	87	16	19	14.25	裂缝
591	34	20	28	19	10	18	23	17.25	
606	95	82	26	84	73	22	24	18	
626	85	76	18	89	78	22	20	15	
646	95	85	20	102	95	14	17	12.75	裂缝
647	41	33	16	38	30	16	16	12	
666	22	2	40	69	58	22	31	23.25	
686	85	72	26	19	11	16	21	15.75	
706	98	83	30	48	40	16	23	17.25	
726	107	94	26	29	21	16	21	15.75	
746	89	65	48	50	42	16	32	24	
766	108	92	32	38	20	36	34	25.5	

续表

测点桩号 (K1525+)	左轮			右轮			路面弯沉	修正后弯沉	病害类型
	初读数	终读数	弯沉	初读数	终读数	弯沉			
786	50	33	34	38	30	16	25	18.75	
806	98	85	26	34	27	14	20	15	松散沉陷
807	30	20	20	50	39	22	21	15.75	
826	35	10	50	70	58	24	37	27.75	灌缝
827	65	52	26	45	35	20	23	17.25	
840	78	65	26	80	69	22	24	18	
841	52	27	50	55	40	30	40	30	沉陷
842	46	23	46	79	65	28	37	27.75	沉陷
860	92	82	20	35	20	30	25	18.75	沉陷
861	85	68	34	78	69	18	26	19.5	
880	38	20	36	60	50	20	28	21	
900	68	56	24	79	70	18	21	15.75	
920	78	65	26	25	15	20	23	17.25	
940	88	69	38	59	50	18	28	21	

式中，l_{20} 为沥青层处于标准温度 20℃ 时的弯沉值，0.01mm；l_T 为沥青层处于温度 T 时的弯沉值，0.01mm；K_3 为温度修正系数，按式 (10-3) 至式 (10-5) 计算：

$$K_3 = e^{\left(\frac{1}{T}-\frac{1}{20}\right)h} \quad (T \geqslant 20) \tag{10-3}$$

$$K_3 = e^{0.002(20-T)h} \quad (T \leqslant 20) \tag{10-4}$$

$$T = a + bT_0 \tag{10-5}$$

式中，T 为测定的路面沥青层平均温度；T_0 为测定时路表温度与前 5 小时平均气温之和；$a = -2.65 + 0.52h$；$b = 0.62 - 0.008h$；h 为沥青面层厚度，cm。

实测某路段的代表弯沉值 l_r 按式 (10-6) 计算确定：

$$l_r = (\bar{l}_r + Z_a S)K_1 K_3 \tag{10-6}$$

式中，l_r 为路段的代表弯沉，0.01mm；$\bar{l}_r$ 为实测路段的平均弯沉，0.01mm；Z_a 为不同等级公路的保证率系数，高速公路、一级公路取 1.645，其他公路取 1.5；S 为实测路表弯沉的标准差；K_1 为季节影响系数，一般取 1.0。

经过计算，$l=17.57$，$S=5.112$，$K_3=0.765$，代入上式得到该路段的代表弯沉值 l_r 为 26.5(0.01mm)。

3. 基层病害

试验路施工前，对试验路段沥青路面的病害进行了徒步调查，铣刨后再次对基层病害进行了徒步调查。调查结果发现，基层病害总体较为严重，主要为裂缝和松散，如图 10-5～ 图 10-7 所示。

(a) 横向裂缝　　　　　　(b) 横向裂缝扩展到沥青面层

图 10-5　试验路半刚性基层病害

(a) 网裂　　　　　　　　(b) 松散

图 10-6　试验路半刚性基层病害

并且，面层的病害与基层病害有明显的对应性，表明面层病害多由基层病害发展而成，如图 10-8 所示。

由现场调查可以看出，试验路的路面总体破坏情况较为严重，表明该路段已经历了较长时间的大荷载作用，需要及时进行结构性养护维修，因此在此路段进行冷再生加铺是较为适宜的。

(a) 纵向裂缝　　　　　　　　　　(b) 纵向裂缝和网裂

图 10-7　试验路半刚性基层的病害

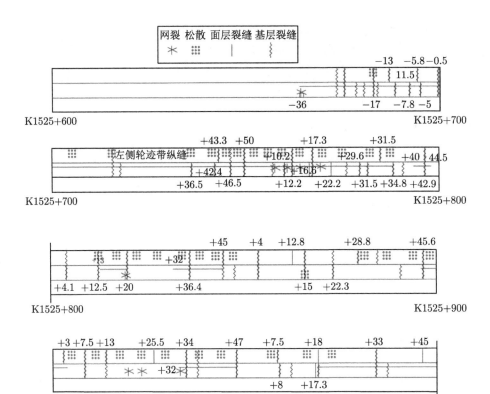

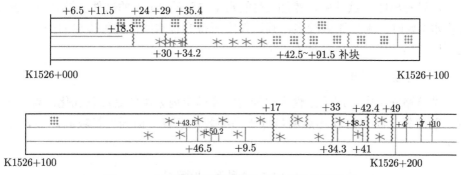

图 10-8 试验路沥青面层与半刚性基层病害调查

10.2.2 现场配合比验证

1. 级配调整

由于施工条件的限制,现场不能对旧料进行筛分,只能通过添加新料来平衡级配。对现场堆放的旧料取样筛分后,根据得到的旧料级配曲线,最终确定旧料新料掺配比例为旧料:新料:矿粉 =70%:27%:3%,其中新料中 15~25mm 颗粒:<5mm 颗粒 =15%:12%。现场级配和实验室级配对比如图 10-9 所示。

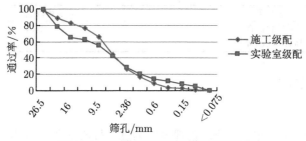

图 10-9 施工级配和实验室级配对比

2. 现场最佳含水量确定

由于工地实验室不具备土工重型击实条件,所以采用马歇尔击实代替,双面各击实 50 次,分别添加 1%~4%的水,成型试件,测定试件的干密度。试验结果如表 10-4 所示。

表 10-4 不同含水率下的干密度

掺水量	1%	2%	3%	4%
实测含水率	5.36%	6.49%	7.22%	7.69%
干密度/(g/cm^3)	2.058	2.097	2.078	2.091

可以看出四组试件中，掺加 2% 的水 (4.5% 的沥青) 的试件有较好的干密度。在掺水 4% 时，水分流失较多，其试件中所得的含水率比实际掺加的少很多。因此可以看出，最佳液体含量为 6.5%。

3. 劈裂强度对比

试验路施工中采用了改性乳化沥青，实验室内采用的是高黏乳化沥青。经测试，改性乳化沥青的软化点明显低于高黏乳化沥青，但固含量较高，如表 10-5 所示。

表 10-5　两种沥青指标对比

沥青种类	沥青固含量/%	软化点/℃	针入度/0.1mm
施工沥青	67.0	53.5	77
实验室沥青	65.6	60.5	

试验路段所使用的改性乳化沥青经室内成型测试其劈裂强度，试件均采用标准成型，即马歇尔双面各击实 50 次，60℃ 不脱模养生 40h，再双面各击实 25 次，常温冷却 12h 后脱模，测得 15℃ 的劈裂强度见表 10-6。可以看出，试验路段所用的改性乳化沥青与前期室内试验所用的改性乳化沥青的试件强度间有一定差距。

表 10-6　劈裂强度对比

沥青种类	15℃ 劈裂强度/MPa
改性乳化沥青	0.57
高黏乳化沥青	0.69

10.2.3　试验段施工

1. 传感器埋设方案

两段试验路初步选定 4 处位置埋设压力盒，每段 2 处。压力盒埋设层位分别为再生层底和再生层顶。试验路铣刨完后和再生层施工完后分别进行埋设。同一位置处上下两层压力盒的位置至少要沿行车方向错开 30cm。压力盒埋设的示意图如图 10-10 所示。

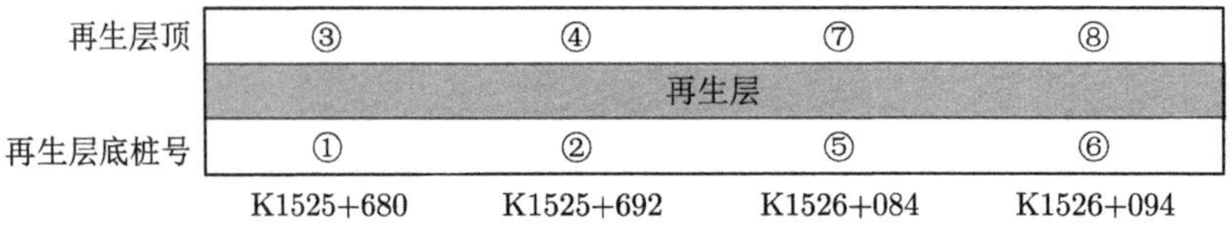

图 10-10　压力盒位置示意图

压力盒的电缆线采用套管和水泥砂浆保护，如图 10-11 所示。

图 10-11 试验路埋设的压力盒

为了确保路面原有半刚性基层的稳定，减少其受到雨水侵蚀的可能性，同时也为了改善冷再生结构层与半刚性基层的黏结性能，提高冷再生结构层的抗疲劳性能，本次试验路在原路面的半刚性基层上面铺筑了一层纤维碎石封层，以改善路面性能。施工后的纤维碎石封层如图 10-12 所示。

图 10-12 半刚性基层表面铺筑的纤维碎石封层

2. 乳化沥青冷再生混合料的拌和

施工所租用的维特根拌和机器 (图 10-13) 只有两个料仓，拌料时，一个料仓用来放旧料，剩下的其他料只能用另一个料仓来放；为了保证两种新料和矿粉能掺配均匀，要先进行预混。首先利用拌和楼将两档新集料和矿粉进行预混，然后利用维特根冷再生拌和机添加熟石灰，通过两台拌和机的预混，最大限度地保障了冷料的均匀性。

图 10-13　维特根冷再生拌和机

　　经现场取样筛分，确定旧料及各档原材料的配备如表 10-7 所示。为了尽可能加大旧料用量，提高冷再生的技术经济效益，在配合比设计中采用了大旧料用量的设计原则；同时，依据室内研究成果，采用了粗级配的设计目标。经设计确定旧料掺量为 70%，合成级配如图 10-14 所示。

表 10-7　冷再生混合料合成级配

比例/%	孔径/mm	粒径/mm											
		26.5	19	16	13.2	9.5	4.75	2.36	1.18	0.6	0.3	0.15	0.075
70	RAP	96	90.3	82.6	73.4	53.1	37.6	22.8	14.1	6.8	2.7	1.25	0.6
12	15~25	100	81.4	51.4	34.6	8.1	0.1						
15	<5	100	100	100	100	100	99	69	50	33	23	19	13.6
3	矿粉	100	100	100	100	100	100	100	100	100	100	92	85
100	合成	97.2	91.0	82.0	73.5	56.2	44.2	29.4	20.3	12.7	8.4	6.5	5.0

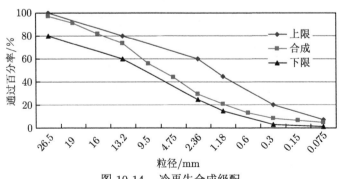

图 10-14　冷再生合成级配

　　根据合成级配，在拌制再生混合料时，除需使用 RAP 外，还需要添加两档新集料和矿粉。由于维特根的冷再生拌和机仅有两个进料仓，不能同时进入四档不同的料子，因此在施工现场首先采用沥青混凝土拌和楼将需要添加的两档新集料和矿粉拌和好，然后再利用装载机将其与 RAP 分别装入维特根冷再生拌和机，根据确定的比例进行拌和。依据室内试验结果和工地的调试，确定乳化沥青用量为 4%，水泥用量为 1.5%，生石灰用量为 1%；由于 RAP 堆放过程中，其不同部位的含水量相差较大，因此再生混合料的含水量在初步拟定的 6.5% 基础上，依据拌和、碾压效果随时进行调整。

3. 施工

再生混合料基层的施工采用维特根冷再生拌和机进行拌和，集料配比、水泥用量、乳化沥青用量按照室内试验结果配制，用水量根据现场拌和情况进行适当调整。混合料的运输采用专用运料车，上盖帆布。施工现场采用两台摊铺机进行梯队摊铺，压路机采用一台双钢轮振动压路机、一台单钢轮振动压路机和两台胶轮压路机进行碾压。从冷再生混合料拌和效果来看，混合料较为均匀，乳化沥青裹覆充分，没有成团结块现象，如图 10-15 所示。

图 10-15　乳化沥青冷再生混合料

在乳化沥青冷再生层施工中也发现，在初始部位出现了混合料含水量偏大的现象，造成再生层碾压时冒浆，如图 10-16 所示，有一定的弹簧现象。产生上述

图 10-16　试验路初始段出现含水量过大现象

现象的原因主要是低估了 RAP 中的含水量，并且由于运输距离较远，为防止在运输过程中破乳也提高了用水量，而造成拌和用水过多；另外可能也与乳化沥青破乳速度偏快有关。在试验路铺筑过程中，依据现场的碾压效果对含水量及时进行了调整，在后续段落的施工中这一现象明显减少。

10.2.4   冷再生层现场测试

1. 再生层底温度变化

铺设再生层时，利用铺于再生层底部的压力盒 1、2 和压力盒 5、6 分别测试了两段路的再生层底部温度和空气温度，如图 10-17 和图 10-18 所示。

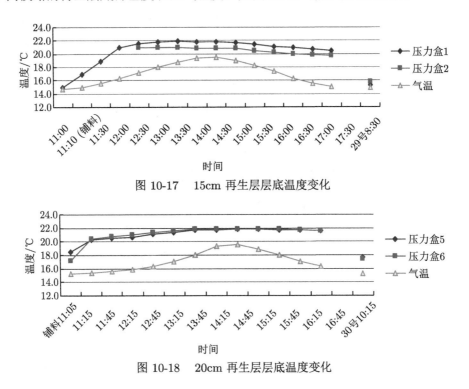

图 10-17   15cm 再生层层底温度变化

图 10-18   20cm 再生层层底温度变化

由上图可以看出，埋设于冷再生层底的压力盒所测试出的温度明显高于环境温度，最大温差近 5℃；铺完料后，再生层底温度持续升高，1.5h 后达到最大值，并能维持此最大值 4~5h；而空气温度的最大值只能持续 1h 左右，且两者相差 3℃ 多。混合料在拌和碾压过程中只出现三个变化：乳化沥青破乳、水泥水化和石灰水化，能使混合料温度升高的只有水泥水化和石灰水化放热。水泥在前 15min 较快水化后会进入一个很缓慢的水化放热期，且放出的热量较石灰水化要少很多，所以使混合料温度升高并维持数小时的主要原因是石灰水化。石灰水化放热，加快了水泥的水化、乳化沥青的破乳，表明课题组所提出的通过添加石灰提高冷再生混合料早期强度的措施有一定效果。

450m 试验路段面层采用 4cmAC 13+6cmAC 20 方案，150 段采用 5cm AC 13 方案。面层施工时，分别利用埋设在再生层表面的 3、4 号压力盒及埋设在再生层底部的 1、2 号压力盒测试了热沥青混合料摊铺时冷再生结构层中的温度变化，测试结果如图 10-19 所示。

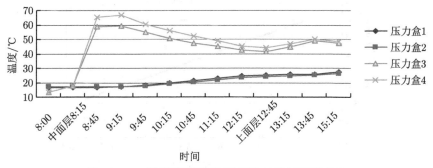

图 10-19　沥青面层施工时冷再生结构层温度变化

由图 10-19 可以看出，中面层摊铺完后，再生层顶温度迅速升高，约 1h 后就开始下降；上面层施工时，层顶温度小幅升高，但变化较慢，再生层底温度升高缓慢。

对比图 10-19 和图 10-17、图 10-18 可以明显看出，冷再生混合料内部由于有石灰的水化放热，温度能长时间保持很高；而热沥青面层施工时，只靠热料传导下来的热，再生层顶部温度变化很快，而再生层底部几乎不受影响，可见面层施工对再生层产生的二次热压实影响有限。

2. 现场取料抗压强度

施工时，从再生料拌和机现场每隔一车取一次料，由于现场不具备劈裂试验条件，采用无侧限抗压强度试验代替。试验采用马歇尔成型，经 60℃ 养生 40h 后，测得含水率和抗压强度如表 10-8 所示。

表 10-8　现场取料含水率和抗压强度

第一天料	含水率/%	5.8	6.1	6.1	6.0	6.3	6.1	6.2	5.5	5.4	5.2
	抗压强度/MPa	3.84	3.68	3.59	3.83	3.22	3.48	3.70	3.94	4.07	4.08
第二天料	含水率/%	5.4	5.4	5.4	5.3	5.9					
	抗压强度/MPa	4.07	4.15	4.36	4.84	4.07					

现场取样数据可以看出，其经高温养生后的无侧限抗压强度基本稳定在 3～4MPa，并且随着施工的进行，各道工序配合逐步完善，最佳含水量也逐步调整到

适宜值，因此中后期混合料的强度明显高于初期。

同时，由表 10-8 和图 10-20 中的数据也可以看出，冷再生混合料的强度与含水率间有较为明显的关系，随着含水率的增加，试件的强度明显下降，再次表明施工中应对用水量进行严格控制。

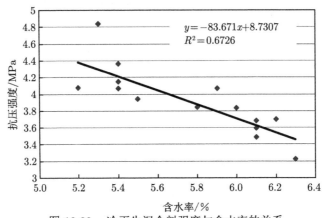

图 10-20　冷再生混合料强度与含水率的关系

3. 压实度检测

再生层施工结束后的第二天，现场灌砂测得含水率和密度见表 10-9。

表 10-9　现场灌砂测试结果

试验段	取样点	含水率/%	密度/(g/cm³)	平均密度/(g/cm³)
450m 段	①	5.8	2.170	2.199
	②	5.9	2.228	
150m 段	①	5.6	2.234	2.262
	②	5.6	2.289	

由现场密度测试结果来看，第二天施工段落的压实情况明显好于第一天，其原因和施工熟练程度有关，也与第二天混合料含水率的降低有关。从实验室内所进行的测试结果来看，该冷再生混合料的最大理论密度为 2.514g/cm³，据此计算现场两段试验路混合料的空隙率分别为 12.5% 和 10.0%，略高于规范中 ≤10% 的要求。通过施工总量所确定的松铺系数为 1.23~1.24，也略低于一般经验中的 1.25~1.30，表明现场压实还有进一步提高的空间。

4. 现场取芯和测含水率

再生层施工结束 3 天后开始每天现场取芯，直到施工完成 5 天后还是没有取出完整芯样。造成芯样不完整的原因较多，可能有：①环境温度较低，影响了水泥水化和沥青破乳速度；②现场的压实度不足，由于再生层厚度已达到规范的上限，因此碾压较困难，从现场测试结果看，压实度略有不足；③水泥用量偏低，现场施工中水泥用量根据室内试验结果取 1.5%，未能考虑施工变异性适当增加。施工完成 5 天后现场取料测得的含水率为 1.8%，已符合规范中含水率小于 2% 就可以进行面层施工的要求。

10.2.5　试验段检测

1. 弯沉

试验段通车三周、半年和一年后，采用贝克曼梁法每隔 50m 或 20m 一点，外加特殊点 (压力盒位置)，3 次弯沉测试时温度修正系数如表 10-10 所示，路面的弯沉测试结果见表 10-11、表 10-12、表 10-13。

表 10-10　温度修正系数

弯沉所测时间	测定时路表温度/°C	测定前 5 小时平均气温/°C	T_0/°C	h	a	b	T	温度修正系数
通车三周	17	11	28	10	2.55	0.54	17.67	1.048
通车半年	23	19	42	10	2.55	0.54	25.23	0.902
通车一年	20.6	19	39.6	10	2.55	0.54	23.93	0.921

表 10-11　试验段通车三周弯沉测试结果　　　(单位：×10^{-2}mm)

测试点 (K1525+)	左轮			右轮			弯沉	段落
	初读数	终读数	弯沉	初读数	终读数	弯沉		
650	66	62	8	55	49	12	10	
压力盒 1	46	41	10	83	75	16	13	
压力盒 2	84	78	12	92	83	18	15	
750	70	65	10	41	34	14	12	
800	104	96	16	27	23	8	12	
850	25	18	14	76	68	16	15	试验段一
900	36	29	14	61	52	18	16	
950	51	48	6	96	90	12	9	
000	13	9	8	41	29	24	16	
50	25	19	12	28	20	16	14	
压力盒 3	41	35	12	18	9	18	15	
压力盒 4	56	50	12	76	69	14	13	
200	56	49	14	18	7	22	18	试验段二
250	81	73	16	48	38	20	18	
300	29	24	10	11	4	14	12	

表 10-12　试验段通车半年弯沉测试结果　　　(单位：×10^{-2}mm)

测试点 (K1525+)	左轮			右轮			弯沉	段落
	初读数	终读数	弯沉	初读数	终读数	弯沉		
	76	68	16	90	82	16	16	
压力盒 3	27	23	8	70	62	16	12	试验段一
压力盒 4	12	7	10	46	40	12	11	

续表

测试点 (K1525+)	左轮			右轮			弯沉	段落
	初读数	终读数	弯沉	初读数	终读数	弯沉		
	45	40	10	77	71	12	11	
	40	34	12	36	27	18	15	
	21	17	8	55	45	20	14	
	96	90	12	93	83	20	16	
792	18	11	14	66	59	14	14	
	88	84	8	26	15	22	15	
	53	45	16	100	90	20	18	
	55	48	14	69	62	14	14	试验段一
	75	70	10	94	84	20	15	
892	50	44	12	98	91	14	13	
	87	81	12	62	53	18	15	
	44	39	10	62	55	14	12	
	75	67	16	98	91	14	15	
	79	71	16	40	36	8	12	
992	10	5	10	41	34	14	12	
	72	64	16	67	60	14	15	
032	15	8	14	98	92	12	13	
	78	71	14	29	22	14	14	
压力盒 7	81	77	8	67	62	10	9	
压力盒 5	74	67	14	61	54	14	14	试验段二
压力盒 8	108	98	20	88	80	16	18	
压力盒 6	39	34	10	57	51	12	11	
	33	24	18	65	54	22	20	
	105	97	16	99	92	14	15	

表 10-13　试验段通车一年后弯沉测试结果　　　（单位：$\times 10^{-2}$mm）

测试点 (K1525+)	左轮			右轮			弯沉	段落
	初读数	终读数	弯沉	初读数	终读数	弯沉		
	8	4	8	19	17	4	6	
	93	90	6	38	34	8	7	
	44	40	8	71	64	14	11	
	7	4	6	43	39	8	7	
	43	40	6	102	95	14	10	
	70	68	4	90	86	8	6	
	76	74	4				4	
792	61	58	6	16	12	8	7	
	18	14	8	23	18	10	9	试验段一
	97	92	10	29	25	8	9	
	102	99	6	68	62	12	9	
	86	84	4	16	8	16	10	
892	67	65	4	91	86	10	7	
	62	60	4	78	74	8	6	
	9	5	8	28	24	8	8	
	92	88	8	34	26	16	12	

测试点	左轮			右轮			弯沉	段落
(K1525+)	初读数	终读数	弯沉	初读数	终读数	弯沉		
	42	40	4	93	89	8	6	
992	79	76	6	21	18	6	6	试验段一
	89	87	4	18	15	6	5	
032	87	85	4	101	97	8	6	
	58	53	10	97	92	10	10	
	67	63	8	48	44	8	8	
	65	62	6	42	36	12	9	
	99	94	10	38	35	6	8	试验段二
	89	86	6	47	43	8	7	
	43	41	4	23	16	14	9	
	66	62	8	62	55	14	11	
	33	29	8	48	43	10	9	

经过修正后的弯沉见表 10-14，再生前后弯沉值对比如图 10-21 所示。

表 10-14 修正后的弯沉值 （单位：$\times 10^{-2}$mm）

	时间		弯沉平均值	标准差	温度修正系数	路段代表弯沉
再生前	2010.7.28		23.43	6.816	0.765	26.5
再生后	2010.11.27	试验段一	13.11	2.571	1.048	18.2
		试验段二	15	2.53	1	19.2
	2011.5.12	试验段一	13.95	1.9	0.902	15.4
		试验段二	14.25	3.536	1	20.1
	2011.11.2	试验段一	7.55	2.11	0.921	10.2
		试验段二	8.875	1.246	1	10.9

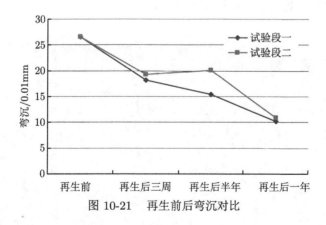

图 10-21 再生前后弯沉对比

由图 10-21 可以看出：①再生后路面弯沉明显小于再生前的旧路弯沉，且都小于路面的设计弯沉值 24.3(0.01mm)，证明再生明显提高了旧路的承载能力；②再生后弯沉值随着时间的推移逐渐变小，随着车辆荷载的累积作用，再生层被逐渐压密，所以提高施工时再生层的压实功对提高整个路面的承载能力有很重要的影响；③再生试验段一的弯沉都小于试验段二，主要因为试验段二的再生厚度大，压实较试验段一更难。

试验段在通车一年，经历了夏季的高温和雨季的水损害之后，没有出现车辙等路面早期病害，冷再生结构层仍保持较好的使用性能和承载力，如图 10-22 所示。

图 10-22   通车一年后试验段路面

2. 取芯

试验段通车一年后，现场取芯的芯样如图 10-23 所示。从芯样可以看出，冷再生结构层总体较完整，冷再生层与沥青面层间连接紧密，良好的层间黏结状态有助于加铺结构的整体受力。将芯样切割后，分别测试再生层的毛体积密度、最大理论密度和劈裂强度。测试结果见表 10-15。

图 10-23   现场取芯芯样

表 10-15 试验段再生层测试结果

	15℃劈裂强度/MPa	毛体积密度/(g/cm³)	理论密度/(g/cm³)	取芯所测孔隙率	现场灌砂孔隙率
试验段一	0.539	2.191	2.486	11.7%	12.5%
试验段二	0.669	2.287		8.2%	10.0%

从芯样的测试结果可以看出,虽然第二试验段落的压实厚度大于第一段,但由于含水率控制较为严格,且加强了压实工艺控制,所以第二段的压实效果反而好于第一段,其强度也高于第一段。这一方面说明压实效果对冷再生混合料的强度有较大影响,另一方面说明只要压实机具和工艺控制能得到保证,20cm 的压实厚度是完全可以实现的。

10.3 梨温高速

10.3.1 原路面状况调查

自 2002 年底建成通车以来,梨温高速交通量增长迅速,重载交通严重,加之沿线地质条件和气候条件复杂,路面病害逐渐增多,道路行驶状况日益变差。目前梨温高速部分路段出现了较为严重的坑槽、开裂、水损坏和车辙,严重影响了该段的路面使用性能和行车安全。本节进行了梨温高速交通情况、路面弯沉、路况和使用功能的综合调查与分析,分析不同处置方案的适用性,为后续确定结构和材料设计方案提供依据。

梨温高速整体路线位于东西向狭长的信江断陷盆地,以低丘岗地剥蚀地貌为主,发育河谷平原与阶地,地形起伏平缓,路线区域工程地质条件稳定。沿线属于亚热带季风湿润气候,最热月平均最高温度 37.4℃,最长连续不小于 30℃日数 33 天,极端最低温度为 −12.1℃;年平均降雨量 1694.9mm,年平均雨日数 186.3 天,占全年的 51%左右。根据《公路自然区划标准》,该路段为 IV5 区江南丘陵过湿区,沥青路面气候分区为 1-4-1 夏炎热冬温潮湿区。沿线气候条件对于沥青路面使用性能非常不利,可概括为"高温多雨、降雨集中和极端高温过高",这对沥青路面结构和沥青混合料性能提出了更高要求。

目前我国 90%以上高速公路沥青路面的基层和底基层采用半刚性材料。基层一般采用水泥稳定碎石 (或水泥稳定砾石) 或二灰稳定碎石 (或二灰砾石);底基层一般采用石灰土、水泥土、二灰砂、二灰和石灰水泥土等。半刚性基层、底基层的总厚度一般在 40~60cm。

早期修建的高速公路沥青路面面层分 3 层,总厚度多为 15~16cm,少部分为 9~12cm 或 18~23cm。通常表面层厚 4cm,多以 AC-I 型沥青混凝土和 AK 抗滑表层为主;中面层厚 5~6cm,以 AC 20I 型沥青混凝土为主;底面层厚 6~8cm,

多以 AC 20II 或 25II 型沥青混凝土为主。梨温高速修建年代较早,也采用了此类结构形式。

　　梨温高速按平原微丘区高速公路标准设计,全封闭、全立交、双向四车道,设计行车速度为 100km/h,路基宽 26m,路面宽 23m。采用半刚性基层沥青路面结构,其中沥青面层厚度为 16cm,基层厚度为 40cm,详细的路面结构形式及材料类型如图 10-24 所示。

| 上面层　AK-16A (4cm) |
| 中面层　AC 20I (6cm) |
| 下面层　AC 30I (6cm) |
| 上基层 5%水泥稳定砂砾 (20cm) |
| 下基层 3.5%水泥稳定沙砾 (20cm) |
| 垫层未筛分碎石 (20cm) |

土基

图 10-24　梨温高速公路主线沥青路面结构

　　梨温高速旧路面结构存在的主要问题包括以下几点:

1) 半刚性基层可能诱发的路面病害

　　半刚性基层刚度大,具有较高的强度和承载能力。但是,半刚性基层收缩性大、表面易积水且与沥青面层的接触条件差等缺陷使沥青路面易出现裂缝、水损坏病害;半刚性基层刚度较大,使面层的剪应力急剧增加,超过面层的强度极限而发生剪切裂缝或剪切变形,是路面易出现车辙、拥包等病害的重要原因。半刚性基层的固有缺陷易受交通荷载、气候因素的影响更为恶化而导致路面的早期破坏,随后开展的路面使用性能调查也证明了此点。

2) AC-I 型沥青面层可能诱发的路面病害

　　《公路沥青路面施工技术规范》(JTJ 032—94) 将沥青混合料分为沥青混凝土 (AC-I 型、AC-II 型)、抗滑表层 (AK) 和沥青碎石 (AM)。AC-I 型沥青混凝土空隙率小、透水性小、低温性能好,但高温性能差、表面粗糙度小、抗滑性能差;AC-II 型沥青混凝土表面构造深度大、抗滑性能好,但空隙率大、透水性较大,内部孔隙不互相连通,水分易进难出,容易出现水损害。

　　多年的使用实践表明,中面层以 AC 20I 为主时,高温稳定性较差,抗车辙能力明显不足;且如果厚度太薄,与最大公称粒径比值偏小,会发生离析现象,导致路面局部位置空隙率大而不能保证密水。AC-II 用于下面层,空隙率普遍偏大,是造成基层水损害的重要原因。

3) AK 抗滑表层可能诱发的路面病害

抗滑表层 AK-13 和 AK-16 实际上也属于 II 型沥青混凝土。AK-16B 透水严重,空隙率大,早期损害严重;AK-13B 空隙率也较大,大部分不成功;AK-16A 易发生离析,稳定性差,有的还发生了严重泛油和车辙;AK-13A 使用时如果级配偏粗,也容易诱发早期损害。

为了制定合理的维修方案,首先对梨温高速的使用性能进行测试,全面了解目前道路的路面结构状况、主要病害类型以及道路使用功能的衰减情况,为提出设计方案奠定基础。路面使用性能调查的主要内容如表 10-16 所示。

表 10-16 路面使用性能调查内容与方法

检测项目	调查方法	工作量	备注
病害类型观测	人工徒步观测记录	6km	行车道、超车道、硬路肩
路表弯沉检测	自动弯沉仪、落锤式弯沉仪、贝克曼梁	6km	
路面顶面下 1.5m 范围内结构缺陷检测	探地雷达	6km	行车道、超车道、硬路肩
未筛分碎石垫层、土路基承载能力检测	动力锥贯入仪	11 点	
回收沥青路面材料 (RAP) 检测	现场取样、室内试验	2 处	
结构层厚度与强度检测	现场取样、室内试验	59 处	
路面结构层、路基含水量	现场取样、室内试验	5 处	

1. 交通量

车辆荷载是造成路面损坏的最重要外界因素,对其进行正确分析、评价和预测是制定合理技术改造和养护措施的关键,但其本身的复杂性、多样性和对路面作用的复杂性、随机性使得这项工作变得非常困难。

研究统计了梨温高速 2008~2010 年的交通量与轴载特性,分析了断面累积轴载,结果如表 10-17 所示。分析结果表明,梨温高速公路通车 10 年来,交通量呈逐年上升趋势,交通量的上升、车辆荷载对公路的破坏也呈上升趋势。

2. 弯沉

弯沉是路面结构强度指标,用于路面承载能力的客观评价,也是路面养护设计的重要依据。研究研究采用 ZKW-08 型路面自动弯沉检测车、落锤式弯沉仪、贝克曼梁,其中落锤式弯沉仪 (FWD) 为丹麦 Dynatest 公司开发,属于脉冲式动力弯沉仪,贝克曼梁采用的是 5.4m 长弯沉仪。通过调查,路表弯沉检测结果如表 10-18~ 表 10-20 所示。

表 10-17　梨温高速公路 2008～2010 年断面累积轴载统计

区间	2008 年	2009 年	2010 年	年平均增长率/%
温家圳—墨西陈家	21806362	26681290	31019989	19
墨西陈家—进贤	21543066	26082864	30335462	19
进贤—东乡	21686523	26154626	30497253	19
东乡—余江	22296173	27091451	31971940	20
余江—鹰潭枢纽	22393068	27115827	31489945	19
鹰潭枢纽—鹰潭西	22364487	25182117	28560607	13
鹰潭西—鹰潭东	23882159	27096729	29255960	11
鹰潭东—贵溪	24568535	27325469	29219390	9
贵溪—弋阳	25223301	28304782	30202714	9
弋阳—杨梅岭	25487250	29227877	33169845	14
杨梅岭—上饶西	25296223	29226387	33607366	15
上饶西—上饶东	25184343	28655228	32836962	14
上饶东—广丰	26122994	29276709	33386542	13
广丰—玉山	26160737	28685111	32502692	11
玉山—梨园站	25510152	28161161	32080648	12

表 10-18　行车道自动弯沉仪检测结果　　　　（单位：$\times 10^{-2}$mm）

序号	起始桩号	终止桩号	平均值	标准差	变异系数	代表值	合格点数	合格率/%
1	K0672+900	K0673+000	7.53	4.76	63.2	15.36	40	100.0
2	K0673+000	K0674+000	6.77	4.83	71.3	14.72	361	99.2
3	K0674+000	K0674+900	7.71	5.41	70.2	16.61	327	97.9
4	K0674+900	K0675+000	6.61	4.32	65.4	13.72	38	100.0
5	K0675+000	K0676+000	7.74	4.63	59.8	15.36	383	98.7
6	K0676+000	K0676+900	7.67	4.55	59.3	15.15	307	98.4
7	K0676+900	K0677+000	8.44	6.15	72.9	18.56	8	100.0
8	K0677+000	K0678+000	9.80	6.15	62.8	19.92	360	94.7
9	K0678+000	K0678+900	9.81	5.46	55.7	18.79	287	95.7

表 10-19　超车道自动弯沉仪检测结果　　　　（单位：$\times 10^{-2}$mm）

序号	起始桩号	终止桩号	平均值	标准差	变异系数	代表值	合格点数	合格率/%
1	K0672+900	K0673+000	6.88	3.57	51.9	12.75	24	100.0
2	K0673+000	K0674+000	6.25	3.46	55.4	11.94	368	99.5
3	K0674+000	K0674+800	7.92	4.76	60.1	15.75	308	98.7
4	K0674+900	K0675+000	9.61	4.65	48.4	17.17	39	97.5
5	K0675+000	K0676+000	7.27	4.32	59.4	14.38	393	98.3
6	K0676+000	K0676+820	7.55	3.95	52.3	14.05	299	99.0
7	K0676+880	K0677+000	9.77	5.25	53.7	18.41	24	100.0
8	K0677+000	K0678+000	7.23	3.62	50.1	13.18	389	99.7
9	K0678+000	K0678+900	6.94	3.54	51.0	12.76	330	100.0

表 10-20　贝克曼梁弯沉检测结果　　　　（单位：$\times 10^{-2}$mm）

序号	起始桩号	终止桩号	测点位置	平均值	标准差	变异系数	代表值	合格点数	合格率/%
1	K0675+200	K0676+000	行车道	28.69	10.44	36.4	45.86	20	42.6
2	K0676+900	K0678+000		14.11	6.22	44.1	24.34	38	90.5
3	K0678+000	K0678+800		10.98	4.26	38.8	17.99	36	94.7
1	K0674+000	K0674+800	超车道	14.64	5.74	39.2	24.08	294	94.8

3. 垫层土路基承载能力

本书采用动力锥贯入仪 (dynamic cone penetration, DCP) 检测垫层及路基的承载能力。DCP 是一种新型的路基检测设备，属小型轻便地基土原位测试的触探仪，测试数据以美国 AASHTO 规范相关内容为依据，采用 CBR(根据 AASHTO 公式转换) 作为评价指标。选择路面已经发生结构性破坏的路段，挖开已破损的路面面层和基层，必要时挖开未筛分碎石垫层，然后采用 DCP 测定垫层和路基的回弹模量，用以评价未筛分碎石垫层和路基的承载能力。测试结果如表 10-21 所示。

表 10-21 梨温高速公路垫层土路基 DCP 测试结果

序号	测点桩号及位置	测试层位	贯入深度/mm	贯入深度内 CBR 加权平均值/%
1	K673+425 下行线 行车道右侧轮迹	土路基	424	31.57
2	K673+655 下行线 超车道右侧轮迹	土路基	411	55.35
3	K674+184 下行线 行车道右侧轮迹	土路基	362	45.72
4	K676+358 下行线 行车道右侧轮迹	土路基	190	119.53
5	K676+566 下行线 行车道右侧轮迹	土路基	498	32.53
6	K676+692 下行线 行车道右侧轮迹	土路基	313	69.86
7	K676+748 下行线 行车道右侧轮迹	土路基	320	62.77
8	K677+706 下行线 行车道右侧轮迹	级配碎石垫层	297	152.29
		土路基	203	15.05
9	K678+727 下行线 行车道右侧轮迹	级配碎石垫层	206	113.85
		土路基	307	17.64

4. 结构层及路基含水量

对沥青混凝土面层铣刨料、探坑挖出的各结构层材料采用烘干法进行含水量测试。测试结果如表 10-22 所示。

5. 雷达检测

常规的检测只能对路面外表特征进行有效的检测，对于深层不可见结构层的使用状况却不能实施全面有效的检测和分析。这对于设计者来说存在很大的风险：很多公路的养护设计由于调查不充分而未能对特殊病害路段进行特殊设计，导致

表 10-22　梨温高速公路路面各结构层及路基含水量检测结果

序号	桩号	位置	结构层位	含水量/%
1	K676+566	行车道右轮迹带	沥青混凝土面层	0.9
			水泥稳定碎石基层	7.1
			未筛分碎石垫层	8.6
			土路基	7.1
2	K677+706	行车道右轮迹带	水泥稳定碎石基层	7.6
			未筛分碎石垫层	8.3
			土路基	6.9
3	K678+727	行车道右轮迹带	水泥稳定碎石基层	7.7
			未筛分碎石垫层	8.9
			土路基	13.0
4	K677+366	行车道右轮迹带 (面层铣刨处)	第一层铣刨厚度 8cm	10.3
			第二层铣刨厚度 12cm	6.0
5	K678+700	行车道右轮迹带 (面层铣刨处)	第一层铣刨厚度 8cm	5.4
			第二层铣刨厚度 12cm	6.3

病害在养护后不久再度发生，没能达到预期的养护目标，不仅给后期养护增加了工作量，同时也加重了公路管理部门的养护资金负担。

雷达检测利用了高频电磁波的反射、透射原理检测地下介质的分布特征，可以有效探测公路浅层中存在的空洞、结构层变形、松散、含水异常等病害，对于养护设计可以起到重要的支撑作用。研究采用美国 GSSI 公司生产的 SIR10H 型测厚路用探地雷达，搭配 400MHz 天线进行检测。探测深度近似 1.5m。现场工作情况如图 10-25 所示。

图 10-25　雷达检测现场工作图

通过对全线的路面外观调查以及对养护工作人员的咨询，在 K672+860~

K678+860 下行线路段布置 3 条纵向测线，行车道、超车道、紧急停车带各布一条测线，确定雷达检测位置在车道中心线。经过对雷达检测数据的分析和判断，获得以下典型的浅层病害图 (图 10-26~图 10-31)，不同病害路段的缺陷层位及形式如表 10-23 所示。

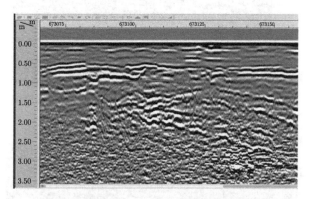

图 10-26　K673+090~K673+117 行车道路床不密实、局部存在空洞

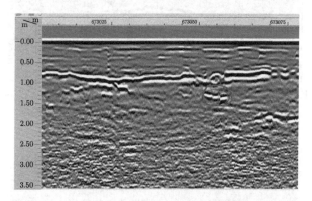

图 10-27　K673+853~K673+858 行车道路床存在空洞

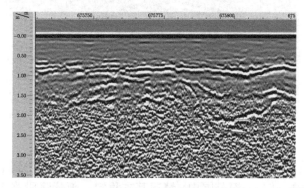

图 10-28　K675+784~K675+815 行车道路床不密实、局部存在空洞

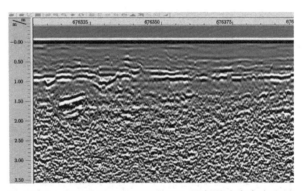

图 10-29　K676+313~K676+322 行车道路床存在空洞

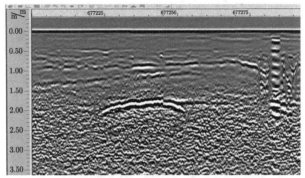

图 10-30　K677+224~K677+252 行车道路床存在空洞，K677+278~K677+281、
K677+286~K677+289 行车道台背路床回填不密实

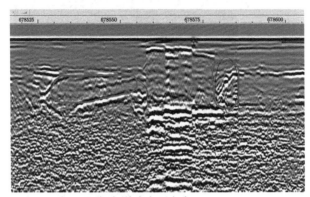

图 10-31　K678+529~K678+555 行车道路床不密实，K678+580~K678+585 行车道台背路
床回填不密实

经过对雷达波堆积图的详细分析以及病害情况的分类，得到主要结论如下：

(1) 路基浅层 (1.5m 深范围内) 情况基本稳定，部分路段路床范围内出现空洞、下陷、松散等缺陷现象，但范围不大；

(2) 路面基层情况基本稳定，结构层分界基本清晰，检测线路上未发现明显的空洞，部分路床下陷、不密实，但范围不大；

(3) 检测路段未发现桥头搭板下明显的空洞存在。

表 10-23 梨温高速公路面层及基层缺陷情况统计表

序号	车道	缺陷层位	缺陷桩号	缺陷深度及描述	备注
1	超车道、行车道	路床	K672+994~K673+002	路床不密实	1.6~2.5m
2	超车道、行车道	路床	K673+090~K673+117	路床不密实、局部存在空洞	1.3~2.0m
3	超车道	路床	K673+580~K673+583	路床存在空洞	1.9m
4	超车道	路床	K673+628~K673+630	路床存在空洞	1.9m
5	行车道	路床	K673+853~K673+858	路床存在空洞	1.3m
6	超车道、行车道	路床	K675+784~K675+815	路床不密实、局部存在空洞	1.2~2.1m
7	超车道、行车道	路床	K676+313~K676+322	路床存在空洞	1.3m
8	超车道、行车道	路床	K677+224~K677+252	路床存在空洞	1.8m
9	超车道、行车道	路床	K677+278~K677+281	台背路床回填不密实	1.2m
10	超车道、行车道	路床	K677+286~K677+289	台背路床回填不密实	1.2m
11	超车道	路床	K678+125~K678+163	上路床不密实	1.0~1.4m
12	超车道、行车道	路床	K678+529~K678+555	路床不密实	—
13	超车道、行车道	路床	K678+580~K678+585	台背路床回填不密实	—

6. 结构层完整性与强度检测

对路面技术性能指标较差的地方以及路面表现具有代表性的地点进行钻芯取样，观察裂缝开裂深度，分析材料强度等；取芯位置选择在弯沉较大的点位附近，有的点位位于挖方路段，有的点位位于填方路段，为病害成因分析提供参考依据。

根据现场路面情况，本次共取芯 59 处，其中路面裂缝处取芯 2 处，路面破损处取芯 2 处，路面完好处取芯 55 处。选取 17 个有代表性的沥青面层芯样，按照《公路工程沥青及沥青混合料试验规程》(JTG E20—2011) 规定的试验方法，分层后进行马歇尔试验；根据该规范条文说明所述，本试验结果仅作参考，不能作为检验沥青路面是否合格的直接依据。根据水泥稳定碎石基层取芯完整的情况，按照《公路工程无机结合料稳定材料试验规程》(JTG E51—2009) 规定的试验方法，对 29 个水稳基层芯样加工并浸水 24h 后进行无侧限抗压强度试验。

取芯总体状况描述如下：

(1) 路面完好处：大部分芯样面层较完整，个别芯样散裂断开；绝大部分上基层芯样下部松散较严重；下基层及垫层芯样均破碎松散，未完整取出；

(2) 路面裂缝处：2 个芯样面层松散破碎，基层断开散裂；

(3) 路面破损处：2 个芯样面层与基层均破碎松散，未完整取出；

选取 17 个有代表性的沥青面层芯样,按照《公路工程沥青及沥青混合料试验规程》(JTG E20—2011)T 0710—2011 规定的试验方法,分层后进行马歇尔试验。罩面沥青芯样马歇尔试验共检测 14 个,其中 4 个芯样马歇尔稳定度大于 8kN;上面层沥青芯样马歇尔试验共检测 10 个,其中 2 个芯样马歇尔稳定度大于 8kN,行车道所取 5 个芯样均于分层时散裂;中面层沥青芯样马歇尔试验共检测 17 个,其中 1 个芯样马歇尔稳定度大于 8kN;下面层沥青芯样马歇尔试验共检测 16 个,其中 2 个芯样马歇尔稳定度大于 8kN。

根据水泥稳定碎石基层芯样的完整性,按照《公路工程无机结合料稳定材料试验规程》(JTG E51—2009) 规定的试验方法,对 29 个水稳基层芯样加工并浸水 24h 后进行无侧限抗压强度试验。紧急停车带共检测 11 个芯样,其中 2 个芯样强度小于 6.0MPa,总体强度介于 4.3~7.2MPa;行车道共检测 7 个芯样,芯样强度均大于 6.0MPa,强度介于 6.1~7.3 MPa;超车道共检测 11 个芯样,其中 1 个芯样强度小于 6.0MPa,总体强度介于 5.8~7.6 MPa。

7. 主要病害及原因分析

经过对梨温高速 6km 病害的集中调查,发现各种病害均较为常见,其主要病害表现在以下几个方面:

1) 表面坑洞、坑槽

对于调查路段来说,路面的坑洞和坑槽是主要的病害之一,主要集中表现在行车道的沥青路面,局部路段的超车道也较为多见,对于整个路段来说,双幅均较为多见。引起坑洞和坑槽的原因有两个,一是裂缝,二是沥青层表面剥落和品质不高,很多坑洞和坑槽伴随着唧浆和局部沉陷,如图 10-32 所示。

图 10-32　表面坑洞、坑槽、唧浆

2) 裂缝

裂缝是调查路段的又一主要病害形式,从类型上来分,既有贯穿行车道、超车道甚至全幅的横向裂缝,也有局部路段伴随网裂和密集的微小裂缝。贯穿的横向裂缝应该是水泥稳定碎石基层开裂造成的反射裂缝。如图 10-33 所示。

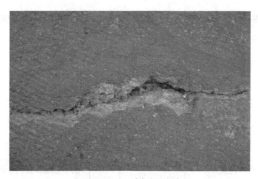

图 10-33 横向裂缝

3) 基层水损害

层间存有层间水，基层、下基层和路基含水量过大，部分地段路基泡水。如图 10-34 所示。

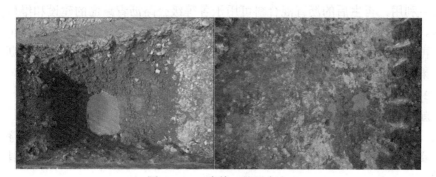

图 10-34 路基、基层含水

8. 再生处置方案分析

沥青路面再生的分类方法有很多，可以根据再生地点、再生温度、再生深度等进行划分。根据再生地点，可以分为厂拌再生、就地 (现场) 再生；根据再生温度，可以分为热再生、冷再生；根据再生深度，可以分为沥青层再生、全深度再生，如图 10-35 所示。

1) 厂拌热再生技术

厂拌热再生技术是将铣刨的旧沥青路面面层材料与新沥青、新集料以及再生剂混合后，在拌和厂通过热拌工艺制备再生沥青混合料，其应用广泛、技术成熟。按照厂拌热再生的拌和设备，又可分为连续式厂拌再生、间歇式厂拌再生。

厂拌热再生技术可修复沥青路面几乎所有的病害，经良好设计的厂拌热再生混合料能够恢复甚至改善沥青路面混合料的性能。其主要优点在于再生工艺易于控制，再生后的沥青混合料性能比较理想，适用范围广；主要缺点在于铣刨后的旧沥青混合料需要来回运输，RAP 用量较少，一般为 10%～25%，连续式拌和楼可提高到 30%～50%。

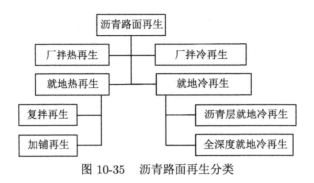

图 10-35　沥青路面再生分类

厂拌热再生技术适用于各等级公路沥青路面经铣刨、挖除下来的沥青层材料的再生利用，再生后的沥青混合料可用于各等级公路沥青路面的建设和维修养护工程。我国规范规定厂拌热再生技术适用于对各等级公路 RAP 进行热拌再生利用，再生后的沥青混合料根据其性能和工程情况，可用于各个等级公路的沥青面层及柔性基层。

2) 就地热再生技术

就地热再生采用专用的就地热再生设备，对沥青路面进行加热、铣刨，就地掺入一定数量的新沥青、新集料以及再生剂等，经拌和、摊铺、碾压等工序，一次性实现对表面一定深度范围内旧沥青路面再生。它可分为复拌再生、加铺再生两种。

就地热再生能够修复沥青路面表面层病害，恢复沥青表面层物理力学性能，提高沥青路面平整度，修复沥青路面车辙。其主要优点在于实现了就地的沥青路面再生利用，节省了材料转运费用；主要缺点在于再生深度通常较浅，一般限制在 2.5～6cm，且无法除去已经不合适进行再生的旧混合料，级配调整幅度有限。

就地热再生技术要求路面有足够承载能力，沥青路面的病害仅发生在中、上面层 (60mm 以内)，一般用于高速公路，一、二级公路沥青路面的修复。我国规范规定现场热再生技术适用于仅存在浅层轻微病害的高速公路及一、二级公路沥青路面表面层的就地再生利用，再生层可用作上面层或者中面层。

3) 厂拌冷再生技术

厂拌冷再生是将铣刨的旧沥青路面材料 (包括面层、基层) 运送至拌和厂，经重新破碎、筛分后，掺入一定数量的新集料、活性填料、再生剂和水分进行常温拌和，常温铺筑形成路面结构层的沥青路面再生技术，如图 10-36 所示。

厂拌冷再生技术以冷拌沥青混合料的形式实现旧路面沥青层材料的再生利

用，恢复和改善旧沥青混合料路用性能，其处置范围可以深达路表面以下 150mm。其主要优点在于再生工艺易于控制，再生混合料性能较好，且适用范围广，能耗低、污染小；主要缺点在于再生混合料强度的形成需要较长的时间，且需要加铺一定厚度的罩面层。

图 10-36   厂拌冷再生铣刨和拌和

我国规范规定厂拌冷再生技术适用于对各等级公路的 RAP 进行冷拌再生利用，再生后的沥青混合料根据其性能和工程情况，可用于高速公路和一、二级公路沥青路面的下面层及基层、底基层，三、四级公路沥青路面的面层。当用于三、四级公路的上面层时，应采用稀浆封层、碎石封层、微表处等做上封层。

4) 就地冷再生技术

就地冷再生技术就是指利用专用的就地冷再生设备，对沥青路面进行现场冷铣刨，掺入一定数量的新集料、结合料 (乳化沥青、泡沫沥青、水泥、消石灰等) 以及再生剂，经拌和、摊铺、碾压等工序，一次性实现对表面一定深度范围内的旧沥青路面再生，形成路面基层或下面层的一种技术。按照其再生处置深度，又可分为沥青层就地冷再生、全深度就地冷再生，全深度就地冷再生实际就是将沥青面层和部分基层材料同时进行就地冷再生，如图 10-37 所示。

沥青层就地冷再生可实现旧沥青路面的翻修、重建，再生混合料可用于中下面层或柔性基层。其主要优点在于实现了就地的再生利用，节省了材料转运费用，且施工过程的能耗低、污染小，适用范围广；主要缺点在于施工质量控制的难度较大，且一般需要加铺沥青罩面层。一般用于病害严重的一、二级公路沥青路面的翻修、重建，冷再生路面一般需要加铺一定厚度的沥青罩面。

全深度就地冷再生将全部的沥青面层和一定厚度的基层进行再生处理，一般用于病害严重的二、三级公路沥青路面的翻修、升级改建，再生材料可用于沥青路面的基层及低交通量道路的下面层。

对梨温高速病害和使用性能的调研显示，梨温高速不同路段的病害形式和病害机理有较大差异。实际处置时，需要根据路段病害严重程度采用不同的铣刨深度，有的路段只需要铣刨上中面层，有的路段需要铣刨三个面层，有的路段甚至连基层也需铣刨。根据上述不同再生技术的优缺点和适用性分析，将不同再生技术的应用场合归纳如图 10-38 所示。可以认为：

(1) 就地 (现场) 冷、热再生工艺只能适用于再生铣刨深度相同的情况，而梨温高速不同路段的铣刨方式决定了不能采用就地 (现场) 再生技术；

(2) 厂拌热再生技术成熟、性能优良，但是对旧路面铣刨料的利用率有限；梨温高速维修工程旧沥青路面的铣刨料数量巨大，采用厂拌热再生可能会导致大量的铣刨料得不到妥善利用，也不建议采用。

图 10-37　沥青层就地冷再生

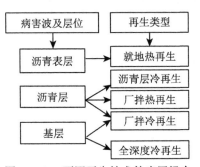

图 10-38　不同再生技术的应用场合

再生技术的种类有很多，有着各自的优缺点，适用范围也各不相同。梨温高速维修改造需对旧路面有病害的路段进行处置，因此将产生大量的沥青面层和基层的铣刨料。对铣刨料的利用原则是尽量全部利用，尽量用于路面结构层，尽量发挥经济效益。在这一再生利用原则的指导下，梨温高速维修工程可行的再生方式为厂拌冷再生。

10.3.2 冷再生路面结构设计

1. 路面结构设计参数

1) 交通量平均年增长率

设计年限内交通量的年平均增长率可根据预测的交通量分析确定。本次老路改造设计年限为 10 年，根据预测的交通量数据，交通量平均年增长率前五年取为 6%，后五年取为 4%。

2) 设计控制指标值

根据对前述 2012 年交通量观测数据的分析，以进贤—东乡交通量的标准轴载作用次数为准计算路面设计控制指标值。交通量平均年增长率前五年取为 6%，后五年取为 4%，设计年限为 10 年，其累计标准轴载作用次数为 5.6×10^7 次，为特重交通。

3) 材料设计参数

根据前述分析，综合考虑各技术指标和现场路况调查情况，采用三种处置方案进行设计。不同方案的材料设计参数取值如表 10-24 至表 10-26 所示。

表 10-24　方案一的材料设计参数取值

层位	结构层材料类型	抗压模量(计算弯沉)/MPa	抗压模量(计算弯拉应力)/MPa	厚度/cm	极限劈裂强度/MPa	顶面弯沉/10^{-2}mm
1	SMA 13	1400.0	1800.0	4	1.5	17.0
2	AC 20C	1200.0	1800.0	6	1	18.4
3	AC 25C	1000.0	1200.0	8	0.8	20.4
4	CRB	850.0	850.0	?	0.6	23.2
5	CTB	1400.0	3600.0	20	0.5	25.6
6	CTB	1400.0	3600.0	20	0.5	47.7
7	碎石土	500.0	500.0	20	0	140.0
8	土基	40.0	40.0	—	—	—

表 10-25　方案二的材料设计参数取值

层位	结构层材料类型	抗压模量(计算弯沉)/MPa	抗压模量(计算弯拉应力)/MPa	厚度/cm	极限劈裂强度/MPa	顶面弯沉/10^{-2}mm
1	AC 13C	1400.0	2000.0	4	1.4	17.0
2	AC 20C	1200.0	1800.0	6	1	18.4
3	AC 25C	1000.0	1200.0	8	0.8	20.4
4	CRB	850.0	850.0	?	0.6	23.2
5	CTB	1400.0	3600.0	20	0.5	25.6
6	CTB	1400.0	3600.0	20	0.5	47.7
7	碎石土	500.0	500.0	20	0	140.0
8	土基	40.0	40.0	—	—	—

表 10-26　方案三的材料设计参数取值

层位	结构层 材料类型	抗压模量 (计算弯沉) /MPa	抗压模量 (计算弯拉 应力)/MPa	厚度/cm	极限劈裂 强度/MPa	顶面弯沉 /10^{-2}mm
1	SMA 13	1400.0	1800.0	4	1.5	17.0
2	AC 20C	1200.0	1800.0	6	1	18.3
3	CRB	850.0	850.0	?	0.6	23.2
4	CTB	1400.0	3600.0	20	0.5	23.2
5	CTB	1400.0	3600.0	20	0.5	47.7
6	碎石土	500.0	500.0	20	0	140.0
7	土基	40.0	40.0	—	—	—

2. 路面结构设计方案

对于方案一，当仅考虑弯沉为设计指标时，路面结构设计层的计算厚度为
5.9cm；再进行层底拉应力验算时，路面结构设计层的计算厚度为 5.9cm。同时考
虑路面原有标高及沥青层压实厚度满足不小于混合料公称最大粒径的 2.5~3 倍要
求，最后确定路面结构方案如图 10-39 所示。

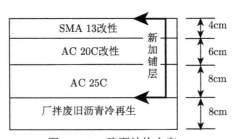

图 10-39　路面结构方案一

对于方案二，当仅考虑弯沉为设计指标时，路面结构设计层的计算厚度为
5.9cm；再进行层底拉应力验算时，路面结构设计层的计算厚度为 5.9cm。同时考
虑路面原有标高及沥青层压实厚度满足不小于混合料公称最大粒径的 2.5~3 倍要
求，最后确定路面结构方案如图 10-40 所示。

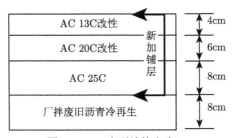

图 10-40　路面结构方案二

对于方案三，当仅考虑弯沉为设计指标时，路面结构设计层的计算厚度为 15.8cm；再进行层底拉应力验算时，路面结构设计层的计算厚度为 15.8cm。因此最后确定路面结构方案如图 10-41 所示。

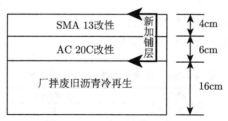

图 10-41　路面结构方案三

3. 不同路面结构的评价与处置工艺

对于推荐方案的考虑主要基于解决原有路面病害，尽可能通过补强结构设计使损坏仅发生在面层，最大限度利用原有结构，铣刨的废旧料尽可能采用再生方案，以充分利用原有旧料，避免环境污染，并考虑现有的施工技术水平和使用经验。

方案一成本分析见表 10-27，评价如下：

(1) 节约资源，保护环境，符合国家和行业倡导方向；

(2) 与方案二相比，SMA 属于骨架密实结构，具有优良的抗车辙性能、耐久性和表面性能，性能优于 AC 13C；

(3) 充分利用部分废旧沥青料；

(4) 铣刨费 160 元/m^3，含外运 30km 左右；

(5) 比方案二造价高 5%，比方案三造价高 12%；

(6) 需调整横坡和标高，对行、超车道进行处理，硬路肩及中央分隔带保留。

表 10-27　路面结构方案一的成本分析

结构	类型	厚度/cm	单价/(元/m^2)
上面层	SMA 13 改性	4	70
中面层	AC 20C 改性	6	100
下面层	AC 25C	8	80
柔性基层	厂拌废旧沥青冷再生	8	48
上基层	水稳碎石	20	
下基层	水稳碎石	20	
垫层	未筛分碎石	20	
路基			
合计		86	298

处置工艺如下：

(1) 将沥青层 20cm 铣刨 (面层)；

(2) 将旧沥青层材料用乳化沥青进行厂拌废旧沥青冷再生，回铺形成柔性基层，压实厚度为 8cm；

(3) 行车道和超车道新铺 4cm SMA 13 改性上面层、6cm AC 20C 改性中面层和 8cm AC 25C 下面层；

(4) 硬路肩新铺 6cm SMA 13 改性。

方案二成本分析见表 10-28，评价如下：

表 10-28　路面结构方案二的成本分析

结构	类型	厚度/cm	单价/(元/m²)
上面层	AC 13C 改性	4	56
中面层	AC 20C 改性	6	100
下面层	AC 25C	8	80
柔性基层	厂拌废旧沥青冷再生	8	48
上基层	水稳碎石	20	
下基层	水稳碎石	20	
垫层	未筛分碎石	20	
路基			
合计		86	284

(1) 节约资源，保护环境，符合国家和行业倡导方向；

(2) 充分利用部分废旧沥青料；

(3) 冷再生柔性基层可有效缓解反射裂缝；

(4) 铣刨费 160 元/m³，含外运 30km 左右；

(5) 需调整横坡和标高，对行、超车道进行处理，硬路肩及中央分隔带保留。

处置工艺如下：

(1) 将沥青层 20cm 铣刨 (面层)；

(2) 将旧沥青层材料用乳化沥青进行厂拌废旧沥青冷再生，回铺形成柔性基层，压实厚度为 8cm；

(3) 行车道和超车道新铺 4cm AC 13C 改性上面层、6cm AC 20C 改性中面层和 8cm AC 25C 下面层；

(4) 硬路肩新铺 6cm AC 13C 改性。

方案三成本分析见表 10-29，评价如下：

(1) 新建柔性基层可有效缓解反射裂缝；

(2) 充分利用部分废旧沥青料；

(3) 铣刨费 160 元/m³，含外运 30km 左右；

(4) 需调整横坡和标高，对行、超车道进行处理，硬路肩及中央分隔带保留。

处置工艺如下：

(1) 将沥青层 20cm 铣刨 (面层)；

(2) 将旧沥青层材料用乳化沥青进行厂拌废旧沥青冷再生，回铺形成柔性基层，压实厚度为 16cm；

(3) 行车道、超车道新铺 4cm SMA 13 改性上面层、6cm AC 20C 改性下面层；

(4) 硬路肩新铺 6cm SMA 13 改性。

表 10-29 路面结构方案三的成本分析

结构	类型	厚度/cm	单价/(元/m²)
上面层	SMA 13 改性	4	70
下面层	AC 20C 改性	6	100
柔性基层	厂拌废旧沥青冷再生	16	96
上基层	水稳碎石	20	
下基层	水稳碎石	20	
垫层	未筛分碎石	20	
路基			
合计		86	266

10.3.3 冷再生混合料设计

1. 旧路面铣刨料 (RAP) 的性能分析

对铣刨沥青混合料进行抽提和筛分试验，抽提结果表明沥青混合料铣刨旧料的油石比为 3.56％。抽提前后筛分结果对比如表 10-30 所示。

表 10-30 抽提前后铣刨料筛分结果

RAP	下列筛孔 (mm) 的质量通过率/%											
	26.5	19.0	16.0	13.2	9.5	4.75	2.36	1.18	0.6	0.3	0.15	0.075
抽提前	100	98.7	95.4	90.1	75.7	36.2	13.1	6.1	2.0	0.5	0.3	0.1
抽提后	100	100	98.8	92.5	79.7	53.7	37.5	31.3	24.6	16.8	12.0	9.2

未抽提的旧沥青面层铣刨料筛分结果表明，0.075mm 筛孔的通过百分率仅有 0.1％，2.36mm 筛孔的通过百分率为 13.1％，说明旧路面铣刨料中细料含量很低。在进行乳化沥青冷再生组成设计时，为了提高乳化沥青冷再生混合料的强度，可以考虑掺入少量的水泥和矿粉。

测试抽提试验所获得的老化沥青的技术性能，如表 10-31 所示。可以看出，经历一段服役时间后，沥青产生了明显的老化，针入度减小，软化点升高，低温抗变形能力降低。

表 10-31 老化沥青性质

技术性能	针入度 (25℃)	软化点/℃	延度 (15℃)
老化沥青	26	62	23

采用低温烘干的方法确定旧料含水量为 2.50%。可以看出旧料中的含水量较高，其原因在于旧路在长期使用过程中，由于路表的开裂及空隙，雨水下渗，造成旧料含水量的增加。旧料含水量的增加，会使乳化沥青冷再生时实际加水量增加，影响路面再生效果。因此，为降低旧料的含水量，沥青路面的铣刨工作不应在雨天或刚刚下过雨的天气；而对于旧料的存放，也应进行必要的遮盖，以减少雨水的影响。

2. 乳化沥青冷再生混合料组成设计

1) 乳化沥青冷再生混合料的强度机理

从抗剪强度来看，构成乳化沥青冷再生混合料强度的主要因素为材料的内聚力和内摩阻力，如式 (10-7) 所示。

$$\tau = c + \sigma \tan \phi \tag{10-7}$$

式中，τ 为乳化沥青冷再生混合料的抗剪强度；c 为乳化沥青冷再生混合料的黏结力；ϕ 为乳化沥青冷再生混合料的内摩擦角；σ 为乳化沥青冷再生混合料的正应力。

乳化沥青自身的黏聚力和沥青-矿料的黏附力构成了乳化沥青冷再生混合料的黏结力，集料颗粒之间的嵌挤和摩擦则提供内摩阻力。乳化沥青在常温下就具有良好的流动性，能直接黏附、湿润集料表面，但是乳化沥青必须经过黏附-分解破乳-水分蒸发的过程，才能恢复其原有的黏结、黏附能力，并在压实荷载作用下将集料黏结成一体并形成强度。因此，经摊铺和碾压后，其黏结力和内摩阻力存在变化，对乳化沥青混合料初期、后期强度的贡献并不相同。

在初期，乳化沥青尚未破乳或破乳不完全，沥青自身的黏聚力较低，因此乳化沥青冷再生混合料内聚力也较低；同时，此时乳化沥青在混合料中能够自由流动，发挥着"润滑"作用，进而降低了集料颗粒之间的内摩阻力；因此，乳化沥青冷再生混合料的初期强度较低。为提高乳化沥青冷再生混合料的初期强度，应该优先选用骨架嵌挤的矿料级配，以期提供更大的内摩阻力。

随着水分的蒸发和进一步的压实，乳化沥青冷再生混合料的密实程度逐渐增加，裹覆于集料表面的沥青完成破乳，其黏结、黏附能力不断恢复，导致沥青自身的黏聚力增强，进而提高了乳化沥青冷再生混合料的内聚力，使其强度逐渐增长。这样的过程一般会持续 30d 左右，此时乳化沥青冷再生混合料的强度就能基本形成，具有与热拌沥青混合料同样的使用性能。

可以认为，集料颗粒的内摩阻力对乳化沥青冷再生混合料的初期强度起主要作用，对后期强度有一定的作用，而内聚力对乳化沥青冷再生混合料后期强度的贡献更大。乳化沥青冷再生混合料形成一定的初期强度需要一段时间 (一般约为

4～8h)，形成最终强度约需 30d。初期强度低、强度发展慢是乳化沥青冷再生混合料难以推广应用的一个重要因素。

2) 水泥–乳化沥青冷再生混合料强度机理

为克服乳化沥青冷再生混合料初期强度偏低、强度发展慢的缺点，可以掺入少量的水泥，得到水泥–乳化沥青冷再生混合料。水泥–乳化沥青冷再生混合料中同样有乳化沥青的存在，因此乳化沥青同样会经历黏附–分解破乳–水分蒸发的过程，也需要比热拌沥青混合料更长的时间才能达到一定的强度。但是，作为黏结料的水泥不仅起着黏结作用，而且能够改善混合料的组成结构；加入水泥大大缩短了初期强度的形成时间，并能显著提高冷再生混合料的初期、后期强度。因此，较之普通乳化沥青冷再生混合料，水泥–乳化沥青冷再生混合料有着不同的强度形成机理，具体体现在以下方面：

(1) 一部分水泥吸收混合料或沥青乳液中存在的水分而发生水化反应。由于水泥水化是一个放热过程，水化过程中产生的大量水化热提高了混合料内部的温度，进而加速了乳化沥青的破乳速度，缩短了强度形成时间。

(2) 水泥的水化与沥青的破乳是同时进行的，水泥水化反应的生成物不仅能够填充由于水分蒸发而遗留的空隙，而且水化产物与沥青膜又相互渗透地交织在一起，能够将矿料紧密地结合在一起，进而形成一种均匀、密实的稳定结构，既能提高冷再生混合料的强度，又能防止沥青在高温条件下软化而产生的过大变形。水泥水化生成的产物还有效切断了冷再生混合料内部的连通空隙，提高了冷再生混合料的水稳定性。

(3) 另外，还有一部分水泥由于水分不足而不能发生水化反应，但是水泥本身具有较高的活性，且颗粒细小，能够起到矿粉作用，增大了冷再生混合料的比表面积，使形成的沥青膜更薄，更加提高了沥青与集料的黏附力。

因此，水泥–乳化沥青冷再生混合料有效克服了乳化沥青冷再生混合料的诸多不足，具有更高的强度和更好的路用性能。更重要的是，水泥–乳化沥青冷再生混合料强度发展速度快，可在更短的时间内开放交通，这具有重要的现实意义。

3) 乳化沥青的技术性能

研究采用某慢裂普通乳化沥青，经相关测试，其主要技术性能如表 10-32 所示。由表可见，所采用的乳化沥青的性能满足规范要求。

4) 水泥的技术性能

根据前述分析，水泥–乳化沥青冷再生混合料比普通乳化沥青冷再生混合料具有更高的强度和更好的路用性能，因此研究在进行乳化沥青冷再生混合料组成设计时掺入了 1% 的水泥。研究采用某普通硅酸盐水泥，经相关测试，其技术性能如表 10-33 所示。

表 10-32 冷再生用乳化沥青的技术性能

试验项目		单位	试验结果
破乳速度			慢裂
粒子电荷			阳离子 (+)
筛上残留物 (1.18mm 筛) 不大于		%	√
黏度	恩格拉黏度 E25		4.71
	25℃ 赛波特黏度 Vs	s	24
蒸发残留物	残留分含量	%	60
	软化点	℃	49.8
	针入度	0.1mm	78.6
	延度	cm	42
与粗细集料的黏附性，裹覆面积			√
与粗、细粒式集料拌和试验			均匀
常温储存稳定性	1d	%	√
	5d		√

表 10-33 冷再生用水泥的技术性能

技术指标		试验结果	规范要求
细度 (0.08mm 筛余量)/%		3.4	≤ 15
初凝时间/min		180	≥ 45
终凝时间/min		360	≤ 390
安定性 (沸煮法)		合格	必须合格
抗压强度/MPa	3d	20.1	≥ 16
	28d	48.8	≥ 42.5
抗折强度/MPa	3d	4.6	≥ 3.4
	28d	7.8	≥ 6.4

5) 最佳流体含量 OFC

论文研究采用 5 种流体含量 (2%、4%、6%、8%和 10%)，对不同含量的混合料进行土工击实试验。首先通过土工击实确定试件的干密度，计算公式如式 (10-8) 所示：

$$\gamma_{d} = \frac{100}{w+100} \times \frac{4m}{\pi h d^2} \times 1000 \qquad (10\text{-}8)$$

式中，γ_d 为土工击实试件的实测干密度，g/cm^3；w 为土工击实试件的流体含量，%；m 为土工击实试件的质量，g；h 为土工击实试件的高度，cm；d 为土工击实试件的直径，cm。

根据试件实测干密度和流体含量 (表 10-34)，绘制试件干密度–流体含量关系曲线 (图 10-42)，进行非线性回归分析可知，与最大干密度相对应的最佳流体含量 (OFC) 为 7.4%。

6) 确定乳化沥青设计用量

以土工击实试验得到的最佳流体含量作为控制冷再生混合料中所有流体的含

表 10-34　不同流体含量下的干密度

序号	流体含量/%	干密度/(g/cm³)
1	2	1.959
2	4	2.000
3	6	2.036
4	8	2.080
5	10	2.028

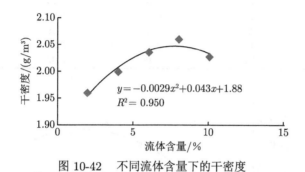

图 10-42　不同流体含量下的干密度

量，选取 5 种不同的乳化沥青用量 (1.8%、2.8%、3.7%、4.6%和 5.5%)，首先通过最佳流体含量 OFC 计算加水量，如式 (10-9) 所示：

$$W_{\mathrm{add}} = \mathrm{OFC} - W_{\mathrm{E}} - 0.5 \times B_{\mathrm{E}} \tag{10-9}$$

式中，W_{add} 为计算得到的冷再生混合料中所需加水量，%；OFC 为土工击实试验确定的最佳流体含量，%；W_{E} 为乳化沥青中的含水量，%；B_{E} 为乳化沥青中的残留沥青含量，%。

保持最佳流体含量 OFC 为 7.4%不变，计算得到冷再生混合料中所需加水量如表 10-35 所示。

表 10-35　确定最佳乳化沥青用量的试验方案

纯沥青含量/%	乳化沥青含量/%	OFC/%	需加水量/%
1.0	1.8		5.6
1.5	2.8		4.6
2.0	3.7	7.4	3.7
2.5	4.6		2.8
3.0	5.5		1.9

再保持最佳流体含量 OFC 为 7.4%不变，拌制不同乳化沥青用量的再生混合料，通过劈裂试验确定乳化沥青的用量。分别采用 1.8%、2.8%、3.7%、4.6%和 5.5%的乳化沥青用量，采用马歇尔法制备试件，测量每组试件在空气中养生的劈裂强度、浸水 24h 后的劈裂强度，试验结果如表 10-36 所示。根据表 10-36 试验

结果，绘制乳化沥青用量–劈裂强度关系曲线，如图 10-43 所示。浸水马歇尔试件的最大劈裂强度所对应的乳化沥青用量即为最佳乳化沥青用量。由图可知，乳化沥青的最佳用量为 4.22%，与其对应的纯沥青用量为 2.30%。

表 10-36　劈裂强度试验结果

纯沥青含量/%	乳化沥青含量/%	干劈裂强度/MPa	湿劈裂强度/MPa	劈裂强度比/%
1.0	1.8	0.28	0.19	79.2
1.5	2.8	0.37	0.29	85.3
2.0	3.7	0.48	0.38	79.2
2.5	4.6	0.41	0.34	82.9
3.0	5.5	0.45	0.32	71.1

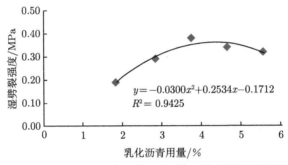

图 10-43　不同乳化沥青用量下马歇尔试件的浸水劈裂强度

3. 水泥–乳化沥青冷再生混合料性能验证

为进一步验证组成设计成果，研究根据确定的最佳乳化沥青用量 (4.22%)，保持最佳流体含量 OFC 不变，再成型冷再生沥青混合料马歇尔试件及车辙试件，分别测试试件的体积特性、水稳定性和高温稳定性。

1) 试件的空隙率测试

为反映不同压实功对乳化沥青冷再生混合料压实度的影响，研究分别采用双面击实 75 次和 50 次制备马歇尔试件，测量不同击实功下马歇尔试件的毛体积密度和最大理论密度，并计算试件的空隙率。测试与计算结果如表 10-37 所示。

乳化沥青冷再生混合料的空隙率要求为 9%~14%，而研究设计的乳化沥青冷再生混合料在双面击实 75 次和 50 次下，空隙率分别为 11.3% 和 14.2%。试验结果表明，设计的冷再生沥青混合料马歇尔试件，其空隙率是合适的。

表 10-37　最佳乳化沥青用量下马歇尔试件空隙率

击实次数 /(次/面)	毛体积密度/(g/cm³)	最大理论密度/(g/cm³)	空隙率/%
75	2.231	2.512	11.3
50	2.154		14.2

2) 劈裂强度

研究又进行了双面击实 75 次和 50 次的马歇尔试件的劈裂强度试验,试验结果如表 10-38 所示。试验结果表明,双面击实 75 次和 50 次的试件,浸水 24h 劈裂强度值分别为 0.37MPa 和 0.29MPa,满足乳化沥青冷再生沥青混合料的相关技术要求;而劈裂强度比达到 84.1% 和 82.9%,表明设计的冷再生沥青混合料的水稳定性较好。

表 10-38　最佳乳化沥青用量下劈裂强度

击实次数/(次/面)	空气养生劈裂强度/MPa	浸水 24h 劈裂强度/MPa	劈裂强度比/%
75	0.44	0.37	84.1
50	0.35	0.29	82.9

3) 动稳定度

研究也进行车辙试验,以期验证冷再生沥青混合料的高温稳定性,试验结果如表 10-39 所示。

表 10-39　最佳乳化沥青用量下车辙试验

最佳乳化沥青用量/%	动稳定度/(次/mm)			
	1	2	3	平均
4.22	1323	1106	1532	1320

我国现行规范对工程所在地 (1-4 区) 沥青混合料的动稳定度要求是不小于 1000 次/mm,而试验结果表明最佳乳化沥青用量下冷再生沥青混合料的动稳定度达到了 1320 次/mm,表明设计的冷再生沥青混合料动稳定度较高,具有良好的抗高温变形能力。

10.4　S340 常州段

10.4.1　原路面状况调查

江苏省道 340 改造工程常州段 (赵庄—后阳) 铺筑了共约 9km 的乳化沥青冷再生试验段,铺筑时间为 2007 年 7 月,期间天气晴朗,试验段铺筑成功后即开始大面积生产。再生采用的铣刨料为 S340 省道左幅原沥青路面部分,原沥青面层结构类型为 4cm 玄武岩 AC13+6cm 石灰岩 AC25,再生方案为采用乳化沥青厂拌冷再生技术铺筑后罩面,加铺结构如图 10-44 所示。

乳化沥青为壳牌生产,拌和设备为镇江路面机械制造总厂生产的 ARC3000 型拌和设备,拌和时间为 30s,生产能力约为 300t/h。

沥青面层 (4cmARAC13+8cmSup25)

沥青冷再生层 (7.9~13.6cm)

原路面

图 10-44　冷再生加铺结构示意图

通过试验段的铺筑，合理确定如下施工控制参数及问题：①摊铺机的控制方式，包括摊铺速度、平整度控制、初步振捣夯实方式；②压实机具的组合、压实顺序、碾压速度及遍数；③松铺系数；④人员配置；⑤拌和楼的生产工艺和技术参数；⑥现场清扫能力；⑦装载机、拌和楼、汽车运力和摊铺机生产能力配套的情况；⑧交通封闭方案；⑨发现存在的潜在问题，提出解决方案。

10.4.2　现场配合比验证

1. 铣刨料检测

铣刨料来源于 S340 省道左幅原沥青路面部分，1999 年竣工通车，后在通车后进行了稀浆封层罩面。实验室对粗、细铣刨料进行含水量和筛分试验，结果如表 10-40 所示。

表 10-40　铣刨料筛分结果

规格	含水量/%	下列筛孔 (mm) 的质量通过率/%										
		26.5	19.0	16.0	13.2	9.5	4.75	2.36	1.18	0.6	0.3	0.15	0.075
粗	0.2	100	83.1	71.3	51.7	11.6	1.5	0.8	0.5	0.4	0.2	0.1	0.1
细	3.0	100	100	100	100	100	74.5	39.1	20.9	5.7	1.5	0.2	0.1

2. 再生料检测

根据粗细集料室内筛分后结果，得出各种集料生产时的比例，结合生产当日粗、细铣刨料堆中含水量的情况，确定拌和楼生产的比例为粗集料:细集料:水泥:矿粉 =31.6:63.3:1.5:3.6，乳化沥青外掺量为 3.3%，水掺量为 0.6%，详见表 10-41。

10.4.3　试验段施工

1. 拌和

厂拌冷再生材料采用在拌和楼将回收旧料、乳化沥青、水泥和水等按组成成分加工成的均匀混合物。各组成成分按照混合料设计要求进行设定、拌和，然后采用卡车装料覆盖后直接运到现场。拌和楼的旧料用量由冷料仓进料速度来控制，拌和楼装有乳化沥青和注水的精确计量装置。值得注意的是，拌和楼连续生产时，搅拌叶会粘上部分再生料，进而出现"拌缸堵塞"现象；拌和楼调试不到位，在停、复开机时再生料容易出现"花白料"现象。通过对试铺段生产各材料总用量的数据分析表明，拌和楼生产时乳化沥青、水泥和矿粉计量的总量能够满足设计比例要求。

表 10-41　生产级配

筛孔尺寸/mm	粗集料	细集料	水泥	矿粉	合成级配
26.5	100.0	100.0	100.0	100.0	100.0
19.0	83.1	100.0	100.0	100.0	94.8
16.0	71.3	100.0	100.0	100.0	91.1
13.2	51.7	100.0	100.0	100.0	85.0
9.5	11.6	100.0	100.0	100.0	72.6
4.75	1.5	74.5	100.0	100.0	53.2
2.36	0.8	39.1	100.0	100.0	30.2
1.18	0.5	20.9	100.0	100.0	18.6
0.60	0.4	5.7	100.0	100.0	8.7
0.30	0.2	1.5	100.0	100.0	6.1
0.15	0.1	0.2	100.0	99.3	5.1
0.075	0.1	0.1	93.4	85.0	4.5

2. 运输

乳化沥青厂拌冷再生混合料采用 15 台 18T 自卸汽车进行运输，再生混合料能够控制在拌和后按乳化沥青供应商推荐转运时间 (4h) 内进行摊铺碾压。

3. 原路面准备

为增强原路面面层和冷再生基层混合料的黏结性能，在摊铺冷再生基层混合料之前施工单位对旧路面表面进行了清理，确保表面干净、无杂物；然后在表面喷洒黏油层，喷洒量一般控制在纯沥青用量 $0.2\sim0.3\text{kg/m}^2$。若为原路面存在病害的路段，应按设计部门相关文件要求进行相应的处理。

4. 摊铺

试验段采用 SANY 水稳摊铺机两台，试验段摊铺速度为 1.5～2.0m/min。摊铺机宽度设置一台 (#1 靠近中央分隔带) 宽 5.5m，另一台 (#2 靠路肩)ABG423 宽 5.5m，半边配备雪橇，能够满足摊铺厂拌冷再生混合料的要求。混合料中水分用量不稳定，现场碾压后表面会出现潮湿不均匀现象，局部甚至会出现严重积水，这将大大延长再生料的养生期；再生料的含水量控制较为合适时，混合料较少发生"撕裂""脱空"等现象。可见在生产过程中，现场可根据摊铺的情况，结合碾压的工序确定合适的掺水量。

摊铺时的天气晴朗，温度基本在 27～36℃ 之间，西南风 4～5 级，能够较好地降低混合料中的液体含量，使混合料能够形成足够的强度，承受压路机的碾压作用。

5. 碾压

为了找出合适的压实工艺，结合以往科研及相关的工程施工经验，对压实的工艺及机械进行改善；为了保证现场摊铺后冷再生沥青路面的压实度，同时增加再生层表面的整体性及平整度，提出试验段施工时应准备的压实机械如下，详细如表 10-42 所示。

表 10-42   试验段碾压机械配备情况

压路机名称	压路机型号	压路机数量
双钢轮压路机	YZC12	1
单钢轮压路机	XSM220	2
轮胎压路机	三一重工 YL25A	1
	徐工 26T 胶轮压路机	1

厂拌冷再生混合料的压实可用钢轮压路机和轮胎压路机，以乳化沥青为再生剂的冷再生混合料的碾压采用在摊铺后立即进行碾压。为了获得冷再生沥青路面最佳的压实效果，根据试验段现场碾压的情况初步确定以下两种碾压方案：

碾压方案一：双钢轮压路机前静后振 1 遍，单钢轮压路机振压 3～4 遍，轮胎压路机碾压 4 遍，双钢轮压路机静压 1 遍。

碾压方案二：双钢轮压路机前静后振 1 遍，单钢轮压路机振压 2～3 遍，轮胎压路机碾压 4 遍，双钢轮压路机静压 1 遍。

乳化沥青冷再生路面试验段经过现场养生后，研究对现场取芯进行压实度检测，试验结果见表 10-43 所示。

表 10-43   芯样压实度试验结果

项目	方案一	方案二
密度平均值/(g/cm^3)	2.330	2.303
压实度/%	91.8	90.7

由表 10-43 试验结果可知，方案一的现场碾压效果优于方案二，从而确定方案一为现场碾压的执行方案。根据试验段碾压的现场情况，确定施工时现场施工碾压方案如表 10-44 所示，压路机在不同环节碾压的速度控制参数如表 10-45 所示。

6. 养生

施工结束后，对试铺段进行自然条件下养生。根据现场对再生段进行取芯检查的情况，在夏季高温的自然条件下养生 2d 的再生段现场取出的芯样不完整，表明乳化沥青经 2d 的养生，强度形成较快，但尚未完全形成强度，仍需继续养生；3d 生产的再生段即可取出完整芯样。故再生段施工结束后，在铺筑上面结构层之前，冷再生沥青基层应养生一段时间，使混合料中的水分进一步散失；在较好的气候条件下其养生期宜不少于 2d，大气温度较低、风力较小时可适当延长养生期，一般养生期为 2~5d。在养生过程中应及时检测路面中的含水量，当路面含水量降低至 2% 以下时，可铺筑上面的结构层。

表 10-44　现场施工碾压方案

碾压阶段	压路机类型及数量	碾压方式及遍数
初压	双钢轮压路机 (1 台)	前静后振 1 遍
复压	单钢轮压路机 (2 台)	前后开振 3~4 遍
	轮胎压路机 (2 台)	静压 4 遍
终压	双钢轮压路机 (1 台)	静压 1 遍

表 10-45　压路机碾压速度　　　　　　　　(单位：km/h)

压路机类型	初压 适宜	复压 适宜	终压 适宜
双钢轮压路机	1.5~2.0		2.0~3.0
单钢轮压路机	—	1.5~1.7(第 1 遍)	—
		1.8~2.2(第 2~4 遍)	
轮胎压路机	—	3.5~4.5	—

7. 需要补充说明的问题

施工气候限制——冷再生 RAP 路面摊铺工作应在阴凉处或远离热源处，测量到空气温度达到 10℃ 或更高的条件下才能实施。通过再生料的生产发现，大气温度较高时铣刨料筛分容易导致筛网堵筛现象；故为了保证铣刨料筛分的效应较稳定，筛分时应避开铣刨料容易黏结的高温时段。

10.4.4　现场测试

1. 混合料试验

乳化沥青冷再生沥青混合料室内试验主要包括马歇尔试验和劈裂强度试验。试验结果如表 10-46 所示，可见各项指标均能满足指导意见要求。

表 10-46　乳化沥青冷再生沥青混合料室内试验结果

试验项目		试验结果
	马歇尔试件空隙率	12.1%
马歇尔试验	稳定度 (40℃)	12.1kN
	残留稳定度	85%
15℃ 劈裂强度		0.946MPa

2. 压实度检测

施工结束后进行灌砂法和现场钻芯法检测现场压实度。灌砂法检测的数据均能满足试验段代表值的要求；通过现场钻芯对压实度进行检测，结果表明现场压实度能够控制在不小于 88% 的理论密度压实度要求值。两种压实度控制方法均能说明现场碾压效果较好。

10.4.5　试验段跟踪检测

江苏省道 S340 改造工程乳化沥青冷再生试验段完工进行沥青罩面后即开放交通，通车一年后对试验段的使用情况进行了观测。主要对沥青路面表面破损情况、平整度、车辙以及渗水情况等指标进行了检查及试验检测。

1. 渗水检测

首先对江苏省道 S340 整体路况进行了路表外观观测，沥青路面表面没有发生水损害、拥包、波浪等病害，路面整体状况良好。对再生结构沥青路面表面层进行了渗水系数检测，实测结果表明路况良好，沥青路表不渗水。

2. 平整度

路面平整度以 50m 为一个单元，为了便于比较，对江苏省道 S340 K111+400 至 K112+400 右幅再生层结构和左幅非再生层结构分别进行平整度检测，统计汇总结果如表 10-47 所示。

表 10-47　路面 IRI 总平均值统计

车道	右幅再生层结构		左幅非再生层结构	
	IRI/(m/km)	标准偏差	IRI/(m/km)	标准偏差
车道 1	0.95	0.4740	0.65	0.2648
车道 2	0.91	0.4284	0.72	0.3370

从表中可以看出，目前江苏省道 S340 路面平整度较好，IRI(平整度) 指数平均值小于 2.0m/km，按照规范评价均为优级。

3. 车辙

对江苏省道 S340 K111+400 至 K112+400 段落右幅再生结构层和左幅非再生结构层分别进行了车辙检测，路面车辙以 20m 为一个单元，统计汇总结果如图 10-45 所示。

从图中可以看出，江苏省道 S340 右幅再生层结构检测段落每 20m 车辙平均值均小于 4mm，表明再生结构层沥青路面具有优良的抗车辙性能。同时可见再生层段落的车辙数据与非再生层结构段落的车辙结果相当，局部段落甚至优于非再生结构层的车辙结果。

4. 取芯

现场对再生层结构沥青路面进行取芯，室内对再生层现场芯样的劈裂强度进行试验，结果见表 10-48。由表中试验结果可知，再生层劈裂强度满足要求。

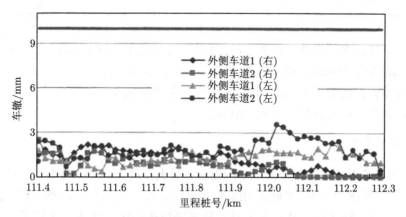

图 10-45　江苏省道 S340 K111+400 至 K112+400 段落车辙检测结果

表 10-48　现场芯样劈裂强度试验结果

混合料类型	15℃ 劈裂强度值/MPa		
	车道 1	车道 2	平均值
再生层芯样	0.9089	0.9178	0.9134

10.4.6　经济效益分析

本节按照江苏省道 S340 改建工程的实际生产情况，根据工程项目的技术等级、项目所在地的环境及运输条件等因素，对乳化沥青厂拌冷再生沥青路面与常规沥青路面的经济性进行比较分析。

乳化沥青冷再生混合料作为干线公路下面层，直接替代了传统的下面层热拌沥青混合料。乳化沥青冷再生，摊铺前现场下承层需拉毛、清扫、喷洒黏层油、拌和原材料为仓储沥青铣刨料、壳牌冷再生乳化沥青、缓凝 P.O 32.5 水泥、矿粉、水，采用配合比为 1#(9.5~26.5):2#(0~9.5):水泥:矿粉 =31:63.9:1.55:3.6；乳化沥青用量 3.3%，最佳掺水量 2.5%。摊铺压实后比重 2.32t/m³。

1. 原材料单价

(1) 铣刨料：首先对进场后的铣刨料生产前的处理成本进行核算。回收旧料的生产前的成本计算包括原路面铣刨、运输和破碎、筛分等部分费用组成，具体如表 10-49 所示。

表 10-49　铣刨料成本组成计算

序号	内容	单价/(元/t)
1	铣刨、仓储	7
2	运输 (含场内短拨)	6
3	破碎、筛分	5
	合计	18

(2) 乳化沥青：壳牌冷再生专用乳化沥青到场价格 3500 元/t，加仓储保管费用 (存储罐配管道加热、搅拌装置)150 元/t，计 3650 元/t。

(3) 水泥：缓凝 P.O 32.5 水泥到场价格为 265 元/t。

(4) 矿粉：矿粉到场价格为 130 元/t。

2. 拌和费用

拌和设备为乳化沥青冷再生专用设备，最大产量 300t/h，实际施工产量平均 220t/h，台班施工产量 1600t；按实际使用 15 万 t 总量折旧，拌和设备折旧按 17.3 元/t 计，修理费用 0.5 元/t 计。拌和需机械操作工 2 人，检修工 1 人，普工 8 人；需配 256kW 发电机组 1 台，2m³ 以内轮胎式装载机 3 台，6000L 以内洒水汽车 1 辆。

根据配合比及每台班产量拌和所用机械设备、材料，可分析出拌和每吨成品料的单价组成如下：

(1) 拌和人工费：$(3\times80+8\times60)\times1.3/1600=0.59$ 元/t。

(2) 拌和机械费：拌和设备：17.8 元/t；256kW 发电机组：2498/1600=1.56 元/吨；2m³ 以内轮胎式装载机：3×838/1600=1.57 元/t；6000L 以内洒水车：537/1600=0.34 元/t。合计 21.27 元/t。

(3) 拌和材料费：乳化沥青：3.3％×3650=120.45 元/t；水泥：1.5％×265=3.98 元/t；矿粉：3.6％×130=4.68 元/t；铣刨料：18×0.95=17.10 元/t。合计 146.12 元/t。

以上三项合计得出拌和直接费用为 167.98 元/t，折合可得每立方拌和直接费用为 389.71 元。

3. 直接经济效益比较

本工程采用乳化沥青冷再生层直接替代了传统的下面层热拌沥青混合料，厚度平均为 10cm，取代传统的热拌沥青混合料。现对乳化沥青混合料直接经济性进行分析。传统热拌沥青混合料下面层以 7cm 厚度进行估算，为了保证比较的现实意义，采用再生工程同期的当地沥青混合料单价为基础，每立方米单价为 770 元。工程量参考路面长度为 9km、路面宽度为 11m 计算。

由表 10-50 可以看出，乳化沥青冷再生沥青路面的价格相对传统的热拌沥青路面来说具有一定的价格优势。通过分析可以看出，再生沥青路面每公里可以节约 16.4 万元，每立方米的再生沥青混合料价格比传统热拌沥青混合料低 380 元，降幅达 49.4%。随着再生技术应用的不断成熟，原材料中乳化沥青的价格与热拌沥青的价格将会有一定幅度的降低，故再生后的直接经济效益会更加显著。同时，直接经济效益分析是结合当地的工程条件来进行评价的，若考虑到应用在石料缺少的地方，材料价格相对较高，经济效益会愈加显著。

表 10-50 再生沥青路面经济效益分析

结构形式	工程量/m^3	单价/(元/m^3)	金额/元
10cm 乳化沥青冷再生层	9900	389.71	3858129
7cmAC 25	6930	770	5336100
结构替代所节省的材料费用			1477971

4. 间接经济效益分析

若不采用冷再生技术对回收沥青路面材料进行重复利用，则需要对回收旧料进行集中处理，现以 1000t 回收旧料为单位对其处理费用进行测算。

(1) 铣刨料运输费用：假设从铣刨现场到铣刨料废弃堆场的平均运输距离较铣刨现场至拌和场的平均运输距离少 10km，运费 1.2 元/(t·km)，则每 1000t 铣刨料可节省的铣刨料运输费用为 1000×10×1.2=12000 元。

(2) 占用土地费用：参考相关标准文件，土地的征用费用为每亩 2.56 万元。假设铣刨料堆高 3m，则占地总面积为 1000/(2.3×3)=144.93m^2，则 1000t 回收旧料可节省占用土地费用为 144.93/667×25600=5562.53 元。

综合以上分析，冷再生技术对铣刨料的重新利用，将每 1000t 沥青面层铣刨料妥善利用后，可间接省造价为 5562.53+12000=17562.53 元。若不采用再生技术，将铣刨料全部废弃后将产生环境污染及治理等费用，同时因相对增加了原材料的用量，将进一步加大对矿山的开采，扩大对自然环境的破坏。如果进一步测算这些间接费用，再生技术对铣刨料的利用具有更为可观的经济效益。

由于目前还没有数据能说明工程中使用再生技术后沥青路面的使用寿命，故要对采用厂拌冷再生技术的工程进行全寿命的寿命周期费用分析尚缺乏很多基础数据。因此，需要对试验路的使用情况进行跟踪观测，综合计算使用期内的管养费用，对路面进行全寿命周期内的费用分析，也同时为我国推广寿命周期费用分析工程经济的方法积累数据和相关的经验。

10.5　G320 国道

10.5.1　工程概况

项目位于浙江省 G320 国道嘉兴市世贸花园段。该路段位于交通繁忙的出入城口处，是嘉兴东南部的主要干线公路，作为嘉兴市的窗口通道，不论是对经济发展还是城市建设都起着十分重要的作用。由于交通量较大，路面损坏严重，路面病害多样，如大面积开裂、集料磨光、坑槽等，经过多次维修仍然不能满足交通量需求，若不及时修复，将严重影响 G320 国道的交通顺畅和行车安全。

10.5.2　原路面状况调查

对原有路面结构进行现场调查、弯沉、平整度等方面检测，确定路面病害的类型和严重性。路面典型破坏如图 10-46 所示。

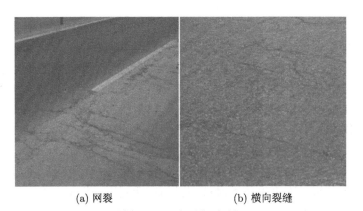

(a) 网裂　　　　　　　　　　　(b) 横向裂缝

图 10-46　路面典型破坏

试验路采用贝克曼梁 (弯沉仪) 测定路面现有承载能力。本项目维修前 K126+820~K127+280 左幅行车道代表弯沉值为 351.51(单位：0.01mm)，左幅超车道为 195.97(单位：0.01mm)。

10.5.3　路面维修方案

考虑到 G320 国道世贸花园段老路面病害比较严重，而且该路段交通量比较大，因此需要对水泥稳定基层进行加固处理，使得再生层具有较强的下承层。具体方案为：

(1) 铣刨 10cm 沥青面层，在铣刨过程中如果发现沥青层厚度小于 10cm，应当减小铣刨厚度，以保证铣刨料均为沥青面层材料；同时应注意铣刨速度的控制，使得沥青铣刨料尽可能均匀一致，避免产生较多块状超粒径材料；沥青铣刨料运输至场地集中堆放，并采取防雨措施；

(2) 铣刨 23cm 水泥稳定基层 (具体铣刨深度根据设计要求)，集中堆放；

(3) 对铣刨后的路槽进行病害调查，对于出现严重网裂和沉陷的区域进行病害处理；

(4) 采用水稳拌和机对铣刨的水稳碎石材料添加水泥进行厂拌再生，再生好的材料使用摊铺机进行摊铺，压实后厚度为 18cm；

(5) 水泥厂拌再生混合料压实后，进行覆盖养生 7d；

(6) 采用沥青厂拌冷再生设备添加乳化沥青，对沥青面层铣刨料进行再生处理，并摊铺在养生好的厂拌水泥稳定再生碎石层上，压实后厚度为 10cm；

(7) 乳化沥青厂拌冷再生层自然养生；

(8) 铺筑乳化沥青透层和下封层；

(9) 铺筑沥青面层。

路面结构维修方案如图 10-47 所示。

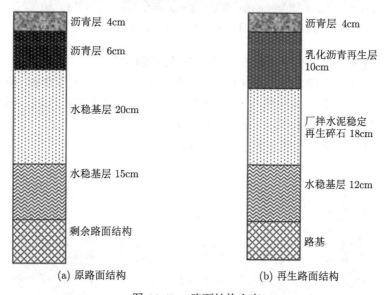

沥青层 4cm

沥青层 6cm

水稳基层 20cm

水稳基层 15cm

剩余路面结构

沥青层 4cm

乳化沥青再生层 10cm

厂拌水泥稳定再生碎石 18cm

水稳基层 12cm

路基

(a) 原路面结构　　　　　　　(b) 再生路面结构

图 10-47　路面结构方案

10.5.4　乳化沥青冷再生施工工艺

1. 施工设备

(1) 采用维特根 KMA220 移动厂拌冷再生设备进行乳化沥青冷再生混合料的拌和，如图 10-48 所示。KMA220 产量可以达到 220t/h，强大的柴油发动机输出功率 131kW，并在非生产时间可进入节能模式；配有 2 个 6m³ 料斗，分别装载沥青铣刨料和新集料。

图 10-48　乳化沥青厂拌冷再生设备 KMA220

(2) 沥青摊铺机的熨平板装有电子纵/横坡控制装置。

(3) 采用 2 台双钢轮压路机 (静重 10t 和 13t) 和 1 台胶轮压路机 (静重 26t)。

(4) 清扫车 1 辆；装载机 3 台；洒水车 1 辆；水泥粉料罐 (罐仓内配有水泥破拱器，以免水泥起拱停流)；黏层油撒布车。

(5) 乳化沥青罐车，罐车容量 20t，如图 10-49 所示。

图 10-49　乳化沥青罐车

2. 施工流程

本项目乳化沥青厂拌冷再生施工工艺流程图如图 10-50 所示。

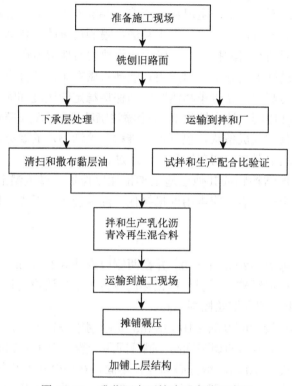

图 10-50 乳化沥青厂拌冷再生施工流程

3. 施工准备

1) 旧路面铣刨与堆放

旧沥青路面材料的铣刨回收是厂拌冷再生施工的重要步骤。回收铣刨料时，先对旧沥青路面材料进行既定深度的铣刨，并通过铣刨试验确定适宜的铣刨速度，确保铣刨料级配稳定、粒径合适，最终确定铣刨速控制在 4~6m/min；然后将铣刨料运至拌和厂集中堆放，留做备用。运输车辆和装载机在铣刨料运输和堆放的过程中不要碾压铣刨料，以防铣刨料发生结块成团现象。

2) 下承层处理

为增强再生结构层与原路面下承层的黏结性能，摊铺再生混合料之前对下承层表面进行处理，如修整原有下承层表面、清理泥土及污秽杂物及对路拱进行调整等。施工前，对下承层表面状况进行一次检查，然后撒布乳化沥青透层油，且保证两侧纵向接缝处纵面也撒布到位。乳化沥青装车后，撒布车自动加热装置开启，使乳化沥青的温度始终保持在 40~50℃，确保撒布的均匀性；在喷洒前，对乳化沥青撒布车进行标定并进行试洒，检查每个喷头是否能够均匀喷洒，对堵塞的喷头及时清理，以确保撒布量的准确性。现场依次喷洒均匀，保证乳化沥青均匀一致地喷洒在路面上，不产生滑移和流淌，并透入下承层一定深度。透层油撒布后，如有遗漏的地方，及时进行人工补洒；喷洒过量的乳化沥青立即撒布石屑吸油，并将吸油后的石屑清扫干净，确保透层油均匀地覆盖在路面范围内。

透层破乳后进行封层施工。封层用智能沥青撒布车，选择合适的喷嘴，确保喷洒的沥青呈均匀雾状，沥青车喷洒时应当保持稳定的速度和喷洒量，同时应当调整喷油管的高度使同一地点接收 2~3 个喷油嘴喷洒的沥青。喷洒的沥青应当均匀，不得有撒花漏空或成条状，也不得有堆积，喷洒不足的要补洒，过量的要清除；沥青喷洒过程中严禁一切车辆和行人通过。

喷洒区附近的结构物或其他已施工部位加以保护，以免溅上沥青受到污染。撒布车喷洒完一个车道后，应当用油槽接住排油管滴下的沥青，以防止局部沥青过多。

3) 施工放样

恢复控制线每 10~20m 钉一桩，并在两侧边缘外 0.3~0.5m 设边桩 (钢钎桩)，进行水平测量，在钢钎桩上用明显标记标出冷再生基层边缘的设计标高；根据松铺系数 1.3，由钢钎配合钢丝控制标高。

钢钎选用具有较大刚度的 $\phi16$~$18mm$ 光圆钢筋进行加工，并配固定架；固定架采用丝扣，便于拆卸和调整标高；钢钎间距一般采用 10~20m(直线段不长于 20m，曲线段不长于 10m)。钢钎必须埋设牢固，在整个作业期间应有专人看管，严禁碰钢丝，发现异常时立即恢复。选用 $\phi2$~$3mm$ 的钢丝作为基线，张拉长度 100~200m 为佳，且须在两端用紧线器同时张紧，避免因钢丝不紧而产生挠度，张拉力为 1kN。内外侧均用钢丝控制标高，标高误差控制在 −2~+5mm 间。

4. 再生混合料施工工艺

1) 冷再生混合料的拌和

乳化沥青冷再生混合料采用维特根 KMA220 连续式拌和机拌和。KMA220 配有 2 个冷料仓，通过装载机装料和上料，如图 10-51 所示。KMA220 配有计量装置，能够按照配合比设计要求，保证沥青铣刨料、新集料、乳化沥青和水泥的精确计量；采用厂拌设备拌制再生混合料时，可在送料皮带上取样，分析再生混合料的合成级配并对其进行控制，从而保证集料的最大粒径和级配组成符合配合比设计要求。

在正式拌制再生混合料之前，先调试所用的厂拌设备，使再生混合料的级配和含水量满足设计的要求。原材料的组成发生变化时，需重新调试设备或重新进行配合比设计。水泥与集料应准确称量，按重量比例掺配，并以重量比加水。

　　为确保在最佳液体含量下碾压，再生混合料的外加水量与集料天然含水量的总和要略高于最佳液体量。外加水的增加量应根据气温、风力和空气湿度等条件确定；高温作业时，早晚与中午再生混合料的含水量要有区别，按温度变化及时调整，且拌制成的再生混合料应尽快运送到铺筑现场。乳化沥青冷再生混合料生产情形如图 10-52 所示。夏季施工时，由于乳化沥青会很快破乳而造成油水分离，因此再生混合料一般不宜长距离运输，拌和厂宜设在施工现场附近的地方；雨季施工时，需对场地上的集料采取防雨措施。

(a) 装料　　　　　　　　　　　　　　(b) 上料

图 10-51　装载机装料和上料

图 10-52　乳化沥青冷再生混合料生产情形

2) 再生混合料的运输

再生混合料的运输采用较大吨位的自卸汽车。运输车的数量，应根据拌和机生产能力、运输距离、道路状况、车辆吨位综合确定。在每天开工前，检验运输车辆完好情况，并保证车厢清洗干净，无积水聚集在车厢底部。每辆汽车装料前在车厢侧板和底板喷洒少量隔离液进行润湿，避免混合料黏结车厢板，但不得有余液积聚在车厢底部。装料时，装载机应从车厢前部、后部、中部分三次均匀装料，减少粗细集料的离析现象。现场装料如图 10-53 所示。

图 10-53   混合料的运输

汽车运输混合料时，必须用不透光的棉被或厚帆布严密覆盖住车厢，防止混合料见光破乳、污染、中途遭受雨淋，影响施工质量或造成浪费。装满混合料的汽车不得随意中途停留，必须保证直接将混合料送到现场等候摊铺。汽车在卸料前方可撤除覆盖物，在等待其他车辆卸料的过程中不能撤除覆盖物。

车队的运输能力要比拌和或摊铺能力有所富余。开始摊铺时，在施工现场等候卸料的运料车应不少于 5 辆；摊铺过程中，保证摊铺机前方有 2~3 辆运料车在等候卸料。当摊铺机连续作业时，运料车在摊铺机前 10~30cm 处停住，并挂空挡，靠摊铺机推动前进；此过程中运料车不得撞击摊铺机。

再生混合料运到摊铺地点后凭运料单接收，并检查拌和质量。再生混合料如有结成团块或遭雨水淋湿等现象，不符合质量要求，则不得铺筑在道路上。如运输车辆中途出现故障，必须立即在最短时间内排除；当有困难时，不能在初凝时间内运到摊铺现场的再生混合料必须予以转车或废弃。

3) 再生混合料的摊铺

摊铺前，预先标定摊铺机行走速度与螺旋布料器转速之间的传动关系，并保证螺旋布料器端部距物料挡板间距在 10~30cm 之间，如该间距超过 30cm 则必须加装叶片。摊铺机的熨平板不得加热，只需涂少量防黏剂即可。熨平板加宽铰接处的缝隙应仔细调节紧密，防止摊铺后路表面留有痕迹，并合理选择熨平板的振幅和夯锤振动频率。在开铺后，进行虚铺厚度的测试，以确保路面摊铺厚度和横坡度得到准确控制。摊铺机在施工过程中，起步速度要慢，平稳匀速前进，不得随意变换速度或者中途停顿；摊铺速度在 3m/min 左右。

摊铺过程中，摊铺机不得随意变换速度或中途停顿，且应缓慢、均匀、连续地摊铺。同时设专人观察，控制好料位传感器的高程，使螺旋布料器始终埋入再生混合料不低于 3/4 的高度，保证螺旋布料器全范围内物料分布均匀，且全宽度断面上不发生离析；如发现螺旋布料器布料不均匀，产生离析、卡料或虚铺等异常现象，启动摊铺机全速旋钮迅速补料。现场摊铺情形如图 10-54 所示。

图 10-54　混合料的摊铺

再生结构层的松铺系数根据实际的再生混合料类型、施工机械和施工工艺等，通过试铺试压试验路确定。摊铺过程中随时检查摊铺层厚、路拱及横坡，并按使用的再生混合料总量与摊铺面积校验平均厚度，不符合要求时根据铺筑情况及时进行调整。

拌和机与摊铺机的生产能力互相协调。如拌和机的生产能力较低，则摊铺再生混合料时采用较低速度摊铺，减少摊铺机停机待料的情况。此外，雨天不能摊铺；若气温低于 10℃，也不宜摊铺。

4) 再生结构层的碾压

乳化沥青冷再生混合料的压实采用钢轮压路机和轮胎压路机。再生混合料在摊铺后立即开始碾压。

具体碾压次数、压路机的振动频率和振幅取决于再生混合料性能、压实厚度、压路机类型及环境状况等。本项目乳化沥青冷再生层的碾压采用如下工艺：初压

采用双钢轮压路机 (静重 10t) 静压 1 遍，然后用高频低幅的方式振动碾压 2 遍；复压先用大吨位 (静重 13t) 双钢轮压路机碾压 4 遍；终压采用胶轮压路机 (静重 22t) 碾压 5 遍，并消除轮迹；碾压时可喷少量的水雾，以防止压路机轮黏结再生混合料。

　　碾压作业时，压路机应以慢而均匀的速度碾压，初压速度为 2.5km/h，复压、终压速度为 3km/h。将压路机的驱动轮面向摊铺机，碾压路线及碾压方向不允许突然改变而导致再生混合料产生推移。压路机起动、停止必须减速缓慢进行，严禁压路机在已完成或正在碾压的路段上 "调头" 或急刹车，以保证结构层表面不受破坏。在回程过程中，做到慢起步、慢回程、慢停。振动压路机倒车时先停止振动，并向另一方向运动后再开始振动，避免使再生混合料形成推移、印痕和拥包。现场压实情形如图 10-55 所示。

(a) 双钢轮压路机作业   (b) 胶轮压路机作业

图 10-55　现场压实情形

　　直线和不设超高的平曲线段，应由两侧路肩向路中心碾压；设超高的平曲线段，应由内侧路肩向外侧路肩碾压。压路机不在同一断面处回程碾压，每次回程前后错开不小于 1m 距离。初压、复压和终压的回程应都不在相同断面处，前后相距 10m 以上。本次碾压长度与前一段碾压段落搭接重叠不小于 10m。压路机改变进退方向，应在已完成碾压的路面上进行。

　　纵缝碾压，以 1/2 轮宽进行跨缝碾压以消除缝迹。当分成两个半幅施工形成接缝时，先在已压实路面上行走，只碾压新铺层 10~15cm，随后将压实轮伸过已压实面 10~15cm，压实新铺层，充分将纵缝压密实。

　　横缝碾压，用钢轮压路机垂直于路线进行横向碾压。开始时压路机在已铺面层上，按间隔 15cm 逐渐重叠压实至新铺面层 1.5~2.0m 宽后，再顺路方向进行正常碾压；此时边碾压边用 3m 直尺测量和人工用细料找补。为防止压路机在碾压过程中的黏轮现象，可向碾轮喷洒雾状水液，但不宜过多或造成流淌。

施工中，再生混合料从加水拌和到碾压完成的延迟时间不得超过水泥终凝时间。

5) 再生层的养生

在铺筑上面结构层之前，乳化沥青再生层需进行一段时间的养生，使其中的水分进一步散失。在较好的气候条件下，一般养生期为 2～7d。养生过程中及时检测再生结构层的含水量并试取芯样，当其含水量降至 2% 以下或能够取出完整芯样时，则可铺筑上面的结构层。在养生期间应封闭交通。

6) 养生方法

在封闭交通的情况下养生时，可进行自然养生，一般无须采取措施。

在开放交通的条件下养生时，再生层在完成压实至少 2d 后方可开放交通，但应严格限制重型车辆通行，行车速度应控制在 40km/h 以内，并严禁车辆在再生层上掉头和急刹车。为避免车轮对表层的破坏，可在再生层上均匀喷洒慢裂乳化沥青，稀释至 30% 左右的有效含量。

工地现场须根据具体情况配备足够数量的彩条布或 PU 薄膜类防雨卷材，在下雨前必须将养生路段再生层覆盖严密，并做好路肩排水。

乳化沥青冷再生层的养生效果如图 10-56 所示。

图 10-56   乳化沥青冷再生层的养生效果

10.5.5   施工质量检测

1. 现场取料试验检测

表 10-51 为现场取样的室内试验检测结果，马歇尔试件内部情形如图 10-57 所示。

表 10-51   现场取料测试结果

检测项目		路段 1	路段 2
最大理论密度/(g/cm³)		2.495	2.501
毛体积密度/(g/cm³)		2.210	2.230
空隙率/%		11.4	10.9
劈裂强度/MPa	干	0.56	0.61
	湿	0.46	0.51
残留劈裂强度比/%		82.5	83.6
马歇尔稳定度/kN	浸水，60℃，40min	11.7	12.5
	浸水，60℃，48h	10.6	11.9
残留稳定度/%		90.7	95.2
无侧限抗压强度/MPa		2.19	2.48
动稳定度/(次/mm)		3050	3215

图 10-57   马歇尔试件内部情形

从各项检测结果来看，乳化沥青冷再生混合料性能指标满足规范和设计要求。

2. 再生层试验检测

乳化沥青冷再生层施工完成后，按照质量验收标准，对冷再生层进行质量检测，具体结果见表 10-52。

从各项检测结果来看，乳化沥青冷再生层各项指标满足规范和设计的质量标准。

渗水指标对沥青路面的抗水损坏能力有着重要指示作用，然而在沥青路面设计之初并没有受到道路建设者的关注；随着沥青路面技术不断发展，在《公路沥青路面施工技术规范》(JTG F40—2004) 中也增加了对现场渗水指标的相关控制要求。规范要求普通密级配沥青混合料不大于 300mL/min，SMA 混合料不大于 200mL/min。

乳化沥青冷再生混合料的孔隙很多属于闭合孔隙，不同结构的渗水指标存在差异。对试验路进行了渗水试验，试验结果见表 10-53。

表 10-52　冷再生层质量检测结果

检查项目	实测值或实测偏差值													技术要求
	1	2	3	4	5	6	7	8	9	10	11	12	13	
压实度/%	90.6	90.2	89.7	90.6	91.0	91.0	90.5							≥88(基于最大理论密度)
空隙率/%	9.4	9.8	10.3	9.4	9.0	9.0	9.5							≤12(基于最大理论密度)
平整度/mm	4	4	4	1	4	1	5	2	4	2		2	3	≤8
纵横高程/mm	1	−1	−1	3	−1	3	2	1	−1	2	−2	−2	4	+5,−10
	−1	−2	−3	0	−4	−2	1	−2	2	3	−4	1	−4	
厚度/mm	102	103	101	99	100	102	100							代表值 −10 极值 −12
宽度/mm	7013	7020	7024	7013	7031	7021	7012	7023	7014	7034	7021	7011	7021	不小于设计值

表 10-53　试验路渗水试验结果

路段桩号	渗水系数/(mL/min)
K126+950	66.24
K127+100	69.18
K127+200	72.55

通过再生层渗水系数测试结果分析可知，虽然乳化沥青冷再生混合料有较大孔隙，但是这些孔隙均是不连通的微细孔隙，加之冷再生层表面在胶轮压路机的反复揉搓作用下已非常密实，渗水系数较小。

3. 弯沉检测结果

试验路乳化沥青再生层铺筑、养生完成后，使用贝克曼梁对其进行了弯沉检测，乳化沥青再生路面弯沉平均值 32.12(单位：0.01mm)，代表值 69.61(单位：0.01mm)，满足设计要求。弯沉检测情形如图 10-58 所示。

4. 面层铺筑后取芯情况

乳化沥青冷再生试验段铺筑并养生完成后，对其进行取芯，检查芯样的完整性及路面结构情况，发现芯样完整、密实，如图 10-59 所示。

10.5.6　经济和社会效益分析

1. 经济效益分析

以 G320 国道嘉兴市世贸花园段路面大修工程为例，分析比较传统大修方案和乳化沥青冷再生大修方案的经济效益。

传统大修方案和乳化沥青冷再生大修方案路面结构造价比较如表 10-54 所示。

图 10-58　再生层弯沉检测情形

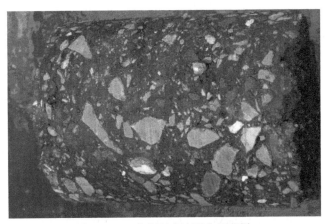

图 10-59　乳化沥青冷再生层芯样

表 10-54　不同维修方案造价比较

传统大修方案		冷再生大修方案	
项目	费用/(元/m²)	项目	费用/(元/m²)
4cmAC 13	44.0	4cmAC 13	44.0
6cmAC 20	62.0	10cm 乳化沥青冷再生层	60.0
沥青透层和下封层	6.0	沥青透层和下封层	6.0
RAP 运输与处置	9.0	场地	2.0
合计	121.0		112.0

通过传统大修方案和乳化沥青冷再生大修方案路面结构造价比较，可知每平方米可节省造价约 7%。

[74] 吴立新, 陈方玉. 现代扫描电镜的发展及其在材料科学中的应用 [J]. 武钢技术, 2005, 43(6): 36-40.

[75] Wang F, Liu Z, Wang T, et al. A novel method to evaluate the setting process of cement and asphalt emulsion in CA mortar[J]. Materials & Structures, 2008, 41(4): 643-647.

[76] 吕鹏, 翟建平, 聂荣, 等. 环境扫描电镜用于硅酸盐水泥早期水化的研究 [J]. 硅酸盐学报, 2004, 32(4): 530-536.

[77] 刘数华, 阎培渝. 石灰石粉对水泥浆体填充效应和砂浆孔结构的影响 [J]. 硅酸盐学报, 2008, 36(1): 69-72.

[78] 王振军, 沙爱民, 肖晶晶, 等. 水泥对乳化沥青混合料微观结构的改善机理 [J]. 武汉理工大学学报, 2009 (5): 16-19.

[79] 刘燕, 沈菊男. 基于 AFM 的沥青微观结构及微观力学性能研究综述 [J]. 石油沥青, 2017, 31(5): 68-72.

[80] Chen T, Luan Y C, Ma T, et al. Mechanical and microstructural characteristics of different interfaces in cold recycled mixture containing cement and asphalt emulsion[J]. Journal of Cleaner Production, 2020.

[81] Wong H S, Head M K, Buenfeld N R. Pore segmentation of cement-based materials from backscattered electron images[J]. Cement & Concrete Research, 2006, 36(6): 1083-1090.

[82] Wong H S, Buenfeld N R. Euclidean Distance Mapping for computing microstructural gradients at interfaces in composite materials [J]. Cement & Concrete Research, 2006, 36(6): 1091-1097.

[83] 中华人民共和国交通运输部. 公路沥青路面再生技术规范: JTG F41–2008[S]. 北京: 人民交通出版社, 2008.

[84] 冯新军, 郝培文. SBS 聚合物改性剂与基质沥青的配伍性研究 [J]. 公路, 2007(7): 186-190.

[85] 侯昭光, 应荣华, 黄国威. 冷再生中粒式混合料目标级配范围研究 [J]. 公路工程, 2010(1): 103-106, 120.

[86] 江苏省交通科学研究院. 沪宁高速公路改扩建沥青路面再生技术研究总报告 [R]. 2005: 88-94.

[87] K Wayne Lee, Todd E Brayton, Jason Harrington, Performance-Related Tests and Specification for Cold In-Place Recycling: Lab and Field Experience[M]. TRB2003 Annual Meeting CD-ROM.

[88] 中华人民共和国交通运输部. 公路土工试验规程: JTG E40—2007[S]. 北京: 人民交通出版社, 2007.

[89] 张卫军, 葛折圣. 冷再生沥青混合料性能评价 [J]. 中南公路工程, 2007(3): 124-126.

[90] 中华人民共和国交通运输部. 公路工程沥青及沥青混合料试验规程: JTJ 052—2000[S]. 北京: 人民交通出版社, 2000.

[91] 严金海. 沥青路面就地冷再生技术深入研究 [D]. 南京: 东南大学, 2011.

[92] 张捷. 乳化沥青冷再生基层应用技术研究 [D]. 南京: 东南大学, 2010.

[93] Cross S A. Determination of N_{design} for CIR Mixtures Using the Superpave Gyratory Compactor[R]. RMRC Research Project No.15 Final Report, 2002.

[94] 李明杰. 水泥稳定碎石振动试验方法研究及应用 [D]. 西安: 长安大学, 2010.

[95] 严家伋. 道路建筑材料 [M]. 3 版. 北京: 人民交通出版社, 1996.

[96] 沈金安, 张登良. 沥青及沥青混合料路用性能 [M]. 北京: 人民交通出版社, 2001.

[97] 曾梦澜, 于永生, 吴超凡, 等. 水泥对乳化沥青冷再生沥青混合料使用性能的影响 [J]. 公路交通科技, 2008(4): 59-62.

[98] 中华人民共和国交通运输部. 公路沥青路面设计规范: JTG D50—2006[S]. 北京: 人民交通出版社, 2006.

[99] 孙立军, 等. 沥青路面结构行为理论 [M]. 北京：人民交通出版社, 2003.

[100] 迟凤霞, 张肖宁, 王丽健, 等. 沥青混合料动态剪切模量主曲线的确定 [J]. 吉林大学学报 (工学版), 2009(2): 349-353.

[101] 马翔, 倪富健, 陈荣生. 沥青混合料动态模量试验及模型预估 [J]. 中国公路学报, 2008(3): 35-39.

[102] 吴丹. 半柔性路面材料抗疲劳性能的试验研究 [D]. 重庆: 重庆交通大学, 2009.

[103] Lee K, Brayeon T, Harrington J. New Mix-Design Procedure of Cold In-Place Recycling for Pavement Rehabilitation[M]. TRB 2003 Annual Meeting CD-ROM.

[104] 王真, 何亮, 张捷, 等. 乳化沥青冷再生混合料疲劳性能试验研究 [J]. 公路, 2010(12): 160-163.

[105] 彭勇, 孙立军, 石永久, 等. 沥青混合料劈裂强度的影响因素 [J]. 吉林大学学报 (工学版), 2007(6): 1304-1307.

[106] 黄晓明, 张久鹏, 刘伟民. 用粘弹性理论预测沥青混合料的劈裂疲劳寿命 [J]. 华南理工大学学报 (自然科学版), 2008(6): 56-61.

[107] 皮育晖, 黄晓明, 刘伟民. 基于劈裂蠕变的沥青混合料疲劳寿命预测 [J]. 武汉理工大学学报 (交通科学与工程版), 2009(6): 1044-1047.

[108] 陆学元, 孙立军. AC-13 改性沥青混合料劈裂强度的影响因素及其与马歇尔性能指标的相关性 [J]. 吉林大学学报 (工学版), 2010, 40(3): 676-682.

[109] Ding X, Ma T, Gao W. Morphological characterization and mechanical analysis for coarse aggregate skeleton of asphalt mixture based on discrete-element modeling[J]. Construction and Building Materials. 2017, 154: 1048-1061.

[110] Zhang D, Hou S G, Bian J, et al. Investigation of the micro-cracking behavior of asphalt mixtures in the indirect tensile test[J]. Engineering Fracture Mechanics, 2016, 163: 416-425.

[111] Liu Y, Dai Q L, You Z P. Viscoelastic model for discrete element simulation of asphalt mixtures[J]. Journal of Engineering Mechanics, 2009, 135(4): 324-333.

[112] Dondi G, Vignali V, Pettinari M, et al. Modeling the DSR complex shear modulus of asphalt binder using 3D discrete element approach[J]. Construction and Building Materials. 2014, 54: 236-246.

[113] Gao L, Li H, Xie J G, et al. Mixed-mode fracture modeling of cold recycled mixture using discrete element method[J]. Construction and Building Materials, 2017, 151: 625-635.

[104] 王江洋, 陈磊磊. 沥青混合料三维虚拟断裂试验 [C]. 江苏省公路学会 2014 年学术年会. 中国江苏南京: 2014, 8.

[115] 王江洋, 钱振东, 汪林兵. 沥青混合料裂纹发展过程的颗粒流模拟 [J]. 公路交通科技, 2015, 32(3): 7-13.

[116] 万蕾. 基于内聚力模型和三维离散元法沥青混合料劈裂试验研究 [D]. 杭州：浙江大学, 2016.

[117] Lin J T, Hong J X, Xiao Y. Dynamic characteristics of 100% cold recycled asphalt mixture using asphalt emulsion and cement[J]. Journal of Cleaner Production, 2017, 156: 337-344.

[118] Kim H, Wagoner M P, Buttlar W G. Simulation of fracture behavior in asphalt concrete using a heterogeneous cohesive zone discrete element model[J]. Journal of Materials in Civil Engineering, 2008, 20(8): 552-563.

[119] Kim H, Wagoner M P, Buttlar W G. Micromechanical fracture modeling of asphalt concrete using a single-edge notched beam test[J]. Materials and Structures, 2009, 42(5): 677-689.

[120] Qian Z, Wang J, Wang L. Three-Dimensional Fracture Modeling of Epoxy Asphalt Concrete Using a Heterogeneous Cohesive Softening Discrete Element Model[C]. Geo-Hubei 2014 International Conference on Sustainable Civil Infrastructure. Yichang Hubei, 2014, 83-90.

[121] You Z P, Adhikari S, Emin K M. Dynamic modulus simulation of the asphalt concrete using the X-ray computed tomography images[J]. Materials and Structures, 2009, 42(5): 617-630.

[122] American Association of State Highway and Transportation Officials(AASHTO). AASHTO Guide for Design of Pavement Structures[M]. Washington D. C.: AASHTO, 1993.

[123] Asphalt Institute, Asphalt cold-mix recycling, AI Manual series No. 21 (MS-21) [M]. Lexington, KY, 1983.

[124] 黄晓明, 马涛. 路面设计原理与方法 [M]. 4 版. 北京：人民交通出版社, 2021.

[125] 刘建荣. 沥青混合料冷再生技术在干线公路上的应用研究 [D]. 南京：东南大学, 2008.

[126] 张捷. 乳化沥青冷再生基层应用技术研究 [D]. 南京：东南大学, 2010.

[127] 王均祥. 乳化沥青冷再生在高速公路改造工程中的应用研究 [D]. 南京：东南大学, 2012.

[128] 马学军. 乳化沥青冷再生混合料组成设计及其应用研究 [D]. 南京：东南大学, 2013.